高等院校公共管理类专业规划教材

公共行政学

李 靖 主编

Public
Administration

清华大学出版社
北京

内 容 简 介

本书立足于当前我国公共行政的理论和实践的发展，系统阐述了公共行政学的基本概念、基本理论和基本方法，并结合中国特色社会主义的公共行政实践，对行政环境、行政职能、行政组织、公务员制度、行政领导者、行政决策、行政协调、行政监督、公共预算、行政法治、行政伦理、政府绩效管理、电子政务、行政改革与行政发展等公共行政的基本内容做了全面、专业的介绍。全书共十五章，每章后附有关键词、思考题和推荐阅读书目。本书汇集了公共行政研究的共识性和前沿性的成果，力求理论和实践结合，平衡全书内容的学术性和可读性。

本书可以作为大专院校行政管理专业的教学用书，也可以作为党政机关领导干部与相关人员在职学习和业务培训的参考用书。

图书在版编目(CIP)数据

公共行政学 / 李靖 主编 . —北京：清华大学出版社，2020.7（2023.2 重印）
高等院校公共管理类专业规划教材
ISBN 978-7-302-55226-0

Ⅰ．①公… Ⅱ．①李… Ⅲ．①行政学－高等学校－教材 Ⅳ．① D035-0

中国版本图书馆 CIP 数据核字 (2020) 第 054673 号

责任编辑：施　猛
封面设计：常雪影
版式设计：方加青
责任校对：成凤进
责任印制：沈　露

出版发行：清华大学出版社
　　　　网　　　　址：http://www.tup.com.cn，http://www.wqbook.com
　　　　地　　　　址：北京清华大学学研大厦 A 座　　　　邮　　编：100084
　　　　社 总 机：010-83470000　　　　邮　　购：010-62786544
　　　　投稿与读者服务：010-62776969，c-service@tup.tsinghua.edu.cn
　　　　质 量 反 馈：010-62772015，zhiliang@tup.tsinghua.edu.cn
印 装 者：涿州市般润文化传播有限公司
经　　销：全国新华书店
开　　本：185mm×260mm　　　印　　张：20.75　　　字　　数：518 千字
版　　次：2020 年 6 月第 1 版　　　印　　次：2023 年 2 月第 3 次印刷
定　　价：58.00 元

产品编号：075925-01

前　言

公共行政学自诞生之日起，就紧密结合行政实践，为行政实践的发展提供理论支撑。经过百余年的发展，公共行政学至今依然充满活力，作为行政管理专业的核心课程，它在传承知识、服务实践和培养人才方面发挥着不可替代的作用。经过学者们的不懈探索，公共行政学的知识体系日趋成熟，理论架构臻于完整。

随着行政实践的发展，我国的公共行政学教育和研究也日渐繁荣。实践中的"行政管理"转变为"公共行政"，教学中的"行政管理学"转变为"公共行政学"，这种转变既反映了行政实践的客观发展，又体现出学术界对公共行政知识的主观认识不断深化。因此，编写一本既具有系统的公共行政理论知识又具有公共行政实践经验，既能为教师授课提供教学参考又能为学生自学提供依据的本科教学用书成为参与本书编写的各位同仁的共同心愿。为了达成这一心愿，本书在编写过程中着力体现以下特点。

一是时代性。我国公共行政学的教学与研究在改革开放后得以恢复，经历了介绍西方行政学理论、了解西方政府实践的阶段，走过了为行政体制改革提供理论指导和合理性阐释的历程，目前正努力实现公共行政学的本土化。中国特色社会主义进入新时代，我国社会主要矛盾已经转化为人民日益增长的美好生活需要和不平衡不充分的发展之间的矛盾。这就要求我国公共行政学要研究新时代中国特色社会主义条件下行政组织的管理和发展规律，完成在新时代背景下构建中国特色社会主义公共行政学的历史使命。在这个过程中，中国公共行政学本身也在不断地丰富自身的理论内容和实践经验，为公共行政学的发展贡献中国智慧、提供中国方案。

二是逻辑性。全书内容共分为十五章，遵循公共行政学的理论逻辑，依照公共行政活动的实践逻辑，分为行政环境、行政职能、行政组织、公务员制度、行政领导者、行政决策、行政协调、行政监督、公共预算、行政法治、行政伦理、政府绩效管理、电子政务、行政改革与行政发展等模块，对行政组织及组织成员在履职中的结构化行动模式、系统性制度安排、科学化管理手段，以及改革发展历史和趋势进行深入分析，构建了完整的公共行政学知识体系。理论逻辑和实践逻辑的统一，集中反映出作为公共行政主体的行政组织依法、高效、公正、合理地管理国家事务、社会公共事务和组织内部事务的活动规律。

三是专业性。本科教育是专业教育的基础阶段，教科书的专业化程度直接影响本科教育的专业水平，而教科书编写者的专业性又直接决定了教科书的专业性。参与本书编写的各位同仁均是各自领域的专家，他们中既有从教三十余年的资深学者，又有崭露头角的青年才俊，并在写作初期根据专长的领域进行了分工。在写作内容上，各位同仁既系统介绍各自专长领域的知识和共识，又结合各自研究成果突出了前沿性和前瞻性，多层次地实现对本科生专业视角、专业思维和专业素质的培育与锻造。

四是适用性。作为提供给大学本科教师教学和学生学习的专业教科书，本书各章的谋篇布局以概念和理论为基础，以国内外具体实践为依托，为教学提供可理解、可讨论和可应用的基本素材。为帮助教师讲授和学生学习，方便课程考试的进行和学习内容的拓展，每章结束后附有本章的关键词、思考题和推荐阅读书目，在高度凝炼教学重点和难点的同时，有利于开阔学生的专业视野、提升学生的学习兴趣。

本书是集体工作和努力的结晶，由担任主编的吉林大学李靖教授确定写作提纲并进行统稿。本书编写分工如下：第一章和第二章由李靖编写，第三章由柳海滨编写，第四章由刘雪华编写，第五章由宋艳编写，第六章由王郅强、武永超编写，第七章由于君博编写，第八章由金文哲编写，第九章由钟哲编写，第十章由刘桂芝编写，第十一章由尹奎杰、王箭编写，第十二章由董伟玮编写，第十三章由文宏编写，第十四章由张锐昕、李健编写，第十五章由柏维春编写。

特别感谢参加本书编写工作的吉林大学、华南理工大学和东北师范大学的各位同仁，你们丰富的教学经验、深厚的学术素养和扎实的专业知识为本书增光添彩！

感谢钟哲、柳海滨、董伟玮三位青年教师，你们严谨的工作作风、高扬的工作热情和乐观的工作态度，为本书的顺利完稿提供了重要保证！

感谢李慧龙、张舜禹、徐炎、刘清、刘欣，你们参与的校对和排版工作为本书的如期完成提供了技术支持！

感谢国内外的同行，你们的学术思想和研究成果为本书的研究框架和具体内容提供了极有价值的参考和借鉴！

感谢清华大学出版社，尤其要感谢施猛编辑，是你的信任和耐心，也是你的敬业和认真，使本书的出版成为现实！

尽管本书得以顺利出版，但公共行政学的教学与研究仍在不断发展，我们也将在这条路上继续前行。针对书中的不足之处，尚祈各位专家和读者批评指正。反馈邮箱：wkservice@vip.163.com。

李 靖

2019年10月

于吉林大学晏湖畔

目 录

在现代社会，以政府为核心的公共组织是治理国家、服务社会的主要公共部门，与人们的政治生活和社会生活关系密切。研究以政府为核心的公共组织，使公共组织的治理和服务功能得到科学、有效地发挥具有必要性。公共行政学的研究对象是以政府为核心的公共组织及其活动规律。作为国家公共管理的重要组成部分，公共行政实践在不同的国家有不同的体现。本章的主要内容有公共行政学概述、公共行政学的形成与发展，以及公共行政学的研究意义和研究方法等。

第一节　公共行政学概述

一、公共行政学的内涵

(一) 行政的含义

国内外行政学者对"行政"这一概念的内涵和外延的界定尚未取得完全一致的意见，主要是由于行政学者所处的时代和国家不同，对行政这种现象的认识也就不同。

从语义学角度来看，"行政"一词源于拉丁文administrare，意为治理、管理和执行事务，其行为主体不限于国家政权机关。现代英文为administration，意为行政(管理)。在我国，早在西汉时期，司马迁就在《史记·周本纪》中有这样的记载：公元前841年，"国人暴动"带来周公、召公二相行政，历史上也称"共和行政"。这里的"行政"一词意为执掌政务，指国家事务的掌管、国家政事的执行等，即现代的国家事务的管理活动。但是，由于我国古代国家政权体制直至清代始终实行君主专制，君主高度集权和中央高度集权，君主包揽国家立法权力、国家司法权力、国家行政权力，君主将三种政治权力集于一身，即所谓"普天之下，莫非王土；率土之滨，莫非王臣"。因此，从政治权力结构角度而言，国家的立法、司法、行政权力不可能分离。到了近代，"行政"的概念虽然已从国外传入我国，但是我国学术界对行政概念的理解还不统一。

一般来说，西方学者对现代意义的"行政"概念的理解建立在以下三个考察角度的基础上。

第一，从政府的组织结构角度来考察行政，即依据资本主义国家政治权力结构的"三权分立"的原则和模式，认为行政是政府组织作为国家行政机关所进行的管理社会事务的活动。美国行政学者威洛比是持这一观点的代表人物，他认为行政是政府组织中行政机关所管辖的事务。美国行政学者尼格罗则从广义政府的角度解释，认为行政遍布于三大政府部门——行政部门、立法部门、司法部门，并存在于它们的相互关系之中。

第二，从政府与行政的关系角度来考察行政，即政治与行政的分离。美国行政学者威尔逊认为，政治是立法团体和其他政策制定集团的专有活动，行政是行政官员执行法律和政策的专有活动。美国行政学者古德诺进一步指出，所有的政府体制中都存在两种主要的或基本的政府功能，即国家意志的表达功能和国家意志的执行功能。这就是行政学中著名的政治与行政二分原则，对它的质疑和学术争论也伴随整个公共行政学的发展历程。

第三，从管理的角度来考察行政，行政是一种协调众人力量以达到共同目标的活动，遵循管理的活动规律。美国行政学者古利克将行政这一活动分为计划、组织、人事、指挥、协调、报告和预算七大职能活动，即著名的POSCORB七功能说。美国著名的行政学者西蒙认为，行政即为达到共同目的所做的集体行动。

上述三种对"行政"概念的理解，都有时代的特征和认知的偏差，无论是对行政主体和行政客体的说明，还是对政治与行政两者之间关系的认定，以及对行政作为管理活动所具有的一系列规律和特征的指出，都有其合理、进步的成分，但也存在各自的局限和缺陷。

马克思从一般哲学、政治哲学和法哲学的角度指出，行政是以国家为主体，由国家机关分工为行政机关行使行政权力的有组织、有秩序的活动。马克思把"行政"称为国家的组织活动。马克思认为："所有国家都在行政机关无意或有意地办事不力这一点上去寻找原因，于是它们就把行政措施看作改进国家缺点的手段，为什么呢？就因为行政是国家的组织活动。"这里，马克思一方面严格区分了行政活动和其他社会组织的活动；另一方面在国家行政机关、立法机关、司法机关既分工又紧密联系的意义上，阐明了行政活动和立法活动、司法活动之间的区别。马克思对于"行政"的定性分析对行政的研究具有重要的理论意义和实践价值。

从广泛的社会生活视角来看，"行政"一词至少有下述含义：①最广义的行政泛指一切组织中业务活动之外的管理活动，主要是办公室的管理活动；②广义的行政指所有国家机关和其他公共组织对社会公共事务的管理活动；③中义的行政指国家机关(广义政府)对其自身运行和职责范围内的社会公共事务的管理活动；④最狭义的行政指国家行政机关(狭义政府)对其自身运行和职责范围内事务的管理活动。本书采用的是上述含义中的最后一种。

基于上述分析可知，行政的主体是国家各级行政机关，客体是国家事务、社会公共事务和机关内部事务，内容是依法行使国家权力进行管理。因此，行政是指国家的执行机关(行政机关)依法对国家事务、社会公共事务、政府自身内部事务的管理活动，具有政治性、执行性、权威性和公共性。

(二) 公共行政的含义

公共行政是由"公共"和"行政"两个词组成的偏正词组，"行政"是中心词。

"公共"一词与"私人"相对，在"行政"前面加上"公共"一词的目的是强调政府行政的公共性质。20世纪20年代，"公共行政"这一术语开始出现。当时，一方面，在市场经济已经成熟的条件下，政府与市场的作用领域有了比较清晰的界限，政府在公共领域发挥作用，而市场则在私人领域发挥作用；另一方面，政府的行政管理与企业管理有很大的区别，"公共行政"这个术语更能体现现代国家行政的特点、功能和作用。行政的公共性质具体体现在以下5个层面。

一是行政主体的公共性。行政活动的主体是公共部门或机构，而不是私人组织。私人组织可以参与公共活动，但不应该被授予公共权力，参与公共活动也必须受到公共部门的严格监督。

二是管理内容的公共性。人类的管理活动可大致分为两种：私人事务的管理和公共事务的管理。在现代社会，随着公民意识的觉醒，公与私的界限日益清晰。管理或处理私人事务是公民自己的事情，也是公民的个人权利，只要不触犯别人的权利，任何组织或个人都无权干预。政府及公共组织的作用领域不是私人领域或私人的事情，而是公共领域的公共事务。例如，国防、公安、外交等事务可维护社会公共秩序与安全秩序；宏观经济调节、市场监管、知识产权保护等可维护经济秩序和市场交易秩序；公共医疗保健、义务教育、公共交通、公共文化设施等属于公共事业；社会保险、政府扶贫、社会救济等可提供社会保障；国有资产管理、环境保护、自然资源和人文资源管理可维护公共财产安全；公民人权等可保护公民权利。

三是行政活动价值取向上的公共性。企业管理活动不是公共行政，是以营利为根本目的，为社会服务是其追逐私利最大化的副产品。政府行政管理是非营利的，目的是为社会中的每一个人提供公平的、尽可能无差别的服务。例如，政府规定公民都有纳税的义务，但并不是每一个人都需要纳税，更不是少纳税或不纳税的人就少享受甚至不能享受政府的公共服务。纳税有基本的条件，而且，税收要用于公共事业，叫作取之于民、用之于民。

四是行政管理责任的公共性。从本质上来说，公共行政责任就是对公共权力的主体负责，公共权力的主体是公民，因此行政责任具体来说就是为全体公民谋利益。这样的话，公共行政就不能单纯追求经济指标、机械效率，必须考虑为社会服务的数量、质量和满足社会需要的程度。因此，评价政府或职能部门的职责履行情况不能用单纯的经济指标和数字作为主要标准。

五是强调公众参与。强调公众参与主要表现在公众对政府决策的影响上，前提是公民拥有知情权(政务公开、电子政务)、参与权(主要是政府要开放参与渠道)及监督权(监督机制)。

归纳起来，公共行政就是以政府为核心的公共组织，以满足社会公共需要为目标，运用各种手段、技术和方法，公平、公正、公开、民主地依法管理国家事务、社会公共事务和组织内部事务，为社会提供公共服务(公共物品)的活动。

这个公共行政概念的内容包括谁在管理(管理主体)、为什么管理(目的)、管理什么(管理范围和内容)，以及如何管理(手段方式)。

(三) 公共行政学的含义

一般认为，最早使用"行政学"一词的是德国学者斯坦因，1865年其出版了《行政学》一书，书中涉及诸多与行政管理相关的问题，但主要是行政法学的内容。美国行政学者威尔逊在1887年发表的《行政之研究》一文中对"行政学"一词的解释被学术界广泛认可，该文被认为是公共行政学的最早代表作，威尔逊被称为公共行政学的鼻祖。

公共行政学经过一百多年的学术研究和实践发展，形成了现代公共行政学。本书认为，公共行政学是研究以政府为核心的公共部门，以满足公共需要为目标，通过公平、公正、公开、民主的方式和手段，依法管理国家、社会、自身事务，提供公共服务(公共物品)的活动及其规律的科学。其具体内容包括：主体是政府和其他为社会提供公共服务的公共组织；客体是主体作用的国家事务、社会公共事务和自身内部事务；内容是对客体进行的公共服务的管理活动，追求管理的有效性；管理的条件和原则体现主体行为的合法性；公共行政管理的方式是公平、公正、公开、民主，体现公共行政的合理性；公共行政管理的科学性体现在公共行政是一个规范的理论、方法的知识体系，具有学科研究的规律性。

二、为什么需要公共行政

公共行政存在的一个重要原因在于社会公共需要的存在。

人类社会出现以后，社会公共问题的存在是一种普遍的社会现象，如教育问题、社会治安问题、贫富差距问题、人口问题、公共基础设施问题、环境与资源问题等。社会公共问题是与私人问题相对的，它是一个超出个人能力甚至团体能力范围的问题，与广泛的社会生活发生关系，造成广泛影响，并关系到公共利益。为维持正常的政治秩序和社会秩序，促进社会发展与进步，必须认真地解决人类社会不断出现的社会公共问题。

需要解决的社会公共问题就构成了社会公共需要。社会公共需要就是人类社会的共同需要，它与个人需要、集团需要相区别，是指社会成员在社会生产、生活中的共同需要。这种需要是个体、社会团体、市场机制无法满足的，只能由政府满足。所以，社会公共需要是政府存在的原因，决定政府活动的范围。因而，政府的职责和功能就是满足社会公共需要。

需要进一步指出，社会公共需要是随着经济的发展和人们生活水平的提高而不断变化的。当经济不发达时，人们的公共需要少且单调，往往集中在衣食住行等基本生存需要上。当经济发展到一定水平时，人们的基本生存需要已经不成问题，就会有越来越多而且层次越来越高的共同需要，如环境保护需要、城乡之间的交通需要、文化教育与娱乐需要等。当经济发展到较高水平时，人们就会把追求自尊、自由、自主、自立等当作公共需要，这就要求政府还权于民，放松对经济和社会生活的管制，发挥社会中介组织和公民自治的作用。

研究经济发展与人民生活水平的关系，摸清社会公共需要的变化规律，主动进行行政改革，为社会提供全面的、高质量的公共服务，不断满足新的社会公共需要，是政府组织义不容辞的责任。

三、公共行政学的研究对象及研究内容

(一) 公共行政学的研究对象

明确了公共行政的内涵之后，公共行政学可以表述为：它是一门研究以政府为核心的公共部门以满足公共需要为目标，通过公平、公正、公开、民主的方式和手段，依法对国家政务、社会公共事务、自身内部事务进行管理的规律的学问，是关于公共行政系统化的理论和知识的体系。

(二) 公共行政学的研究内容

公共行政学既然是系统化的理论和知识体系，就有其特定的研究内容，构成公共行政学的研究领域。美国行政学者怀特认为，公共行政学的研究领域包括行政组织、人事行政、财务行政、行政法规等内容；美国行政学者古利克认为，公共行政学要研究行政职能的7个环节：计划、组织、人事、指挥、协调、报告、预算。我国台湾行政学者张金鉴提出15M理论，认为公共行政学应研究目标(aim)、计划(program)、人员(men)、经费(money)、物材(materials)、组织(machinery)、方法(method)、领导(command)、激励(motivation)、沟通(communication)、士气

(morale)、协调(harmony)、及时(time)、空间(room)、改进(improvement)。

根据行政学者的研究成果，总结公共行政学的研究内容如下。

1. 行政环境

任何公共组织的管理行为都是在一定的环境下发生和发展的，环境既是公共行政作用的对象，也是影响、制约甚至是决定公共行政的外在条件。环境的变化是公共行政改革的重要依据，因此，研究公共行政离不开对环境的关注和考量。行政环境学研究的核心问题是环境与公共行政的互动关系。行政生态学也是公共行政学的分支学科。

2. 行政职能

行政职能是公共行政行为的内在依据，是公共行政的作用范围和任务。行政职能决定公共行政组织的建立、改革与发展方向，也是研究公共行政的开端。从本质上说，行政职能是社会公共事务(需要)在公共行政领域的体现。因此，行政职能的设定及变革取决于社会公共需要。研究行政职能问题的重点在于研究主要职能体系的形成及演化过程。

3. 行政组织

组织是实现职能的主要载体。组织的要素、构成及体制是组织绩效的决定性因素。政府是公共组织的核心，是社会公共事务的主要管理者。市场经济的发展和社会制度的建立与完善，要求改革和完善政府与市场、社会(组织)、公民之间的关系，建立公共事务的社会合作治理机制。

4. 公务员制度

公务员是公共行政的实施主体，公务员制度是对公务员进行专业化、科学化、法治化管理的规范。公务员制度是公共部门人力资源管理系统的一个重要组成部分。现代公共部门人力资源管理是在传统人事行政管理的基础上，将私人部门人力资源管理的先进理念与方法引入公共部门而产生的一种新的管理模式，在公共部门的组织管理中发挥着日益重要的作用。

5. 行政领导者

行政领导是行政管理成败的决定性因素，行政领导者是公共行政活动的主要行为主体，贯穿公共行政全过程，发挥核心主导作用。国家治理体系和治理能力现代化的持续推进，对行政领导者提出了新的要求和挑战，解读行政领导者将有助于把握行政领导活动的规律，促进行政领导工作科学化，进而为提升国家整体治理水平打下坚实基础。

6. 行政决策

行政决策贯穿公共行政的始终，是公共行政的核心环节，关系公共行政的成败。行政决策的科学化、民主化、法治化是社会发展的必然要求，不仅要求高素质的决策者，还需要建立科学、民主的决策机制，遵循科学的决策程序，使用科学的决策理论、技术和方法。

7. 行政协调

公共行政的系统化和整体化要求在公共行政活动中，无论是对事的协调还是对人的协调，行政主体都能够合理、有效地安排公共行政组织的人力、物力、财力等资源，提高行政资源的利用效率，有效使用行政协调的原则和方法，处理行政组织中出现的冲突和矛盾。

8. 行政监督

通过行政监督，对公共行政主体、行为过程和结果进行检查与督导，促进公共行政组织依法行政、合理行政，防止行政腐败，并为公共行政决策的有效执行和行政效率的提高提供有力保证。

9. 公共预算

公共财政是公共行政的基础和保障，公共财政的主要内容是公共预算、公共收入和公共支出管理。从我国目前的实际出发，应侧重公共财政体制完善，增强财政的公共性，扩大公共产品与公共服务的财政支出比重。公共部门需要财政资源以达成使命并实现组织目标，需要获取财政资源在众多相互竞争的利益中实现有效的配置，同时财政资源也需要有效管理，防止浪费。这就需要明确预算与财务管理在公共行政中的战略地位，也是公共行政学研究的重要内容之一。

10. 行政法治

公共行政法治化，依法加强对公共行政的监督是现代社会公共生活的基本要求。公共行政法治化要从依法行政入手，着重研究行政立法、行政执法、行政司法、行政责任、行政诉讼等内容，兼顾公共行政的原则设定、过程监督和结果责任。

11. 行政伦理

行政伦理是公共行政行为主体在公共行政活动中所应秉持的道德规范和所应具备美德的总称。公共行政的政治性和专业性要求公共行政主体既要执行政治意志，又要秉持专业标准，而这两者的冲突往往需要调节，伦理和道德恰恰是调整行为的重要手段。公共行政活动对公共利益的直接影响决定了公共行政主体的行为必须遵循某种标准，其中遵循伦理标准是必然要求。

12. 政府绩效管理

为公民和社会提供优质、高效的服务是政府的根本宗旨。当代各国的行政改革都把建立以绩效为导向的公共管理作为重要的追求目标。政府绩效管理是公共行政管理活动的重要环节，是评估政府行政水平和运作效率的重要依据，也是从整体上提升公共行政活动绩效的重要保障，在吸引政治资源、落实责任、计划辅助、监控支持、民主教育方面具有重要意义。政府绩效管理日益发展成为各国提高政府管理水平的有效途径之一。

13. 电子政务

电子政务的外在表现为依托电子信息系统的技术形式，但它的本质是公共行政的重大创新和改革，不仅涉及政治性、社会性、文化性等多种问题，需要技术、公众、政府等各方面的支持，还涉及为电子政务建设提供与现代公共行政治理理念、信息技术应用和信息社会生产生活方式相适应的行政体系要素，包括行政职能、工作流程、组织结构、责权体系、人员构成等，作为电子政务实施必备的实践基础和前提条件。电子政务是公共行政学研究的重要内容。

14. 行政改革与行政发展

公共行政是依赖一定的环境产生、存在和发展的。行政环境不断变化，公共行政也必须及时做出变革以适应环境的要求，行政改革已经成为不变的主题。从大趋势来说，行政改革的结果必然导致行政发展，适应行政环境的行政发展是行政改革的目标。

第二节 公共行政学的形成与发展

一、西方公共行政学的形成与发展

(一) 西方公共行政学形成的历史背景

虽然公共行政实践活动有着悠久的历史，但"公共行政学"是一门直至19世纪末20世纪初才初步完成理论体系构建的年轻学科。19世纪末期，在实践界，德国和法国等国家开始从法学、财政学和城市管理的视角，对政府机构的构成、行政组织的特征、行政权力的结构和运行机制等行政问题开展多样化的讨论；在理论界，启蒙思想家们提出的"天赋人权""社会契约"和"三权分立"等理念也已经被社会广泛接受，"行政是一个独立领域"的认识开始出现。正是在这样的背景下，将行政活动视为从属于政治活动的简单的事务性、操作性活动的观点受到了越来越多学者和实践工作者的质疑，对于行政活动的专门化研究逐渐开始。

具体来看，公共行政学在西方首先兴起的历史原因可以归纳为以下几个方面。

首先，行政国家的出现。所谓行政国家，是指在近现代早先实行三权分立的美国，由于社会发展的客观需要，行政管理职能范围日益扩大，行政机关规模和行政人员队伍也相应增长，以至于出现行政系统在国家的政治、经济和社会生活中居于主导地位，而议会和司法机关的作用相对弱化的现象。行政国家的出现，说明政府在国家政务管理和社会事务管理领域的作用范围扩大、功能增强。因此，急需有一门集中研究政府如何管理纷繁复杂的社会事务的学科。

其次，文官制度改革运动的发展。19世纪末，美国国内的文官制度改革运动直接推动了对政府行政包括公务员管理的研究。此前，美国对政府人员的管理实质上是政治现象和政治活动，在政治实践中表现为"政党分赃制"，即使是一般的政府公职人员的任用也与政党是否执政紧密联系在一起。政党竞选获胜，则政府内部几乎所有人员都是本党成员。"任党为亲"，一方面，使政府内混进了滥竽充数的无能之辈，而在野党的成员即使德才兼备，也很难在政府中获得职位；另一方面，引起了政府在人员上的周期性动荡，影响了公共行政的连续性。因此，需要对政府人事制度进行理论研究和实践改革。

最后，多学科的形成和发展。政治学、行政法学、管理学、经济学等学科的发展为公共行政学的产生提供了理论、技术、方法等方面的基础。近代政治学中的国家学说为公共行政提供了诸如公共权力、民权、民意、政府结构、政府过程等概念。行政法学则开创了"依法行政"的思想源流，建立了法治行政的最初理论规范，这恰恰是公共行政学最主要的理论基础之一。行政管理是管理系统中的子系统，因此，管理学、经济学中的方法、技术、基本原理对公共行政学的研究提供了理论基础。

(二) 西方公共行政学发展的历史脉络

1. 19世纪末—20世纪20年代：公共行政学理论基础的奠定

学术界一般认为，威尔逊在1887年发表于《政治学科学季刊》上的《行政学研究》(The Study of Administration)一文，系统地总结、梳理并解答了"政治与行政之间的关系"等行政领域中存在的基本问题，标志着"公共行政"这一研究领域的诞生。以威尔逊提出的政治与行政二分原则为基石，古德诺(Goodnow)、泰勒(Taylor)、法约尔(Fayol)和韦伯(Weber)等学者在政治与行政二分的实际操作、行政内在属性的认识、行政效率的提升和行政组织的架构等方面贡献了精彩的理论成果，进而为公共行政学奠定了坚实的理论基础。

1) 政治与行政二分原则的初创与完善

作为公权力的聚合体，政府伴随着国家一并产生。自然地，自政府产生伊始，学者们就展开了对公共事务治理之道的探讨。但是就学科地位而言，长期以来，学者们对政府管理活动的研究始终从属于对政治活动的研究。公共行政学独立学科地位的确立，在很大程度上归功于威尔逊和古德诺。特别是威尔逊发表的《行政学研究》一文，被后世学术界认定为"促使公共行政成为特定研究领域的开端"，威尔逊本人也获得了美国"行政学之父"的美誉。从理论源流上看，政治与行政二分原则是威尔逊将德国学者斯坦因和布隆赤里，以及美国学者理查德·伊利的思想与美国行政实践结合而产生的研究成果。这一原则不仅明确地回答了"政治与行政是否应该分开"这一重大基本问题，使行政学获得独立学科地位成为可能，还为学术界预留了一个几乎同等重要的问题——政治与行政应该如何分开。围绕这一问题做出理论探索的学者众多，其中当首推美国行政学者古德诺。

古德诺的公共行政思想主要体现于其在1900年出版的《政治与行政》一书中。他以威尔逊的政治与行政二分原则为前提，对现实政治环境中国家行政与政治、法律、政党之间的关系，行政与立法、司法之间的关系，以及中央与地方之间的关系等重大理论问题展开了研究，对政治与行政二分原则做了进一步的阐释与完善。

2) 一般管理理论与科学管理理论对公共行政活动运行方式的讨论

正如威尔逊所指出的，研究行政学的目标在于"确定政府能够适当地和成功地做些什么，并如何以尽可能大的效率和最少的资金或资源等成本来完成之"。很明显，此类操作层级的具体且细微的工作，并非政治学所长。行政学微观层面的操作和运行方面的问题，主要是由管理学领域的泰勒和法约尔等学者的科学管理理论和一般管理理论加以解决的。初创于企业管理领域的科学管理理论一经问世，就引起各学科学者的极大关注。在这场由泰勒引领的科学管理运动中，从事公共行政研究的学者获得了崭新的线索和方法。由此，行政效率与管理活动科学性之间的关系开始被学术界所认可。不仅如此，在实践领域，美国政府也开始将经由科学管理理论检验的原理和方法运用于政府改革之中，切实地提高了政府行政活动的效率。

与泰勒同时代的法国管理学家法约尔将管理的研究视角由车间引向办公室。法约尔将管理理解为经营中的一项核心活动，他认为经营是指导或者引导一个组织趋向一个目标的活动。从这个意义上讲，经营并非单纯存在于经济组织中，而是可被视为所有组织的共有活动。经营由技术活动、商业活动、财务活动、安全活动、会计活动和管理活动六种活动构成，而管理则包含计划、组织、指挥、协调和控制五种职能(或要素)。法约尔的管理理论带有明显的"过程"

色彩，他所提出的管理的五项职能之间有着非常紧密的逻辑衔接关系。无论组织自身的环境、属性、规模发生怎样的改变，管理活动都将存在，且管理过程并不会受到太大的影响，管理的基本职能也不会发生过大的变化。正因为研究思路的周延性和科学性，法约尔的管理理论在适用性上确实超越了科学管理等理论，称得上一般管理理论。所以法约尔的管理五职能说不仅广泛应用于企业界，而且为年轻的公共行政学提供了研究行政实践活动的重要视角。对公共行政过程、组织结构、职能分类和指导原则的探寻，已经成为公共行政学研究的重要议题。

3) 官僚制理论对公共行政组织理想结构的描绘

初创阶段的公共行政学需要解答的不仅是宏观层面的学科独立性问题和微观层面的技术操作性问题，中观层面的组织结构问题同样需要解答。既然行政成为区别于政治的相对独立的技术性领域，那么在这一领域构建一个具有形式合理性的组织模型也就成为当务之急。这一工作由知名德国学者韦伯等完成。韦伯所设计的官僚制^①模型作为公共行政的经典范式，在政府实践中得到了普遍的应用。韦伯的官僚制理论是技术理论在组织模式领域应用的产物，它及时回应了19世纪末20世纪初资本主义国家向城市化和工业化发展的时代诉求。因此，官僚制理论自面世伊始，就迅速得到理论界和实践界的广泛响应。这种强调规则而非个人，强调能力而非裙带，以分工、分层和集权为特征的组织结构形态被视为提高行政效率的有效蓝图。直到现在，官僚制理论依然影响着政府体制的架设、政治发展的进程和公共行政学研究的思维方式。

2. 20世纪20—30年代：公共行政学理论框架的初步形成

对于从政治学中分立出来，获得相对独立研究领域的公共行政学而言，理论基础的奠定固然重要，但远不能满足其发展的需要。如何确证自身学科地位，构建自身的学术话语体系，进而获得相关领域的学术话语权是20世纪二三十年代公共行政学面对的现实问题。在这样的现实背景下，怀特(White)、威洛比(Willoughby)和费富纳(Pfiffner)等学者以编撰教材的方式正式宣告了公共行政学独立学科的地位。随后，古利克(Gulick)和厄威克(Urwick)以结集出版论文集的方式归纳、梳理和概括公共行政学的既有研究成果，公共行政学的理论框架逐渐构建完成。在这一时期，理论界和实践界都坚信"公共行政存在着某些原则，专家们可以通过对行政现象的研究来演绎性地推断出这些基本原则，这些原则能够用于管理所有类型的人类行为关系，而无论其组织目的、人事构成，以及产生的结构、政治和社会理论基础如何"。公共行政学由此获得了广泛的学术声誉，并进入了发展的黄金时期。

1) 公共行政学独立学科地位的确立

显而易见，公共行政学的理论奠基工作是由多位学者共同完成的。因此，虽然学者们在公共行政学的学科地位、运行方式和组织结构等方面各自做出了巨大贡献，但是其所提供的理论成果却依旧呈现素材化或碎片化的特征，公共行政学的完整理论框架还有待构建。真正构建起公共行政学理论体系，描绘出公共行政学全貌的学者当属美国行政学家怀特。怀特、威洛比和费富纳各自编撰出版《公共行政导论》(1926年)、《公共行政原理》(1927年)和《公共行

---

① 官僚制一词译自bureaucracy。区别于近代以来中国政治语境中的"官僚主义"，韦伯所描述的官僚制，是指一种建立在合法性统治基础上的，以分工、分层、集权等为特征的金字塔形的组织结构形态。"官僚"一词在此并不具有贬义色彩。有的学者为回避语义上的误解，将bureaucracy译为"科层制"，考虑到约定俗成的惯例，本书依旧沿用"官僚制"的译法。

政学》(1930年)三部大学教材，对公共行政学的知识体系进行了系统化的阐述，真正宣告了公共行政学独立学科的地位。怀特采用科学化的研究方法，较为细致地研究了行政与社会组织关系、责任与权力分配、官纪等现实性政府管理问题，特别是在组织和人事方面，提出了具有重要现实意义的见解。事实上，怀特曾出任美国文官委员会主席，亲自组织和参与了大量的文官制度改革工作，并深切地影响了20世纪30年代美国联邦政府机构的人事行政制度改革。可以说，怀特将行政实践的经验引入学术研究，又将学术研究成果运用于行政实践，同时改写了公共行政学和公共行政实践的面貌。怀特对公共行政学的贡献不仅体现在对具体行政问题的对策研究方面，更体现在对公共行政学理论框架的整体构建方面。正如怀特自己所总结，"吾人之目的，乃在拟设问题，而不在贡献结论"。正是在怀特等学者的共同努力下，公共行政学成为系统化、理论化、开放化的知识体系。

2) 公共行政原则的拓展与系统化

公共行政学理论框架的形成切实地引领了学术界的研究方向，有效地激发了学术界的研究热情。20世纪30年代，公共行政学的研究成果大量涌现，整个学科呈现蓬勃的发展态势。1937年，美国行政学者古利克和英国行政学者厄威克在广泛收集学术界杰出研究成果的基础上，编撰出版了《行政科学论文集》这一公共行政学发展历史上具有里程碑性质的著作。在这部被后世学者誉为"公共行政学理论正统时代的巅峰"的著作中，学者们不仅对传统的古典管理理论进行了科学总结，还对既有的公共行政原则进行了广泛拓展，更有预见性地指明了组织理论等公共行政学未来的发展方向。总体来看，对于公共行政本身原则的探索与拓展是本时期学术研究最明显的共性特点，也是本时期的公共行政理论被冠以"正统理论"的原因所在。

有趣的是，作为"正统理论"的杰出代表人物，古利克和厄威克都不是传统意义上的"正统学者"。古利克始终没有将自己视为一位理论家，他表示"我既不是历史学家也不是哲学家，我的兴趣和经验在于通过行政行动和公民行动来使问题得到解决"。而厄威克有长期的军旅经历，参加过第一次世界大战和第二次世界大战的他素有"厄威克中校"的美誉。但也许正是此类贴近现实的生活和工作经历，使古利克和厄威克的理论具有实用性。

古利克提出的"一体化"行政管理思想带有明显的实用性烙印，他同意立法机关对于行政机关的控制权，但是由于立法机关本身在实践层面的"先天不足"，所以不应该将政策的制定权交给立法机关，而应该由行政机关提出政策建议并执行政策，立法机关则只拥有批准或者否决行政机关递交的政策建议的权限，由此打造一个权限相对完整的一体化政府。基于同样的逻辑，古利克认为在行政机关内部，行政分支机构应该被整合并置于强有力的行政部门领导之下，这些坚强有力的行政部门拥有一个能够对整个工作过程实施有效监督的权威首长。很明显，古利克的理论是站在实践部门的立场上提出的，他希望以高度集权化和科学化的方式来改革行政部门，进而解决现实问题，提升行政效率。以此为出发点，古利克将行政机关所具有的职能总结为计划、组织、人事、指挥、协调、报告和预算，并进一步提出了公共行政实践的11条原则。厄威克从泰勒处继承了"应用科学调查来研究管理活动"的方法论，并将之运用于对管理过程的分析之中，进而在丰富了韦伯的官僚制组织结构设计的同时，扩充了法约尔的管理五职能说，从而推演出适用范围更加广泛的公共行政原则。经过厄威克的梳理和总结，理论奠基阶段零散的理论学说得以系统化，并以"古典管理理论"之名获得了学术界的广泛认同。而怀特、古利克和厄威克等学者共同塑造的行政学理论也被视为古典管理理论的正统继承者，被后世学者称为正统行政学理论。

3. 20世纪30—40年代：行为科学对传统公共行政学理论框架的挑战

在理论奠基和原则框架构建完成后，公共行政学于20世纪30年代进入了发展的黄金时期，其理论框架不断完善，原则不断扩充，学科的地位也有了长足的提升。在这一时期，公共行政学者们不仅在学术界拥有独立的研究领域，并且在实践层面的政府改革进程中获得了实在的话语权，公共行政学的发展呈现出欣欣向荣的态势。

公共行政学繁荣的发展景象在20世纪40年代遭遇了前所未有的挑战。这种挑战首先发端于实践界，世界性的经济危机和"二战"使西方主要资本主义国家放弃了传统的自由放任的经济政策，开始了对政府和社会的全面干预，与之相适应，各国政府在权力分配、组织结构和职能设置方面有了很大的改变，但是传统的公共行政理论面对上述变化时却显得苍白无力，严格依照正统行政学理论及具体行政原则进行改革的政府在面对现实问题时往往陷入束手无策的状态。具体来看，在组织内部，政府难以真正地调动公务员的工作热情，致使工作低效；在组织外部，政府往往无从预测公共事务的走向，使政策滞后。上述非正常的行政现象直接推动了学术界对既有公共行政理论的反思，正统行政学理论重组织结构研究，轻个体行为分析；重内部系统研究，轻外部环境分析；重规律原则探寻，轻周密科学分析等缺陷开始暴露出来。以福莱特(Follett)、巴纳德(Barnard)和西蒙(Simon)为代表的行为主义学者立足于对个体及组织行为的研究，渐进式地展开了对正统行政学理论的全面批评。挑战与危机成为描绘本时期公共行政学发展状况的关键词。

1) 社会系统学派对于传统理论假设的挑战

社会系统学派是由巴纳德所创立的管理理论体系。这一理论体系主张将组织视为一个复杂的社会系统，进而采用整体性和系统性等社会学的观点来分析管理领域的问题。站在这一崭新的视角，福莱特[①]和巴纳德等学者对公共行政学的传统理论假设提出了挑战，并得出了发人深省的理论成果。

与以往的学者不同，福莱特将研究视野放在了公共行政组织运作的一般性问题和组织中的人的行为方面。福莱特希望为学术界揭示人类群体生活对于个体行为的影响，指出群体的"额外价值"，并在此基础上搭建以相互理解的伙伴关系为基础的全新管理观念。在这一思路下，福莱特更新了权力和权威等传统公共行政理论的核心概念，并以此为基石，主张建立"通过情境的创造和运用，使人们自愿、主动地予以合作"的管理模式，这也是其理论贡献的核心内容所在。尽管后世不乏对福莱特理论可操作性的质疑，甚至有人将之视为幻想，但是没有人可以否认福莱特别开生面地为人们提供了一种充满人文关怀的管理理论的事实。福莱特不仅系统地梳理并阐释了泰勒等人的古典管理理论，而且开创性地阐明了组织过程中人的基本情感与力量，为随之而来的人际关系学派和行为主义学派的研究者奠定了理论基础。福莱特本人也因此被称为"连接正统行政学理论和行为主义的时代桥梁"，更因其理论中所蕴含的"创造性的、

① 严格地说，社会系统学派的成立以1938年巴纳德所著的《经理人的职能》一书出版为标志。但是福莱特和帕累托(Vilfredo Pareto)等学者在此之前就已经开始运用类似的观点来对管理学问题进行分析。单从学术观点角度来考察，福莱特关注的内容并不局限于社会系统学派所主张的个体与组织关系，她同样也关注个体间关系等人际关系行为学派的内容。从福莱特的政治哲学家和公共行政学家的身份出发，本书在表述上将她归入社会系统学派。

真正的先见之明"获得了"管理学界的先知"的美誉。

与福莱特的研究思路类似，"系统"是巴纳德组织理论的关键词。围绕这一关键词，巴纳德对组织的本质、要素、构成、平衡、权威关系和管理人员的职能展开了全面的研究。巴纳德的研究揭示了组织内部各成员间、组织成员与组织间、组织与其他组织间、组织与环境间环环相扣的相关性，并指出了上述主体间相互联结的方式——协作。巴纳德对于研究视角的更新有效地拓展了公共行政研究的视野。自此，学术界的注意力开始从公共行政组织的构成分析向构成组织的各个部分间相互关系和协作方式方面转变。巴纳德与福莱特等学者对组织中个体协作精神的研究和对组织平衡的研究，不仅启发了梅奥(Mayo)等人际关系行为学派学者，而且还进一步地影响了以西蒙为代表的理性决策理论学派学者，进而有力地推动了公共行政学的发展。

2) 理性决策理论对于传统研究方法论的挑战

以福莱特和巴纳德为代表的社会系统学派学者对"权威""组织"等公共行政关键概念的更新虽引人入胜，但是更多地被学术界理解为一种拓宽了公共行政学研究视野的增益性观点，并没有从根本上真正触及正统行政学理论的根基。真正改写公共行政学研究范式，带领学科走出探寻原则和规律观念桎梏，引领学科跨过正统行政学理论时期的学者，当属理性决策理论的代表人物西蒙。在公共行政学领域，西蒙主张以人在实际生活中的行为为着眼点，采用源于自然科学的逻辑实证主义方法展开研究。因此，西蒙在公共行政学领域所引领的理论流派也被称为行为主义行政学派或逻辑实证主义行政学派。西蒙的公共行政学说由公共行政研究方法论、决策理论和组织理论三部分构成。总体来看，西蒙力主采用科学化的概念和实证性的研究方法来建立科学化的公共行政学知识体系，并为公共行政学的研究提供了"决策"这一影响至今的重要概念工具。理性决策理论的提出，标志着公共行政学迈入了崭新的行为主义时代。自此，学者们的研究重心开始由静态层面的制度、结构和职能研究向动态层面的决策等行政行为过程转移。诚然，西蒙对正统公共行政学理论的批判，以及对价值因素的祛除态度在学术界引发了重大争论，部分争论直到今天依旧未曾停息，但正是在这些争论中，公共行政学得以全面地审视自身，并取得了长足的进步。

4. 20世纪40—70年代：规范价值对于行为科学挑战的回应

20世纪40年代，公共行政学在现实实践中遭遇了前所未有的挑战。正是在这样的背景下，以西蒙为代表的行为主义学者展开了对正统公共行政学理论的反思，主张引入逻辑实证主义，重建一门更加类似自然科学的行政科学。但是此类以政策为主导的研究思路是建立在对价值因素的全盘祛除的基础上的，因此直接削弱了公共行政学这一学科的共识根基，使学科的发展遭遇了危机。面对这样的学科发展状况，作为公共行政领域的哲学家和历史学家的沃尔多(Waldo)再次强调了行政研究中历史和文化视野的重要性，并将民主等规范价值注入公共行政的理论与实践中，从而为公共行政学提供了一条不同于西蒙等行为主义学者的"规范性"研究路径。承接沃尔多的思路，以弗雷德里克森(Frederickson)和马可尼(Marini)为代表的学者在20世纪60年代掀起了新公共行政运动，大力提倡社会正义、自由和民主等价值因素在公共行政中的回归，使当代公共行政学的面貌再次焕然一新。

1) 沃尔多对实证研究路径的反思与批判

沃尔多被公认为现代公共行政学的核心人物及近百年来最重要的政治科学家之一。他不仅在公共行政学的内在本质研究和学科发展史研究方面造诣颇深，而且始终致力于培育和引导后辈学者，因此也被尊称为"公共行政学的前辈"。他与西蒙在1952年进行的围绕公共行政研究路径的辩论，堪称近百年来公共行政学发展史上最激动人心、最富有启发意义的争论。这场被后人称为"西沃之争"(The Simon-Waldo Debate)的学术争论基本上确定了20世纪中叶以来公共行政理论与实践的发展方向。

沃尔多与西蒙的争论是一场关于探索公共行政学合法性重建之路的探讨，其中并不涉及私利，更不能用简单的对错来进行评价。正如西蒙所述："德怀特(即沃尔多)和我都感觉要对行政理论的某个特殊问题有一种紧迫的要求，我们的差别在于，对于哪些问题是最为紧迫的，我俩有着不同的选择，除此之外，我们之间并没有真正的冲突。"沃尔多在20世纪70年代就指出，"1952年，我俩都是对的，在那之后，我俩也都是对的。"公共行政学是公共的，所以必须立足于价值理性；公共行政学同时又是行政的，所以必须依赖技术理性。两者之间的冲突与张力是永恒的。西蒙的技术理性路径植根于现代宏大叙事背景下，解决的是公共行政学如何前进的问题；而沃尔多的价值理性路径则立足于民主宪政传统之中，探讨的是公共行政学向何处前进的问题。因此对于现代公共行政学的发展来说，哪种路径都是不可或缺的，它们之间唯有真诚地对话，方能共同推动公共行政理论与实践的发展。

2) 新公共行政学对于价值因素的倡导

1968年，在沃尔多的倡议和资助下，33位年轻的公共行政学者齐聚纽约的锡拉丘兹大学明诺布鲁克会议中心，以反思的视角回顾了公共行政学的发展历程，讨论了公共行政所面临的问题，并展望了公共行政学的发展趋势。会上，学者们将正统时期的公共行政理论和"二战"后重新建立的公共行政理论称为"旧公共行政学"，而将20世纪60年代末开始出现的运用现象学、本土方法论、符号互动论、解释学和批判理论等新的研究方法，并强调以"公共性"为研究中心的公共行政理论命名为"新公共行政学"。新公共行政学派由此诞生。与旧公共行政学对"有效的、经济的和协调的行政管理系统"的追求相比，新公共行政学以"变革影响和削弱社会公平的影响因素与组织结构"为使命。因此，如果说沃尔多对于价值因素在公共行政学中回归的贡献集中在方法论方面的话，那么以弗雷德里克森为代表的新公共行政学派则切实承担起将社会公平等价值因素带回公共行政学的工作。

新公共行政学在公共行政学发展历史中占有重要而特殊的地位。正如沃尔多所述，新公共行政学产生于事态严峻、情势紧急的时代，因此其本身带有浓重的问题意识色彩。在理论方面，新公共行政学以效率观为突破口，对旧公共行政学的理论假设提出了全面的挑战，尝试性地更新了公共行政学的研究范式；在实践方面，新公共行政学高举社会公平旗帜，以减少层级节制、分权、民主、政治互动、公民参与及回应性为基础设计了一种不同于官僚制的组织制度，对当代美国公共行政实践和政府改革产生了重大影响。实际上，通过新公共行政学派学者的努力，社会公平已经逐渐取代传统的技术性效率成为当代公共行政的发展重心。

5. 20世纪70年代至今：公共行政学思维视野的拓展与创新

时至20世纪60年代中后期，公共行政学尽管仍然缺乏一个为人们所公认的明确的中心和体系，但是作为一门学科，其地位已经在争论与探索中得到了巩固。沃尔多等学者关于公共行政事业的界定赋予了该学科坚实的合法性基础和崭新的研究视野，"公共行政不是一个单一的事务，而是一个最好被描述为一种事业的兴趣中心。这种事业包括许多方面的思想、观点、兴趣和方法论，具有折中性、实验性和开放性，因为它涉及的是一些关于一个不整齐的、瞬息万变的世界的问题"的观点开始受到学术界的广泛认同。以此为契机，学者们开始摆脱学科间的门阀之见，尝试运用生态学、经济学、企业管理和社会学等学科的理论知识探索公共事务的治理之道，行政生态学说、政策分析理论、公共选择理论、政府再造理论、新公共管理理论、新公共服务理论和治理理论等融合性观念、方法与理论纷至沓来。现代公共行政学为人所熟知的问题驱动的开放式多元理论体系开始逐渐形成。

1) 生态学思想的启示

20世纪60年代前后，随着科技的蓬勃发展，系统论、控制论和信息论等现代化管理理论开始为学者们所熟知，进而拓宽了公共行政学的研究范围，行政生态学即产生于这样的背景之下。秉承系统论强调系统中整体和部分、结构和功能、系统和环境等的相互联系与作用的观念，以高斯(Gaus)和里格斯(Riggs)为代表的学者们将生态学方法论运用于公共行政研究中，开创了行政生态学这一交叉学科，主张通过模拟生态系统的方式来研究行政系统与各种环境变量之间的关系，从而考察和理解处于不同社会发展阶段的行政系统的特点与发展趋势。

里格斯的行政生态理论对于比较公共行政研究的意义重大。根据里格斯的行政生态理论，一定的行政模式必然是受与之相应的行政环境影响生成的，因此，在评判发展中国家的行政模式时，应以过渡社会的行政环境而非当时学术界风行的采用西方发达国家的行政环境为前提开展研究，否则很有可能得到错误的结论。作为一种崭新的方法论，行政生态学不仅在理论界为学者们提供了审视行政模式合理性的新思路和开展比较行政学研究的新视野，而且还在实践中有力地解释了在不同行政环境中贸然展开制度移植的不合理性。这也是公共行政学界对于"西方中心论"的一次有力的反思与批判。

2) 经济学理论的运用

早在18世纪后半叶，就有相当数量的学者相信能够运用实证研究和科学推理的方法来解决社会科学的问题。当时，法国科学院的博尔达(Borda)、孔多赛(Condorcet)和拉普拉斯(Laplace)三位院士就曾运用数学的方法对政治学中的投票问题展开了深入的研究，但其研究成果并没有引起太大的反响。时至20世纪70年代，伴随凯恩斯主义的逐渐式微，经济学界掀起了一股重新审视经济与政治关系的思潮。几乎与此同时，随着西蒙等学者对于科学统一观念的传播，公共行政学界也开始尝试运用经济学等相关学科的理论与研究方法来探讨本学科的问题。正是在上述两种学术的共同作用下，公共政策分析和公共选择等应用型交叉性学科应运而生，真切地将经济学研究方法与研究视角带入了公共行政领域。

3) 企业家精神的借鉴

早在学科的理论基础奠定时期，法约尔就以一般管理理论阐明了不同领域管理经验互相借鉴的可能性。时至20世纪90年代初期，政治时局的变动影响了经济的发展状况，而经济的发展状况又对公共行政提出了新的要求。如何有效地配置公共资源，提供高质低价的公共服务成为横亘在公共行政组织面前的现实问题。正是在这样的背景下，奥斯本(Osborne)和胡德(Hood)等学者开始将企业管理的理论引入公共行政领域，并掀起了影响至今的"政府再造运动"和"新公共管理运动"。

奥斯本的企业家政府理论及其所推崇的政府再造运动是公共行政理论界和实践界对于瞬息

万变的信息社会的尝试性回应。之所以将之冠以"尝试性"之名，是因为奥斯本的理论虽然相当系统，涵盖了战略、工具、元工具等多个层级的内容，但是学术界对企业家政府理论的质疑和批评始终不绝于耳，作为公共价值权威分配者的政府究竟是否能够像企业一样运作的问题至今仍无定论。但是不可否认的是，虽然批评者众多，但奥斯本的企业家政府理论的确将一种研究公共事务治理方式的崭新视角引入了公共行政领域。值得一提的是，企业家政府理论及其推动的政府再造运动在现实实践中显示出了强大的生命力，早在1994年，美国克林顿政府就开始倡导以企业家精神为指导，再造工作更佳、成本更低的联邦政府。在20世纪90年代席卷全球主要资本主义国家的新公共管理运动中，企业家政府理论也产生了广泛的影响。

"新公共管理运动"一词有多重含义，它既指一种试图取代旧公共行政学的管理理论，又指一种新的公共管理模式，还指在现代西方公共行政领域持续进行的改革运动。新公共管理运动在现实中发端于20世纪70年代的英国，后席卷多数西方发达资本主义国家，并在不同国家被冠以各种响亮的政治名号，如英国的"公民宪章运动"、美国的"重塑政府"、加拿大的"公共行政2000"和丹麦的"公共部门现代化计划"等。胡德在总结了上述运动的特征后，将其视为一场具有共性的世界性行政改革浪潮，并为其命名为新公共管理运动。不难发现，新公共管理是一种以经济学和企业管理学为理论支撑，以"3E"即经济(economy)、效率(efficiency)和效益(effectiveness)为目标，支持像管理私人部门一样来运作公共部门的行政途径。这种将市场原则应用于公共政策和公共行政领域的思路，为行政组织的变革提供了一种新的可能路径。截至20世纪90年代，新公共管理运动已经成为席卷欧美主要发达国家，并深刻影响发展中国家的世界性行政改革浪潮。

4) 民本思想的回归

新公共管理运动在全球范围内的风靡引发了学术界的广泛关注，其中不仅有支持者，也不乏批评者。以登哈特夫妇(Robert B. Denhardt 和 Janet V. Denhardt)为代表的学者们就对新公共管理运动奉若圭臬的企业家精神展开了反思和批判，指出了在公共行政领域过分推崇自由化和市场化可能造成的混乱，并主张重新梳理国家与公民、市场的关系，进而提出了以公共服务、民主治理和公民参与为核心的新公共服务理论；以罗西瑙(James N. Rosenau)为代表的学者们则更加彻底地重构了政策执行过程中的角色设置，提出了以众多公共或私人的个体或机构处理公共事务为特征的治理理论。虽然上述两种理论所处的问题域不相同，但是却体现了同样的民本主义色彩，公民在公共行政过程中的权利主体地位得到了切实的保障和体现。

新公共服务是针对新公共管理理论的缺失而提出的一种理论构想。新公共服务理论认为，放任公共行政走向市场化与竞争化将导致公共利益的损失，并引发公民尊严的丧失，因此其试图提出新的理论解释和实践工具来弥补这种趋势所造成的可能恶果。新公共服务理论坚持"政府应该区分政策制定('掌舵')与服务提供('划桨')，奉行为公共利益服务的理念，通过政府与社区、民众的相互沟通与合作，发挥各方优势，建立有效的公民利益表达机制，利用公民集体智慧满足公众需要。"也正是基于上述核心理念，新公共服务也被视为以公共行政思想和实践的发展为基础的，不同于旧公共行政学和新公共管理理论的第三种选择，为公共行政学提供了新的思维模式与发展方向。

治理理论的出现是对传统政治与行政二分法和公共与私人二分法的超越，换言之，是对传统统治理论的超越。两者相较，从权威来源看，统治的权威主体来自国家机关的单一化，而治理的权威主体来自公共组织、私人组织，以及公共组织与私人组织合作的多元化。从权力运行向度来看，统治运用的是政府权威，通过发号施令、制定政策和实施政策，自上而下地对社会公共事务实行单一向度的管理；而治理则主要通过合作、协商、伙伴关系、确立认同和共同的目标等方式，上下互动地对公共事务实行管理。从运行过程来看，统治强调的是运用规章制度，实施命令服从、遵章守令的模式；而治理则强调相互调适的过程，实施程序框架的模式，力求参与者之间的平等。从国家与社会的关系来看，统治坚持以国家为中心的思维方式，强调国家权威的命令、控制与指挥等；而治理则重视国家与社会的相互依赖，彼此相互合作而又保持各自的独立性，强调行为主体相互引导、推动、合作等。从涵盖范围来看，治理比统治的范围更广泛，治理包括政府组织和权力体制外的非政府组织等多元主体，这些主体都可以在公共事务治理过程中发挥积极作用。

治理是当前公共行政学界和政治学界最流行的话语之一。相对旧公共行政学和新公共管理理论而言，治理理论既有继承，也有超越。治理理论不再将研究的焦点集中于职能、预算和人事等传统的组织内部问题，而是转而关注政府机构之外各行为主体之间的复杂关系等新领域。当然，正如俞可平教授所言，"作为理论而言，治理的基本概念还十分模糊，理论体系也很不成熟，但是治理理论的确打破了公共行政研究中长期存在的市场与计划、公共部门与私人部门、政治国家与公民组织、民族国家与国际社会等两分法传统思维方式，它将有效的管理看作两者的合作过程；它力图发展一套管理公共事务的全新技术；它强调管理就是合作；它认为政府不是合法权力的唯一源泉，社会也同样是合法权力的来源；它把治理看作当代民主的一种新的实现形式；等等。"因此，尽管治理理论本身还有待完善，但无疑为学术界带来了审视公共事务治理之道的崭新思路。

二、我国公共行政学的形成与发展

(一) 我国公共行政学的历史沿革

中国是历史悠久的文明古国，古代中国长期位列人类文明发展的前列。西周至春秋战国时期，诸子蜂起，百家争鸣，狂论治国之道，政治思想中的行政学说与思想发达，内容十分丰富。各家著述中，均不乏行政管理方面的内容，有的至今仍被现代行政学者所引用和称道。其中，记录商周时期政事、政令的《尚书》，对国家人事行政管理、政府机构设置已经有所总结和论释。春秋、战国时期，孔丘、老聃、墨翟、韩非、管仲、郑子产、孙武等思想家、政治家的言论、著述中，都从不同的角度论述了治国、为政，特别是以用人、执法为中心，论述了行政管理问题，提出了以己正人、以法治国、德主刑辅、审能任吏、举贤才等治国理政的方针。秦统一中国之前，秦国最早将法家行政思想法律化、制度化。汉代以后，根据孔子论政中提出的"学而优则仕"原则，逐步形成了科举制度，不断完善了封建国家行政机构、行政制度、人事制度。此后，历代史书中的《职官志》、自唐至清所修之会典，以及《贞观政要》《资治通鉴》《读通鉴论》《人物志》等著作中，都有系统总结历代行政和行政改革的经验与教训的论述，其中不乏至今仍具有重要参考价值的卓越见解。所有这些，无疑是中国古代行政学说的宝贵遗产，具有古为今用的重要意义。当然，中国古代行政学说、思想还不是现代学科意义上的行政学。

近代，中国备受外强欺侮，经济凋敝，政治腐败，文化落后，社会发展缓慢。在这样的背景下，虽然中国资产阶级改良派倡导变法革新，提倡"西学"，但本土行政管理理论与思想难成体系。20世纪30年代，在新的大规模现代政府初建的历史条件下，少数爱国人士和学者开始致力于行政学的研究，并取得一定的研究成果，其中包括中国第一本行政学译著《行政学总论》(蜡山政道著，罗超彦译，1930)、国人撰写的第一部行政学著作《行政学原理》(江康黎，1933)，以及《行政学之理论与实际》(张金鉴，1935)、《普通行政实务》(张天福，1935)等。与此同时，有的大学开设了行政学课程，例如北京大学在1931年第一次正式开设"行政学原理"课程，其后，浙江大学开始讲授"行政学"方面的课程，清华大学1933年举行的第一届留美考试中还开设了"公共行政"专科考试。在学术著作和大学课程之外，《市县行政研究》(1933—1934)、《行政效率》(1934—1935)、《行政研究》(1936—1937)等行政研究刊物，行政效率研究会(1933)、中国行政问题研究会(1939)等研究团体也相继出现，共同构成了20世纪30年代中国行政学产生的标志。

总体而言，中国行政学产生初期在研究内容上表现出简单的学科模仿与本土化实践探索并行发展的双重特征。一方面，在学科创立上以对西方行政理论与研究成果的简单介绍、移植为主，譬如对西方行政学教材的翻译与模仿、在"行政"概念上移植"政治之作用在决定国家政策，行政之作用在执行国家政策"等威尔逊和古德诺的定义等皆为体现；另一方面，得益于政府对行政效率与行政改革的倡导、支持，以及行政学研究刊物与团体的创立，一批行政学研究者也对当时中国行政实际问题进行了诸多探讨。当时的行政学研究者们更多地关注捐税制度、农村组织和县政等实践问题，研究文书档案管理、组织设置、行政督察专员制、合署办公、裁局改科、行政三联制、幕僚长制、分层负责制、人事行政等行政改革与创新问题，并已经注意到从中国历代政治思想、政治制度中汲取素材。这些本土化的实践探索多是出于对当时中国行政实际问题的关怀，以寻求现实可行的解决方案为宗旨，在一定程度上助推该时期的行政学研究没有完全简单地模仿西方，而是自觉走上了中国化道路。

中国共产党在领导中国新民主主义革命的过程中，把马克思列宁主义基本原理与中国革命实际结合起来，在注重党的建设和人民军队建设的同时，也十分重视革命根据地的政权建设。在根据地人民民主政权进行行政管理的过程中，不仅提出了适应不同时期形势与任务需要的施政纲领、组织原则、干部路线和政策，而且在行政管理方针、方法方面也积累了丰富的经验。虽然由于当时战争环境的限制，这些经验没有能够上升为系统的行政理论，更没有这方面的专著问世，但仍然在老一辈无产阶级革命家的著作和党的文献中留下了研究资料。其中，在第二次国内革命战争时期，中国共产党便提出了中华苏维埃共和国的全部工作要体现人民管理的思想，要求"真正实现劳动群众自己的政权，使政治的权力握在最大多数工农群众自己手里"[1]。提出苏维埃组织要实行议行合一，民主集中制，并贯彻在苏维埃的全部管理中，严格做到"立法行政合一，完全运用民主集中制"[2]。强调党政适当地分工，要求"党要

---

[1] 《中华苏维埃共和国国家根本法(宪法)大纲草案》，见于张希坡：《革命根据地法律文献选辑·第二次国内革命战争时期中华苏维埃共和国的法律文献·上卷》，中国人民大学法学院图书馆藏资料，第123页。

[2] 《鄂豫皖区苏维埃政府临时组织大纲》，见于张希坡等：《革命根据地法律文献选辑·第二次国内革命战争时期中华苏维埃共和国的法律文献·上卷》，中国人民大学法学院图书馆藏资料，第204页。

执行领导政府的任务；党的主张办法，除宣传外，执行的时候必须通过政府的组织"等。上述人民管理原则、议行合一原则和党政分工原则，虽然在当时的条件下无法在实践上完全加以实施，但它的基本精神是正确的，其中有关行政管理体制的合理思想也具有历史借鉴价值。

在抗日战争时期，中国共产党在各个抗日根据地的抗日民主政府的活动中，继续坚持议行合一、民主集中制原则。同时，为贯彻抗日民族统一战线政策，在政府组成上提出了著名的"三三制"，接受党外民主人士意见，确定"精兵简政"原则。这些原则不仅适应了抗日战争形势的需要，而且从中国实际出发，具有长远意义。及至解放战争时期，中国共产党在解放区首创和推行了各级人民代表会议制度，把议行合一原则制度化，奠定了人民代表大会制度的历史基础。在行政管理方法上，由主要管理农村转向准备接受和管理城市，把行政管理由一般管理转向部门管理、业务管理。这为迎接中华人民共和国的成立，建立新中国的行政管理系统和行政管理的初步法治化、科学化创造了条件。

中华人民共和国成立后，行政学在中国的发展道路是曲折的。新中国成立初期，一些大学、大区的行政学院和其他干部学校开设了"行政组织"与"行政管理"课程，适应了当时恢复国民经济形势与任务的需要，并积累了一定的关于中国行政学研究的经验。我国进入社会主义全面建设时期之后，理应在已有基础上进一步开展行政学研究并进行国家公务人员的培训，然而，在1952年的院系大调整过程中，行政学连同政治学、社会学等学科一起被撤销，这在相当程度上影响了我国行政学研究和行政实践的发展。1978年中国共产党十一届三中全会以后，邓小平代表党中央号召，政治学、社会学、世界政治等学科多年来落后了，要"抓紧补课"。之后随着1980年12月中国政治学会的成立，政治学研究得到恢复，行政学研究也重新启动。改革开放四十多年来，特别是党的十四大以来，随着建立社会主义市场经济体制目标的提出和行政管理实践改革的逐步深入，行政学研究呈现方兴未艾的势头。迄今为止，中国行政学研究紧密结合中国特色社会主义建设的实际，结合行政职能、行政改革、公务员制度、勤政廉政建设等，探寻中国特色社会主义公共行政规律，为推进改革开放，为经济体制改革、政治体制改革、行政体制改革等提供理论与方法上不可或缺的支持。

(二) 我国公共行政学的发展展望

1. 我国公共行政学应面向世界，服务本国

当今世界正在经历一场波及全人类的全方位变革，经济全球化、世界格局多极化、文化多元化、信息化等四大趋势主导着世界的发展方向，无论是发达国家还是发展中国家都不能无视亦无法规避这些时代变化。西方国家在应对变革的过程中，积极、主动地采取以政府再造为核心的改革战略与策略，在实践中也取得了不同程度的效果，其中有些政府改革的经验对发展中国家具有借鉴意义。但也必须看到，世界各国的国情千差万别，政府改革的文化土壤与历史背景迥异。中国在面向世界的过程中必须立足本国，采取适合本国的发展战略，探索具有中国特色、符合国家利益和国情的行政管理模式，构建具有中国特色的公共行政学学科体系。

2. 我国公共行政学应着力研究我国公共行政创新问题

转型时期的中国社会给中国公共行政提出了许多新的课题，这些课题的解决归根结底需要中国各级政府及所属部门进行管理创新。相应地，中国行政学应着重研究下述问题：各级政府

如何树立以人(公民)为本的公共行政新理念；如何建立具有法治、责任、公正、廉洁、透明、节约等特点的服务型政府；如何转变政府职能，履行好提供公共物品与公共服务的职能；如何处理好政府与市场、社会的关系；如何建立一支高素质、廉洁奉公的公务员队伍；如何建立科学、合理的行政运行机制；如何推进政府管理方式的创新；如何完善科学、民主的决策机制；等等。

3. 我国公共行政学应重视研究方法问题

一是要注意研究方法的不断更新和多样化，这也是当前乃至今后社会科学研究的共同趋势；二是在问题研究过程中，重视社会学、心理学、历史学、传播学、计算机科学等多学科研究方法并用；三是增加定量研究，应用定量分析的方法，更科学地解决实际政府管理问题和促进公共行政理论发展；四是加大社会调研力度，善于发现公共行政领域出现的新情况、新问题，寻找解决问题的新途径。

第三节　公共行政学的研究意义和研究方法

一、公共行政学的研究意义

学习和研究公共行政学有重要的现实意义，具体包括以下几个方面。

1. 学习和研究公共行政学有利于正确、有效地发挥政府职能，深化政府管理体制改革

公共行政活动涉及对政府与社会、政府与市场等多方关系的定位与整合，以及对政府应当做什么、能做什么、怎么做等复杂问题的不断探索与调整，迫切需要一门专业的学科对其规律进行研究。作为政府管理对象的现代社会也处在快速的发展和演变过程中，在使现代政府的角色和功能变得前所未有地庞杂的同时，也在倒逼政府不断通过管理体制改革，实现更加科学化、民主化、法治化的管理。学习和研究公共行政学有助于科学地认识这些多元、复杂、动态的现实问题，为寻找有效的应对之法和行政改革路径提供理论指导。

2. 学习和研究公共行政学有助于培养符合现代政府管理与服务需要的公务人员

随着时代的发展和社会的进步，在公共事务范围不断扩大的同时，政府管理手段和方法也要不断地改进和更新，培养一支满足现代政府有效管理与服务需要的职业化公务员队伍是十分必要的。通过学习和研究公共行政学，掌握政府管理理论、原则、方法等知识，一方面可以为政府公务人员做好政府管理工作提供直接的指导，提升其行政能力与素质；另一方面也有助于改善行政风气，对提升政府的整体行政水平和形象等具有重要意义。

3. 学习和研究公共行政学对于其他相关学科的研究具有一定的学术意义

公共行政学的研究内容既有其专业之长，又与政治学、管理学、社会学、历史学、法学、经济学、传播学、心理学等学科存在诸多交叉和重合之处。推进公共行政学研究可以为相关学科研究视阈的拓展、研究素材的丰富以及研究方法的更新等提供帮助，促进多学科知识的相互渗透、相互促进、相互支持，推动人文社会科学的整体发展。

二、公共行政学的研究方法

作为一门交叉的综合性学科，公共行政学的研究方法较为多样。从定性和定量角度划分的定性研究方法和定量研究方法，从规范性角度划分的规范分析方法和实证分析方法，以及从逻辑素材角度划分的文献法、调查法、法规分析法、系统分析法和利益分析法等，都在公共行政学的学习和研究中有广泛使用。选择公共行政学研究方法时，应根据具体的问题类型和性质而定。另外，由于公共行政学研究对象的复杂性，单一的研究方法往往难以达到研究目的，因而常常需要将多种研究方法进行交叉、混合使用。下面介绍几种最基本的公共行政学研究方法。

1. 比较研究法

比较研究法是指对不同时期、不同国家或地区、不同或相似特征的公共行政问题进行比较，从中鉴别异同、查找原因，权衡优劣利弊，寻找具有共性、规律性的认识。比较的目的是开阔视野、拓展思路，加深和推进对不同行政理念、行政体制、行政模式等的全面、深入理解，辨识出较优的公共行政研究与实践方向。根据比较分析的内容，比较研究法具体可分为纵向比较法(或称历时性比较法)和横向比较法(或称共时性比较法)。前者是对同一公共行政问题的不同历史时期或不同发展阶段的不同变化、特点、背后成因等进行鉴别，后者是对同一公共行政问题在同一阶段的不同区域或不同种类中的不同表现进行比较，并寻找其存在差异的原因。

2. 历史研究法

历史研究方法又称史学研究法，是指从历史角度观察和研究公共行政问题，注重公共行政和公共行政学的起源、发展及演变沿革的过程，研究行政思想史、行政制度史、行政组织史、改革史、官僚史等。历史研究法的使用有助于挖掘公共行政问题在不同时期的不同特点和历史类型，从中探寻规律性公共行政原理和方法，总结经验、吸取教训、把握趋势，探求历史情形对现实行政和未来行政改革的影响和借鉴意义。

3. 案例研究法

案例研究法是基于所关心的研究问题，对某个或某几个真实或假设的典型行政事件进行深度描述与解剖，发掘事件本质，总结相关领域内的公共行政原理、原则和方法等，形成一个宝贵而深刻的理解，即对案例有独特见地，希望理解现实世界的行为及其含义。案例研究法既能够挖掘公共行政实践中的经验与教训，启发思维，推进公共行政学研究，也能够通过案例的真实感、鲜活性等弥补抽象性理论学习或填鸭式知识灌输的缺陷，提升公共行政学的学习效果。

4. 系统分析法

系统分析法是指将系统工程的理论和方法运用于公共行政问题的研究，把行政活动的整个过程和社会环境等视为一个有机整体，对相互关联的各个层次、部分、环节等进行全面的考察和分析。系统分析法的核心工作是找出某种行政活动中的分析单元，进而解析各个分析单元间的交互影响、双向往来、动态平衡、因果关系等，实现对行政活动内在原理的挖掘和提炼。

关键词

公共行政　公共管理　公共物品　公共服务　公共需要　公共行政学　公共管理学

思考题

1. 简述公共行政与公共管理的区别和联系。

2. 为什么需要公共行政？

3. 如何理解公共行政的公共性？

4. 西方公共行政学产生的背景是什么？

5. 简述公共管理学与公共行政学的区别和联系。

6. 简述学习和研究公共行政学的意义。

推荐阅读

[1] 马克思恩格斯选集[M]. 3版. 北京：人民出版社，2012.

[2] [美]戴维 H 罗森布罗姆，罗伯特 S 克拉夫丘克. 公共行政学：管理、政治和法律的途径[M]. 5版. 北京：中国人民大学出版社，2002.

[3] [澳]欧文·休斯. 公共管理导论[M]. 4版. 北京：中国人民大学出版社，2015.

[4] [英]海伍德. 政治学[M]. 3版. 北京：中国人民大学出版社，2013.

[5] 丁煌. 西方行政学说史[M]. 3版. 武汉：武汉大学出版社，2017.

[6] 何艳玲. 公共行政学史[M]. 北京：中国人民大学出版社，2018.

[7] 杨沛龙. 中国早期行政学史：民国时期行政学研究[M]. 北京：社会科学出版社，2014.

第二章 行政环境

任何国家的公共行政都是在一定的环境之中进行的。公共行政与环境之间既存在相互交换、相互交流的关系，也存在相互影响、相互作用的关系。同时，相互之间既存在积极的促进作用，也存在消极的阻滞作用。因此，本章将在界定行政环境含义的基础上，对公共行政生态学的代表性理论进行系统的介绍，并试图用生态学方法分析我国公共行政所面临的国际环境问题和国内环境问题。

第一节　行政环境概述

一、行政环境的含义

公共行政总是植根于一定的环境之中，要了解行政环境的含义，首先要弄清环境的含义。环境是生态学中的一个术语，在生态学中，环境是指事物周围的境况或者围绕某一事物主体的外部境况。该术语被行政生态学者引用到公共行政的研究之中，成为公共行政学中的重要概念。广义地讲，行政环境是指公共行政系统周围的境况。行政环境是无限的，包括公共行政外部的每一个因素。但是，本书所分析的只是存在于公共行政系统边界之外的并对公共行政系统具有直接或间接影响的所有环境因素。所谓公共行政系统，是由公共行政主体及其公共行政行为所构成的有机联系。因此，行政环境就是指存在于公共行政系统周围的并对其产生直接或间接作用和影响的各种因素的总和。理解这一概念时，应注意以下几点。

第一，行政环境的构成要素是非常广泛和复杂的。凡是存在于公共行政系统周围的，对其产生影响的各种要素和条件，包括物质的、精神的，有形的、无形的，自然的、社会的，国内的、国际的等因素都属于行政环境的范围。无论在时间、空间上还是在种类上，都很难给行政环境划定一个固定的边界。

第二，由于行政环境构成要素的广泛性和复杂性，每个要素对公共行政系统的影响也各不相同，有起直接作用的，也有起间接作用的；有起积极作用的，也有起消极作用的；有起决定性作用的，也有起一般性作用的；有经常起作用的，也有偶尔起作用的；等等。无论在方向、力度上还是在时效上，行政环境的各个要素对于公共行政系统的影响都不是也不可能是同等的、均衡的和始终一样的。

第三，行政环境对公共行政系统的影响主要体现在公共行政主体实施公共行政行为的过程中，会影响和制约公共行政的目标、体制、方法、手段、效率和效果。因此，行政环境对公共行政系统的影响是系统性的，包括整个公共行政的主体、行为，以及两者的相互关系和作用结果。

二、行政环境的类型

如果要更系统地认识行政环境的各个要素以及它们对公共行政系统的影响，就要对复杂繁乱的各个要素进行分类分析。可以从不同角度、不同层次，按不同标准对行政环境进行分类。按照影响范围的不同，行政环境可分为国际行政环境和国内行政环境；按照影响作用的不同，行政环境可分为有利的行政环境和不利的行政环境；按照内容和性质的不同，行政环境可分为公共行政自然环境和公共行政社会环境；等等。当然，无论如何划分行政环境的类型，都是为了分析和研究的需要。实践中，许多环境要素可以归属于多种分类，很难被绝对划分为某一种类型。下面主要介绍几种常见的环境类型。

(一) 经济环境

经济环境主要指影响公共行政的国家经济总量、经济结构、经济体制和经济影响力状况。经济环境对公共行政有着决定性的影响，因为一个社会的经济基础决定其上层建筑，从而决定了公共行政的性质和原则。无论什么性质的国家，其公共行政的目标、体制、行为、方法、手段都要受其经济环境的制约，公共行政不可能超越经济环境所提供的条件。经济环境对公共行政的影响具体体现在以下几个方面。

第一，公共行政系统是非生产性的，但是行政活动却是以物质消耗为前提的，因而一个国家所拥有的经济总量实际上是公共行政活动的物质基础，也是公共行政的动力来源。

第二，经济结构是一个社会的经济基础，即生产关系的总和，同时也包括产业结构、分配结构、交换结构、消费结构和技术结构等。经济结构在总体上决定其余一切社会关系，当然也决定公共行政活动的基本状态。

第三，经济体制是指一个社会的经济管理制度和管理方法，包括组织管理形式、管理权限划分、管理机构设置等，涉及国家与市场、中央与地方、经济手段与行政手段的关系。经济体制决定公共行政的行为方式、机构设置、权限关系和管理手段等。

第四，经济影响力主要指一个国家的经济活动对外界的影响程度，它间接地影响人们对公共行政系统的信心，经济影响力往往会成为民众评价公共行政系统的参照物，公共行政也会随着民众的评价来调整其自身对经济活动的作用。

综上可见，经济环境对公共行政的影响是最根本的。当然，公共行政对经济环境也有反作用，它可以促进经济的发展，也可以阻碍经济的发展。因此，只有客观、准确地认识经济环境，才能有效地进行公共行政。

(二) 政治环境

政治环境主要指影响公共行政的国家政治制度、法律制度、政党制度、政治社团等，其决定并制约着公共行政。因为任何一个国家的公共行政活动都以维持一定的政治制度和阶级统治为目的，这是由公共行政的政治性决定的。政治环境对公共行政的影响具体体现在以下几个方面。

第一，国家政治制度通常指国家的政体制度，即居于统治地位的一定阶级采取何种形式组织政权，包括国家的管理形式、结构形式和选举制度等。国家的政治制度直接决定了公共行政在社会政治生活中的地位和作用，也制约着公共行政的组织形式和公共行政的运作方式。

第二，国家的法律制度通过对公共行政行为的法律化和制度化，使公共行政活动依照法律实施，达到规范公共行政行为、防止滥用权力的目的。法律制度的完善程度决定了公共行政的法治程度，制约着公共行政的立法、执法和守法状态的发展。

第三，政党制度通常指的是一个国家通过政党进行政治活动的方式和状态。政党制度决定执政党在公共行政系统中的政治地位和执政方式，不同的政党制度对公共行政的影响是不同的。西方国家两党制与多党制决定的公共行政的组织形式和行为方式严格区别于我国政党制度下的公共行政的组织形式和行为方式。

第四，政治社团一般是指以政治任务为中心的组织，它代表一定社会群体的利益，参与国家政治活动。政治社团主要通过言论和行动向政党和政府施加影响(区别于政党通过获得政治权力对社会施加影响)，反映和维护群体的利益。政治社团既为公共行政提供了民主参与的公共基础，也为公共组织了解社会成员要求提供了合法的沟通渠道。

总之，如果国家的政治环境不完善，势必对其公共行政的目标、体制、组织形式和行为方式等产生消极的影响。公共行政总是要通过其行为维护和完善一定的政治环境。

(三) 文化环境

文化环境主要指影响公共行政的社会意识形态、道德传统、社会心理、教育科技、社会风气、行为规范等。从某种意义上说，文化是一个国家、一个民族的认知特质、思维方式、行为方式的系统总和。文化环境是通过对公共行政系统的体制、职能、行为和人员的基本价值和行为规范的渗透产生影响作用的，当然，这种影响是潜移默化的，其过程也是很漫长的。可以说，有什么样的文化环境，就有什么样的公共行政。世界各国的文化环境各有特征，各国的公共行政也带有其文化的烙印。文化环境在给公共行政提供智力支持、文化条件和精神动力的同时，也会受公共行政的影响。

(四) 社会环境

社会环境主要指影响公共行政的国家人口、民族、家庭、社区、社会管理水平等社会状况。需要说明的是，本书所讲的社会环境是作为宏观环境中广义的社会环境，即除去一个国家的经济、政治、文化环境要素以外的环境状况，是狭义的社会环境。

人口是社会物质生活条件之一，是构成社会的主体，也是行政环境的基本构成要素。人口要素主要指一个国家的人口数量、人口指数(出生、死亡、增长率)、人口素质、人口的发展变化等状况。没有一定数量和相当素质水平的人口，便没有社会生产和社会生活，公共行政也就无从谈起。人口过度增长或过多、过快减少，都会给国家和社会的发展带来难题，甚至形成威胁，这也就给公共行政提出了各种要求。实际上，人口因素是通过经济、政治、文化环境与人口因素之间互相依赖、互相制约的关系而对公共行政产生间接影响。

民族也是社会环境中一个很重要的因素。民族是一种社会现象，马克思主义认为，民族问题不是孤立的抽象存在物，它与特定的历史条件相关，是社会政治发展总问题的一部分。在不同的历史时期和社会条件下，不同民族或民族集团之间在经济、政治、文化、生活方式、风俗习惯等方面所发生的一系列矛盾具有不同的内容和形式，也具有不同的特点。因此，各国的公共行政要根据不同时期、不同民族的特点和发展趋向，实施具有民族特色的公共行政。否则，将给国家、社会的发展带来更多、更大的难题，甚至是灾难性的后果。

公共行政面临的社会环境是一个复杂的综合社会系统。家庭、社区、社会自治能力、社会自我管理水平、社会控制等因素也分别以不同的方式在不同程度上对公共行政产生影响。

当然，作为行政环境的主要组成部分，自然环境与国际环境对公共行政系统的影响日益重要。自然环境是一个原生定量，也是一个变量，它与社会环境存在广泛的交换关系。社会环境可以对自然环境产生有利的影响，也可以给自然环境带来不利的影响，甚至产生破坏性的作用。因此，自然环境与公共行政的关系极大。一方面，公共行政要适应自然环境，遵循生态规律和特点，解决自然环境与社会经济发展的矛盾，从而促进社会可持续地发展；另一方面，政府也要对民众进行生态意识教育，建立合理的生态环境管理体制，完善生态环境保护法规，形成一个物质能量良性循环的自然环境。随着全球化进程的日益加快，自然环境已经成为一个国际性的环境因素，影响着全球各个国家的公共行政。在世界经济一体化、政治全球化和文化多元化的背景下，国际环境对各国公共行政的影响是不言而喻的，本章将在第三节具体分析中国公共行政面临的国际环境。

三、行政环境的特点

作为公共行政研究的重要内容，行政环境具有与公共行政一致的共性内容，也具有不同于一般环境的特点。从总体上看，行政环境的主要特点是广泛性、复杂性、层次性、动态性和自在性。

(一) 广泛性

行政环境的广泛性主要指行政环境所涉及的范围和内容比较广泛，从国内环境到国外环境，从自然环境到社会环境，从经济发展到政治完善，从伦理价值到教育科技，从人口数量到民族问题，从山川河流到矿藏资源等，几乎囊括了社会的方方面面。行政环境的广泛性是由公共行政本身的管理对象的广泛性决定的，实际上，公共行政就是为整个社会的公众提供公共物品和谋取公共利益。

(二) 复杂性

行政环境的复杂性主要指政环境所涉及的环境因素之间存在的关系错综复杂，尤其是公共行政要在各种环境要素之间进行利益调整和利益分配，而各环境要素也会受公共行政的影响而发生变化，从而使行政环境更加复杂化。

(三) 层次性

行政环境的层次性主要指构成行政环境的各个要素对公共行政的影响和作用是不同的，有的环境要素对公共行政的影响是直接的，有的环境要素对公共行政的影响是间接的；有起决定性作用的，有起制约性作用的，还有起渗透性作用的；等等。可见，在行政环境构成要素的体系中，对公共行政的影响的差别决定了行政环境的层次性，当然，这种层次性总是随着环境要素的变化而变化。

(四) 动态性

行政环境的动态性主要指行政环境本身总是处于不断的变化之中，这种变化包括两个方面：一是指环境自身的发展变化，二是指各个环境要素在公共行政的影响下也在发生变化。因此，公共行政要适应不断变化的环境，从而为环境的改变创造更有利的条件。

(五) 自在性

行政环境的自在性主要指公共行政系统不能自主决定其周围的环境状况，而各种环境要素本身都有自己的发展规律和特点，相对公共行政而言，具有较强的自在性。行政环境的自在性要求公共行政尤其是公共行政系统要遵循环境自身的规律，善于利用环境要素，避免随意或强制改变外部环境，片面夸大自身的影响力。

四、行政环境与公共行政的关系

行政环境是公共行政赖以产生和发展的基本条件，行政环境决定、影响、制约公共行政目标的制定、机构的设置、机制的运行和活动方式的选择等。应该说，有什么样的行政环境，就有什么样的公共行政。当然，公共行政也会在适应行政环境的同时，能动地、积极地利用和改造行政环境。因此，行政环境与公共行政是辩证关系，具体体现在以下两个方面。

(一) 行政环境决定、制约公共行政

经济基础决定上层建筑，上层建筑要适应经济基础的性质和发展，这是社会发展的基本规律。公共行政系统是上层建筑的重要组成部分，它建立在一定的经济基础之上，并与上层建筑的其他部分密切相关。实际上，公共行政的性质、原则、职能内容都是由行政环境决定的，公共行政的组织、体制、运行方式、技术手段、人力资源等方面都受到行政环境的制约。具体体现为：①公共行政要适应行政环境的性质，也就是要适应一个国家的经济环境和政治环境的性质，建立与经济制度、政治制度、社会制度相适应的公共行政管理体制和管理理念。②公共行政要适应行政环境的现状，因为不同的国家和地区的发展水平存在较大的差异，而且行政环境要素本身又有很大的变动性，因此公共行政要适应行政环境的现状是对公共行政的基本要求。③公共行政要适应行政环境的变化和发展方向，公共行政系统的运行实际上是在对不断变化的行政环境的认识、把握和调整中达到平衡与适应的，也就是说这种适应就是动态的适应。

(二) 公共行政对行政环境的利用和改造

公共行政对行政环境的利用和改造是公共行政对行政环境的反作用。作为社会上层建筑的重要组成部分，公共行政对社会的经济基础和上层建筑的其他部分也具有反作用。当公共行政沿着行政环境发展方向发生作用时，对行政环境尤其是经济、政治、文化等环境的发展就起积极的促进作用；当公共行政沿着与行政环境发展相反的方向发生作用时，对行政环境尤其是经济、政治、文化等环境的发展就起消极的阻碍作用。具体体现为：①公共行政要利用行政环境提供的经济、政治、文化、心理、科学技术等条件，对各种有利或不利的要素进行价值权衡，制定正确的目标、决策、制度，采取有效的方法或手段，进而达到改变环境的目的。②公共行

政遵循行政环境发展规律，适应行政环境要素的要求，解决行政环境与行政发展的矛盾，主动、自觉地纠正不符合行政环境要求的公共行政行为，积极地促进公共行政赖以存在的行政环境的发展，这正是公共行政对行政环境的能动的改造作用。当然，公共行政对行政环境的能动作用还表现在消极的方面，即对行政环境的发展起阻碍和破坏作用。

第二节 行政环境的代表性理论

一、行政环境问题的提出

行政环境问题是行政生态学研究的重要内容，行政生态学应用生态学的理论和方法研究公共行政面临的问题。

生态学形成于19世纪末20世纪初。20世纪50年代后，科学技术和工业化的发展带来了社会经济的大发展，但同时也带来了严重的环境问题，全球人口剧增、环境污染、能源紧张、食物短缺和资源破坏等环境危机的加深，唤起人们对生态环境问题的普遍关注和高度重视，拯救环境、保护生态的呼声促进了生态学、环境科学等学科的发展。特别是在研究人类认识自然和改造自然的活动与环境之间的关系，研究与人类健康直接相关的生产和生活的环境，研究环境污染所引起的环境质量变化及对环境的保护等方面有了较大进展。将生态学作为一种方法论来运用，可以引导人们关注公共行政系统的外部环境。另外，第二次世界大战后，许多新独立的国家在行政体制建立和行政方法的运用上，大多是照搬其原宗主国的行政体制和行政方式，不考虑本国的国情特点，违背公共行政发展规律，导致本国公共行政运行的结果不如人意。这些情况促使一些行政学者认识到研究行政环境的必要。他们认为，由于各国行政环境的不同，必须从本国的实际国情出发，采用适合本国的行政体制和行政方法。行政生态学就是在这样的背景下被提出并发展起来的。

从生态学角度对公共行政进行考察始于20世纪30年代，美国哈佛大学教授约翰·高斯于1936年发表《美国社会与公共行政》，提出了公共行政与行政环境的关系问题。1945年，高斯在亚拉巴马大学进行了系列讲座，详尽地阐述了生态学方法在公共行政研究中的应用，后来这些内容集合成书，以《公共行政学之我见》的书名出版。1947年，高斯又发表了《政府生态学》，强调外部环境对公共行政的影响。1957年，美国夏威夷大学东西文化研究中心教授弗里德·利格斯对行政生态学的研究取得了重大进展，发表了《比较公共行政模式》一文。1961年，利格斯在对原观点进行补充和修正的基础上写成了《公共行政生态学》一书，成为当时公共行政方面研究的代表作，创立了公共行政生态学这一以生态学的方法研究公共行政现象和行为的学科。中国行政学者张金鉴教授于1982年出版《行政学新论》一书，以生态学观点来论述公共行政问题，完善和发展了公共行政生态学。

二、公共行政生态学的基本观点

公共行政生态学采用生态学理论和方法研究公共行政及其周围环境，主要研究各个国家的社会文化和历史传统等因素对公共行政的影响，以及公共行政对该国社会发展和变化的影响与作用。总体而言，公共行政生态学对环境的研究主要集中于四个方面：第一，社会环境的行政研究，侧重研究公共行政系统与社会环境的适应程度，以及如何在与外界环境保持平衡的状态下获得动态发展；第二，文化环境的行政研究，侧重研究文化的性质、文化形态与公共行政系统及公共行政行为的相互关系和影响；第三，心理环境的行政研究，侧重研究公共行政人员的价值观和心理需要动机与公共行政行为的关系和影响；第四，生理环境的行政研究，侧重研究如何根据公共行政人员的生理特质提供必要的条件、制定适当的措施保证公共行政人员的身体健康、身心愉快，从而达到提高公共行政效率的目的。公共行政生态学理论以高斯、利格斯的观点为典型代表，我国著名行政学者张金鉴对公共行政生态学也进行了系统地阐述，下面分别进行介绍。

(一) 高斯的公共行政生态学观点

高斯是公共行政学界的先驱，也是最早把"生态学"这个术语引入公共行政学的。高斯擅长根据美国社会的争端和事变的总框架来构造公共行政学的概念与模式。他认为，生态学的研究对象就是各种生物体及其环境之间的全部相互关系。因此，以生态学的方法研究公共行政所涉及的内容是非常丰富的，包括一个地区内的各种因素，如土壤、气候、地理位置，生活在那里的人民(包括人数、年龄和知识)，以及他们在当地赖以谋生的科学技术和社会技术状况及其相互关系。高斯要求公共行政学专业的学生去调查美国社会环境，弄明白环境的生态特点对行政体制发展的影响，了解美国社会的各种经历。高斯本人经历过20世纪30年代灾难性的经济大衰退的冲击，如同他所说的，"我们感到变迁就是美国生活的特点，变迁瓦解了邻里关系，破坏了文化上的稳定，影响波及整个北美大陆，人们忙乱地迁入城市或返回农场，由一种工作转换到另一种工作，变迁取得了受到广泛赞扬的成果……但变迁的代价也正变得越来越明显，这种代价不仅表现在大衰退时期戏剧般的崩溃破产之中，而且表现在人们的挫败、瓦解和悲观情绪中……"高斯期望通过生态学的研究，从公共行政学中找到个人能够对自己所处环境施加某种影响的新满足和新机会，为生活在这个时代的人们设计出一种新的和改造过的制度模式。高斯还特别描述了影响公共行政的若干重要因素：人民、地区、科学技术、社会技术、希望和理想、灾祸等，并通过具体的例子逐一分析每一个因素对公共行政的影响。

(1) 人民。某一政府辖区内的人民会因为时间、年龄和地址的关系而在分布状况方面发生变动，从而成为公共政策和公共行为的某些起因。

(2) 地区。居民由于各种原因由城市流向郊区的运动会产生一系列的反应：房价的调整、公用事业的课税基础调整、交通系统和公共设施的调整等，这些变化对政府的影响较大。

(3) 科学技术。科学技术的发展给人们的生活带来了重大变化。例如，汽车的使用带来了公路这一公用事业的发展，而公路的扩展和设计使汽车使用者、制造者、筑路者、筑路机械和原料供应者等，与马车使用者、马车挽具制造者、反对因修路而增加税收者进行斗争。同理，科学技术的发展带来的变化会使公共行政调整其公共职能。

(4) 社会技术。社会技术的影响是潜在而持久的。例如，由于创立公司而把许多人的积蓄集中起来加以使用，这样就会形成一种新的力量，这种新的力量造成了社会秩序的波动和人际关系的紊乱，但同时也为社会经济发展创造了条件。当然，劳资关系、买卖关系、生产者与消费者关系、雇佣与被雇佣关系都需要重新审视并寻找新的平衡，这对公共行政来说就是新的适应过程。

(5) 希望和理想。高斯认为,人们的希望和理想实际上就是人们满足物质生活和精神生活需要的愿望,人们的希望和理想直接影响公共行为,人们对公共行政的要求就是将希望和理想与制定的公共政策结合起来。

(6) 灾祸。灾祸对公共行政的影响是显而易见的。例如,波士顿夜总会的火灾带给人们和公共行政一定的启示:建筑法规及其实施的软弱无力、火灾受难者的心理后遗症、火灾后全国公共娱乐场所的防火检查和消防管理的强化。

高斯认为,采用生态学的研究方法来研究公共行政是困难的,因为它要求公共行政系统既要具有观察能力,也要敏锐地意识到变革和失调,同时还要甘于面对公共事务,从而在与环境的联系中做出反应。

(二) 利格斯的公共行政生态学观点

美国著名的公共行政生态学的代表人物利格斯在高斯的研究成果的基础上发展了公共行政生态学理论,建立了公共行政生态学这一学科的知识体系。在《公共行政生态学》一书中,利格斯运用生态学的理论和方法,研究发展中国家的行政问题。

(1) 利格斯根据社会形态的不同,运用结构功能分析法和物理学光谱分析中的概念,从社会经济结构出发,将行政模式分为以下三种形态。

第一,融合型,与农业社会相适应的行政形态。其特征如下:以农业为经济基础,社会结构混沌不清,没有明确、细致的分工,土地的分配和管理是行政的主要事务;立法、司法、行政、政治行为等混杂一起,没有专业化的行政机构;实行世卿世禄制度,权力来源于君主,行政风范带有浓重的亲族主义色彩;从事公共行政的人员与民众沟通很少,官吏来自特殊阶层且在经济和政治上享有特权,官僚职位重于政策。

第二,衍射型,与现代工业社会相适应的行政形态。其特征如下:以现代化的工业为经济基础,整个社会结构明确,有细致的分工;行政职能明确、具体,行政机构讲求效率和科学性;民众与政府沟通较多,有影响政府行为的渠道;行政风范体现平等主义、成就取向和对事不对人的原则。

第三,棱柱型,与介于农业社会和现代工业社会之间的过渡社会相适应的行政形态。其特征是既具有农业社会行政形态的一些特征,又具有现代工业社会行政形态的一些特征。在具体行政方面,形式上虽已抛弃了农业社会的行政特征,但实际上仍对行政具有很大的影响力;行政行为已经逐渐与其他社会行为区分开来,专业化的机构已经建立起来,但其功能还不能完全实现,行政效率还是很低的,政府的制度、法规还不能起到约束和规范的作用;同时呈现异质的行政风范和行政行为,农业形态结构与工业形态结构重叠存在。

(2) 利格斯重点探讨了发展中国家的棱柱型行政形态的问题。他认为,棱柱型行政形成的原因主要是这些国家的社会变迁受外部作用比较大,而变迁的顺序又大多是从技术层面到制度层面再到意识层面,由于忽视了自身条件与外部环境的适应性,而导致在变迁过程中出现技术层面、制度层面、意识层面三者脱节的问题。这也是发展中国家在制度变迁过程中面临的难题。利格斯进一步分析了棱柱型行政的三个基本特征。

第一,异质性。棱柱型行政使同一个社会同时存在不同的行政制度、行政文化和行政行为，既有农业社会的，又有工业社会的，从而出现不协调的现象。

第二，形式主义，造成理论与实践相脱节。棱柱型行政国家的法律、制度形同虚设，实际起不到约束和规范作用，现代的形式贯彻着传统的内容，理念与制度的不一致使棱柱型行政处于两难之境。

第三，重叠性。棱柱型行政中的行政职能与一些非政府组织(如家族、宗教团体、乡会组织)的功能发生混淆、重叠，造成合法机构的权威丧失，政府官员受制于非政府组织等现象。

(3) 利格斯认为，一个国家行政环境的构成有五个方面的内容：经济结构、社会组织状况、沟通机制、政治符号系统和政治结构。

第一，经济结构是影响一个国家公共行政的第一位要素。一个国家的公共行政模式基本上是由该国的经济结构所决定的，而经济结构中的市场化程度是影响公共行政的关键因素，市场化程度越高，公共行政受传统因素制约的程度就越低。

第二，社会组织状况也是影响公共行政的重要因素。利格斯把社会组织分为两大类：一类是以血缘关系为纽带结成的自然团体，如家庭、家族等；另一类是以利益关系为纽带结成的人为团体，如教会、政党、工会等，也称为社团。在农业社会和过渡社会的行政形态中，家庭和家族对公共行政起着重要的影响作用；在现代工业社会的行政形态中，社团则对公共行政的影响作用更大。

第三，沟通机制是直接影响公共行政的一个要素。沟通机制主要是指社会的文化水平、使用语言的状况、社会舆论的力量，以及通信、交通状况等使整个社会相互联系、相互沟通的手段。一个社会沟通机制的状况直接影响一个社会的"动员"与"同化"，这里的"动员"和"同化"是指社会对公共行政目标的理解和认同。

第四，政治符号系统主要包括政治神话、政治法则、政治典章等政治文化，对公共行政的影响是潜在和深刻的。

第五，政治结构是决定公共行政的重要因素。政治与行政的关系是政治主导行政，行政实现政治目标，因而政治结构对公共行政的影响是不言而喻的。

(三) 张金鉴的公共行政生态学观点

我国著名行政学者张金鉴对公共行政生态学进行了系统地阐述，具体内容包括以下几个方面。

1. 研究公共行政生态学的意义

张金鉴认为，公共行政生态学就是政府为谋求生存、持续与发展及达成一定使命时，由公务人员依人类生态学、文化生态学所启示的原则，对外部环境进行平衡适应，对内部资源进行统一协调，根据机关的功能需要，采取组织行为完成职位任务所适用的系统知识、适当法则与有效方法。

2. 公共生态行政学涉及的领域

张金鉴认为，要以生态学观点研究行政，则其涉及的领域应包括以下四部分。

(1) 社会生态的行政研究，指研究行政系统对社会及自然环境的生态适应，使行政系统能获助力化阻力，保持与外界的均衡。主要包括：自然环境的开发利用、适应及维护，行政行为的系统分析，人口增长压力对行政的挑战，社会环境与行政的互动关系及影响，团体动态与行政组织的关联，压力团体的活动与多元行政，经济发展与行政性能，国际社会与国际行政。

(2) 文化生态的行政研究，指研究文化性质与文化形态对行政系统与行政行为的关系和影响。主要包括：文化变迁与行政适应、文化形态与比较行政、政治文化与行政模式、科学技术对行政的冲击、风俗习惯与行政革新、价值观念与行政演变、教育与宗教对行政的影响。

(3) 心理生态的行政研究，指研究公务人员的意识形态和心理动机与行为的现象。主要包括：制定决策的心理因素、互相领导关系、协调与合作、激励管理、参与管理、人群关系。

(4) 生理生态的行政研究，指研究如何适应公务人员的生理特征、功能与需要，保持身体健康，并提高效率。主要包括：了解个别差异而做适当的人员选拔与任命；建立完善的工作环境，配合生理需要消灭疲劳；适应人员体能与耐力，规定适当的工作速率以保持持久的效能；采取合理的薪资制度，维持适当的生活水准；使工具、设备适应人员生理特性，减少体力消耗；举办各种休闲康乐活动，使身心健康、愉快；健全安全组织和完善安全设备，防止人员意外伤害。

3. 公共行政生态学的研究趋向和研究目的

(1) 公共行政生态学的研究趋向。公共行政生态学是统合行政学，以生态适应为要职，以系统分析为研究途径，其研究趋向包括由分离的研究到整体的研究、由独立的研究到互依的研究、由单科的研究到科际的研究、由静态的研究到生态的研究、由定律的研究到权变的研究、由法学的研究到人学的研究、由效率的研究到民生的研究。

(2) 公共行政生态学的研究目的。建立公共行政的新观念是公共行政行为的准则。公共行政生态学的新观念包括整体系统的行政观、生态适应的行政观、开放组织的行政观、异途同归的行政观、新陈代谢的行政观、稳进发展的行政观。

第三节　中国行政环境分析

一、中国公共行政面临的国际环境

在行政环境的构成要素中，国际环境是一个不可忽视的重要要素。在中华人民共和国成立至今70多年的发展过程中，公共行政受到了国际环境的影响。当然，中国的公共行政发展也在不断地影响国际环境。经过改革开放40多年的发展，我国经济实力、科技实力、国防实力、综合国力进入世界前列，我国的国际地位在逐渐提升。

国际环境是指一个国家政府以内政为基础，与世界各国家、各地区之间的政治、经济、文化、自然地理等方面的关系，以及其他国与国之间的相互关系的适应和反应的环境。一个国家的公共行政对国际环境的适应性和反应性，取决于一个国家在国际上的综合影响力所产生的积极或消极的影响。国际环境包括国际社会环境和国际自然环境两个方面。国际社会环境主要是指对一个国家公共行政产生影响的国际社会的政治、经济、文化等方面的发展状况。国际自然环境则主要指对一个国家公共行政产生影响的全球自然状况，如国家所处的地理位置及其之上的地形、气候、土壤、山林、水系、矿藏、动植物等自然条件。

(一) 中国公共行政面临的国际社会环境

和平与发展是当前国际社会环境的发展趋势和主要特点，也是当今世界的两大主题，构成我国现阶段公共行政面临的国际行政环境。所谓和平，是指世界在国际和平的大背景下的相对和平。尽管局部战争不断，世界恐怖组织活动猖獗，不稳定因素此起彼伏，但大国关系还是以和平为主调。所谓发展，是指世界经济，特别是发展中国家经济的发展问题，谋求社会的发展和繁荣是人类永恒的课题，社会制度的变革退居次要位置。

总之，当今世界正在发生深刻、复杂的变化，但和平与发展仍是时代主题，和平、发展、合作、共赢的时代发展趋势不变。一大批新兴市场国家和发展中国家走上发展的快车道，几十亿人口正在加速走向现代化，多个发展中心在世界各地区逐渐形成，国际力量对比继续朝着有利于世界和平与发展的方向发展。这使得保持国际形势总体稳定，促进各国共同发展具备更多有利条件。当前，世界处于一个大发展、大变革的时期，有利于和平、发展、合作、共赢的呼声和力量在增长，人类的相互依存度在上升，国际力量对比更趋平衡，和平与发展的时代主题没有改变。和平与发展的国际环境为我国公共行政目标的确定和实现提供了必要条件和支持，也为我国政府开发和利用本国资源、刺激市场需求、吸引外资、引进技术、发展本国经济提供了有利的外部环境。

同时，世界仍很不安宁，人类依然面临诸多难题和挑战。国际金融危机影响深远，世界经济增长不稳定，不确定因素增多，全球发展不平衡加剧。地缘政治因素更加突出，局部动荡此起彼伏，霸权主义、强权政治和新干涉主义依然存在并有所上升，保护主义、孤立主义、民粹主义不断增长，恐怖主义、网络安全、重大传染疾病、气候变化等非传统安全威胁持续蔓延。人类面临的共同挑战有增无减，维护世界和平、促进共同发展依然任重道远，具体表现在以下几个方面。

第一，两大阵营对峙格局瓦解，世界格局多极化。国际力量对比关系由两个超级大国对峙转为一超多强并存；美、俄、中、日、欧盟五大国际力量之间的关系发生了实质性的变化，由主从关系转为平等竞争的伙伴关系；大国之间的利害关系相互交错、相互渗透，随着多极格局的形成，大国关系向成熟化方向发展。

第二，世界政治中心由单一的欧洲中心转向欧亚两大中心并立，亚太地区在世界事务中的地位明显上升。20世纪70年代后，日本和亚洲新兴工业化国家和地区在经济上的崛起，亚太经济合作的强劲势头，尤其是亚太经济合作组织在世界经济舞台上发挥的作用使世界的政治中心发生了变化。

第三，全球性的两种社会制度的对立转变为多样性的政治制度并存发展。20世纪50—70年代，两种不同的社会制度尖锐对立，世界局势极不稳定。80年代后，世界政治格局一度倾斜，但是随着中国的改革开放和经济发展成就的取得，中国特色的社会主义逐渐在世界上取得了自己的位置，其他国家的政治自主意识也在加强，同时也使美国等西方国家的强权政治受到越来越多国家的抵触和抑制，使国际形势由对抗转为对话，由紧张转为缓和。

第四，国际竞争由单纯的军事领域转向以经济、科教为主的综合国力竞争。两极格局解体后，经济对国家发展的影响日益突出，经济实力成为衡量各国国际地位的重要因素，经济利益也成为各国在处理国际关系时的决定性因素。

从中国的国际地位出发，中国的国际社会环境给公共行政发展带来了很多有利影响，也带来了一些不利影响，具体表现在以下三个方面。

第一，大国霸权主义和强权政治依然存在，甚至有时极其嚣张。某些国家以大国强国自封世界领袖，凭借军事和经济实力，强行干涉、控制小国、弱国的内政外交；强迫其他国家服从其统治，听从其指挥；在世界或地区实施称霸的政策和行为，试图把自己的政治价值观念和政治模式强加给各个国家，从而达到改造和控制整个世界的目的。

第二，新干涉主义日渐抬头。在当前的国际社会环境下，出现了一种以人道主义和捍卫西方共同的价值观为借口，以武力干涉别国内政为手段，以推行霸权主义和构筑有利于西方的国际关系新秩序为目的的思潮和模式。在某些国家的推动下，新干涉主义在理论上日渐完备，在行动上日渐机制化、制度化、模式化。某些国家通过各种渠道不择手段地对我国施加压力，阻止我国的政治、经济、文化和社会发展的进程，这在很大程度上影响我国与世界上更多国家在政治、经济、文化等领域的合作与交流。

第三，国际社会环境中的不安全因素也影响我国公共行政的发展进程，恐怖主义、网络安全、民族矛盾、宗教冲突、领土争端、国际犯罪、重大传染疾病等不利因素也给我国公共行政的发展带来挑战。

(二) 中国公共行政面临的国际自然环境

地球环境影响人类文明的形成和发展，也制约各国行政系统的发展模式。自然资源和国土面积影响各国的综合国力，制约行政系统的财力基础和功能发挥。自然资源影响各国经济发展方向与结构，从而制约其行政系统的部门设置与功能体系。地理环境影响国家的统一、民族的团结及行政系统的稳定，制约政府的国际战略及相应的功能组织。国际自然环境给我国公共行政带来了严峻的考验。

当前，全球的生态环境遭到严重破坏，对人类的生存构成巨大威胁。气候变化、水土流失、土地沙化、病菌流行、有些生物濒临灭绝等，这些国际性的灾害问题威胁着整个地球，这就要求我国政府必须与世界各国政府共同关注自然环境，采取措施减少灾害，实现公共行政目标。

从整体上看，虽然影响世界和平与发展的不确定因素还在增加，世界仍不安宁，但是，和平与发展仍然是时代主题，世界多极化发展趋势不可逆转，经济全球化深入发展，科技革命加速推进，全球与区域合作方兴未艾，国与国之间的相互依存日益密切，国际力量对比朝着有利于维护世界和平的方向发展，国际形势总体稳定。面对这样的国际环境，对于我国公共行政来说，有机遇也有挑战，有希望也有困难。这就要求我国政府能够抓住机遇，迎接挑战，化不利为有利，发挥自己的适应性和灵活性，增强自身的实力。要坚定不移地走和平与发展的道路，既要通过维护世界和平发展自己，又要通过自身发展维护世界和平。

二、中国公共行政面临的国内环境

我国公共行政面临的现实的国内环境是由其所处的并受其制约的、对其不断做出反应的经济环境、政治环境、文化环境、生态环境、人口因素、历史因素等综合构成。总体来看，我国仍处于社会主义初级阶段，人民日益增长的美好生活需要和不平衡不充分的发展之间的矛盾是我国社会的主要矛盾。从中国的历史和现实、理论和实践、国内和国际相结合的角度进行思考，客观、理智地观察、分析我国行政环境，对于改善我国公共行政现状，提高行政行为能力，具有重要的现实意义。

(一) 中国公共行政面临的国内经济环境

经济环境作为公共行政社会环境的基本组成部分，对我国公共行政的影响和制约是最基本的和最重要的。我国现阶段的经济发展特征可以概括为如下几个方面。

1. 从经济发展水平来看

在改革开放的推动下，我国经济持续、平稳、快速发展，国家财政收入显著增加，经济实力和综合国力不断增强。

1) 经济总量和人均水平大幅跃升

我国国内生产总值稳居世界第二，对外贸易、对外投资、外汇储备稳居世界前列，我国发展对世界经济增长的贡献率超过30%；制造业增长值连续7年居世界第一位，基础设施建设的部分领域在世界上遥遥领先，高铁运营总里程、高速公路总里程和港口吞吐量均居世界第一位。

2018年，我国GDP规模达90万亿元，按汇率换算约为13.6万亿美元，占全球16.1%，是世界第二大经济体；人均GDP超过9700美元；城镇居民人均可支配收入为39 251元，农村居民人均可支配收入为14 617元，城乡居民人均收入倍差为2.69，比上年缩小0.02。财政收入达到38 760.2亿元；国家外汇储备达到10 663亿美元，居世界第一位。2018年，我国GDP实际增速为6.6%，低于1978—2008年高速增长期的平均增速9.8%，但仍远超过美国2018年的GDP增长速度2.9%。

经济结构继续优化，三产对经济的贡献率创历史新高，消费的贡献大幅提高。第一、二、三产业占GDP的比重分别为7.2%、40.7%、52.2%，对GDP增长的贡献率分别为4.0%、35.8%、60.1%，其中第三产业服务业的贡献率创历史新高。从最终需求来看，最终消费支出、资本形成总额和净出口对GDP增长的贡献率分别为76.2%、32.4%和-8.6%，分别拉动GDP 5.0、2.1和-0.6个百分点，消费主导经济增长。

2) 城镇化水平显著提高

国际经验表明，基本实现工业化的国家的城市化率一般在60%以上。2018年，我国城市化率达到59.58%，城市化率保持稳步增长态势。改革开放40多年来，我国城镇常住人口从1.7亿快速增至8.3亿，净增加6.6亿，城市化率从17.92%提升至59.58%，提高42个百分点，深刻地改变了我国的经济格局和社会格局，成就了过去几年我国重化工业、大规模基础设施投资、房地产、消费升级等的飞速发展。目前，我国59.58%的城市化率稍高于54.83%的世界平均水平，但明显低于高收入经济体的81.53%和中高收入经济体的65.45%，我国城市化发展还有约20个百分点的空间，房地产业发展还有很大潜力，而住房制度改革长效机制的推出将促进房地产市场的平稳和健康发展。

3) 人民群众的生活水平大幅提高

人民群众的生活实现由贫困到总体小康的历史性跨越，正在向全面小康目标迈进。新中国成立初期，人民群众的生活积弱积贫，挣扎在贫困线上。截至1978年，人民群众的生活水平虽然有所改善，但仍处于温饱不足的状态。经过改革开放40多年的发展，人民群众的生活由温饱不足走向小康。2018年年末，全国农村贫困人口1660万，减少1386万，贫困发生率为1.7%，下降1.4个百分点。280万人易地扶贫搬迁顺利完成，预计约280个贫困县脱贫摘帽。民生、科技、资源、环境等取得全面发展，新时代社会的主要矛盾转化为人民日益增长的美好生活需要和不平衡不充分的发展之间的矛盾。2018年，全国居民人均可支配收入为28 228元，比上年名义增长8.7%，扣除价格因素实际增长6.5%，高于人均GDP增速的6.1%，与经济增长基本同步。

2018年年末，全国参加城镇职工基本养老保险、城乡居民基本养老保险、职工基本医疗保险和城乡居民基本医疗保险人数分别比上年年末增加1555万、1137万、1351万和2382万人。

可见，我国改革开放取得了举世瞩目的成就，拥有了比较雄厚的物质基础，但是我国还没有从根本上摆脱不发达的状态，仍然带有社会主义初级阶段的明显特征，主要表现为：生产力总体水平还不高，自主创新能力低，结构性矛盾依然突出；工业化的历史任务尚未完成，尤其是产业结构落后，粗放型的增长付出了过大的资源和环境代价，现代科学技术在社会生活的诸多方面的应用还只是处于初级阶段；经济总量虽居世界第二，但人均仍居世界后列，属于收入落后国家；城乡二元经济的状况还没有根本改变，城乡之间、区域之间发展的不平衡等诸多矛盾也制约着我国公共行政的发展。

2. 从经济体制来看

我国社会主义市场经济体制初步建立，以公有制为主体、多种所有制经济共同发展的基本经济制度已经形成。坚持社会主义市场经济改革方向，明确经济体制改革必须以完善产权制度和要素市场化配置为重点，实现产权有效激励、要素自由流动、价格反应灵活、竞争公平有序、企业优胜劣汰。完善产权制度，巩固和发展公有制经济，鼓励、支持、引导非公有制经济发展，形成各种所有制经济平等竞争、相互促进的格局。

迄今为止，我国继续毫不动摇地巩固和发展公有制经济，深化国有企业改革，完善各类国有资产管理体制，改革国有资本授权经营体制，加快国有经济布局优化、结构调整、战略性重组，促进国有资产公司保值增值，有效防止国有资产流失。健全现代企业制度，优化国有经济的布局和结构，增强国有经济的活力、控制力和影响力，将国有经济和国有资本逐步向关系国民经济命脉的重要行业和关键领域集中，切实履行政治责任、经济责任和社会责任，使国有经济发挥应有的重要作用。国有企业在载人航天、探月工程、深海探测、高速铁路、商用飞机、特高压输变电、移动通信等领域完成了一批重大基础设施工程、公共服务工程和许多国防科技工业重大项目，彰显了国之重器的实力与担当。

个体、私营等非公有制经济也是我国社会主义市场经济的有机组成部分，是我国重要的经济增长点、提供新就业岗位的主渠道、满足全社会人民美好生活需要的生力军，要鼓励、支持、引导非公有制经济的发展。坚持平等保护物权，特别是要像保护国家、集体的物权那样平等保护私人物权，完善我国半等竞争、优胜劣汰的市场环境，完善现代产权制度和现代企业制度，同时也要发展混合所有制经济。

我国实现社会主义市场经济有机结合的实践还是很初步的，还需要继续在探索中前进。完善社会主义市场经济体制不仅需要继续消除计划经济的弊端，而且还要注意解决市场经济体制本身所固有的矛盾和问题。公共行政的职责在于创造良好环境，使各种所有制经济都能发挥优势，共同发展。

(二) 中国公共行政面临的国内政治环境

总体来看，我国的基本政治制度已经建立，以宪法为核心的中国特色社会主义法律体系已基本形成并在不断健全和完善，政府活动走上了依法行政的法治轨道，党和国家的各项民主制度不断完善，社会活力不断增强，决策的科学化、民主化不断推进，干部人事制度改革深入开展，对权力运行的制约和监督不断加强，公民的民主、法律意识普遍增强，政治参与的积极性和主动性也在不断提高。社会主义民主法治建设取得了极大的进步，具体表现为：政治体制改革稳步推进；完善人民代表大会制度，发挥最高国家权力机关作用和立法工作；推进社会主义协商民主广泛多层次制度化发展；进一步落实民族区域自治法，加快少数民族和民族地区经济社会发展；加强基层民主建设，保证人民依法实行民主选举、民主决策、民主管理、民主监督；不断发展具有中国特色的人权保障事业；实现社会公平、正义。

但是，从某些方面来看，我国的政治法律制度的个别环节也存在较大的问题，例如，由于社会资源的有限性，导致社会各利益群体之间、地区之间、人与人之间的矛盾和摩擦频发；由于民主法律制度不健全，有法不依、执法不严、执法犯法的现象依然存在；钱权交易、以权谋私、贪赃枉法的腐败现象屡禁不止；相对而言，公民的政治参与能力较弱，法治观念淡薄；危害人民生命财产安全的犯罪活动在有的地方仍然猖獗，执政党的执政建设问题有待加强；公众的政治参与水平有待提升。

(三) 中国公共行政面临的国内文化环境

目前，我国已进入中国特色社会主义新时代和全面建成小康社会的决胜阶段，思想道德和教育科技建设的理论与实践构成当代中国的公共行政文化环境的重要内容。

在我国，马克思列宁主义、毛泽东思想、邓小平理论、"三个代表"重要思想、科学发展观和习近平新时代中国特色社会主义思想是社会主义新文化，也是我国政治意识形态的主体文化。

社会主义核心价值观的鲜明提出和广泛实践，使人们对中国特色社会主义的认识，从思想理论、实践运动、社会制度层面进一步发展到价值理念层面。只有把培育和践行社会主义核心价值观作为一项重要任务来认识和落实，才能增强人们的道路自信、理论自信、制度自信、文化自信，确保中国特色文化展现出更加强大的生命力。当今世界正处于大发展、大变革、大调整时期，各种观念的碰撞不断加剧，各种文化交流、交融、交锋日益频繁，特别是一些西方国家利用长期积累的经济、科技优势和话语强势，对外推销以"普世价值"为内核的思想文化，企图诱导人们淡化或放弃对本民族精神文化的认同。

我国的党风、政风和社会风气总体是积极、健康的，先进人物、树立的榜样都能得到整个社会的认同。但是，由于西方的价值观念仍有一定的影响，假恶丑的精神文化在某些社会层面占有一定的市场，有的甚至还很猖獗。新旧道德的并存，使人们的道德意识和道德行为参差不齐，极少数人道德沦丧。

在科学技术领域，我国的高科技发展水平举世瞩目，据测算，我国科技综合创新指标已相当于人均国内生产总值为5000~6000美元国家的水平，我国已拥有一支数量可观、实力雄厚的科技队伍，在航天技术、核工业、生物遗传工程、光导纤维、农业科学等方面已达到世界先进水平。正负电子对撞机、重离子加速器和水下导弹的成功研制，"亚洲一号"通信卫星的成功发射，可载人宇宙飞船的升空，"嫦娥一号"探月卫星的成功发射等，代表我国科技发展的新水平。但我国整体科技水平还普遍较低，有些领域的科技发展水平还很落后，发展不平衡的特点比较突出。整个国家的科技创新能力与西方发达国家相比还处于劣势，科学技术普及和应用的任务还很艰巨。

我国教育事业稳步发展，教育改革不断深化，教育优先、统筹发展、兼顾公平等趋势越来越明显。随着我国进入中国特色社会主义新时代，教育事业在国际舞台上将有很大的提升空间。与改革开放之前相比，我国的教育事业有了长足的进步。基础教育、义务教育的推广和普及有很大的成效，2018年，义务教育人口覆盖率达到96%，素质教育正在向前推进；高等教育实现历史性跨越，高等教育总入学率达到22%；全年研究生教育招生85.8万人，在学研究生273.1万人，毕业生60.4万人；普通本专科招生791.0万人，在校生2831.0万人，毕业生753.3万人；九年义务教育巩固率为94.2%，比上年提高0.4个百分点；高中阶段毛入学率为88.8%，提高0.5个百分点。我国的基础教育稳步进入大众化阶段，但是老少边穷地区的基础教育仍然发展缓慢，国民教育的投入还需加大力度，教学设施、设备数量不足，教育水平不高，教师素质、教育质量和教育公平的程度还有待提高。

(四) 中国公共行政面临的国内社会环境

总体来看，我国以促进社会公平正义，增进人民福祉为出发点和落脚点，逐渐形成了合理、有序的收入分配格局。

改革开放以来，我国人民的生活发生了翻天覆地的变化，生活水平和质量不断提高，从温饱阶段迅速迈向全面小康；公共卫生事业和社会事业繁荣发展，社会保障覆盖面不断扩大，经济社会发展协调性显著增强；国民经济总体平稳运行，就业总规模达到历史最高水平，就业结构继续优化；城乡居民收入平稳增长，消费支出较快增长，居民消费增长对经济增长的贡献率大幅度提升；社会保障体系总体朝着全民覆盖快步推进，医保基本实现全民覆盖并朝着全国统筹迈出了关键步伐，社会救助水平持续提高；社会治安总体形势趋好，各类侵害人民群众人身和财产安全的刑事犯罪发案率显著下降；食品药品安全形势继续向好，各类食品药品抽检不合格率持续下降。

我国公共行政社会环境在经济社会发展局势总体平稳的同时也面临诸多难题和挑战。国民经济运行稳中有缓，社会各领域的发展继续取得明显进展，发展质量提高；同时也面临若干难题，就业和消费增长形势面临潜在风险；城乡居民收入差距继续缩小的难度加大，社会矛盾仍然多发、频发；就业结构性矛盾依然突出，就业难和招工难并存的基本态势没有改变，在经济下行压力的影响下，就业形势也出现局部承压，部分指标走势趋弱；食品方面的微生物污染、农兽药残留、添加剂等问题，药品方面的生产工艺的控制、数据的可追溯性等问题，仍然是社会需要解决的重大问题。

(五) 中国公共行政面临的国内自然环境

自然环境是作用于国家行政系统的地理位置和自然资源，包括恒定资源(生态资源等)、再生资源(生物资源等)、非再生资源(矿产资源等)。自然环境不仅是人类赖以生存的家园,而且是物质资料生产必不可少的条件,也是影响人类生活方式、思维方式的重要因素。中国是一个人口众多、资源相对不足、环境脆弱的发展中国家,自然环境是影响我国经济发展的重要因素。随着可持续发展战略的提出,生态文明已经成为形成重视生态环境的意识、价值观念和文化观念的先决条件。

从总体来看,我国生态环境恶化的趋势已初步得到遏制,部分地区有所改善,生态环境质量稳中向好、持续好转,但成效并不稳固。在决胜全面建成小康社会,开启全面建设社会主义现代化国家的新征程中,我们要打好污染防治这场攻坚战,尽快补上生态环境这块最大的短板,强化绿水青山就是金山银山的理念,满足人民群众日益增长的优化生态环境的需要。

目前,我国的自然环境形势依然相当严峻,不容乐观,这主要表现在:污染物排放总量还相当大,远远高于环境的自净能力;工业污染治理任务仍然相当繁重,有些经过治理的地方又出现反复,城镇生活污染比重明显增加;不少地区的水质、土质污染日益加剧,有些地方的农产品有害残留物严重超标,影响人体健康和产品出口;部分地区水土流失、荒漠化仍在加剧;等等。

因此,这就需要公共行政系统对全社会进行生态意识教育,建立合理的生态环境管理体制,解决自然环境与经济发展的矛盾,以健全的规章制度进行生态文明建设,优化国土空间,合理地利用资源,促进生态文明建设。

(六) 中国公共行政面临的国内人口环境

我国是人口大国,人口问题一直是我国公共行政面临的重要问题。从总体来看,我国14亿人口是一项巨大的社会资源,人力资源的潜力是巨大的,这也是国力因素中强有力的因素之一。但是人口问题仍然是公共行政系统需要解决的首要问题,如调整人口结构、提高人口素质、开发人力资源、非正常人口流动带来的社会问题等,实现人口管理的科学化和现代化迫在眉睫。

我国人口环境的特征有以下几个方面。

第一,新增人口数量下降。经过多年不懈的努力,我国政府在人口控制方面取得卓越成效,人口年增长率得到有效控制。2018年,我国出生人口降至1523万,比2017年减少200万,实施的全面"二孩"政策也未达到预期效果,总和生育率降至1.52,生育意愿大幅降低,育龄妇女规模已见顶下滑。据预测,2030年20~35岁主力育龄妇女规模将比2018年减少29%,其中25~30岁生育旺盛期妇女将减少41%;出生人口即将大幅下滑,预计2030年将降至1100多万,较2018年减少26%。因此,面对我国人口现实,政府应加快构建生育支持体系,大力鼓励生育,使中期总和生育率回升到1.8左右。当然公共行政系统面临的困难还有很多,鼓励生育的工作仍十分艰巨。

第二,人口质量有待提高。人口总量急剧增长,但人口素质并没有大幅度提升,接受高等教育的人数占总人口的比重与发达国家相比仍然很小,科技创新人才较少。

第三,人口老龄化趋势增强。当前,我国人口老龄化速度加快,人口年龄中位数从1980年的22岁快速上升至2015年的37岁,预计2030年将升至43岁;2017年65岁及以上人口比例达11.9%,之后快速上升,预计2050年将达到约30%;15~64岁劳动年龄人口比例在2010年达到峰值，人口红利消失。人口老龄化趋势正给我国社会带来社会保障等方面的问题。

第四，非正常人口流动。农村剩余劳动力流入城市，个别地区人口盲目迁徙，人口的非正常流动给公共行政管理带来很多社会问题。

 关键词

环境　公共行政生态学　经济环境　政治环境　文化环境　社会环境　自然环境
国际环境

 思考题

1. 行政环境的含义是什么？
2. 简述行政环境与公共行政的关系。
3. 试述公共行政生态学的代表理论。
4. 结合我国国情论述我国行政环境的特点。
5. 讨论中国公共行政与行政环境的关系。

推荐阅读

[1] [美]弗雷德 W 里格斯. 行政生态学[M]. 台北：商务印书馆，1981.

[2] 张金鉴. 行政学之理论与实际[M]. 上海：商务印书馆，1935.

[3] [美]罗伯特·登哈特，珍妮特·登哈特. 公共行政：一门行动的学问[M]. 北京：北京大学出版社，2013.

[4] [英]简·埃里克·莱恩. 公共部门：概念、模型与途径[M]. 北京：经济科学出版社，2004.

第三章　行政职能

　　行政职能是公共行政学研究的基本问题，公共行政的过程实际上就是实现行政职能的过程。行政职能一般是指政府在社会生活中所扮演的角色、所履行的职责和所发挥的作用，它反映了政府活动的实质与内容，决定了行政组织的结构、形态以及行政人员的配置，也是行政决策和执行的基础。因此，行政职能是一切政府活动的逻辑起点。

第一节　行政职能概述

一、行政职能的含义

　　职能一般是指人、事物或机构所具有的职责和功能。在公共行政活动中，职能是一个与公共权力、公共责任紧密相关的概念，它旨在回答政府"应该做什么""不应该做什么"以及"应该怎么做"等问题。

　　关于行政职能的含义，国内学者的认识并不完全一致。夏书章认为，行政职能是行政机关在管理活动中应承担的基本职责和应发挥的功能、作用，主要涉及管什么、怎么管、发挥什么作用的问题。张国庆指出，行政职能是狭义的政府即国家行政机关承担的国家职能，是相关政治权力主体按照一定的规则，经由一定的过程，通过多种表达形式实现彼此价值观念和利益关系的契合，从而赋予的国家行政机关在广泛的国家政治生活、社会生活过程中的各项任务的总称，是国家行政机关因其国家公共行政权力主体的地位而产生，并由宪法和法律加以明确规定的国家行政机关各种职责的总称。结合这些观点，本书认为，行政职能是指作为公共行政权力主体的国家行政机关在公共行政活动中应承担的基本职责和应发挥的功能、作用，主要涉及政府管什么、怎么管的问题。理解行政职能的含义，需要把握以下4个方面的基本内容。

　　第一，行政职能的主体是国家行政机关。国家行政机关即狭义上的政府，因此，行政职能与狭义上的政府职能是一回事。行政职能的主体是国家行政机关，行政职能决定政府机构的设置与变革，政府绩效取决于政府机构履行行政职能的情况。

　　第二，行政职能反映公共行政的根本宗旨。行政职能是对公共行政宗旨和目的的具体阐释，公共行政的根本宗旨可以通过政府履行的职能具体体现出来。公共行政活动作为国家行政机关行使公共行政权力的活动，其目的从根本上来说是由国家的性质决定的。不同性质的国家，由于政府的根本宗旨不同，所以履行行政职能的根本目的也是不同的。

　　第三，行政职能是国家职能的具体表达和执行。国家职能是指国家在实现阶级统治的过程中所具有的职责和功能。国家职能的表达和执行必须有一套完整的国家组织体系作为其载体，而现代国家组织体系一般是由立法机关、行政机关和司法机关等构成的。由此可见，由国家行政机关所履行的行政职能是国家职能的重要组成部分，是国家职能的具体表达和执行，它一方面具有相对独立性，另一方面又与立法、司法等其他国家职能紧密联系着。

第四，行政职能与政府能力密切相关。为了履行行政职能，政府必须具有一定的能力。一般认为，政府能力是指政府为了完成公共行政目标和任务所具备的各种能量和力量的总和。行政职能与政府能力密切相关，一方面，行政职能框定了政府能力的基本构成和发展方向；另一方面，政府能力决定了行政职能的实现程度。总之，政府能力与行政职能互为条件、相互依存、缺一不可。

二、行政职能的特点

行政职能不仅有别于立法、司法等其他国家职能，而且也不同于其他非国家机关的职能。行政职能的特点是与公共行政活动的特殊性联系在一起的，主要表现在以下4个方面。

(一) 政治性与公共性

行政职能是国家职能的重要组成部分，是国家职能的具体表达和执行。国家职能代表统治阶级的根本利益，因此，行政职能也必然要维护并体现统治阶级的利益和意志。所以，行政职能具有鲜明的政治性。

无论政府的性质如何，也都必须承担维护社会公共利益、管理社会公共事务的职能。公共利益是政府存续合法性的来源和基础，如果没有对社会公共事务的管理和对社会公共利益的维护，就不能维持正常的社会秩序，国家机器也就不能正常运转，统治阶级的统治地位也将面临威胁。因此，行政职能又具有公共性特征。

(二) 执行性与创造性

在现代国家的政治架构中，行政机关是执行国家意志的机关，主要功能在于执行国家的政策法规。所以，行政职能具有明显的执行性，主要负责执行国家权力机关的意志，进行具体的管理活动。虽然现代政府也被赋予了一定的立法职能，但主要是执行性立法，执行性仍是行政职能的基本特点。

由于公共行政的对象情况复杂，行政职能内容广泛，所以公共行政系统在履行行政职能的过程中存在许多不可控因素，这就决定了行政职能的履行不能简单地满足于照章办事、按程序执行，而是必须同时发挥积极性、创造性，采取灵活的应变措施。

(三) 多样性与有限性

公共行政的客体遍及国家和社会的各个方面，公共行政内容和层次的多样性决定了行政职能的多样性。因此，行政职能不是单一的，而是多样的。尽管行政职能的构成复杂多样，但其各项职能之间互相联系、互相支持、互相渗透，共同构成了一个有机的行政职能体系。

由于政府的能力有限，所以行政职能也不可能是无限的。政府不是万能的，"政府失灵"是世界各国难以避免的共同问题。因此，政府在履行职能的过程中，要正确处理政府与市场、政府与社会的关系，将政府的职能作用严格限定在公共领域。政府在履行职能的过程中，也要严格遵照宪法和法律的规定。

(四) 相对稳定性和动态性

作为一种历史现象，行政职能与政府相伴而生，同存共亡。无论何种类型国家的政府，都必然有一定的行政职能。而且，只要国家的阶级属性没有改变，行政职能的阶级性质也不会发生根本变化。从这个意义上来讲，行政职能具有一定的稳定性。

行政职能也不是一成不变的，行政职能的动态性表现为行政职能是随着行政环境的变化而不断变化和发展的。在不同的国家或同一国家的不同历史时期，为了适应国家和社会管理的需要，行政职能的范围、内容、重点、强度及作用方式等会随着行政环境的变化而不断地进行调整和变革。动态性是行政职能转变的内在依据。适应行政环境的变化和发展，及时地调整和转变行政职能，这是行政体系得以生存和发展的前提。

三、行政职能的作用

公共行政各个环节和各个层面的活动，在一定意义上都可以说是行政职能的运用和展开。行政职能对于建立合理的行政组织体系，有效地开展公共行政活动，充分地发挥公共行政的作用等，都具有重要的作用。

(一) 行政职能是确定公共行政目标和任务的重要标准

行政职能反映了公共行政活动的性质、目标和方向，规定了政府管理国家事务和社会公共事务的范围与程度，指明了公共行政活动中最基本的工作。任何政府活动的目标和任务都应当在公共行政的职能范围内，根据行政职能来确定。如果政府活动的目标和任务超出了行政职能的范围，就意味着政府管了不该管的事；反之，如果政府较少地确定管理目标和执行管理任务，则意味着有许多政府该管的事却没有管。

(二) 行政职能是设置行政组织的根本依据

行政职能必须通过一定的组织载体才能实现。行政组织是行政职能的载体和物质承担者，行政职能的实现离不开机构健全、结构合理的行政组织。而从行政组织的角度来说，行政组织的设置也不是随心所欲的。任何行政组织的存在都是为了实现一定的行政职能，因此，行政职能是行政组织设置的根本依据。行政职能的内容决定了行政组织的规模、层次及运行方式。行政职能是一个完整的体系，行政组织也应该是一个有机的整体。实际上，行政职能的划分和行政组织体系的形成是同一过程，行政组织体系形成的过程就是把各项行政职能划分给不同层级和不同部门的行政组织的过程。只有依据行政职能去分析行政组织问题，才能建立起科学、合理的行政组织体系。

(三) 行政职能的转变是政府机构改革的关键所在

政府机构既要依据行政职能来设置，也需要依据职能转变进行改革。行政职能转变是政府机构改革的重要依据。历史经验告诉我们，政府机构改革并不是简单地撤减、合并机构和精简人员，而是要在转变行政职能、理顺职能关系、合理划分部门职责权限的基础上，将该整合撤销的机构整合撤销，该增设加强的机构也需要增设加强，只有这样才能真正搞好政府机构改革。总之，只有认识到行政职能的变化，根据职能转变去改革政府机构，才能建立起结构合理、功能齐全的行政组织体系。

(四) 行政职能是公共行政过程科学化的重要基础

现代公共行政活动要求实现公共行政运行过程的科学化。公共行政过程就是履行行政职能的过程，而各项行政职能之间存在先后顺序和相互制约关系。例如，公共行政决策、组织、协调、控制等职能的依次行使就构成了公共行政运行的全过程，可以通过行政职能认识和把握公共行政的过程，观察公共行政的实际运转状况，了解公共行政各个环节内部的运行状况以及各个环节之间的衔接情况，从而把握公共行政各环节所产生的实际效果。在此基础之上，充分发挥公共行政过程中各项职能的应有作用，协调并理顺各个环节之间的关系，对其中的薄弱环节及时予以加强和调整，采取有效的方法组织公共行政活动，就能够有助于实现公共行政过程的科学化。

(五) 行政职能的实现情况是检验政府绩效的重要标尺

既然政府活动的过程就是不断履行行政职能的过程，那么检验政府绩效最重要的标准就应当是考察政府是否有效地履行了行政职能。虽然行政职能是否得到充分实现也要受到国家性质和政治制度的制约，但更直接的是受到公共行政权限划分、机构设置、人员素质、经费预算等方面的影响，尤其是受到公共行政决策是否科学的制约。因此，作为政府活动的结果，行政职能的实现情况就是检验政府绩效的重要标尺。

总之，实践证明，准确把握行政职能对于充分发挥公共行政对国家和社会发展的推动作用具有决定性的意义。如果政府在某个时期准确把握了自身的职能重点，国家在这一时期就会呈现政治稳定、社会经济文化迅速发展、综合国力和人民生活水平不断提高的局面；反之，如果政府错误地确定了当时的主要职能，就会使社会秩序失去平衡。所以，科学、合理地确定行政职能问题始终受到世界各国的关注和重视。

第二节 行政职能体系

行政职能是一个结构完整的体系，可以从不同角度对行政职能进行分类。例如，从国家的阶级本质来看，可以分为奴隶制国家的行政职能、封建制国家的行政职能、资本主义国家的行政职能和社会主义国家的行政职能；从行政职能的作用领域来看，可以分为政治职能、经济职能、文化职能和社会职能；从行政职能的作用性质来看，可以分为统治职能、保卫职能、管理职能和服务职能；从行政职能的作用方式来看，可以分为立法职能、行政职能、司法职能和监察职能；从公共行政的作用范围来看，可以分为高层次行政职能、中层次行政职能和低层次行政职能；从公共行政的运行过程来看，可以分为决策职能、组织职能、指挥职能、协调职能和控制职能等。尽管政府在不同时期都有不同的工作重心，不同政府部门的工作内容也各有不同，但行政职能是一个整体，任何一方面都不能偏废。行政职能的构成结构严密，运行环环相扣，各具其能，互为补充。为了更加全面地了解行政职能，本书按照国内学术界通用的划分方式，将行政职能体系划分为行政的基本职能和行政的运行职能分别进行考察。

一、行政的基本职能

行政的基本职能是指集中体现政府在国家和社会生活中的整体作用，以及公共行政的基本内容和作用范围，并且是任何国家的政府所共有的职能。由于公共行政是国家行政机关对国家事务和社会公共事务的管理，其作用范围涉及政治、经济、文化和社会各个领域，所以可以把行政的基本职能划分为政治职能、经济职能、文化职能和社会职能。

(一) 政治职能

政治职能是指政府所承担的维护和实现阶级统治、保卫国家和社会安全的职能。政治职能最集中地体现了政府的阶级性质，其根本目标在于维护阶级统治、巩固国家政权。政治职能又可以分为对外政治职能和对内政治职能两个方面。

对外政治职能是指以武力为后盾，防御外敌入侵，维护国家主权和领土完整，保卫国家安全的职能。在和平与发展已经成为当今世界时代主题的背景下，国家间的关系由对抗开始走向合作，因此，加强对外交往、重视国际合作也成为对外政治职能的一个重要内容。

对内政治职能主要包括三个方面：一是维持社会公共秩序，保障人民生命财产安全，维护国内稳定的政治局面；二是发展政治民主，通过健全民主制度、丰富民主形式、拓宽民主渠道，依法实行民主选举、民主决策、民主管理、民主监督，保障人民的民主权利；三是维护民族团结。在多民族国家，政府要采用多种方式缓解民族冲突，协调民族关系，维护各民族之间的安定与团结，促进各民族的共同繁荣和发展。

(二) 经济职能

经济职能是指政府所承担的促进国民经济发展、提高社会生产力水平和人民生活水平的职能。当前，经济职能已成为各国政府最重要的职能之一，只是政府履行经济职能的具体内容、范围、方式和手段等要取决于一国的经济体制及其生产力的发展状况。一般来说，经济职能主要包括以下四个方面的内容。

第一，促进宏观经济稳定，避免经济失衡。由于市场经济的自身缺陷，它不可能自动、平稳地向前发展。仅仅依靠市场机制进行自身调节，必然会使宏观经济的运行呈现周期性的波动状态，所以需要具有强制力的政府进行宏观调控，以尽可能地在充分就业、物价稳定和国际收支平衡的基础上实现经济增长。

第二，参与资源配置。由于公共物品、外部性、垄断、市场不完全、偏好不合理和信息不对称等原因，市场在资源配置中会出现失灵现象，这就需要具有强制力的政府介入，由政府为全体社会成员提供公共物品，矫正外部效应并维护市场的有效竞争等。

第三，协调收入分配。政府通过实施税收政策、社会保障政策等，对由市场决定的初次收入分配进行调节，避免收入两极分化，保障人们的基本生活水平，促进市场供需之间的平衡，从而推动经济的可持续发展。

第四，管理国有资产。任何国家都存在大量的国有资产，政府必须承担起对这些国有资产进行管理的职能。我国是社会主义国家，实行的是以社会主义公有制为主体、多种所有制经济共同发展的基本经济制度，所以国有资产的规模尤为庞大，政府管理国有资产的职能也比资本主义国家更为繁重。

(三) 文化职能

文化职能是指政府所承担的依法对教育、科技、文化、体育、新闻出版、广播影视等社会公共事业进行建设与管理的职能。随着文化事业在现代经济社会发展中的作用越来越突出，世界各国都将促进文化事业发展视为向经济社会发展提供智力支持的重要举措，通过积极制定促进文化事业发展的政策和法规等方式，推动、指导和监督文化事业的发展。从长远的角度来看，文化职能发挥得如何，将深刻影响国家和社会的未来发展。

文化职能主要包括加强公共文化设施建设、提供文化事业服务、促进社会公众参与文化活动、为文化产业发展提供保障和创造条件等。公共图书馆、体育馆、展览馆、博物馆、剧院、电影院等是社会文化传播的具体载体，图书发行、艺术表演、全民健身、影像制作、社区文化活动是文化传播的主要形式。政府履行文化职能主要体现在营造良好的文化传播环境，合理界定政府与其他文化组织的职能分工，动员社会力量广泛参与文化建设，形成政府主导、多元参与的公共文化服务体系。

(四) 社会职能

社会职能是公共行政中内容最为广泛和丰富的一项基本职能，凡是致力于保障和改善人民物质文化生活，体现人道主义思想的各类事项，都属于社会职能的范围。社会职能在世界各国政府的行政职能中都占据非常重要的地位，对于保持社会的安定、繁荣和发展，实现社会公正具有十分重要的作用。随着经济社会的发展，世界各国政府社会职能的范围在不断拓展，领域也在不断扩大。具体来说，社会职能主要包括以下三个方面的内容。

第一，提供公共服务。公共服务通常是指用于满足社会公共需求、具有共同消费性质的公共物品和服务的总称，例如教育医疗、食品安全、环境保护、道路交通、娱乐休闲设施等满足公民衣、食、住、行等方面基本需求的物品和服务，都属于公共服务的内容。提供公共服务是政府履行社会职能的核心职责，也是政府义不容辞的责任。

第二，发展社会保障。现代各国基本上都形成了以社会保险、社会救助、社会福利为基础，以基本养老、基本医疗、最低生活保障为重点，以商业保险、慈善事业为补充的社会保障体系。政府通过履行发展社会保障的职能，缩小社会贫富差距，改善社会弱势群体的生活状况，保障公民的基本权利。

第三，培育与管理社会组织。随着公共服务社会化的发展，社会组织与政府、企业共同构成了现代社会治理结构的三大支柱。各类社会组织在社会公共事务中发挥越来越重要的作用，是社会治理结构中的重要力量。因此，政府应切实承担起培育与管理各类社会团体和中介组织的职能，提高社会自治能力。

二、行政的运行职能

行政的基本职能必须通过动态的活动过程才能实现。从过程的角度对行政职能进行考察，其所揭示的就是行政的运行职能。行政的运行职能也是现代国家政府所共有的职能，它反映了政府管理国家事务与社会公共事务的程序、方式和方法。由于人们对这些程序、方式和方法的认识存在差异，所以国内外学者对行政的运行职能有多种分类方法。本书采用比较常用的分类方法，将行政的运行职能划分为决策职能、组织职能、协调职能和控制职能。

(一) 决策职能

美国著名管理学家赫伯特·西蒙(Herbert A. Simon)认为，管理即决策，决策贯穿管理活动的全过程。所谓行政决策，简单来说就是公共行政主体为了履行行政职能而设计并选择行动方案的活动和过程。对于现代公共行政而言，几乎所有的公共行政活动都要依赖行政决策来实现，决策职能在公共行政中占有核心地位并发挥重要作用，主要体现在以下两个方面。

第一，决策是公共行政过程的首要环节。决策是执行的前提和依据，任何公共行政活动都必须首先根据客观情况确定目标和任务，并在收集资料和信息的基础上，设计出实现目标的具体方案、步骤和方法等。公共行政过程中所遇到的各种问题，都要依赖科学的决策来加以解决。

第二，决策贯穿公共行政过程的始终。公共行政的各项工作都必须在决策的基础上进行。例如，计划工作中的确定目标和任务、制定战略和战术计划等，都需要在多个可供选择的方案中进行抉择；组织工作中的机构设置、职能划分、权责分配，以及各职位人员的选配等，也需要进行决策；控制工作中的标准制定、计划执行情况的检查，以及所采取的纠正措施的选择等，也都需要决策。可以说，决策职能的发挥情况直接决定其他公共行政运行职能的效果和公共行政的整体效能，重大决策的质量甚至还决定了政府工作的成败，进而影响国家和社会的发展。

因此，为了提高公共行政决策的质量，必须实现决策的科学化、民主化、法治化，建立健全行政决策程序和制度，强化行政咨询系统、行政信息系统的作用，加强公共行政决策体制的建设，同时提高决策过程的透明度和公众参与度，这是决策职能有效发挥的保证。

(二) 组织职能

任何公共行政的目标和任务都要通过一定的组织机构和具体的组织活动才能完成，所以组织职能也是公共行政一项重要的运行职能。所谓行政组织，就是为了实现行政目标和任务，通过建立行政组织机构，确定职位、职权与职责，配备行政人员，协调相互之间的关系，将组织内部各个要素联结成有机的整体，使人、财、物得到最合理的使用。由此可见，组织职能包括两方面的内容：其一，根据行政目标和任务设置特定的机构、配备相应的人员；其二，组织指挥计划的实施。前者是指组织职能在组织建制方面的内容，后者是指动态意义上的组织管理活动。组织职能的履行状况直接关系行政职能的实现程度。

(三) 协调职能

公共行政活动涉及的主体众多，因此，只有通过协调职能的发挥，沟通和理顺各主体之间的关系，减少和消除不必要的冲突与消耗，建立相互促进的分工合作关系，才能实现公共行政的目标。所谓行政协调，就是调整和改善行政机关、行政人员和行政活动之间的关系，使行政主体分工合作、密切配合，以完成行政任务、达到行政目标。

协调职能具体包括：协调横向和纵向的行政组织之间、行政组织与行政人员之间、行政人员之间的关系；协调各项公共行政活动之间的关系；协调行政组织与其他组织之间以及行政组织与公民之间的关系等。协调职能的实现必须做到以下两点：其一，建立健全行政沟通渠道，完善行政沟通机制。通过信息、意见、观点、思想、感情与愿望的传递和交流，取得行政系统内外组织之间、人员之间的相互了解和信任，从而形成良好的人际关系，产生强大的整体效力。其二，在行政沟通的基础上，通过政策、规定和各种具体措施，不断地调整组织之间、人员之间、活动之间的各种关系，以避免事权冲突、工作矛盾，减少相互之间的不和谐，保证行政活动的顺利运行。

(四) 控制职能

行政计划在执行的过程中极有可能出现偏差，为了保证行政执行与行政计划的一致性，就必须对出现的偏差及时加以纠正，这就是行政控制。所谓行政控制，是指按照行政计划标准，衡量计划完成情况并纠正计划执行中的偏差的活动，目的在于保证行政目标的实现。

控制职能一般包括四个连续的环节：第一，确立控制标准。根据行政目标和计划的内容，决策者提出成效、时间等方面的控制标准，作为行政执行过程的检查和衡量的标准。第二，获取偏差信息。通过实地调查、现场反馈的方法获取实际执行和计划标准之间的偏差信息。第三，采取纠偏措施。获取偏差信息之后，对形成偏差的原因进行深入分析，在此基础上采取措施予以纠正。第四，实行有效监督。在整个控制职能发挥的过程中，采取强制或者非强制的检查督促手段，保障计划的顺利进行和纠正措施的落实。

总之，行政职能体系是由行政的基本职能和运行职能共同构成的，而且行政的基本职能和运行职能是相互渗透、相互作用、相辅相成的，在相互联系和制约中共同发挥作用。行政的基本职能是运行职能的目标，而行政的运行职能是基本职能实现的条件。只有以系统的观点看待行政职能的构成，正确认识和把握各行政职能内在的有机联系，进而充分发挥各职能的作用，公共行政活动才能更加有效。

第三节　西方国家行政职能的历史演变与发展趋势

一、西方国家行政职能的历史演变

在奴隶社会和封建社会时期，西方国家行政职能的重点是政治统治，奴隶主和封建地主阶级通过不断强化政治统治职能维护自身的统治地位和阶级利益。同时，由于经济基础薄弱，社会生产力水平较低，所以经济职能微弱，社会管理职能也很少。资本主义产生以后，西方资本主义国家的经济和社会管理事务逐渐增多，社会矛盾日益凸显，其行政职能也经历了一个不断调整的发展过程。根据不同时期行政职能的不同特征，可以将西方资本主义国家行政职能的演变划分为三个阶段。

(一) 自由放任的"守夜人"政府阶段

20世纪30年代以前的自由资本主义时期是资本主义发展的上升期，以英国为代表的资本主义经济呈现蓬勃发展的态势，这一时期西方国家的行政职能受古典自由主义理论的影响。古典自由主义经济学家们普遍推崇自由放任的经济政策，要求充分发挥市场的作用，并把政府的作用限制在狭小的范围之内。他们提出，政府最好的政策是自由放任，政府只需要充当维护个人财产和国家安全的"守夜人"。英国古典经济学家亚当·斯密(Adam Smith)在其代表作《国民财富的性质和原因的研究》一书中，就把政府职能限定在三个方面：一是保护本国的社会安全，使其不受其他社会的暴行与侵略；二是保护人民，不使社会中任何人受其他人的欺侮和压迫；三是建设并保护某些公共事业及某些公共设施。政府应当尽量减少税收，减轻人民的税收负担。政府应当是节俭的政府，最好的政府就是最"廉价"的政府。亚当·斯密的主张在19世纪和20世纪初得到广泛传播，以这种思想为指导的政府实践也在当时主要资本主义国家得以推行。

在古典自由主义经济学家的大力倡导下，社会普遍认为"管得最少的政府就是最好的政府"，因此，这一时期的西方各国的行政职能被限定在维护国家安全、社会秩序以及保护个人财产不受侵犯等方面，政府的组织结构简单，机构少、人员少、财政收支少，经济社会和其他各项事业的发展主要依靠市场这只"看不见的手"来调节和引导。

(二) "全面干预型"政府阶段

19世纪末，工业化和城市化的快速发展给西方资本主义国家带来了严重的社会问题，人口贫困、公共卫生、环境污染、童工雇佣等问题日益严峻，要求政府扩大职能范围的社会呼声越来越高。20世纪早期，在市场的自发调节下，主要资本主义国家生产和消费之间的紧张关系日渐突出，最终在1929—1933年爆发了世界性经济大危机。以自由放任理论为基础的自由竞争机制面对经济危机束手无策，主张全面强化国家干预，由政府调节生产，通过积极的政策来克服危机的凯恩斯国家干预理论应运而生。

英国经济学家约翰·梅纳德·凯恩斯(John Maynard Keynes)认为，市场不是万能的，如果没有国家的宏观调控，市场经济就会成为万恶之源。政府不应只是社会秩序的消极保护人，还应该是社会秩序与经济生活的积极干预者。经济危机的解决途径在于增加社会的有效需求，而为了增加有效需求，政府必须有效地运用财政政策干预经济，消除市场的不稳定，进而推动经济发展。在凯恩斯国家干预理论的指导下，当时的美国总统罗斯福推行了全面的国家干预政策，历史上称为"罗斯福新政"。通过"罗斯福新政"，美国政府实施了一系列的改革，制定了紧急银行法案、失业救济法案、工业复兴法案、以工代赈法案等，大大强化了政府职能。"罗斯福新政"还拉开了西方国家推行干预政策的序幕，各主要资本主义国家纷纷采用各种手段加强政府的宏观调控，运用扩张或紧缩的政策抑制经济危机，从而使政府的经济职能得到全面扩展。

凯恩斯国家干预理论还为福利国家的发展创造了条件。凯恩斯的有效需求不足理论鼓励政府不仅要干预生产，也要干预分配，以创造有利条件刺激经济增长、维护社会公平。在这一理论的影响下，世界各国普遍建立起社会福利制度，由政府提供社会保障和社会福利成为普遍性的政府行为，政府的社会职能从此发展起来。

总体来说，这一时期西方国家的行政职能都处于扩张与膨胀的势头之中，政府通过经济、法律和行政手段保障市场秩序的平稳运行，通过税收平衡国民收入再分配，通过扩大公共财政投入提升社会福利水平、维护社会公平，从而使政府的经济职能和社会职能都得到了充分的拓展。

(三)"适度干预型"政府阶段

行政职能的强化使西方国家纷纷走出了经济危机的阴影，在"二战"后相当长的一段时间里出现了新的繁荣与进步。然而，进入20世纪70年代以后，随着资本主义社会基本矛盾日趋激化，许多西方国家又出现了经济停滞和通货膨胀并存的"滞胀"现象，而凯恩斯的国家干预理论在解决这些问题时的失灵使自由主义思想又卷土重来。新自由主义经济学派主要包括现代货币学派、理性预期学派、供给学派、公共选择学派等。在新自由主义主张的影响下，各主要资本主义国家纷纷抛弃了凯恩斯的全面干预理念，转为采用适度干预理念。

新自由主义认为，市场失灵并不是把问题转交给政府的充分条件。市场本身具有调节和校正机制，可以通过自我调整来纠正市场失灵现象。政府干预反倒会起破坏作用，因为政府干预亦有其自身不可克服的缺陷，政府也会失灵，而且政府失灵往往比市场失灵更为普遍，危害也更大。新自由主义认为，"滞胀"危机的产生不是因为市场太多，而是市场不足。只有实行私有化政策，消除官僚垄断，排除束缚市场机制的障碍，充分发挥市场机制的作用，才能消除经济"滞胀"。里根和撒切尔夫人都是新自由主义的信奉者，他们在新自由主义思潮的指导下实施了一系列的政府改革措施，包括以市场化取向来定位政府职能，缩减社会福利与社会保障规模，实现行政权力配置格局的分散化等。

新自由主义思潮弱化了政府的经济干预职能，社会职能在一定程度上也被削减。20世纪80年代的私有化、自由化改革只是达到了减少政府财政赤字的目的，但公共服务的质量并没有提高，政府的社会责任也被忽视了，主要资本主义国家在20世纪八九十年代又陷入广泛的失业泥沼中，社会不平等进一步加剧，中低收入者的生活与工作条件恶化。一些新自由主义经济学派的学者又转向了新凯恩斯主义，提出了政府必须对经济进行适度干预、加强政府社会责任的理论。因此，20世纪90年代以后，国家干预主义又有了一定的回归趋向。

二、西方国家行政职能的发展趋势

21世纪以来，世界政治向多极化发展，科技进步日新月异，全球经济竞争日益激烈，这都对各国政府提出了新的挑战。相应地，各国政府的行政职能也出现了一些新的变化，总体发展趋势如下。

(一) 强化公共服务职能

新公共管理以"3E"[①]作为衡量公共服务和政府管理的标尺，但其所倡导的公共服务社会化和政府市场化运作却并没有达到预期的效果，反而使公共服务供给的公平程度降低，公务员

---

① "3E"即经济(economy)、效率(efficiency)和效益(effectiveness)。

的廉洁、忠诚、责任等职业伦理受到损害。在反思和批判新公共管理的基础上，新公共服务理论认为，政府与公民之间的关系不同于工商企业与顾客之间的关系，政府应当服务于公民而不是服务于顾客；政府的角色既不是划桨，也不是掌舵，而是提供公共服务。新公共服务理论建立在追求公共利益的观念之上，突出了公民在治理体系中的中心位置和政府的公共服务职能。在新公共服务理论的影响下，当代西方各国政府纷纷强化了自己的公共服务职能。

(二) 重视网络管理职能

网络技术的迅猛发展在给社会带来便利的同时也产生了许多新问题，大数据时代的到来也给政府决策和政府管理带来许多新的挑战，行政职能必须对此做出相应的回应。"互联网+"时代，电子政务、网络问政在全世界范围内迅速发展，其所带来的信息扩散成为促进政府与民众互动、沟通社情民意的重要渠道，也促使各国政府必须直接面对公众的质疑和要求，政府的回应速度、反应能力受到严峻考验。此外，网络暴力、网络犯罪、网络安全、公民信息保护等问题也要求政府必须强化其网络管理职能，政府需要通过建立健全网络管理的法律体系，设置专门的管理机构来引导和推动网络技术朝着规范和健康的方向发展。

(三) 构建政府与社会的合作伙伴关系

随着慈善组织、社区组织、志愿团体等社会自治力量的不断壮大，它们对社会公共生活的影响日益广泛，政府不再是公共服务供给的唯一主体，政府、市场与社会发展为平等的治理伙伴关系，政府与市场、政府与社会的边界需要重新调整。提供公共服务虽然还是政府的主要职能，但公共服务的提供和生产分开，原来由政府独自承担的公共服务生产职能更多地转移给市场或社会组织，政府与社会对公共事务进行协同治理，形成社会治理的多元行动机制。

(四) 加强国家间的政府合作

当今时代，环境污染、生态恶化、食品安全、传染性疾病、恐怖主义等各种风险层出不穷，且有愈演愈烈之势。不同于传统风险，现代风险最重要的特征是脱域性，即不受地理和社会文化边界的限制，人类社会的每个人或迟或早都要受到它的影响，并且它所造成的影响和伤害常常是潜在的、持续的、不可逆的。单纯地以地域、国家、民族为基础进行单一治理已经无法解决现代社会所要面临的社会风险问题，对社会风险进行有效治理不再只是一个国家或地区的责任，各国必须建立起风险治理的国际合作机制，实现多方面、多层次的合作。

第四节　我国行政职能的转变

一、我国行政职能转变的必然性

一般来说，行政职能始终要随着一国政府所处的政治、经济、文化和社会环境的变化做出必要的转变。21世纪以来，我国政府所处的内外环境发生了变化，必然提出行政职能进一步转变的要求。

(一) 行政职能转变是新时代我国社会主要矛盾转化的必然要求

党的十九大报告指出，"中国特色社会主义进入了新时代。"新时代我国社会的主要矛盾转化为人民日益增长的美好生活需要和不平衡不充分的发展之间的矛盾。人民美好生活的需要不仅对物质文化生活提出了更高的要求，而且对民主、法治、公平、正义、安全、环境等方面的要求日益增长。社会主要矛盾的变化是关系全局的历史性变化，对党和国家的工作提出了许多新要求，行政职能也应当据此做出转变，将职能重心放到解决我国目前存在的发展不平衡不充分问题，进而满足人民日益增长的美好生活需要方面。

(二) 行政职能转变是社会主义市场经济深入发展的需要

随着我国社会主义市场经济的深入发展，党和政府对于政府与市场关系的认识也进一步深化。2013年，党的十八届三中全会审议通过的《中共中央关于全面深化改革若干重大问题的决定》指出，"经济体制改革是全面深化改革的重点，核心问题是处理好政府和市场的关系，使市场在资源配置中起决定性作用和更好地发挥政府作用。"无论是使市场在资源配置中发挥决定性作用还是更好地发挥政府作用，都需要进一步转变行政职能，解决行政职能仍然存在的错位、越位和缺位问题，按照发展社会主义市场经济的要求，减少政府对经济领域的直接干预，使政府发挥应有的功能和作用。

(三) 行政职能转变是建设服务型政府的前提和基础

建设服务型政府是市场经济发展的必然要求，也是我国行政职能转变的方向。经过多年努力，我国服务型政府建设已经取得了显著成效，但仍然存在政府对微观经济活动直接干预过多、市场监管和社会管理职能比较薄弱、公共服务质量不高等问题。新时代服务型政府建设还是要围绕处理好政府与市场的关系、政府与社会的关系这两个核心，以推进"放管服"改革为抓手，通过进一步转变行政职能来展开。具体来说，就是要加大简政放权的力度，深化行政审批制度改革，坚持放管结合、放管并举，优化公共服务的供给方式和供给质量等。

(四) 行政职能转变是"互联网+"政务服务兴起的现实要求

互联网的迅速发展和普及既改变了人们的生活方式，也改变了政府政务服务的方式。2016年9月，国务院出台的《关于加快推进"互联网+政务服务"工作的指导意见》提出，"大力推进'互联网+'政务服务，实现部门间数据共享，让居民和企业少跑腿、好办事、不添堵。""互联网+"政务服务是一种新的政府管理思维，它为行政职能转变提供了新思路，为有限政府和有效政府的打造提供了技术支持，为透明政府的建设提供了信息公开和共享平台，也为服务型政府的实现开辟了新的路径。

二、我国行政职能转变的历史进程与基本方向

(一) 我国行政职能转变的历史进程

新中国成立以来，我国政府的行政职能随着从计划经济体制向社会主义市场经济体制的转

变而演化，其历史进程大体上可以划分为以下五个阶段。

1. 行政职能的计划经济阶段(1949—1978年)

新中国成立以后，为了巩固新生政权，恢复和发展国民经济，我国参照苏联模式，建立起高度集权的计划经济体制，政府几乎包揽了政治、经济、文化和社会生活的一切事务。计划经济时期，我国行政职能的特征突出表现为五个方面：其一，政治职能是行政职能的重心。重阶级斗争，轻经济建设，"以阶级斗争为纲"是政府一切活动的统率和灵魂。其二，以行政手段直接管理经济。政府管理经济的唯一手段就是行政命令，政府把所有的经济活动都纳入国家刚性的计划体系中实行集中管理。其三，政企不分。企业不是独立自主的责任主体和利益主体，只是政府的附属物。其四，重计划、否市场。把计划和市场绝对对立起来，认为计划经济等同于社会主义，市场经济等同于资本主义，进而从根本上否定市场的资源配置作用。其五，强政府、弱社会。政府不仅包揽了经济事务，也包揽了社会事务，政府权力凌驾于社会之上，造成社会功能缺失。

尽管如此，在1978年以前，我国政府为了适应经济和社会的发展，还是进行了几次大规模的政府职能调整，其中既有纵向的调整，如中央政府与地方政府之间的管理权限配置调整，也有横向的调整，如政府各部门之间的职能配置调整。但这些调整并没有使行政职能的实质发生变化，政府权力依然高度集中，全能型政府职能模式依然存在。

2. 行政职能转变的序幕阶段(1979—1986年)

1978年党的十一届三中全会以后，我国进入了改革开放的新时期，如何消除计划经济体制的弊端，实现政府职能科学化成为政府需要迫切解决的问题。十一届三中全会提出"把全党的工作重心转移到社会主义现代化建设上来"，政府职能由以往的以阶级斗争为中心向以经济建设为中心转变，从此拉开了我国行政职能转变的序幕。1980年8月，邓小平在《党和国家领导制度的改革》中指出，"我们之所以低效率，是因为政府管了很多不该管、管不好、管不了的事"，并提出了"实行政企职责分开，弱化政府对企业的干预"。1984年，党的十二届三中全会通过了《中共中央关于经济体制改革的决定》，不仅首次明确了我国体制改革的方向是发展有计划的商品经济，而且也对政府的经济职能进行了规范和限制，提出把"为经济发展创造良好的环境和条件"作为中央政府经济管理的主要职能。1985年，中国共产党全国代表会议通过了《中共中央关于制定国民经济和社会发展第七个五年计划的建议》，首次提出了"转变职能"一词。

3. 行政职能转变的摸索阶段(1987—1991年)

1987年，党的十三大提出，"为了避免重走过去精简—膨胀—再精简—再膨胀的老路，这次机构改革必须抓住转变政府职能这个关键"，从而明确了行政职能转变在政府机构改革中的重要地位与作用。十三大还提出，要建立有计划的社会主义商品经济，并指出政府与市场的关系是"国家调节市场、市场引导企业"，要求合并、裁减经济管理部门，转变政府管理方式并提高政府宏观调控的能力。为此，1988年我国的政府机构改革主要着眼于增强宏观调控能力，抓住政府职能转变的关键，克服以往单纯精简人员的做法，把"转变职能，下放权力，调整内部结构，精简人员"作为此次改革总的指导思想。

4.行政职能转变的调整阶段(1992—2002年)

1992年，党的十四大将建立社会主义市场经济体制作为我国经济体制改革的目标。因此，这一时期把政企分开作为转变政府职能的根本途径，政府的职能主要是统筹规划、掌握政策、信息引导、组织协调、提供服务和检查监督。1993年，党政机构改革也是着重搞好政府职能转变，加强宏观调控和监督职能，弱化微观管理职能，以适应建立社会主义市场经济体制的需要。1997年，党的十五大明确提出了加强执法监管部门建设、培育和发展社会中介组织的任务。1998年，九届全国人大一次会议通过的《关于国务院机构改革方案的说明》中提出，转变政府职能就要实现政企分开，按照发展社会主义市场经济的要求，把政府职能转变到宏观调控、社会管理和公共服务方面上来，从而正式提出社会管理和公共服务两大职能。1998年的机构改革紧紧抓住转变政府职能这个关键，进一步把综合经济部门改组为宏观调控部门，调整和减少专业经济部门，加强执法监管部门建设。这一时期是我国对行政职能进行摸索、调整的时期，这一时期的行政职能转变已不仅仅是减少行政职能，而是要按照市场经济的要求对行政职能有增有减，要使市场在国家宏观调控下对资源配置起基础性作用，从而解决政府职能的越位、缺位和错位问题。2002年，党的十六大把"三个代表"重要思想写入党章，并明确其本质是执政为民，要求以此来科学规范政府职能，这使政府对行政职能的增减有了更加明确的标准。

5.行政职能转变的深化阶段(2003年至今)

2003年，我国开始新一轮国务院机构改革，通过深化国有资产、金融监管、流通管理、食品安全和安全生产监管等体制和宏观调控体系的改革，政府对市场的监管职能明显加强。同年，党的十六届三中全会明确了经济调节、市场监管、社会管理和公共服务是我国政府的四大职能，行政职能的转变进入一个全新的阶段。2007年，党的十七大提出强化社会管理和公共服务，完善公共服务体系，建设服务型政府，这说明我国的政府职能转变进入了经济建设与社会管理、公共服务并重的阶段。2008年启动的政府机构改革则进一步强调加强和改善宏观调控、加强社会管理和公共服务职能，按照探索职能有机统一的大部门体制要求，理顺部门职责关系。

2013年通过的《国务院机构改革和职能转变方案》围绕转变政府职能和理顺职责关系，继续简政放权、推进机构改革、完善制度机制、提高行政效能，稳步推进大部门制改革，推动政府由全能型向服务型转变。同年，党的十八届三中全会深化了对政府与市场关系的认识，提出市场在资源配置中起决定性作用。2017年，党的十九大提出，"转变政府职能，深化简政放权，创新监管方式，增强政府公信力和执行力，建设人民满意的服务型政府。"这就为我国今后以深化"放管服"改革为抓手，进一步转变行政职能、推进服务型政府建设指明了方向。2018年启动的新一轮政府机构改革则不仅涉及政府职能调整，而且强调统筹设置党政机构，从而使新时代我国行政职能转变展现出新的特征。

(二) 我国行政职能转变的基本方向

1.行政职能的范围从全能向有限转变

在计划经济时期，我国政府曾长期扮演全能政府的角色，政府不仅直接干预微观经济领域的活动，也包揽了大量的社会事务。党的十一届三中全会以后，我国拉开了政府职能转变的序幕。经过改革开放40多年来的发展，尤其是党的十八大以来，以习近平同志为核心的党中央将政府职能转变作为深化行政体制改革的核心，强调经济体制改革的核心问题是处理好政府和市场的关系，使市场在资源配置中起决定性作用和更好地发挥政府作用，我国政府职能转变不断深化。随着市场在资源配置中决定性作用的确立，"放管服"改革的推进以及我国社会主要矛盾的转化，我国政府还将进一步简政放权，推进行政职能的范围从全能向有限转变。

2. 行政职能的中心从经济建设向公共服务转变

1978年，十一届三中全会做出把党和政府的工作重心转移到经济建设上来的战略决策。1987年，中共十三大制定了"一个中心两个基本点"的基本路线，由此形成了经济建设职能在政府职能体系中的中心地位。片面强调经济建设职能导致政府长期在经济发展中起主导作用，而本应由政府承担的公共服务职能却被推向了市场和社会，由此造成了政府职能的错位、越位和缺位。行政职能从以经济建设为中心转向公共服务，既是我国市场化改革进程的必然选择，也是新阶段我国行政职能转变的基本目标。

3. 行政职能的模式从管制向服务转变

在计划经济体制下，我国政府实行的就是一种自上而下的管制模式。在管制型政府模式下，政府与公民的关系不对等，政府以公民的统治者、管理者的身份出现，公民处于政府的权力的管制之下。2006年，党的十六届六中全会首次明确提出"建设服务型政府，强化公共服务和社会管理职能"，我国政府开始从管制型政府向以公民本位和服务导向为特征的服务型政府进行转变。例如，我国目前正在深化进行的"放管服"改革就是要求政府既要在"放"上下功夫，做好简政放权的"减法"，不断简化行政审批程序，降低准入门槛；又要在"管"和"服"上不断创新，做好监管的"加法"和服务的"乘法"，通过公正监管和高效服务，进一步促进公平竞争，营造便利环境。

三、我国行政职能的现实定位与转变重点

(一) 我国行政职能的现实定位

2013年，十八届三中全会通过的《中共中央关于全面深化改革若干重大问题的决定》明确提出："加强中央政府宏观调控职责和能力，加强地方政府公共服务、市场监管、社会管理、环境保护的职责。"这个论述是对我国现阶段行政职能定位准确而客观的描述。

1. 宏观调控职能

宏观调控职能是指政府以国家发展战略和规划目标为导向，以政策工具为手段，对社会总需求和总供给进行总量调节，以实现国民经济总量平衡的职责和功能。党的十八届三中全会提出，"宏观调控的主要任务是保持经济总量平衡，促进重大经济结构协调和生产力布局优化，减缓经济周期波动影响，防范区域性、系统性风险，稳定市场预期，实现经济持续健康发展。健全以国家发展战略和规划为导向、以财政政策和货币政策为主要手段的宏观调控体系，推进宏观调控目标制定和政策手段运用机制化，加强财政政策、货币政策与产业、价格等政策手段协调配合，提高相机抉择水平，增强宏观调控前瞻性、针对性、协同性，形成参与国际宏观经济政策协调的机制，推动国际经济治理结构完善。"由此可见，我国政府的宏观调控在时间上

已不仅限于针对经济总量异常波动而采取措施；在范围上已经从经济领域的宏观调控扩展至包括经济调节、社会管理以及政府改革在内的宏观调控；在权责划分上也从权责同构转向宏观管理与微观管理合理分工。

2. 公共服务职能

公共服务职能是指政府直接或间接提供公共物品和服务，以满足社会公众需求的职责和功能。公共服务职能要求政府加强公共设施建设，优化社会保障体系，扩大就业规模和提高就业质量，发展教育、科技、文化、卫生、体育等公共事业，发布公共信息等，建设服务型政府。党的十九大报告要求"完善公共服务体系，保障群众基本生活，不断满足人民日益增长的美好生活需要"，具体包括优先发展教育事业，提高就业质量和人民收入水平，加强社会保障体系建设，坚决打赢脱贫攻坚战，实施健康中国战略，打造共建、共治、共享的社会治理格局，有效维护国家安全。

3. 市场监管职能

市场监管职能是指政府依法对各类市场交易行为进行监督和管理，以维护公平竞争的市场秩序，形成统一、开放、竞争、有序的现代市场体系的职责和功能。目前我国政府的市场监管职能已经从严格市场准入、确保市场主体合法合规向简政放权、规范管理、提高效率过渡；从维护公平竞争、提高市场竞争效率向创造良好发展环境、提供优质公共服务过渡；从监督市场交易、保护市场主体权益向最大限度减少中央政府对微观事务的管理、维护社会公平正义过渡。党的十九大要求"深化简政放权，创新监管方式"，这就需要今后继续理顺政府监管体制，创新监管方式，从只重事前监管向提高事中与事后监管的针对性和有效性过渡，由以往的静态式、运动式监管向动态式、常态式监管转变。

4. 社会管理职能

社会管理职能是指政府通过调整社会利益关系，培育合理的社会结构，规范社会组织行为，以回应社会诉求、化解社会矛盾、维护社会秩序，孕育文明、和谐、公正的社会环境的职责和功能。社会管理涉及面广，需要处理的利益关系复杂，因而也是我国政府需要履行的一项重要职能。党的十九大报告提出了"加强和创新社会治理"的要求，具体包括：加强社会治理制度建设；加强预防和化解社会矛盾机制建设；树立安全发展理念，弘扬生命至上、安全第一的思想，健全公共安全体系，完善安全生产责任制；加快社会治安防控体系建设；加强社会心理服务体系建设；加强社区治理体系建设。

5. 环境保护职能

环境保护职能是指政府依法对环境保护工作实施监督管理，防治环境污染，保护和改善生态环境，实现人与自然和谐共生，经济、社会与环境协调发展的职责和功能。生态文明建设是适应产业结构调整和生产方式转变的必然要求，是对人民日益增长的优美生态环境需要的积极回应，也是新时代政府的一项重要职能。党的十八大提出生态文明建设，并将其与经济建设、政治建设、文化建设和社会建设一同并入社会主义建设的"五位一体"总布局，从而将政府的环境保护职能提升到前所未有的重要高度。党的十九大报告则进一步提出"加快生态文明体制改革，建设美丽中国"的要求。

(二) 我国行政职能转变的重点

习近平总书记在中共十八届二中全会第二次全体会议上的讲话指出："转变政府职能是深化行政体制改革的核心，实质上要解决的是政府应该做什么、不应该做什么，重点是政府、市场、社会的关系，即哪些事应该由市场、社会、政府各自分担，哪些事应该由三者共同承担"。国务院总理李克强在地方政府职能转变和机构改革工作会议上的讲话也曾提到："政府改革的主要目的就是进一步理顺政府与市场、政府与社会、中央与地方的关系，更好地发挥市场和社会的作用，更好地调动中央和地方两者的积极性"。这些论述为确定我国行政职能转变的重点提供了依据。

1. 理顺政府与市场的关系，使市场在资源配置中起决定性作用和更好地发挥政府的作用

自由放任的市场经济不能实现经济的良性运行，过分强调政府干预又会使经济失去效率和活力。市场可能会出现市场失灵，政府也可能会出现政府失灵，这种认识是市场经济条件下处理政府和市场关系的关键。

党的十八届三中全会明确指出，"经济体制改革是全面深化改革的重点，核心问题是处理好政府与市场的关系，使市场在资源配置中起决定性作用和更好地发挥政府的作用"。具体来说，"政府的职责和作用主要是保持宏观经济稳定，加强和优化公共服务，保障公平竞争，加强市场监管，维护市场秩序，推动可持续发展，促进共同富裕，弥补市场失灵。市场的主要作用是在资源配置中起决定性作用，依据市场规则、市场价格和市场竞争实现效益最大化和效率最优化。"政府和市场之间不是此消彼长的关系，而是相互依存、相互补充，共同保障经济活动的顺利进行和促进社会的发展。我国政府职能转变应该在理顺政府与市场关系的基础上，进一步扩大简政放权的范围，深化行政审批制度改革，通过完善负面清单、权力清单和责任清单制度，减少政府对微观经济领域的直接干预，推动政府职能向加强监管和优化服务转化，建设人民满意的服务型政府。

2. 理顺政府与社会的关系，打造共建、共治、共享的社会治理格局

政府和社会同属于社会治理主体，只是两者各自有其适用范围，也各有局限性，但两者的目标是一致的，都是为了实现有效的社会治理。因此，应该将这两种治理方式结合起来，打造共建、共治、共享的社会治理格局。

首先，要改进社会治理方式。社会治理方式的选择是基于对政府与社会的关系以及两者不同作用的认识做出的，社会治理方式的改进对于处理好政府和社会的关系至关重要。党的十九大报告提出，"加强社会治理制度建设，完善党委领导、政府负责、社会协同、公众参与、法治保障的社会治理体制。"改进社会治理方式就是政府在发挥自身的功能和作用的同时，也要调动社会各方面的力量积极参与，坚持依法治理，形成共建、共治、共享的社会治理格局。

其次，要激发社会组织活力。党的十九大报告提出，要发挥社会组织的作用，实现政府治理和社会调节、居民自治良性互动。社会组织作为连接政府和社会的桥梁，可以有效承接从政府转移出来的社会功能，而且，适合由社会组织提供的公共服务和解决的事项，也应当交由社会组织承担。这就需要政府充分激发社会组织活力，使它们能够发挥这些功能和承接这些事项，从而促进政府职能的转变。

3.理顺中央与地方的关系，赋予省级及以下政府更多自主权

正确处理中央与地方的关系一直是我国公共行政实践中的一个重要问题。中央与地方的关系既是权力配置关系，也是利益关系。党的十九大报告提出，要赋予省级及以下政府更多自主权。这就需要进一步厘清中央与地方的权力界限，明确中央政府和地方政府的职能重点。中央政府要将那些更适合由地方因地制宜处理的事务交给地方政府去处理，这样既有利于中央政府集中精力抓大事、谋全局，又有利于调动地方政府的积极性，使地方事务的处理更加直接和高效。作为地方政府而言，还要进一步明确地方不同层级政府的职能重点。上级政府也应当加大权力下放的力度，将下级和基层政府切实需要又有能力承接的权力事项进行下放。在赋予省级及以下政府更多自主权的过程中，也要提升地方政府公共管理和服务的水平，保证中央和上级政府下放的权力能够被接得住、接得好。

 关键词

行政职能　行政职能体系　行政职能转变

思考题

1.什么是行政职能？它具有哪些特点？

2.行政职能具有哪些方面的作用？

3.如何理解行政的基本职能和运行职能之间的关系？

4.近代以来，西方国家行政职能演变背后的理论逻辑是什么？

5.如何理解我国行政职能转变的必要性与重点？

推荐阅读

[1] 朱光磊.政府职能转变研究论纲[M].北京：中国社会科学出版社，2018.

[2] 刘熙瑞，马德普.中国政府职能论：基于现代化与社会主义国家治理的战略思考[M].北京：学习出版社，2017.

[3] 石亚军.破题政府职能转变：内涵式政府改革新路径实证研究[M].北京：中国政法大学出版社，2016.

[4] 胡家勇.政府职能转变与政府治理转型[M].广州：广东经济出版社，2015.

第四章　行政组织

　　组织是人类生存的基本方式。在资源稀缺的约束下，人类为了更好地生存和发展，必须通过组织联合起来，克服个体在体能与智能上的限制，以达成群体的某些共同目标。在林林总总的社会组织中，行政组织是规模最大、最为重要的组织形态。作为公共行政的主体，行政组织是一切行政管理活动得以展开的前提和基础，是国家政务和社会公共事务得以推行的重要工具，它的管辖范围覆盖了国家和社会生活的方方面面。行政组织在设计上是否科学、合理，在运作上是否高效、有序，直接关系行政管理活动能否顺利开展，也关系国计民生和社会稳定发展。因此，学习和研究行政组织问题是公共行政学的重要内容。

第一节　行政组织概述

一、行政组织的相关概念

(一) 组织的概念

　　要了解行政组织，首先应该对"组织"这一概念有一个基本的认识。在我国古代，"组织"最早是指将丝麻制成布帛，即组合编织的意思。《辞海》中，"组织"被定义为"按照一定的目标、任务和形式加以编制"。在西方，"组织"的英文表述为organization，该词源于organ(器官)，指自成系统的、具有特定功能的细胞结构。后来，"组织"一词逐渐被引申到人类社会，指人类群体为实现一定的目标而进行的系统安排。从人类社会的发展历程来看，组织产生于人类的生产斗争和社会斗争的实践。家庭、氏族、部落是人类最初出现的组织，随着生产的发展，为了寻求更好的生活，人们开始建立和加入越来越多的组织。尤其是进入现代社会以后，组织的作用日趋突显，人类个体的需求和愿望几乎都需要借助不同类型和不同功能的组织来满足和实现。

　　从理论上系统地对"组织"进行研究是在工业革命以后开始的。由于身处环境、观察视角、研究方式等方面的差异，学者们对"组织"的定义也有着不同的理解。其中比较经典的释义有以下几种。切斯特·巴纳德认为，组织是有意识地协调两个或两个以上的人的活动与力量的系统。这种释义强调了人在组织中的作用。理查德·达夫特认为，所谓组织是这样一个社会实体，它具有明确的目标导向、精心设计的结构和有意识协调的活动系统，同时又与外部环境保持密切的联系。通过对组织的研究，发现组织具有一定的共性：第一，组织是人们在相互交往中形成的人群集合；第二，组织有既定的目标；第三，组织有支持分工与协作的结构方式和行为方式；第四，组织是一个系统，它与环境有着密切的联系。综合这些特征，本书认为，组织是人们在相互交往的过程中，为实现某一个特定目标，在分工与合作的基础上，构成的人群集合系统。

从内涵上看，组织包括四个方面的内容：其一，组织结构。组织是一种静态的结构，这种结构是指构成组织的各个部分之间相互关系的静态的稳定模式，包括职能目标、权责体系、层次划分、管理幅度、规章制度等。其二，组织过程。组织是一个人与人之间协作互动的行动体系，是为了实现某个目标，各个构成部分之间相互作用、各项资源要素有效配置的动态过程。其三，组织环境。组织是一种不断变迁的有机生命体。组织将内部各要素整合成一个不可分割的整体，又把内部各要素与环境要素之间的关系加以整合，形成了一个随着环境变化而自我适应、不断调整的有机的、开放的系统。其四，组织意识。组织是一种群体的文化心理体系，受到组织成员的心理、情感、价值观等因素的影响和制约。组织在发展过程，既形成了正式的分工与规则体系，也在自觉与不自觉中塑造了一种特定的组织文化，是一个集权责观念、情感交流、意识沟通于一体的理念体系和心理系统。

(二) 行政组织的概念

行政组织是一种特殊的社会组织。行政组织以法权为基础而存在，是依照宪法和法律设立，代表国家行使行政权力，管理公共事务，通过权责分配、层次结构、人员安排所构成的国家行政机关体系。

关于行政组织的定义，学术界目前尚未形成一个公认的或权威的说法。一般认为，行政组织有广义和狭义之分。广义上的行政组织泛指一切具有计划、组织、指挥、协调和控制等行政管理功能，从事行政事务的组织机构，既包括国家行政机关，也包括立法机关、司法机关中执行行政职能的机构，还包括企事业单位以及社会团体等组织中管理行政事务的机构。狭义上的行政组织特指依法成立的享有和行使国家行政权力，履行公共行政职能，管理国家和社会事务的各类国家行政机关。公共行政学研究的是狭义上的行政组织，即政府行政组织。在我国，行政组织包括中央人民政府(国务院)和地方各级人民政府及其内设部门、职能部门、直属机构、办事机构和派出机关，它们在国家机构序列中被称为行政单位。从世界范围来看，在议会制国家，狭义的行政组织是指由议会产生并对其负责的内阁及地方行政机关，如日本的首相府及其所管辖的各级行政部门；在总统制国家，狭义的行政组织是指以总统为首的与立法机关、司法机关相对立的行政机关，以及各级地方行政机关，如美国的总统府及联邦政府、州政府及地方政府。

研究行政组织，应当从静态的组织结构、动态的运行机制、生态的组织环境和心态的组织意识四个方面入手。第一，行政组织结构实体。从静态的角度来看，行政组织是国家为推行政务，经由权力分配和责任划分而依法建立起来的行政机关体系。考察行政机关的组织实体，就包括各级政府机关的机构如何设置、权责如何划分、人员如何配置等问题，其目的在于如何实现政府机构设置的科学化和合理化。第二，行政组织运行过程。从动态的角度来看，行政组织是指行政机关为了实现行政管理任务而进行的合理、有效的组织活动和运行过程。行政组织从成立起，就要根据其职能目标，在其职权范围内按照运作程序活动，把人力、财力、物力和信息等资源聚集起来合理配置，使其发挥最大效用。第三，行政组织环境。从生态的角度来看，行政组织是一个由若干分支系统组成的开放性系统，它随着内外部环境的变化而变化，是一个能够不断自求适应和自求调整的有机生命体和发展体。考察行政组织环境，才能及时调整组织机构和活动方式，以适应环境的变化和需要。第四，行政组织意识。从心态的角度来看，行政组织是其组织成员的权责观念、合作意识、情感交流、服务精神、责任心、荣辱感等一系列心理因素所形成的一种集体意识。人本原理认为，人是管理活动中最重要的因素。从心态上考察行政组织，就是从人的精神和心理领域去理解行政组织。行政组织的工作人员所表现出的完成行政职能的行为是以心理为依据的，集体意识对于行政组织目标的完成具有极其重要的影响。

从特性上来观察，行政组织与一般社会组织的区别主要表现在以下方面。

第一，行政组织的目的和动机是谋求公共利益。行政组织所拥有的权力无论是从源泉上来看还是从其目的和用途上来看都是公共的，必须服务于公共利益，而不是某个政党、某个社会集团或个人的谋利工具。实现公共利益是行政组织存在的合法性依据，也是行政组织活动的逻辑起点和归宿。作为公民权利的受托者，行政组织必须保护公民的权利，服务于社会，服务于公众。

第二，行政组织是社会公共事务管理的具体执行者。行政组织的基本职能是组织、管理和指挥国家事务、社会公共事务和自身事务，其中涉及的领域包括政治、经济、文化、交通、科技、教育等方方面面。但是并非所有负有该项职能的组织都是行政组织，政府、立法机关、司法机关等也会通过各种形式参与公共事务管理，但它们并没有行政权，并不是直接的执行者。

第三，行政组织的设置和一切行为都必须置于法律法规的规范之下。行政组织是依法行使公共行政权力的组织，其权力的取得和运用必须符合宪法和有关法令所规定的范围、种类、程序和限度；行政组织的设立、变更、撤销必须严格依据宪法和法律法规的规定，按照法定程序进行；行政组织的一切活动不能超出宪法和法律的规定范围，必须接受其他权力主体和社会的法治化监督。

第四，行政组织的权力是以国家法律和强制力为后盾的。这就使行政组织的行为具有普遍性、强制性和权威性的特征。公民和社会组织有义务服从和配合政府机关制定的法律法规、决策决议、公共管理，否则将依法受到制裁，而一般社会组织则没有这种权力。

(三) 相似概念辨析

为了进一步认识行政组织的概念，有必要对与行政组织相似的概念进行辨析。

第一，行政机关。行政机关是指依法设立的，行使国家行政权力，履行行政职能，负责对国家和社会公共事务进行管理的国家机关。在行政法学意义上来讲，国家行政机关是指从中央到地方的各级人民政府和其他具有法人资格、能以自己的名义行使行政权并承担因此而产生的责任的行政单位。行政机关是国家权力机关的执行机关，是国家机构的重要组成部分。从概念上来讲，行政组织比行政机关的外延要广。行政组织涉及行政机关的隶属关系、职权范围、机构设置和编制等内容，它是静态组织结构和动态组织过程的统一，也是生态的组织环境和心态的组织意识的统一。行政组织是一个大的政府组织系统，而行政机关则是其中的一个次系统。

行政组织是以行政机关为基础的，是行政机关的综合体。行政机关的设置必须以行政组织的原则为指导。另外，在行政组织与行政机关这对概念中，只有行政机关具有行政主体资格，它是单独的、享有有限行政权的法律和行为主体，可以成为行政法律关系中的一方主体；而行政组织则没有可能独立成为行政法律关系的主体。

第二，行政机构。在行政法上，行政组织是指一切行政机关与行政机构的综合体，包括各机关和机构之间的横向联系和纵向结构。行政机构是指构成国家行政机关的各部门、各单位，对外不能以自己的名义发布决定和命令，其行为的法律后果皆归于其所属的行政机关。与行政机关相比，行政机构是组成行政组织的基本单元，它是行政机关的内部组成。行政机构的层次较低，不代表其机关本身，仅代表一个特定部门行使其机关内特定的职权，它只有在获得法律、法规和规章的特别授权的情况下，才能具有行政主体资格。行政机关是联结行政机构的综合整体，其层次较高，有单独的预算、编制，能够独立行使管理职权。行政机构的设置是以行政机关的职能目标为依据的，行政机构要受制、服从、服务于行政机关。在日常的称谓使用中，行政机构与行政机关常常被混用，本书在提到行政机关时，如没有特别说明，那么它就既包括了各级人民政府，也包括了政府内设的行政机构。也就是说，行政机关所指可以被称为行政机构，但是行政机构却不一定是行政机关。

二、行政组织的定位

根据不同的标准和依据，行政组织具有不同的定位。

(一) 根据组织的活动内容和社会功能定位

行政组织属于政治组织，它与其他经济组织、军事组织、文化组织并列，都是公共组织的重要部分。作为政治组织的一种，行政组织活动于政治领域，其任务在于实现某种政治目的以及提供某些公共服务，通过均衡社会各方利益，发挥聚合功能，以协调各种社会矛盾与冲突，维持社会秩序正常运行。

(二) 根据组织目标是否具有公共性定位

根据组织目标是否具有公共性，组织一般可划分为公共组织和非公共组织，行政组织就属于前者。行政组织是以实现公共利益为目标，以提供公共服务为职能，拥有公权力，依法进行国家和社会公共事务的管理、公共服务和公共产品的提供，同时肩负着公共责任的公共组织。

行政组织的主体是政府，政府运用公共权力管理公共事务。政府组织是公共组织的重要组成内容，除此之外，非营利性的非政府组织也属于公共组织。本章主要讨论政府组织。

(三) 根据组织是否系人为设定定位

行政组织是人为设定的组织，属于正式组织。行政组织是为了全面、高效地实现组织目标，遵循相关制度、章程等人为地建立起来的组织。作为正式组织，行政组织明确规定其工作人员的职责范围和相互关系，所有成员需严格遵守组织的制度与规定，行政组织对其成员具有权威性的约束力。行政组织目标明确、分工专业、科层等级鲜明，且内部相对稳定，具有统一的规章制度。为了保证组织的整体性和一致性，行政组织要在明确目标、分工、制度、纪律的基础上兼顾效率与绩效，保证以最优的方式完成组织目标。

三、行政组织的要素

行政组织是由多种要素组成的有机整体，只有了解了行政组织的基本要素，才能够建立科学的分析单元，进而寻求优化组织结构和效能的方法与途径。从表面来看，与一般组织一样，行政组织包括人力、财力、物力、信息、机构、制度等基本要素，但实质上，除此之外，行政组织还包括其他能够反映其公共权力和公共性质的要素，这些要素直接关系行政组织效能的性质、程度和范围。

(一) 组织目标

目标是组织的灵魂，没有目标的组织是不存在的。行政组织是根据一定的职能目标设立的，一切组织活动都围绕目标运转。目标是行政组织赖以存在和发展的基础，是行使行政权力的依据，它代表组织发展的方向，影响组织的运转。行政组织的职能目标是满足某种公共需要，它规定着行政组织的工作任务和方向，是行政职能的具体化。在确定明确的总目标后，行政组织就会按照层级和部门进行目标分解，依次确定各个机关和部门的分目标，再将其具体落实到个人，确定每个人的工作目标，从而构成行政组织的目标网。

(二) 机构设置

组织是由一个个具体的机构或部门构成的统一体，机构设置的根本目的是确定相互之间的关系。机构设置的合理性直接影响组织效能和组织目标的实现。机构设置是根据组织目标、职能范围，按照一定的法定程序在行政组织内部按单位进行分工的结果。具体来说，机构是对行政职能、组织目标按层次分解后，自上而下设置而成的。行政机构是行政组织的实体，也是行政权力运行和行政职能履行的载体。机构设置是决定行政效能的关键因素。如何设置出科学合理、精干高效、协调灵活的行政机构，一直以来都是行政组织建设的核心问题。

(三) 职位设置

组织内部分工的首要表现就是机构设置，其次则是职位设置。将行政组织的职能分解后，就会成为一项项具体的行政任务，每项任务都需要具体的人员来完成。行政组织的职位设置是在机构设置的基础上进一步按个人职责进行工作分配或分工的结果。具体来说，设置工作职位就是将行政组织的职能目标、工作任务、职责权力具体地落实到每个工作人员身上。如果说行政组织是一个有机的生命体，行政机构是它的器官，那么职位及其承担人员就是构成行政组织的基本单元，即细胞。实行科学的职位分类，明确岗位职责，促进行政工作人员的人岗匹配，是优化行政组织建设的重要内容。

(四) 权责体系

行政组织是由拥有一定权力和职责的机构和人员所构成的，纵向各层级、横向各部门和各工作人员之间存在纵横交错的权责体系。在行政组织中，行政职位是为了履行行政职能、完成行政任务而设立的。行政机关及其工作人员在此过程中应承担的具体工作责任和法律上应负的行政责任构成了行政职位的职责，为保障职责的完成，行政职位必须被赋予相应的行政权力，这种属于每个行政职位专有的权力是一种职权。权责体系的核心就是坚持职、权、责的明确性和一致性。职权和职责的有效联结，才使职位、部门、单位得以组合。权责划分实际上就是行政体制问题。科学、有效的管理要求权责划分明确合理，只有这样，才能使上级与下级、部门与部门、成员与成员之间既彼此分工又相互合作，从而形成提升整体效能的内在机制。

(五) 组织成员

一切组织都是以人为核心的。组织成员是组织的生命力和活力所在，是实现组织目标和任务的主体。行政组织就是由各种不同年龄、专业、能力、水平的人员按照行政组织目标和职能的需要而组成的。行政组织的成员主要分为两类：行政领导和公务人员。行政领导通过引领、指挥、控制、协调公务人员来实现职能目标，公务人员则通过任务目标的完成程度和工作绩效向行政领导做出反馈，并据此做出行为调整。组织成员的素质状况、能力及整体结构直接影响行政组织效能的发挥。行政组织成员的选拔、录用和管理一直是行政组织建设的重要内容。在确定人员编制时，行政组织会根据组织需要，严格按照能力和绩效要求设置标准，保证组织良好的人员素质和合理的知能结构。

(六) 法规制度

制度要素是规范成员行为和实现组织有序运转的保障。没有严格的组织规范，组织就会陷入无序和混乱。行政组织是掌握了公共权力、代表公众利益的特殊组织。法规制度不仅是行政组织依法管理公共事务的有力保障，也是确保组织内部正常有序运转的基本要素。法规制度是否完善是衡量行政组织是否健全的一个重要标志。总体来说，行政组织的机构设置、权责划分、人员管理、运行程序等都需要有法可依。法规制度就是用正式文件或书面规定将行政组织的职能目标、工作任务、办事程序、运行规则、信息流程、权责关系、内部分工等明确下来的一种手段。在现代行政管理中，行政组织必须依据科学、合理的制度和规范形成有效的程序和规则，确保权限职责被有效履行、工作程序被严格遵守，促进行政行为的规范化，实现行政运行过程的法治化。

(七) 组织文化

组织文化是行政组织的灵魂，是作为一种精神和心理状态而存在的组织要素。行政组织文化是组织长期发展过程中逐渐形成的行政主体的价值观、团体意识、行政感情、心理倾向、思维方式等的总和。行政组织价值观是行政组织成员关于是非、好坏和优劣的观念形态，对行政组织成员的行政行为有较强的引导和规范作用。行政组织的团体意识是行政组织成员对组织在思想认识、情感态度等方面形成的共同心理趋向和价值意识，反映了组织内部各主体之间一体化的目的和利益。行政情感是行政主体在行政过程中所持有的内心体验或评价，如好恶、亲疏、信疑等感情。责任感、忠诚感、正义感等高级的行政感情对于行政组织目标的实现有重要意义。行政组织文化关系组织成员的工作态度和行为取向，也影响行政组织效能的高低和形象的好坏。

(八) 物质要素

行政经费、办公场所、物资设备等是构成行政组织的必需的物质要素，离开物质要素的支撑，行政管理活动也就无法正常运转。行政经费是维持行政组织运行与发展的基础。行政经费是由国家预算支出，经国家权力机关批准后，由财政部门拨付的行政事业费。根据性质，行政经费分为劳动报酬性经费、生活津贴性经费、劳务补偿性经费、公用性经费等。行政组织在履行行政职能的过程中，无论是支付组织成员薪酬、维持机构办公，还是日常的组织工作、社会管理活动，都离不开行政经费的保障，否则行政组织就会陷入瘫痪。除了经费，办公场所、办公器材、交通工具等维持性设备，通信工具、计算机网络等与提高行政效率有关的开发性设备也是进行行政管理必不可缺的物质条件。

四、行政组织的结构

组织的结构作为一种关系结构，是组织的基本属性，反映了构成组织的基本要素之间的特定关系。行政组织的结构是指围绕特定目标对行政组织的各种要素做出的一种排列组合方式，构成要素相同，要素组合方式不同，其产生的效果也是迥异的。作为行政组织的物质框架，行政组织的结构由四个层次组合而成：第一层是由各职位的工作人员排列组合形成的一个行政工作单位；第二层是由各个工作单位排列组合形成的一个行政部门；第三层是由各个行政部门排列组合后构成的一级政府组织；第四层是由各级政府排列组合后形成一国的政府系统。良好的行政组织结构是有效实现组织目标的物质基础。在以往的行政组织研究中，人们总结出了一些模式化的行政组织结构，下面简要介绍四种常见的行政组织结构类型。

(一) 直线型行政组织结构

直线型行政组织结构分为直线集权制结构和直线参谋制结构。直线集权制是传统的、简单的金字塔结构，是从纵向上将行政组织依据等级划分，并进行垂直系统的直线排列，故又称层级制，其显著特征是行政首长中心制。直线参谋制是在直线集权制的基础上对行政组织结构进行优化的产物，增加辅助行政首长决策，无单独指挥决定权力的参谋式系统，该系统是为应对个人决策的局限性以及庞大组织中复杂化、专业化的工作任务而设计的，相当于现代社会中行政首长的智库。

(二) 职能型行政组织结构

职能型行政组织结构就是从横向上在同一层级根据职能和分工划分若干部门，各部门的职能范围基本相同。职能型行政组织结构的优点是分工管理、专人专才，有利于提升管理效能，减轻主管领导的负担；其缺点是容易形成"多头领导"，不利于集中管理和统一指挥，极易形成各部门各自为政的现象。

(三) 直线职能型行政组织结构

当代行政组织实践往往采用直线职能型行政组织结构。这种结构吸收了直线型行政组织结构和职能型行政组织结构的特点，既有统一的指挥系统，又有依专业分工原则而建的职能系统。显而易见，采用直线职能型结构的行政管理部门，在专业行政管理方面既保障了行政效率，又能够充分发挥"智囊团"的作用。

(四) 多功能行政组织结构

为了完成某一项重大公共项目而临时组建的系统通常采用多功能行政组织结构，由特定的任务负责人进行纵向与横向交织的统一协调与指导。多功能行政组织结构的优点在于：任务目标明确；有利于培养通才型管理人员；有利于加强横向联系，消除部门本位主义；能够灵活适应实际情况；有利于充分发挥专业人员的才能。该结构的缺点有：项目主管与部门主管易产生职权冲突；成员受到双重领导，容易产生彷徨感；人员变动较大，可能造成工作人员心理不安。

有了结构，组织才有了功能；有了功能，结构才有了意义。组织的功能和结构是相辅相成。结构形成组织静态特性，功能则使组织具有了动态特性。通过行政组织结构，可以明晰政府中各个职位以及各层级间的职权、责任和从属关系，确定各自的功能和属性，从而对行政组织有全面了解。通常意义上来讲，行政组织具有以下几种功能。

第一，整合功能，即集中力量办大事。行政组织是为实现一定的社会目标而形成的有机结合体，不同于非营利组织和企业组织，它将政府各层级、各部门的执行力进行有机整合，实现公共服务或者公共建设的最大化和有效化。

第二，优化配置功能。行政组织依靠其政治权威而拥有相应的公共资源，且在一定程度上是资源的占有者和分配者。通过政府活动，公共资源流向社会各个领域。行政组织的结构是在综合考量社会分工、公共事务专门化需求、管理的幅度等因素后而产生的，其优化配置的功能利于促进政府组织专业化，使各政府组织互为配合，实现公共资源配置最优化。

第三，维护秩序稳定的功能。行政组织的权力是由统治阶级赋予，为统治阶级稳定统治秩序而服务，是国家和社会发展必不可少的基本管理单位。很难想象如果缺失行政组织，社会将如何健康、稳定地发展。社会的发展和进步过程实质上就是行政组织的组织化程度不断提高的过程。

五、行政组织的类型

行政组织是由不同层次、不同功能的诸多行政机关组成的一个庞大且复杂的组织系统。当代社会发展迅速，社会公共事务日趋增多，组织环境也在不断发生变化，公共管理的范围越来越广，这就决定了行政组织的多样性和复杂性。根据不同的标准对行政组织进行类型划分，是公共行政实践和理论研究的需要。

(一) 根据管辖的地域范围划分

根据管辖的地域范围划分，行政组织可分为中央行政组织和地方行政组织。

在我国，中央行政组织主要指国务院及其职能部门，其管辖范围涉及全国，它有权依据宪法和法律管理全国范围内的一切公共事务。地方行政组织主要指地方各级人民政府及其职能部门，主要组织和管理本区域的公共行政事务。与中央行政组织相比，地方行政组织的设置相对复杂，不同性质的国家在该方面也是情况各异的。我国的地方行政组织是在国务院统一领导下分设省(自治区、直辖市)、市(市管县)、县(县级市)、乡(镇)四级，其中有两个例外情况：一是在民族自治区、自治州、自治县设置的行政机关；二是在特别行政区设置的行政机关。作为联邦制国家的美国，其情况就比较特殊。美国的各个州是具有强大自治权的准主权单位，州政府管辖的范围处于中央政府和地方政府之间，州以下的市、县等行政组织称为地方政府。

(二) 根据管理对象和业务划分

根据管理对象和业务划分，行政组织可分为综合性行政组织和专业性行政组织。

综合性行政组织的管理对象和业务具有综合性、跨部门、跨行业的特征，如工商部门、税务部门、人事部门、财政部门等。专业性行政组织的管理对象和业务具有专门性、部门性、行业性的特征，如教育部、林业部、交通部等。

(三) 根据权限的性质和范围划分

根据权限的性质和范围划分，行政组织可分为一般权限机关与专门权限机关。

一般权限机关是指管理全国或一定地域内的全面性、综合性公共事务，统一领导各部门工作的行政组织，其权限是全方位的，具有全面性、综合性的特点。在我国，一般权限机关通常指国务院和各级人民政府。一般权限机关是一级行政机关的指挥与决策中心，具有决策、组织、指挥、协调、控制与监督等权力，在整个行政机关中发挥统率作用。

专门权限机关是指在全国或一定地域内管理某特定事项或某特定领域公共事务的行政组织，其权限是局部性的，具有专门性、执行性的特点。在我国，专门权限机关通常指国务院各组成部门以及地方各级政府的职能部门。职能部门的职责就是根据相应的法律规定，在其特定管辖领域或分工范围内履行相应的职能，并执行政府发布的命令。

(四) 根据存续的时长划分

根据存续的时长划分，行政组织可分为常设机关和临时机关。

常设机关是指正式列入政府编制序列长期存在的机关，是为了完成具有长期性、常规性和连续性的行政事务而设立的，如人事部、民政部、公安部等。临时机关是为了处理某项临时性或专门性事务而成立的机关，如人口普查委员会等。临时机关通常分为两种：一种是为了办理突发性、临时性的行政事务而设置的机构；另一种是为了解决因跨地区或跨部门出现了统一领导问题的行政事务而设立的组织协调机构。临时机关的存在能够在一定程度上弥补常设机关设置上的不足，在应对非常规情况、适应特别工作需要上发挥了积极作用。

(五) 根据组织的功能和作用划分

根据组织的功能和作用划分，行政组织可分为领导机关、职能机关、监督机关、辅助机关、咨询机关和派出机关。

1. 领导机关

领导机关又称首脑机关，是指在各级政府中处于决策和指挥中心的、能够统辖全局的行政机关，如我国的国务院和地方各级人民政府。领导机关是一级行政组织的中枢和首脑，负责在行政活动中做出决定、制定规划、发布命令、指挥监督。领导机关的最高负责人是行政首长。领导机关一般由领导班子组成，由一个领导群体执行整个机构的权力和职责。在很多西方国家，领导机关是内阁，其形式一般是由政府首脑召集主持的内阁会议、部长会议或国务会议。

例如，美国由总统主持、副总统及各部部长参与的内阁会议，英国由首相主持的内阁会议等，都是领导机关。

2. 职能机关

职能机关又称执行机关，是指隶属于领导机关，分管专门行政事务的机关。职能机关服从领导机关的意志，贯彻执行领导机关的决定和指示，接受行政首长的指挥和监督，负责指导下级相应行政部门的工作。在我国，国务院所属的各部、委及直属局，地方政府所属的厅、局、处、科，均属于职能机关，如教育部门、电力部门、水利部门等。

3. 监督机关

监督机关是指依据组织法规制度和领导机关的决定，对各种行政机构、行政人员及其管理活动的情况进行检查监督的执法性机构，如监察部门、审计部门。监督机关是在政府体系内部建立的具有制衡作用的重要部门，其主要职责是督促各行政机构围绕行政组织目标依法办事、认真履职、努力工作，其目的是保证行政组织活动的合法性、廉洁性和高效性。

4. 辅助机关

辅助机关是指在行政组织中为协助领导机关和职能机关顺利开展工作而设立的承担辅助性工作的机关。辅助机关不直接参与公共事务管理，是一种综合性办事机关，主要发挥参与政务、协调左右、沟通关系、处理纠纷、汇集信息、研究政策、辅助决策的助手作用。辅助机关可分为综合性辅助机关、专业性辅助机关、政务性辅助机关和事务性辅助机关。在我国，国务院及各级地方政府的办公厅或办公室就是典型的综合性辅助机关；专业性辅助机关主要协助行政首长处理专门性事务或特别事务，如财务部门、人事部门、港澳办公室；各级政府的政策调研室就是典型的政务性辅助机关；机关事务管理局或行政处(科)则是事务性辅助机关。

5. 咨询机关

咨询机关又称智囊机关，是指由权威专家、学者和有经验的政府官员组成的、专门为领导机关出谋划策、提供意见和政策方案的机关。咨询机关具有较强的专业性和独立性，其基本职能是研究咨询、收集资料、协调政策、参与决策、培训人才等。在西方，咨询机关又被称为"智囊团"或"思想库"。现代公共管理面临的问题日趋复杂，咨询机关在政府中的地位也日益重要。我国也十分重视咨询机关的作用，中央及地方政府目前都已建立了一些咨询机关，如国务院发展研究中心。

6. 派出机关

派出机关是指一级政府或政府部门根据业务管理的需要，通过上级批准，按照法律程序在其职权范围和管辖地区授权委派的代表机关。派出机关可能代表一级政府，也可能代表某个职能部门，它没有独立的法律地位，其权力是委派机关的延伸，其行为责任也由委派机关承担。派出机关的主要职能是督促辖区行政机关贯彻和执行其上级的指示和决定，并向委派机关报告下级行政机关的情况，完成委派机关交予的任务。在我国，派出机关有很多种，如代表中国政府在其他国家处理国家事务的大使馆，省政府下设的地区行政公署，城市的城区街道办事处，县政府职能部门派驻到乡镇的各种所、站等。

六、行政组织的环境

任何一种组织都是在特定的环境下发展起来的，每一种组织都有其自身的信仰、价值观及行为方式。正因为有这些不同的因素，才使一个组织能够区别于另一个组织。行政组织作为一个系统，还会有一个更大的系统构成它的外部环境，行政组织的外部环境指的就是社会环境。行政组织不仅受社会环境的影响，也受自身内部系统的制约，表现出来的就是行政组织的文化环境。内外环境交互作用，共同影响行政组织的整体行为，同时也影响其成员的行为选择。

(一) 社会环境

一般社会环境是包括文化、经济、政治、人口、自然资源、技术、教育、法制、社会、国防等一切可能影响行政组织的宏观的社会因素总和，它直接关系行政组织的总体目标、功能状态和管理方式。特定社会环境是指针对行政组织而言，与其决策、行为、领导、绩效等转换或输出过程相关的具体的、直接的影响因素。行政组织会对明显与自身功能有直接关系的因素做出强烈的反应。

行政组织的目标和价值系统、结构功能、技术管理与社会回应等都会受限于特定的社会环境。因此，如何正确认识特定的社会环境对政府做出正确的决策判断至关重要。通常，行政组织的指导思想和战略行动都会反映一定的社会环境的要求，社会环境各因素的变化会引起行政组织行动的动态性，但也不可忽略政府对社会环境稳定性的考量。因为相对稳定的社会环境是政府行政组织发展的必要条件。

在社会环境中，除了行政组织，还存在许多其他社会组织。只有正确处理自身与其他社会组织的关系，行政组织才能快速、有效地实现自身的目标。行政组织与其他社会组织是互动、互利、互惠的关系：一方面，行政组织通过接触、座谈、询问、调查等方式来了解其他社会组织的需求和想法，在充分斟酌、吸收和考量的基础上，经过行政组织自身的转化变为政府的指示、条例、规章、意见等输出给社会，以获得其他社会成员和社会团体的赞同与支持；另一方面，其他社会组织从行政组织处输入信息，了解政府发布的方针、政策和各项规定，经其内部转化，转变为态度、需求、意见等求得行政组织的理解、支持与协助。其他社会组织会将行政组织的目标、行为视为一种可以接触的途径，将与行政组织在一定程度上的友好关系视为追求其自身利益的目标，在必要时，其他社会组织会通过游行、示威等方式表达自己的需求与不满。

因此，行政组织能够正确处理自身与其他社会组织的关系，稳定、有序地引导各个社会组织进行社会建设，积极、有效地发挥社会管理职能，是政府治国安邦的重要标志之一，也是现代行政组织重要的管理任务之一。

(二) 文化环境

行政组织的文化环境既具有源于组织本身的主观性，也具有由文化背景产生的客观性。虽然行政组织的文化环境更多指自身组织系统内的价值体系的影响，但其客观性促使行政组织在发展中总会受到一些不以人的意志为转移的客观性文化因素的影响。行政组织受文化环境的影响形成组织内部的共同价值观、精神面貌以及外在形象。

在文化环境影响下，行政组织所形成的组织文化有以下两个基本要素。

1. 政府形象

政府形象反映的是社会公众对政府执政行为的印象和评价，关系政府的信誉与能力，作为行政组织内部文化的反映，政府形象体现在以下几个方面。

(1) 政府提供的公共服务。对于政府来说，提供给公众的公共产品和公共服务的质量是公众了解政府形象的重要途径。公众通过公共产品和公共服务来了解政府，加深对政府的认识，享受到品质优良的服务与产品，对行政组织产生信任，从而形成良好的政府形象；反之，则会造成政府形象不佳。

(2) 环境形象。政府的工作场所、办公环境和服务环境影响公众对政府的直观印象。如果行政组织(尤其是直接提供公共服务的行政组织)拥有整洁、舒适的办公环境，那么公众置身其中就会顿生好感。

(3) 领导者及组织成员形象。行政组织内的领导者和成员对外代表组织，领导者在领导行为、决策能力、人际交往等方面的表现，成员在职业道德、精神风貌、服务态度等方面的综合表现都关乎政府形象。具有创新开拓精神的、有能力的领导带领行政组织创造良好的工作绩效，能够使政府在公众面前树立良好的形象，从而有利于政府树立权威，有利于政府开展各项行政工作。

2. 组织价值观

组织价值观是指组织及其成员判断事物正确与否，以及指导成员行为的基本观点和信念。组织价值观对组织成员的影响是潜移默化、深入人心的，一方面，组织价值观能够对组织成员产生激励作用，促使他们为实现行政组织的目标而不断奋斗，组织业绩的整体提升又会促进成员个体的不断发展；另一方面，组织价值观还具有约束作用，它使组织成员依据组织的价值观行事，组织通过价值观影响组织成员的观念继而支配其行为。

总体来看，文化环境对行政组织的影响是不可忽视的，它与技术、法制、经济等对行政组织的影响同等重要。文化环境对行政组织的影响体现在以下两个方面。

第一，文化环境对行政组织具有导向作用。政府以服务公众、维护社会稳定发展为主要目标和任务，体现在组织内部的价值观层面则是追求效率、公平、民主等行政理念。良好的文化环境可以辅助行政组织成员形成良好的道德规范，包括职业道德规范等，有利于激发组织成员的工作积极性和创造力，使组织具有明确的价值导向。

第二，文化环境对行政组织具有凝聚作用。健康的文化环境可以促进良好的组织价值观的形成。在中国，行政组织是以马克思主义理论思想来指导政府的行为实践。在行政组织内，每一个成员的个人价值得到充分尊重，良好的文化环境能够增强组织成员的责任感和归属感，使组织成员建立信任与合作的关系，正是这种自我凝聚的功能，使行政组织不断发展，更好地服务公众。

第二节　行政组织理论

行政组织理论的发展受到古典组织理论和古典管理理论的极大影响，泰勒、法约尔和韦伯的组织理论和管理理论是行政组织理论的重要思想渊源。随着公共行政学的不断发展，行政组织理论逐步展现出学术自觉，呈现独特的理论面貌。

一、古典时期的行政组织理论

古典时期的行政组织理论产生并形成于19世纪末20世纪初。19世纪末，基于政党分赃制的行政困境而产生的政治与行政二分理论对行政组织产生巨大影响，正如威尔逊所言："首先，政府能够适当和成功地做什么；其次，怎么样以最高的效率和资金与资源上最少的消耗来完成这些事情。"韦伯的官僚制理论奠定了传统公共行政理论的基石。1926年怀特的《公共行政导论》和1927年威洛比的《公共行政原理》概括描述了公共行政学这门学科的全貌，肯定了公共行政学自身的研究领域及话语体系。之后形成的传统公共行政理论一方面希望将政府部门从选举政治中解放出来，使政府承担更多的责任，另一方面又企图用企业管理模式来挽救民主体制。在这一时期，行政组织研究开始在政府组织、制度、过程等的设计中追求科学化和技术化，强调通过严格的制度、专业化的分工、规范的程序、明确的奖惩来提高政府组织的效率。

(一) 怀特的组织理论

伦纳德·怀特在撰写的大学公共行政教育的第一本教科书中，花了大量篇幅来论述组织问题。首先，怀特认为行政组织体制问题是行政组织的核心问题，他着重探讨了行政组织体制的类型，初步划分了自治型和官僚型、中央集权型和地方分权型、独立制型和权力汇一制型三对六种组织体制类型。其次，怀特研究了行政责任与行政权力的分配问题，认为权责一致是政府行政效率的基础。为了实现权力和责任相匹配，怀特认为，必须将同一目标的事务归于同一部门；权责分配与任务相一致，与部门、人员等级相一致；按区域、工作性质、行政方法和程序的不同进行分配。最后，怀特提出，行政的高效率必须以优良的行政组织为前提，这种组织应该达到如下标准：能获得最优秀的人才；组织成员应有一致的责任及适当的权力；将行政官员区分为政务官与事务官，明确各自的权责及任务，以职务划分为原则，确定指标；设置协调机构专门从事综合协调工作；对组织的管理效率进行精确、合理的测量。

(二) 古利克和厄威克的组织理论

卢瑟·古利克和林德尔·厄威克首次提出了"组织理论"这一学科名称。1937年，在"组织理论概述"的学术论述中，古利克和厄威克分别提出了组织管理的七项要素和八项原则。古利克提出的组织管理的七项要素分别是计划(planning)、组织(organizing)、人事(staffing)、指挥(directing)、协调(coordinating)、报告(reporting)、预算(budgeting)，即POSDCRB。厄威克与古利克将传统的组织管理理论进行了归纳和整理，并概括出了其认为适用于所有组织的八项原则：一是目标原则，即所有的组织都必须建立和表现出一个目标；二是相符原则，即每一个职位的权力和责任都应当一致；三是权限原则，即上下级之间、成员之间应当建立一种绝对的权限关系和责任关系；四是专业化原则，每一个人的工作都应当限制为一种单一的职能；五是控制幅度原则，即每一位主管人员直辖下属不得超过6人；六是协调性原则，即以协调来保证组织的和谐与促进组织的统一；七是明确性原则，即每种职位和工作规范都应有明确的规定；八是平衡原则，即组织结构应当系统考虑，避免畸形或偏激，以利于长期、稳定发展。

古典时期的行政组织理论侧重于正式行政组织的研究，其特点在于从制度、规范的角度研究行政组织，提出了一系列规范性的组织设计和管理原则，为组织管理提供了一般的理论指导，为组织理论的发展奠定了基石。古典时期的行政组织理论也存在显著的不足：它把人看作机器的附属物，强调等级、命令和服从，忽视了人的主动性、需求和价值；用一种封闭的观点研究组织，未能探讨组织与环境之间的互动；从静态的角度研究组织，忽视了组织的动态变化。

二、行为科学时期的行政组织理论

20世纪30年代，传统公共行政组织理论在实践中开始被质疑和批评，尤其在"二战"后各国社会经济环境的急遽变化过程中，传统的行政组织理论无法继续发挥理论指导作用，广大行政组织学研究者提出了许多新的观点和主张。这一时期，行政组织理论深受行为科学的思想和方法的影响，霍桑实验和人际关系学派的观点给行政组织理论打下了烙印，行政组织理论将关注的重点转移到行为和管理过程中，开始从心理行为机制和动态的角度进行研究，丰富了行政组织理论的内容。

(一) 巴纳德的系统组织管理理论

切斯特·欧文·巴纳德是美国著名的管理学家，也是系统组织管理理论的创始人。巴纳德运用系统论的观点从多方面对组织问题进行了全方位的研究。巴纳德的系统组织管理理论的核心观点如下：第一，从本质上来说，组织是一个由人的行为构成的系统；组织是动态和发展的；组织是协作系统的组成部分，协作系统以组织为核心，将物质子系统、人员子系统和社会子系统连接成一个复合的整体，组织的"内部"和"外部"的协作关系同等重要。第二，作为一个系统，组织包含三个基本要素：协作的意愿、共同的目标和信息交流。第三，关于非正式组织的论述。巴纳德将非正式组织界定为"一种没有固定形态的、密度经常变化的集合体"。非正式组织不仅是必然存在的，而且是不可缺少的。如果加以正确的处理和引导，非正式组织能够为正式组织的发展起积极的促进作用。第四，提出了组织平衡理论。他提出，组织生存和发展的关键在于使组织成员获得一种贡献和满足的平衡。组织平衡又分为对外平衡和对内平衡。对外平衡是指组织要保持对外部环境的适应性；对内平衡是指组织要有效分配诱因，使诱因与贡献达到平衡，保证成员协作的积极性。第五，提出了权威接受理论。巴纳德认为，一个命令是否有权威取决于接受命令的人，而不是发布命令的人。领导者与下级之间的权威关系可以分为职位权威和领导权威。第六，提出了组织决策理论。巴纳德认为，组织理论是研究决策活动，而不是研究组织成员的操作活动。组织中的决策分为个人决策和组织决策，其中，组织决策是为实现组织目标而制定的理性决策。组织决策有两个客观要素，即目标和环境。

(二) 西蒙的决策过程组织理论

赫伯特·西蒙是美国著名的行政学家。西蒙提出了有限理性和行政人假设的决策理论，他对于组织理论的研究是建立在其决策理论基础上的。西蒙的决策过程组织理论的核心观点如下：第一，组织的基本功能就是决策，决策贯穿管理的全过程，是组织的中心要素，有效的组织应当提供一个有利于做出合理决策的组织结构。第二，组织的目标就是追求决策的合理性；第三，组织行为对个人决策的影响是双向的。组织通过权威体系向个人说明价值与目标，在本质上，组织是一个合作行为系统，可以帮助个人克服个人知识的局限性、群体行为的不稳定性，以及帮助组织成员采用共同评判标准。第四，组织结构的设计应该与决策的过程相吻合，应当把组织的整体结构设计成层级制；在组织的专业分工上，将组织分解成相互独立的子系统时，应当以尽量减少子系统之间的依赖性和尽量充分利用决策能力为宗旨；组织要把有效的能力花在重要的决策任务上；在组织的权力配置上，要正确处理集权与分权的关系，强调适当分权而不允许绝对分权。

行为科学时期的行政组织理论从动态的、心理的角度研究了人的心理和行为对组织及其效率的影响，其核心观点包括：强调以人为本和人格尊重；关注人与组织的平衡；注重成员的参与、沟通、激励；重视正式组织与非正式组织的互动；优化人际关系等。但是行为科学时期的行政组织理论也存在一定的缺陷，它局限于人和组织行为的研究，忽视了组织结构、组织制度的作用，忽略了组织外部环境的影响等。

三、现代行政组织理论

现代行政组织理论是一种相对提法，主要是对20世纪60年代以来形成的行政组织理论的统称。从20世纪30年代的学科科学化争论到五六十年代的实践困境，公共行政学理论不断丰富。20世纪70年代，资本主义国家出现的公共财政危机促进了新公共管理理论和政府再造的产生，随后公共政策学成为专门的学科，旨在关注行政组织如何在现实操作层面解决人类生活中的具体问题。20世纪90年代，管理主义盛行的同时也遭到了很多批判，在此背景下，新公共服务理论应运而生，主要代表人物登哈特夫妇认为政府应该"掌舵"而不是"划桨"。20世纪90年代开始，治理理论逐渐兴起，不同于公共行政史中以政府为中心进行的研究，该理论是将政府视为网络结构中的一个角色，这一理论在某种程度上是实践先于理论。目前，治理理论仍然处于发展和完善的过程中，但不可否认其对公共行政学的发展起到了巨大的推动作用。自20世纪60年代以来，在公共行政学研究的推进过程中，政府组织也在不断变革，行政组织理论的研究掀起了一个新高潮。在这一时期，受到系统论、控制论、信息论以及其他多门学科知识与方法的影响，对组织的研究既关注静态的组织结构和制度，也注重组织的动态发展及其与环境的互动影响，组织问题的研究更加深入、全面和广泛。现代行政组织理论呈现观点多元化的趋势，出现了行政生态组织理论、企业家政府理论等。

(一) 行政生态组织理论

弗雷德·里格斯是美国著名的行政学家，也是比较行政学和行政生态学的创始人。最早运用生态学理论研究政府现象的是美国学者高斯，后来，里格斯继承和发展了高斯的理论，运用生态学的理论和方法研究了发展中国家的行政问题，设计出了行政系统的三种模式，使行政生态学成为一门系统学科。里格斯认为，行政组织受到其政治、社会和文化环境因素的影响和制约，只有适应外界环境变化的行政组织才是有效的。里格斯的行政生态组织理论提出，行政组织存在三种模式，他划分出了三种社会形态，并将其与三种行政组织模式相对应：融合型行政组织模式—传统农业社会形态、棱柱型行政组织模式—过渡社会形态、衍射型行政模式—现代工业社会形态。里格斯通过光谱现象解释了三种行政组织模式：在结构混沌未分的农业社会，融合型行政组织模式隐喻为一道混色的白光，政治与行政不分，行政组织与立法、司法组织混同；在农业社会向工业社会过渡的时期，棱柱型行政组织模式隐喻为折射中的光线，既有融合的白光特征，又有衍射后的各种光色，多元社会、多元经济、多元价值导致公共行政的异质性特征，行政组织呈半分化状态，行政机构重叠、形式主义等特点突出；在现代工业社会，衍射型行政模式隐喻为经过棱柱折射后的各色光线，政府职能明确，行政组织分工精细、各司其职。此外，里格斯还分析了外部生态环境与行政组织的相互作用。他认为，社会经济机制和生产力水平是影响公共行政最主要的生态因素，除了经济要素、社会要素、沟通网络、符号系统和政治架构都是影响行政组织的重要因素。

(二) 企业家政府理论

企业家政府理论是在对传统官僚制行政组织模式加以批评的基础上发展起来的。美国学者戴维·奥斯本和特德·盖布勒于1992年出版《改革政府：企业精神如何改革着公营部门》一书，书中提出了以企业家政府精神重塑政府的主张。该书在美国乃至全世界范围内都产生了较大的影响，奥斯本也因此被誉为"政府再造大师"。企业家政府理论主张把企业经营管理的一些成功经验移植到政府中，通过改变官僚制政府组织内部的管理机制和内部驱动力，使行政组织能够像企业那样，合理使用资源，注重投入产出，提高行政效率，从而达到重塑政府形象的目的。奥斯本认为，政府是用来做出公共决策的一种机制，它对于社会的存在和发展是必不可少的，但遗憾的是，政府的现状并不令人满意，工业时代的政府官僚机构既庞大又集权化，提供的服务千篇一律的标准化而又不看对象，因而不足以迎接迅速变化的信息社会和以知识为基础的经济社会的挑战。当然，奥斯本没有完全否认传统官僚制行政组织应有的作用，认为它在某些场合仍然发挥有效作用，如环境稳定、任务单一、服务需求不高、顾客要求相似的公共事务领域。在清醒地认识到传统政府管理体制存在严重危机后，奥斯本和盖布勒提出了重塑政府的十项基本原则，即企业家政府的十个基本特征：第一，应当掌好舵而不是划桨。具体的服务性工作(即划桨)应当由企业组织和非营利性机构来完成，政府的中心工作应当是做好决策(即掌好舵)。第二，注重妥善授权，而非事必躬亲。第三，注重引入竞争机制。第四，注重目标使命而非繁文缛节。改变政府行为的内部驱动，让"任务驱使政府"替代"规章驱动政府"。第五，重产出而非投入。要按效果做预算。第六，树立"顾客"意识。制定"顾客驱使"的制度，使政府自觉地为顾客即服务对象服务。第七，有收益而不浪费。要学会以花钱来省钱，为回报而投资。第八，重事前预防而不是治疗。第九，注重参与协作的分权模式而非层级制的集权模式。第十，注重市场机制调节而非靠行政指令控制。

第三节　中国行政组织的结构和变革

一、中国行政组织的结构

中国行政组织是由纵向上不同层级的政府和横向上不同分工的职能部门交织而成。中国是单一制结构形式的国家，从纵向上看，中国的行政组织可以大致分为中央和地方两级。中国的中央行政组织又称中央人民政府，即国务院，是管理国家和政治事务的最高国家行政机关。地方各级行政组织又称地方各级人民政府，包括省(自治区、直辖市)、市、区、县、乡(镇)若干层级。在法律地位上，地方各级行政组织是地方各级国家权力机关的执行机关，要对各级权力机关负责并向其报告工作，同时，还要接受上级行政机关的领导，并服从国务院的统一领导。从横向上看，不同层级的政府组织还各自设有具体的工作部门。中央人民政府由各部委组成，它们有各自的管辖范围，是平行关系。地方各级人民政府一般设有与国务院各部委相同的职能部门，但也不强求完全对口，如省、自治区设的厅、局、委，县政府设的若干局等。

我国宪法规定，中国各级国家行政机关都实行行政首长负责制，即行政首长全面领导本机关工作，对机关的事务有最后决定权，行政机关所属的各机构及工作人员的工作都要对行政首长负责。在中央，国务院实行的是总理负责制；在地方，各级政府实行省长、市长、县长、区长、乡长、镇长负责制。中国的行政首长负责制具有三个显著特征：一是首长虽然拥有最后决定权，但并不是行政首长个人独裁制，它要求对于重大问题必须通过集体讨论来决定。这种集体讨论不采取少数服从多数的方法，而且由行政首长根据大家的意见做出最后的决定。二是首长在任期内对其领导的行政机关法定权限内的工作绩效负有完全责任。如果没有完成工作任务或造成失误，行政首长要承担相应的责任。三是要始终贯彻民主集中制原则、法治原则和对国家权力机关负责的原则。

(一) 中央人民政府的组织结构

中华人民共和国国务院，即中央人民政府，是最高国家权力机关的执行机关，是最高国家行政机关。我国宪法规定，中华人民共和国的一切权力属于人民，人民行使权力的代表机关是各级人民代表大会，其中全国人民代表大会是最高国家权力机关。作为最高国家权力机关的执行机关，国务院与最高国家权力机关的关系是：国务院由全国人民代表大会产生；国务院需向全国人民代表大会负责；国务院受全国人民代表大会监督。

国务院由总理、副总理、国务委员、各部部长、各委员会主任、审计长、秘书长组成。国务院实行总理负责制，即全面领导权、最后决定权、人事提名权、全面负责任。国务院秘书长在总理的领导下，负责处理国务院的日常事务。国务院设立办公厅，由秘书长领导。

从横向上来看，国务院的组成机构主要包括国务院办公厅、国务院组成部门、国务院直属特设机构、国务院直属机构、国务院办事机构、国务院直属事业单位、部委管理的国家局。

(二) 地方政府的组织结构

中国地方的行政层级大致可以划分为省级行政组织(省、自治区、直辖市人民致府)、市级行政组织(自治州、地级市和直辖市的市辖区人民政府)、县级行政组织(县、县级市和地级市的市辖区人民政府)、乡级行政组织(乡、民族乡和镇人民政府)。在地方行政组织中，中国还设有特别行政区政府，它们直属于中央人民政府，并且享有高度自治权。

1.省级行政组织

省级行政组织包括处于同一层级的省、自治区、直辖市政府，是中国地方最高一级行政组织。它们担负着承上启下的重要职能，既要保证中央的方针、政策在本级行政区域内的贯彻执行，又要保证依法管理本级政府所辖区域内的各项公共事务。省、自治区、直辖市的人民政府分别由省长、副省长，自治区主席、副主席，市长、副市长和秘书长、厅长、局长、委员会主任等组成。

在横向上，根据统一领导和垂直管理的原则，省级行政组织参照国务院职能部门的设立情况，结合本行政区域的实际需要设置行政机构。因而，省级行政组织的机构设置与国务院的机构设置有一定的相似之处。具体来说，省级行政组织的机构有如下类型：第一种是与国务院机构相对口，受省级行政组织领导，同时接受国务院主管部门的业务指导的必设机构。与国务院各部委相对应的行政机构称为"厅""委"等(直辖市的部门称为"委""局")，一般为正厅级，与国务院直属机构相对应的机构称为"局"，定为副厅级。第二种是受省级政府和国务院有关部门的双重领导的必设机构，属于省政府序列，但业务领导以国务院主管部门为主，如审计和国家安全部门等。第三种是与国务院有关部门不完全对口的行政机构，它们通常是各省根据本行政区域的需要因地制宜设立的，如盐务管理局、乡镇企业局等。另外，在省级行政区域内，还有国务院有关部门设立的分支机构，如民航管理局、海关等，它们由国务院主管部门垂直领导，不列入省级政府的行政序列。省级政府应当协助它们开展工作，在某些事项上拥有监督和综合协调权。

按照法律规定，省级政府的厅、委、局等工作部门的设立、增加或合并，由本级政府报国务院批准，并报本级人大常委会备案。省级政府的行政机构受本级政府统一领导，并接受国务院主管部门的业务领导或指导。

2. 市级行政组织

市级行政组织主要包括同一级别的市、州、区级行政组织。其中，市级行政组织指设区的市、领导县的市或地级市政府，州级行政组织指自治州政府，区级行政组织指直辖市的区政府。副省级市和地级市、自治州由市长、副市长，州长、副州长和秘书长、厅长、局长、委员会主任等组成。

市级行政组织的机构设置与省级行政组织的机构设置大体相似，其中包括了必设型和因地制宜型两种行政机构。通常，市级政府所设机构称为"委""局"，为正处级。因行政级别、城市规模不同，市级政府所设行政机构的名称和数量也各不相同。市级政府的内设行政机构受本级政府统一领导，并接受上级政府主管部门的业务领导或指导，对于设在本行政区域内而不属于自己管理的国家机关和企事业单位，市级政府应当协助它们进行工作，并且监督它们遵守和执行法律、法规和政策。市级行政组织的设立、增加、减少或者合并，须由本级政府报请上一级政府批准，并报请本级人大常委会备案。

3. 县级行政组织

县级行政组织包括处于平行级别的县、自治县、县级市、市辖区、旗、自治旗政府。县、自治县、县级市、市辖区的政府分别由县长、副县长，市长、副市长，区长、副区长和局长、委员会主任、科长等组成。

县级行政组织的机构设置与省级行政组织的机构设置大致一致，同时，也有依据本地情形设置的非对口机构。县级政府设立的部门一般称为"委""办"或"局"，为科级。县级行政组织的设立、增加或者合并，由本级政府报请上一级政府批准，并报请本级人大常委会备案。由于所辖行政区域面积以及经济发展水平不同，县级行政组织的工作机构的数量和名称也不同。

4.乡级行政组织

乡级行政组织包括乡、民族乡(不属于民族自治地方)、镇的政府，以及与之处于平行级别的市辖区和县级市的政府派出机构街道办事处等。乡镇是中国的基层行政建制，其中，乡为广大农村地区的基层行政建制，民族乡为少数民族聚居的农村地区的基层行政建制，镇为非农业人口占有一定比例的小城市型的基层行政建制。乡政府实行乡长、镇长负责制，乡长、镇长主持本级政府的工作，有权领导和管理乡、镇政府所设职能机构和工作人员，并对政府的各项工作负全面责任。

乡级行政组织的机构设置突出因地制宜，机构和人员不搞上下对口。乡级行政组织设有分管民政、司法、财政、文教卫生、计划生育、生产建设等方面任务的工作部门。按隶属关系，这些工作部门大体可以分为三类：一是直属办事机构，如乡(镇)政府办公室、民政科(办公室)、文教卫生科(办公室)等；二是企事业机构，如农机站、兽医站、水利站、经营站、文化站、广播站；三是双重领导机构，如公安派出所、粮管所等，它们是县级政府的职能部门设在乡、镇的派出机构，接受县级政府职能部门的领导，同时接受乡级行政组织的领导或指导。

5.特别行政区的行政组织

香港和澳门是中国的两个特别行政区。特别行政区行政长官是特别行政区的首长，代表特别行政区向中央政府和特别行政区负责。

在特别行政区行政机关的有关规定上，香港和澳门是基本相同的，在这里，以香港特别行政区的有关规定为例加以说明。根据《中华人民共和国香港特别行政区基本法》的规定，香港特别行政区政府是香港特别行政区行政机关。香港特别行政区政府设政务司、财政司、律政司和各局、处、署。香港特别行政区的主要官员由在香港连续居住满15年并在外国无居留权的香港特别行政区永久性居民中的中国公民担任。特别行政区政府行使下列职权：①制定并执行政策；②管理各项行政事务；③办理中央人民政府授权的对外事务；④编制并提出财政预算、决算；⑤提出法案、议案和行政法规；⑥委派官员列席立法会会议听取意见或代表政府发言。香港特别行政区律政司主管刑事检察工作。香港特别行政区政府必须遵守法律，对香港特别行政区立法会负责：执行立法会通过并已生效的法律；定期向立法会做施政报告；答复立法会议员的质询；征税和公共开支须经立法会批准。

二、中国行政组织的变革

作为一个开放的社会系统，行政组织要生存发展，要保持活力，就必须与它所处的环境相适应，在动态中保持平衡。组织变革就是组织为适应环境变化不断进行自我调整和创新的过程。20世纪80年代起，自企业中兴起的组织变革的浪潮逐渐波及行政组织，以市场为基础的网络化治理新形势逐渐取代原有的传统公共行政和等级制鲜明的官僚制组织形式。公共管理学家胡德指出，新的管理思潮是一种显著的国际趋势。不管是发达国家还是发展中国家，都处于行政组织变革的浪潮中。在瞬息万变的时代背景下，行政组织既要保持自身的相对稳定性，又要具备必要的适应性和创新性。行政组织的变革和创新不仅是组织发展的内在动力，也是自我调控的重要标志，更是巩固法定的行政地位以及对公众负责的社会使命。行政组织变革是一个复杂的系统工程，要有效推动中国行政组织的发展进程，就要科学分析行政组织变革的动因、阻力，把握行政组织的发展方向，掌握科学的行政组织变革方法。

(一) 中国行政组织变革的动因

环境能够对行政组织的结构和功能产生巨大影响，因此，中国行政组织的变革很大程度上也源自变化显著的外部环境和内部环境。

1. 外部动因

(1) 技术更新速度急剧加快。中国信息技术的飞速进步与行政组织的变革是有必然联系的。进入21世纪，互联网和物联网技术的发展，加之大数据技术的广泛运用，政府面临很多从未遇见的治理问题和管理问题。技术本身是组织变革的直接动力，技术的进步会使组织向集约化方向发展，在减少组织内上下级信息交流成本的同时，行政组织的管理幅度增大，促使行政组织由金字塔式组织向扁平化组织变革。事物具有两面性，信息技术的进步为中国行政组织的科学化和现代化提供了有力支持，同时也带来了新的挑战。

(2) 全球化趋势的加强。当前，世界范围内虽然有一小部分人发出逆全球化的声音，但依旧无法阻挡全球化的浪潮。尤其在经济全球化的大背景下，世界各国的经济息息相关，休戚与共。一个国家或者一个地区的经济危机会显著地影响全球的经济。全球化浪潮带来了机遇，也在体制上对中国行政组织提出了挑战。在世界范围内公认的规则框架下，为了更好地跟随世界变化的大潮，中国行政组织也必然要对自身的管理职能、机构设置、运行机制、法律制度等做出变革和调整，使组织具备灵活性与适应性。

(3) 社会公众心理因素。中国行政组织的服务对象是社会公众，公众的愿望、态度、需求直接影响行政组织的变革。公众不满于现状和要求变革的意愿常常外化为意见、建议、呼吁、消极抵抗等行为，以此来强化行政组织的变革意识。公众普遍范围的变革愿望也是行政组织顺利变革的重要条件。

2. 内部动因

行政组织内部环境的变化也是引起组织变革的重要因素。帕金森定律表明，行政组织天然具有自我扩张的趋势，具体体现在两方面：一是职能扩张，二是机构臃肿。行政组织自身的弊端也造成了行政组织周期性变革的必然性。新中国成立以后，为适应社会发展和经济体制改革的需要，中国行政组织进行了多次改革，从单纯的机构改革到综合配套改革，从精简机构、理顺关系到创新制度、改革体制，改革的成果值得肯定。随着经济体制改革的不断深化，行政组织现有的弊端也日益突出，表现为：在行政组织的职能上，微观管得过多，宏观控制不力，政府职能转变滞后于社会主义市场经济的发展要求；在机构设置上，行政组织改革没有跳出"精简、膨胀、再精简、再膨胀"的循环怪圈，行政组织机构总量依旧偏多，上下级政府之间强调"上下对口"，造成"上下一般粗"，下级机构臃肿，政府部门之间的关系没有理顺，职责不清、相互扯皮、效率低下的情况仍然存在；在组织机构建设上，各部门之间不协调、不配套，决策、执行部门健全，监督、咨询、信息反馈等部门较为薄弱；在组织成员方面，行政人员的素质和结构不能完全适应社会主义市场经济体制的需要。这些弊端严重影响了行政组织的效能。为了实现行政组织为公共利益服务的根本目标，提高行政组织绩效，革故鼎新、清除行政组织弊端势在必行。

(二) 中国行政组织变革的阻力

1. 组织结构的因素

大体上看，中国行政组织结构属于直线职能型，这种结构吸收了直线型和职能型行政组织结构的优点，但其本身也存在缺陷。在直线职能型行政组织结构下，首先，政府各部门之间的横向联系较为薄弱，在组织变革的过程中容易形成信息沟通不畅，从而增大利益纠葛，增加变革阻力。其次，行政组织成员没有充分的自主权，更倾向于依赖上级领导安排，难以充分发挥主动性和积极性，在行政组织变革过程中不会及时地反馈变革动态，从而造成信息不对称，领导者难以及时根据实际情况做出调整，增加了组织变革的难度。

2. 组织成员的因素

组织成员对于行政组织变革的阻力主要源于组织成员对变革的认知和压力。

(1) 认知。行政组织变革存在各种不确定性，无法提前使成员预知最终的变革结果，导致行政组织成员缺少信任，对变革持观望甚至怀疑的态度，这就直接导致变革从组织内部出现阻力。

(2) 压力。行政组织变革会给成员的收益和职业安全带来不确定性和不稳定性，间接地增加组织成员的心理压力。除此之外，部分变革还会直接导致行政组织成员的增减变化或者岗位调整，若是人员缩减，则还会造成离职组织成员的生活压力和在职成员的工作压力；若是岗位调整，则岗位发生变化的成员可能会由于工作不习惯而产生心理压力。以上原因都会造成来自组织内部成员的变革阻力。

3. 利益的因素

中国正处于转型期，推进行政组织改革必然涉及各种利益分配的变化。当组织变革使部分利益主体的利益受损时，利益受损的群体就会对变革持消极态度，其中表现最为显著的是行政组织内各部门间的利益影响和公民利益博弈。

(1) 行政组织内各部门间的利益影响。行政组织内部的结构惯性、组织行政文化、组织中既得利益部门、技术部门等都会构成变革的阻力。

(2) 公民利益博弈。行政组织的变革会造成对部分公共资源的重新分配，包括对提供公共服务的职能部门的合并或转移，都会牵扯到不同公民群体的切身利益。对于部分既得利益者而言，他们习惯性地享受政府服务，对于组织变革的反应也较为敏感，当切身利益受到伤害时就会在一定程度上阻碍变革。

(三) 中国行政组织变革的方法

与不断变化的外部环境相适应，中国行政组织体制和机构的改革也处于持续推进中。当今中国的社会环境正发生着激烈的、综合性的变迁，科学技术迅速发展，市场机制日益成熟，民主政治不断健全，公众需求日益增长，这些变化既给传统的行政组织模式带来了挑战，又给中国行政组织的改革指明了方向，也给中国行政组织的发展提供了条件和支撑。如果说传统的行政组织意味着硬性、集权、等级分明，那么现代行政组织变革的方向应是柔性、分权、边界模糊等。现代行政组织大多已不再过多地使用层级权威来实施行政行为，而是通过公民参与、组织扁平化、团队建设等方式增强公共产品的提供能力和公共服务能力。有了方向，就应该考虑方法的问题。常见的组织变革理论模型有：勒温的解冻、移动、再冻结三步骤变革方法；吉雷和梅楚尼奇开发的五方面变革过程模型，即识别前提、分析选择、做出承诺、选择合适的行动和参与批判性反思活动；等等。结合理论模型和时代要求，中国行政组织变革的方法有以下几类。

1. 行政组织结构方面的变革方法

行政组织在结构方面的变革是进行组织重建，包括结构设计与权力分配。在结构设计上，中国行政组织较多采用的组织形式是扁平化组织、附属组织和网络虚拟化组织等；在权力分配上，则主要包括组织内部的职权分工，组织不同等级、不同部门的合作，以及民主集中基础上的放权。

(1) 结构设计。第一，扁平化组织，就是改变以往行政组织逐级汇报的等级制度，减少中间管理层，扩大管理幅度，从而缩减行政成本，提高信息传播效率，加强决策层与执行层之间的交流与对话，实现上下级之间有效、快捷的沟通，强化组织成员的自主性，增强组织内部的凝聚力。第二，附属组织，就是将一部分公共服务内容外包给第三机构，即行政外包，部分机构挂靠在政府组织名下，但可以在一定程度上摆脱正式组织的繁文缛节，更利于公共服务。第三，网络虚拟化组织，就是利用先进的信息技术和数字技术搭建网络平台，帮助行政组织将分散的组织关联起来，沟通信息，协调行动。

(2) 权力分配。第一，职权分工。新公共管理理论者倡导目标单一、分工专业化的行政组织模式，认为微观和中观的组织更能较快地做出反应，提升行政效率，降低行政成本。专门分工的行政组织和管理机构成为当下中国各级行政组织关注且实践越来越多的变革。当然，这种做法也存在一些问题，比如如何确定新成立的机构在行政组织中的地位等，但这是变革趋势之一。第二，不同等级、不同部门的合作。传统的官僚制通常意味着上传下达地执行上级组织的命令，合作更多也是公共权力的权威使然。事实上，除了等级制下的权威保障型的合作之外，还可以有网络式合作和市场式合作。当今中国，治理理念正在被广泛应用于行政管理实践，治理理念强调的是不同主体间的合作，尤其是政府与公民、市场的合作。通过面谈交流，促进组织内部上下级的沟通，而非权力强迫，会更有效地在组织内开展合作。同样地，政府和市场通过合同的方式进行合作，有助于更好地实现资源有效利用，实现公共服务最大化。第三，民主集中基础上的放权。这里的放权更多地涉及央地关系。通过放权于地方政府，中央行政组织得以简化合并，更多地在宏观上进行指导；地方行政组织拥有了更大的自主权，可以避免一些组织变革的阻力，或是化阻力为动力，更好地进行地方行政组织结构的变革，正确分配公共资源，实现公共服务专业化。

2. 行政组织成员层面的变革方法

以行政组织成员为中心进行变革，就是通过教育培训、沟通交流、调整人际关系、健全管理制度等各种方式，改变行政工作人员的观念、动机、态度、技能，进而改变其行为，最后促成整个组织的变革。

(1) 敏感性训练，是通过非结构化的群体互动来改变人的行为的一种方法。在训练中，参与人员在一个自由、开放的环境中互相沟通，表达自我的想法和情感。通过敏感性训练可以增强成员彼此间的理解和信任，利于形成凝聚力，促进变革顺利进行。

(2) 调查反馈与咨询。采用调查问卷等方式对成员所持态度进行评估，厘清成员对行政组织变革的认知差异，将调查结果反馈给成员，使其认识到这些差异。另外，利用行政领导者的个人威望和非正式群体的"天然领袖"的魅力提供咨询服务，以减轻变革的阻力。

(3) 健全人事制度。制度对于人的行为有着较强的引导和规范作用。在行政组织变革中，无论是转变政府职能，还是改变机构设置，都要求人事制度与之相适应，实行有效的奖励制度和责任制度，完善人事培训制度，提高行政组织成员的综合能力素质，实现"能者上、庸者下"，改善组织成员的工作动机，增强组织成员的创新实干的思想自觉和行为自觉，从而推进组织变革的顺利开展。

3. 技术层面的变革方法

技术变革的方式，既包括直接的工作技术的变革，也包括管理技术的变革。

(1) 财政分权化。管理学中著名的苛希纳定律告诉我们，如果实际管理人员比最佳人数多2倍，工作时间就要多2倍，工作成本就要高4倍；如果实际管理人员比最佳人数多3倍，工作时间就要多3倍，工作成本就要高6倍。只有缩减不必要的管理人员，才能减少工作时间和降低工作成本。20世纪80年代开始的政府再造运动，使政府的收入与支出在中央和地方层面越来越趋向于分权与集权的对立统一。一方面，财政分权化会影响公共资源配置的效率；另一方面，财政分权化也涉及资源公平分配问题。随着公民对公共产品和公共服务的需求日益多样化、复杂化，财政分权化能够使地方政府更易于提供精准的服务与行政。

(2) 科学技术。科学技术的变革是指行政组织在技术层面引进管理的新技术和新设备，借助科技的力量推动行政组织的局部变革，进而由小及大，促进行政组织的整体变革。目前，中国各级行政组织已经将通信技术、网络技术、AI技术、大数据、云计算等新兴技术手段广泛应用于行政管理过程中，推行了电子政务建设，采用了现代化的政务信息收集处理系统、行政办公系统、监控系统等，大大提高了行政组织服务的质量和水平。技术的革新对行政组织变革产生"倒逼"的作用，迫使行政组织为了适应新时代的社会变化而变革。在网络化、智能化时代，技术变革对中国行政组织变革的推动作用将会越发凸显，政府必须提高重视，主动适应，积极探索，大胆创新，掌握组织变革的主导权。

关键词

组织　行政组织　行政组织理论

思考题

1. 如何理解行政组织的含义？
2. 行政组织的构成要素是什么？
3. 行政组织有哪些类型？
4. 中国的行政首长负责制的主要特征有哪些？
5. 中国行政组织变革的动因有哪些？

推荐阅读

[1] [美]理查德·达夫特. 组织理论与设计[M]. 10版. 王凤彬，等，译. 北京：清华大学出版社，2011.

[2] 尹钢，梁丽芝. 行政组织学[M]. 北京：北京大学出版社，2005.

[3] [美]戴维·奥斯本，特德·盖布勒. 改革政府：企业家精神如何改革着公共部门[M]. 周敦仁，等，译. 上海：上海译文出版社，2013.

[4] [美]彼得·圣吉. 第五项修炼：学习型组织的艺术与务实[M]. 郭进隆，译. 上海：上海三联出版社，1998.

[5] 倪星. 行政组织学[M]. 北京：北京师范大学出版社，2011.

第五章　公务员制度

公务员制度是现代国家行政体制的重要组成部分，在公共行政实践中发挥着重要作用。现代公务员制度的建立，既是行政组织自身高效、廉洁和有序管理的自觉需要，更是顺应经济社会发展对现代国家建构和政府职能转变的时代要求。时至今日，面对信息化、全球化和市场化的挑战，各国的公务员制度改革仍在不断探索新的体制、机制和方法，公务员依然是关键的治理主体，公务员制度依然是治理体系的重要组成部分。

第一节　公务员制度概述

一、公务员的定义和范围

(一) 公务员的定义

由于世界各国的社会经济、政治和文化背景等不同，迄今为止尚未形成统一的公务员的定义，各国往往根据自身的政治与行政体制、政治意识等加以确定。

1. 资本主义国家公务员的定义

在资本主义国家中，由于各国的情况不同，有关公务员的定义也不尽相同。

在英国，公务员一般指那些通过非选举程序而被任命担任政府职务的、经公开考试择优录用、不与内阁共进退的政府中常务次官以下的所有文职人员，而政党内阁成员则不包括在列。

在美国，公务员指在联邦行政机构中依法履行职责、执行国家公务的人员。国会的雇员、司法部门的人员均不在公务员范围之内。

在日本，凡是在国家和地方政府机关、公共团体中任职，从事公务的人员均属于公务员。而"公务员"的称呼是在第二次世界大战后确定的，在第二次世界大战前则称为文官。另外，日本的公务员分为国家公务员和地方公务员，这两类公务员又有一般职和特殊职之分。一般职公务员经公开考试择优录用产生；特殊职公务员经选举或政治任命产生。前者适用公务员法，后者不适用公务员法。

在法国，从中央到地方的所有公职人员统称公务员。法国的公务员包括三大类：国家公务员、地方公务员和医疗卫生机构的公务员。

在德国，凡是在联邦、州、乡以及受国家监督的团体、研究所和基金会从事公务活动的人员都属于公务员。德国的公务员包括一般职公务员和特别职公务员。前者适用联邦公务员法，后者不适用联邦公务员法，如总理、国务秘书、部长等。

《联合国公务员制度研讨会报告集》给资本主义国家公务员所下的定义是："通过非选举程序而被任用的担任政府工作的国家公职人员。"这一定义实际上只适用于事务类公务员，因为政务类的公务员是通过选举产生的。

2. 中国公务员的定义

1993年8月14日，国务院公布的《国家公务员暂行条例》第五条规定，公务员指各级国家行政机关中除工勤人员以外的工作人员，公务员有两个限制条件：一是国家行政机关的工作人员，二是工勤人员除外。根据此规定，党委、人大、政协、工会、共青团、妇联、司法机关的工作人员都不是公务员，只是根据有关文件的规定参照《国家公务员暂行条例》进行管理。

2005年4月27日，第十届全国人民代表大会常务委员会第十五次会议通过了《中华人民共和国公务员法》(以下简称《公务员法》)。2018年12月29日，第十三届全国人民代表大会常务委员会第七次会议对运行了十余年的《公务员法》进行了修订。《公务员法》第二条规定，公务员是指依法履行公职、纳入国家行政编制、由国家财政负担工资福利的工作人员。按照上述规定，公务员必须符合三个条件：一是依法履行公职，即依法从事公务活动。公务员不是为自己工作，也不是为某个私人企业或者组织工作或服务。二是纳入国家行政编制。公务员必须是纳入国家行政编制序列、履行公职的人员。三是由国家财政负担工资福利，即由国家提供工资、津贴和相关福利等保障。公务员属于国家财政供养的人员，但财政供养的人员并不都是公务员。

根据《公务员法》规定，各级党的机关、人大机关、政协机关、民主党派机关、司法机关中除工勤人员以外的工作人员都是公务员。可见，与《国家公务员暂行条例》相比，《公务员法》中公务员的范围明显扩大了。另外，《公务员法》第一百一十二条规定："法律、法规授权的具有公共事务管理职能的事业单位中除工勤人员以外的工作人员，经批准参照本法进行管理。"

(二) 公务员的范围

1. 资本主义国家公务员的范围

资本主义国家公务员的范围大致分为以下三类。

(1) 狭窄范围的公务员。这一范围的公务员是指行使国家行政权力，管理国家事务和社会公共事务，不与内阁共进退的通过考试录用的政府系统常任性文职人员，具体包括在中央政府各部门、国家税务系统和财务系统中工作的各类人员，而那些由选举或政治任命产生的官员，如首相、大臣、政务次官等，以及国有企业、事业单位的工作人员均不在公务员的范围之内，议会、司法和军职人员也不在该范围内，如英国及以英联邦为代表的国家的公务员。1977年，英国政府声称，文官指代表国家处理公事的内政、外交行政工作人员。总体来说，英国的文官特指事务类官员，即那些不与内阁共进退，经过公开考试录用，无过失便可长期任职的文职人员，政务类官员、法官、警察和政府部门临时使用的雇员不属于文官。

(2) 中等范围的公务员。这一范围的公务员是指行使国家行政权力，管理国家事务和社会公共事务的国家行政机关的全体官员，包括政府组成人员、与政府组成人员共进退的选任或任命制官员、常任事务性官员，具体包括行政管理官员、行政执法官员和专业技术类官员，立法机关和审判机关的文职人员以及军事人员均不属于公务员。采用这种公务员范围划分方法的主要代表国家为美国和德国。在美国，公务员指在联邦政府、州政府以及地方政府工作的各级官员、情报人员、科技人员、医务人员、秘书、打字员、办事员、司机、勤杂人员，以及教师、警察、消防人员、邮政人员、外交驻外人员等，而军人(不包括军队中的文职人员)及在政党、民间团体等非政府机构里工作的人员都不是公务员。由此可见，美国的公务员既包括政务类官员(政治任命官员)，又包括事务类官员(职业公务员)，还包括政府机构雇佣的工作人员和公共事业单位的工作人员，但法官、议员被排除在外，这是三权分立的必然要求。在德国，公务员包括政府工作人员和公共事业服务人员。德国将学校、医院、邮政、铁路等行业中从事公共服务的人员纳入了公务员的范围，通过国家统一考试进行选拔和录用。国家为公务员提供最大限度的保障，但公务员的权利也受到相应的限制，公务员必须忠诚于国家、忠诚于人民，执行公务，保持政治中立，不受党派的影响等。

(3) 宽范围的公务员。这一范围的公务员是指行使国家权力，管理国家事务和社会公共事务的所有官员，包括国家立法机关、行政机关、司法机关的领导人员、管理人员、执法人员、专业技术人员等官员，有的国家还部分乃至全部包括纳入国家机关编制的国家相关政治组织、政党、人民群众团体机关工作人员，企业单位、事业单位的领导、管理人员、专业技术人员。采用这种公务员范围划分方法的主要代表国家为法国和日本。在日本，公务员指在国家及地方公共团体中从事公务者，包括国家、地方行政机关工作人员，国有企事业(如国铁、日本银行、日本航空、公司等)和国立学校的现职人员。日本公务员分为特别职和一般职，特别职是指经过选举或其他方法选任的职员，一般职是指担任具体行政及业务工作的职员。日本公务员又分为国家公务员和地方公务员，特别职国家公务员包括内阁总理大臣、国务大臣、政务次臣、大公使、检察官、法官、法院工作人员、国会议员、政府代表，以及陆海空自卫队的军官和士兵；特别职地方公务员包括地方议会议员，都、道、府、县知事及副知事，市、町、村长及其副职，各种行政委员会的委员，公选任职或经地方议会选举、任命的人员和地方开发事业团的理事长、理事、监事，以及地方政府经营企业的领导人员。从横向来看，日本公务员包括：各省厅本部的人员，上至大臣、次官，下至系员、电话员、司机、门卫、服务员等；各省厅派出机构的人员；各省厅所属的医院、诊疗所、科研机构及学校等事业单位的人员；各省厅所属的企业单位的人员(邮政、林业、印刷、制币4个国有企业)；各省厅及其所属单位的非常勤人员。

虽然各国对公务员范围的界定各不相同，但是，各国在界定标准上有相通之处：一是职能标准，公务员是从事国家公务活动的人员；二是编制标准，公务员严格执行国家编制限额；三是经费标准，公务员的工资、福利、保险都必须由国家财政支付。

2. 中国公务员的范围

中国公务员主要包括以下七类机关工作人员。

(1) 中国共产党机关的工作人员，包括中央和地方各级党委和纪检委的专职领导人员，中央和地方各级党委工作部门和纪检机关的工作人员，街道、乡、镇党委机关的工作人员。

(2) 人大机关的工作人员，包括全国人大常委会委员长、副委员长、秘书长、专职常委，地方各级人大常委会主任、专职副主任、秘书长，乡镇人大专职主席、副主席，各级人大专门委员会办事机构的工作人员，各级人大常委会工作机构的工作人员。

(3) 行政机关的工作人员，包括各级人民政府的组成人员、各级人民政府工作部门及派出机构的工作人员。

(4) 政协机关的工作人员，包括各级政协主席、专职副主席、秘书长，各级政协工作机构的工作人员，政协专门委员会办事机构的工作人员。

(5) 审判机关的工作人员，包括各级人民法院的法官、审判辅助人员和行政管理人员。

(6) 检察机关的工作人员，包括各级人民检察院的检察官、检察辅助人员和行政管理人员。

(7) 民主党派机关的工作人员，包括八个民主党派中央和地方各级委员会主席(主委)、专职(驻会)副主席、秘书长，中央和地方各级委员会职能部门和办事机构的工作人员。

二、公务员制度的含义和基本内容

(一) 公务员制度的含义

所谓公务员制度，就是通过制定一系列完整的法律法规对公务员的行政行为进行规范的制度，主要涉及公务员的义务与权利，分类管理，考试录用，培训，考核，升降与任免，工资、福利与保险，辞职、辞退与退休，申诉、控告与仲裁等制度。公务员制度作为国家政治制度的一部分，对政府人员的管理和政府机构的运行起着至关重要的作用。现代公务员制度最早产生于英国，后来在美国得到了进一步发展。英国公务员制度影响深远，致使后来世界其他国家纷纷效仿建立，逐渐发展成为具有本国特色的公务员制度。

另外，公务员制度也可以理解为受制于国家本质的、统治阶级建立的、对公务员进行科学管理的一整套法律、规范的总称，可以从以下三个方面来理解：一是公务员制度的地位和性质是由国家本质决定的，是国家政治制度的重要组成部分；二是公务员制度的基本内容和结构是关于公务员管理的法律、规范体系；三是公务员制度的目的和功能是阶级性和科学性的有机统一。

(二) 公务员制度的基本内容

公务员制度涉及公务员的分类管理、考试录用、培训、考核、升降与任免等方面的内容，本书将这些内容概括为五种机制：分类管理机制、激励竞争机制、权益保障机制、新陈代谢机制和监督约束机制等。

1. 分类管理机制

科学的分类是科学管理的基础与前提，公务员分类管理制度恰是人事管理中的一项科学、合理而又不可或缺的方法，它以科学管理理论和工作分析为基础，是公务员管理工作的起点。正如美国行政学家怀特所言，"现今人事管理建立在两大基石之上：一为选贤任能，二为职位分类，两者缺一不可。"因此，针对不同的公务员角色进行分类管理就具有基础性的意义。

公务员分类管理有两层不同的含义：第一层是指政务类公务员与业务类公务员的划分，也称政务官与事务官的划分，此类划分是指将业务类公务员从政府系统中分解出来，使对他们的管理成为相对独立的人事活动，并由此确定不同于政务类公务员的管理原则和管理方法。第二层是指按照一定的标准对业务类公务员进行划分，为公务员管理提供科学的依据。本书所讲的公务员分类管理是指按照一定的标准对业务类公务员进行划分。

对业务类公务员的划分又因其分类标准的差异，形成了两种不同的分类制度：一是以人为中心的品位分类制度，二是以事为中心的职位分类制度。前者是以人作为主要对象，进而依据与人有关的任职年限、德才考察、学历、资历等条件进行分类；后者是以事作为主要对象，先横向上依据工作性质和业务种类形成职位类别，再纵向上按照责任和工作难度的大小以及资格、条件来划分职级、职等的相关内容。

2. 激励竞争机制

公务员激励竞争机制包括公务员的录用制度、奖励制度、职位升降制度、考核制度等。录用是在行政机关的入口展开的竞争；奖励是在公务员工作中展开的竞争；职位升降是在用人方面展开的竞争；考核则为上述竞争环节提供客观依据。健全的激励竞争机制可以充分激发公务员的潜能，极大地调动公务员的工作积极性和创造性。现代的人事管理制度离不开有效的激励竞争机制，特别是在市场经济体制下，没有公开、平等的激励竞争，就不可能有生产的迅速发展、社会的不断进步和国家的繁荣富强。因此，加强和完善国家公务员制度中的激励竞争机制，是公共行政学应该探讨和研究的永久课题。

1) 录用制度

所有实行公务员制的国家，大都采用考试的方法选录公务员，这种制度简称考任制，我国叫作国家公务员考试制度，是对有志于进入国家机关工作的人员在入口阶段进行的一种激励竞争。只有通过这种竞争，才能为国家机关选拔出优秀人才。可以说，一个国家政府效能的高低，首先看其是否能够把好行政机关的入口关。

现代公务员考试录用制度始于英国，但是英国的考试制度则学自中国。通过考试录用国家官员的制度在中国古代就已有之，西汉时期的察举制和征辟制已经具备了考试的雏形，后来的策试和九品中正制更突出了考试的因素，隋朝科举制的产生则标志着考试录用官员制度正式诞生。英、美等国家正是借鉴了中国的科举制，建立起通过考试录用国家官员的制度，并延续至今。

2) 奖励制度

奖励是重要的人事管理的环节，它对人的行为可以起到正面强化的作用，通过精神鼓励和物质鼓励引导人的努力方向。公务员奖励制度是公务员管理的重要内容，其主要作用是通过对公务员实施精神或物质的激励达到奖励先进、敦促后进，提高公务员整体素质，最终实现廉洁、高效政府的目的。

一般而言，国家会对公务员的奖励做出专门的规定，大部分国家会在《公务员法》的"考绩"和"工资福利"相关章节中对有关公务员奖励的内容进行规定；也有一部分国家在其他涉及公务员行为的法律、法规之中对公务员的奖励问题进行规定；还有少部分国家除在《公务员法》中进行规定之外，还授予行政机关以及行政机关以外的有关机关或社会组织相应的灵活处置权，奖励方式通常有荣誉奖励、物质奖励、晋升奖励等。

3) 职务升降制度

公务员职务晋升是指公务员在行政职务序列中所处位置的上升、职权的加重、责任范围的扩大，以及工资、福利等方面待遇的相应提高。公务员职务下降是指公务员在行政职务序列中所处位置的降低、职权的减轻、责任范围的缩小，以及工资、福利等方面待遇的相应减少。

职务升降是保证机关各个职位获得合适人选的重要途径，通过职务升降，机关里的每一个工作岗位都可以获得它所需要的最恰当的人选。职务升降也是公务员管理的一种有效激励手段，它能够最大限度地调动公务员的工作积极性，同时，通过这种能上能下的制度设计保障公务员队伍的活力。

4）考核制度

公务员考核是指拥有法定公务员考核权限的国家机关根据《公务员法》及相关规定所明确的公务员考核内容、标准和程序，对考核范围内的公务员进行的专门性的考察和评价。公务员考核是公务员管理的一项基础性工作，为职务任免、职务升降、奖励、惩戒、培训等工作提供重要依据，还涉及交流与回避、工资福利保险、辞职辞退等管理活动。

3. 权益保障机制

权益保障机制作为公务员制度中不可缺少的运行机制之一，它的完善与否对于吸引优秀人才、提高政府行政效率、提升行政管理能力、促进管理科学化具有十分重要的作用。现代国家越来越重视公务员的权益保障，重视人的能力开发和全面发展的实现。公务员的权益保障具有稳定性、法治化的特点，包括权利保障、物质保障、培训保障、法律救济等。

1）权利保障

公务员权利就是国家通过法律规定，对公务员可以做出某种行为的许可与保障。这一概念包含了三层含义：一是公务员的权利以公务员的身份为前提；二是国家规定公务员的权利是为了公务员有效地行使职权、执行公务；三是公务员权利的具体内容由国家明文规定，并且公务员权利的行使是由国家法律加以保障的。

2）物质保障

为了使公务员能够全身心地投入其所从事的工作，国家必须在物质方面提供充分的保障，解除公务员生活上的后顾之忧。这里的物质保障主要指使公务员基于其劳动付出获得合理的工资报酬、享受相应的福利待遇。

对于公务员而言，具有奉献精神固然是重要的，但是，如果没有可靠的物质待遇作为基础，这种奉献精神不能久远。因为公务员与社会上所有普通人一样，他们也希望过上舒心而体面的生活，如果没有物质保障，这样的生活就不可能实现。

3）培训保障

培训是指依照公务员的职位分类和工作需要，为提高公务员素质而对其进行的终身职业教育。公务员培训是为了满足公务员对精神财富的追求而设计的一个环节。在现代社会，公务员作为国家公共事务的管理者，应该是品德高尚、素质完善的人，他们不仅要拥有较充实的物质财富，而且还应拥有较丰富的精神财富，而培训是公务员获取精神财富的重要途径。

另外，培训也是现代社会对公务员提出的必然要求。随着社会经济的发展、科学技术的进步、知识经济时代的到来，社会分工越来越细，国家管理的事务不断增多，公务员的工作内容、工作方法、工作手段及工作环境也处于不断的变化中，公务员的工作越来越专业化、复杂化、科学化，公务员只有接受终身教育，不断充实、不断提高，才能适应社会的需要。

4）法律救济

公务员制度从公务员的权利、物质财富和精神财富等几个方面，为公务员提供了可靠的保障。同时，为防止这些合法权益受到侵害，还设立了法律救济渠道：申诉与控告。

规定公务员的申诉控告权是十分必要的。首先，允许公务员依法提出申诉和控告有利于纠正公务员处分工作中的失误和不当，保障和救济公务员的权利，防止个别负责人利用职权对公务员进行打击报复；其次，对于国家机关及公务员来说，规定公务员的申诉控告权可以有效地监督、纠正国家机关及公务员的违法、失职行为，有利于国家管理活动的民主化和法治化。

4. 新陈代谢机制

公务员新陈代谢机制是公务员制度中一项非常重要的运行机制，它对打造一支高素质、专业化、具有生机与活力的公务员队伍具有十分重要的作用，其主要内容包括规范的进入制度——录用制度(可参见激励竞争机制中的表述)，健全的退出制度——辞职辞退制度、退休制度，科学的交流制度。

1) 辞职辞退制度

(1) 辞职制度。从法律上来说，公务员和政府之间是劳资雇佣的关系，也就是签订契约的双方。作为公务员的一方，可以在任何时候提出解除契约关系，也就是辞职，但这要在不损害契约另一方也就是政府利益的前提下。因此，各国政府都对公务员的辞职权利予以保障，允许公务员辞职，但是也规定了许多辞职的条件加以限制。

(2) 辞退制度。辞退是政府的一项权利，政府有权辞退公务员，但是公务员本身享有就业保障权，且辞退公务员对公务员本人、家庭、政府乃至其他相关人都会产生重要影响，因此政府在做出该项决定时要慎重，需要严格遵循法律法规规定的程序和条件。

2) 退休制度

公务员退休是政府与公务员解除行政职务关系的方式，采用这种方式解除关系之后，公务员有权利领取退休金，并享受相应的福利。政府必须履行管理职责，组织公务员退休，并且发放退休金。我国与其他国家的公务员退休制度有很多相似之处：首先，基本上都强制规定了公务员的退休年龄，虽然有些国家可以延长工作时间但是有一个最高的上限；其次，国家财政都会支付全部或部分的公务员退休金；最后，对于获得退休金的工作年限，各个国家的计算方法虽有不同，但都有一定的时间限制。

3) 交流制度

为克服"职务常任"造成的公务员管理的封闭性，各国普遍重视公务员的交流。交流是指根据工作需要或公务员个人愿望，通过各种形式变换公务员的工作岗位，从而产生变更或消除行政职务关系的活动和制度。交流的渠道主要有政府内部同级公务员的横向流动、不同级公务员在保留原职基础上的纵向流动、政府内部与外部公共部门管理人员之间的流动。

交流有利于公务员个人的成长，可以使公务员熟悉不同地区、不同行业和不同部门的工作，开阔视野，增长阅历，提高其综合能力与素质，为其进一步的发展提供条件。而作为反腐机制之一的交流制度，其作用则在于避免公务员长期在一个地区、一个部门或者一个职位上任职形成各种裙带关系和以权谋私的条件，从而通过变换公务员的职位防止公务员的腐化。公务员的交流是一种横向的平级调动，不涉及公务员的职务或级别的升降。

5. 监督约束机制

获得公职的公务员并不存在道德优势，在权欲与经济收益方面，谁都不能保证他们不会以权谋私，如果放松了监督，公共权力就可能沦为他们谋取一己之私的工具。权力的运行规律表明，有权力就必须有制约和监督。只有在足够的监督下，有权力的公务员才会谨慎地使用手中的权力，廉政勤政，提高工作效能。监督约束机制的主要内容包括公务员的义务、惩戒制度、问责制度、回避制度。

1) 公务员的义务

现代汉语中的义务有三个含义：法律规定的应尽的责任、道德上应尽的责任和不要报酬的付出。本书所说的义务是法律意义上的义务，即国家通过法律规定，对人们必须做出一定行为或不得做出一定行为的约束和强制。义务的结构要素有三个：一是非自主性，人们不能决定做或者不做，而是必须做与不做，这是义务的核心要素，法律规定义务就是为了消灭人们在某些行为上的意志自由。二是规范性，这种作为与不作为都是由法律规定的，这是义务存在的前提要素。没有相应的法律规定，国家不能对某种行为实施强制，也就是不存在法律规范以外的义务。三是强制性，国家强制人们作为与不作为，这是义务实现的基础要素。当人们不履行义务时，国家就要强制其履行义务或追究不履行义务的责任；当人们履行义务遇到障碍的时候，国家就要扫除相应的障碍，使义务得以履行。三个要素共同保证了义务的完整性。

公务员义务是国家通过法律或法规规定，对公务员必须做出一定行为或不得做出一定行为的约束和强制。这里面包含三层含义：一是公务员的义务是以公务员的身份为前提的。二是公务员义务分为作为和不作为两方面。一方面，公务员负有积极作为的义务，必须依法主动做出某种行为，如依法执行公务、履行职责等；另一方面，公务员负有消极不作为的义务，不得做出某种行为，如公务员不得贪污、行贿、受贿或者利用职权为自己和他人谋取私利等。三是义务意味着对公务员的约束。公务员是行使公共权力、执行公务的人员，对其手中掌握的权力如果不进行规范并加以严格限制，就很可能被滥用。

2) 惩戒制度

为了保证公共权力行使的合法与高效，各个国家通常都会对公务员的行为予以规范，这种行为规范的表现之一就是公务员的纪律。纪律是特定组织为了维护自身的利益和形象，并保证其职能的正常行使，要求组织成员必须遵守的行为准则。与其他团体或组织的纪律相比，公务员纪律具有以下特点：一是普遍性，即对全体公务员都具有约束力，在全体公务员中普遍适用；二是独特性，一般团体或组织的纪律是为规范团体成员在团体内部的行为而制定的规则，公务员的纪律不仅涉及公务员在组织内部活动时必须遵守的规则，还涉及公务员与社会上的公民、法人或其他组织发生关系时应当遵守的行为规则；三是强制性，即以法律的形式确定下来，以惩戒作为执行的保障。

纪律是惩戒的标准，对公务员的惩戒必须依照纪律标准进行，公务员只有出现了违反纪律的行为，才能根据法定权限和程序进行惩戒，即公务员违反纪律是对其惩戒的前提，违反纪律就要根据法定权限和程序进行惩戒和处分，这样就构成了公务员的惩戒制度。

3) 问责制度

任何政府都需要建立一套责任机制，这样才能在社会广泛的支持下进行运作。对任何主张民主的社会来讲，责任机制都是基本因素。现代国家的官员问责制是西方政党政治的产物，经过长期发展，已形成了较为完整的运行机制和法律体系。问责制度是对政府及其官员的一切行为和后果都必须而且能够追究责任的制度，包含确权、明责和经常化、制度化的"问"——质询、弹劾、罢免等方面，是一个系统化的"吏治"规范。

4) 回避制度

所谓回避，其原意为避嫌而不参与其事，威廉·韦德称回避制度就是在公务活动中对掌握、行使国家权力的官员所涉亲情关系的一种制约措施。公务员的回避是指为了保证公务员不因亲属关系等因素对公务活动产生不良影响，而在法律上对公务员在任职和执行公务等方面做出限制性规定的制度。为了防止以权谋私，就需要从制度上将个人行为与执行公务的行为分开，将亲缘关系、裙带关系与公务关系分开，使公职人员的行为受到制约。如果公务员不实行回避制度，不对亲缘化现象加以有效限制，少数人就会利用合法的国家公职人员的身份，凭借手中掌握的权力来满足自己的私欲。回避制度正是具有制约作用的制度之一。

第二节　西方国家公务员制度

西方国家公务员制度起源于19世纪后期。"公务员"一词译自英文civil servant，civil是指区别于18世纪东印度公司军事人员的文职官员，servant则是指英国官员与王室的"主仆"关系，civil servant译为"文官"，相应的"公务员制度"亦称为"文官制度"，只不过美国和英联邦国家更多地使用"文官"的称谓，而法国、德国和日本等国则更多地采用"公务员"的说法。"二战"以后，政府的服务职能扩大，service成为流行术语，civil service被广泛指代公务员制度。

一、西方国家公务员制度产生的历史条件

(一) 经济基础

西方国家公务员制度产生的经济基础是工业经济的发展。工业革命最早兴起于英国，之后，美国和其他西欧国家也陆续完成了工业革命，成为工业化国家。西方国家工业革命的兴起及随后的蓬勃发展，为公务员制度的产生奠定了经济基础。工业革命的兴起带动了经济的迅速发展，使社会结构发生了巨大的变化。由于机械化大生产的迅速发展，工业企业对于劳动力的需求不断扩大，吸引了大量农村失地农民进入城市务工，导致城市人口激增，进而引发了一系列的社会问题，需要由政府加以解决。这就对政府管理效率和水平提出了更高的要求，政府需要改革行政管理体制，加强行政管理职能，转变行政管理方式。同时，经济社会的快速发展也要求政府对原有的人事管理制度进行改革，通过吸收一批掌握现代管理知识和技能的专业管理人员进入文官队伍，来提高政府的工作效率和服务水平。

(二) 理论基础

伍德罗·威尔逊在公共行政学奠基之作《行政之研究》中提出，并经弗兰克·古德诺在《政治与行政》中系统论证的"政治与行政二分原则"是现代国家公务员制度的理论基础。

政治与行政二分原则认为，政府具有两大功能，即政治功能和行政功能。政治是国家意志的表达，行政则是国家意志的执行，政治的作用在于国家对体现公共利益的公共政策进行制定，而行政的作用在于实施公共政策。对于从事行政管理的公职人员来说，政府必然要求他们具备两方面的条件：一是政治中立，二是知识、能力和技能等客观资格条件。政治中立确立了

公职人员政治权利、政治责任、职业道德界定的原则和范围，建立了公职人员客观、中立、超然的职业态度，引领了现代国家公务员制度建立、发展的基本方向。公务员制度的价值中立、功绩制等原则就是在政治与行政二分原则的框架内直接构建的。而对公职人员的管理能力和技术要求，则是根据政治与行政二分原则对行政管理事务性质的界定来决定的，它直接形成了国家公职人员职业主义的精神。另外，政治与行政二分原则也使公共行政管理具有了职业化的倾向，其暗含的思想是公共行政作为一项专门的管理职能，它所采用的知识和技能也应该是专门化的。而随着公共事务管理范围的不断扩大，一些管理事务的确具有了越来越高的技术性，需要由专家来担任。例如，政府预算编制和执行方法的理性化水平的提高程度，与其间专业人员介入程度和影响力呈正相关关系。

(三) 政治基础

政治改革的需要是西方国家公务员制度产生的直接因素。在公务员制度正式建立以前，西方国家传统的官员任用制度主要是恩赐官职制和政党分赃制。

恩赐官职制是由统治者依据门第和私人关系分配官职的制度。18世纪前的英国，国王对官员的任用和升迁起着举足轻重的作用，即便在"光荣革命"后，国王仍然在很大程度上控制着议会。美国独立后初期，政府对内阁成员的任命都强调其品格、能力和受教育程度，常任用一些有名望的绅士和贵族，具有赠恩徇私的特征，故有"绅士政府"之称。拿破仑时代的任命制和日本的太政官制度也都明显地带有赠恩徇私的色彩。18世纪60年代工业革命以后，英国自由派资产阶级极力推动议会民主改革，议会在与国王的斗争中逐渐占据优势，政党制度也日臻完善，内阁由在选举中获胜的政党组成，任命官员的权力转移到执政党的手中。政党分赃制在美国的发展最为典型，自杰弗逊创建了民主共和党，随即开始任命自己的人，安德鲁·杰克逊总统以轮流担任官职的名义撤换了五分之一的官员以安插同党，于是以党派立场任命官员逐渐成为政府风气。

恩赐官职制因屈从专制政体和贵族特权，受到了资产阶级革命的激烈批判，然而革命后政府各部官员仍多凭借私人关系、门第、政治荫庇来取得官职，政党分赃也愈演愈烈。随着工业化、城市化和资本主义生产方式的发展，这一官员任用制度的弊端和时代局限日益显露出来。首先，执政党将职位作为肥缺公然"分赃"，容易出现任人唯亲、营私舞弊等腐败现象；其次，官员的任命出于政治考虑而非工作实际需要，昏庸无能之辈大量涌入政府部门，无功受禄者甚众，行政效率丧失殆尽；最后，按党派任用官员，还容易引发周期性的"政治大动荡"，以至于林肯认为"政党分赃对共和国的危害比叛乱还大"。由传统官员任用制度向现代公务员制度转变，已经成为历史发展的趋势。

二、主要西方国家公务员制度的产生与发展

公务员制度的形成经历了一个相当长的时期。虽然早在古罗马时期就曾出现数量庞大的文官队伍及相应的管理制度，但是，从根本上说，公务员制度是资本主义生产方式发展的产物，是在资产阶级反对具有封建色彩的恩赐官职制和总结资产阶级早期的政党分赃制经验与教训的基础上发展起来的一种制度，其目的是在多党竞争条件下保证政府工作系统的稳定性。英、美

等西方国家在19世纪后半叶先后创立公务员制度。第二次世界大战后，法国、联邦德国等国家和地区，在全面改革传统人事制度的基础上，也先后建立现代公务员制度。公务员制度的建立，较好地克服了原有政体的弊端。

(一) 英国公务员制度的确立和发展

英国资产阶级革命取得胜利之后，君主专制政权被推翻，实行了君主立宪制，国家的人事管理仍然延续了封建时期的做法，君主和议会在官员的任免上都具有一定的权力，他们都可以根据自己的喜好来任命官员，这种制度被称为恩赐官职制或个人赡徇制。当个人对官员的任用具有决定权的时候，其最大的弊端是导致了买官卖官问题。

1853年，英国东印度公司特许状期满，国会为了阻止贵族再依仗权势向公司安排亲信或亲属，提出了改革人事考选制度的议案，并委派麦克莱等三人进行调查，其调查结果就是著名的"麦克莱报告"——《关于建立英国常任文官制度的报告》。这个报告批评了当时官吏制度的弊端，对文官的考试、提升、分级等提出了一整套建议，要求政府借鉴东印度公司的做法，基于"公开竞争、择优录用"的原则招用公务员。1854年，财政部常务次官斯坦福·诺斯科特和查理·屈威廉接受国会的委托，对英国官吏任用情况进行全面调查，并提出了著名的《诺斯科特——屈威廉报告》，该报告第一次以政府官方文件的形式将政府公职人员称为文官，强调改革现有任用制度和建立一支常任文官队伍的重要性。1855年，英国政府颁布了第一个有关文官制度的枢密院令，即《关于录用一国政府文官的枢密院令》，决定成立三人文官事务委员会，负责文官的考试录用事宜。1870年，英国政府颁布了第二个枢密院令，对文官的考试、录用等级结构等重要原则做了进一步的完善。至此，世界上第一个文官制度正式诞生了。此后，英国的公务员制度经历了不断完善的过程。

20世纪五六十年代，面对第二次世界大战后高速发展的经济和日益扩大的国家职能，英国公务员制度的弊端开始显现。1966年，工党政府任命苏赛克斯大学副校长富尔顿等12人成立富尔顿委员会，起草英国文官的改革计划。1968年，富尔顿委员会提交了"富尔顿报告"，之后该委员会提出了包括8个方面158条具体建议的改革报告，其核心内容是实现文官队伍的专业化。

20世纪80年代，撒切尔夫人上台后，决心扭转英国的经济状态和政府状态，大力提高政府管理效率，推进英国文官制度的改革。撒切尔政府文官改革的宗旨是在文官系统实行管理和运作负责制，各级文官都要分清和确定职责范围，并对其负责，尤其是对其服务的对象——英国民众负全部责任。文官改革的目标是提高效率、分散权力、取消文官的终身雇佣制。

1997年，布莱尔的工党政府执政之后，继续延续保守党政府的文官制度改革。1999年，工党政府又推出"政府现代化"的改革方案，确定了三项关键目标：制定具有战略意义的政策；确定文官工作的中心是其服务对象——公民；规定文官服务必须高质量、高效率。2004年2月，布莱尔首相提出了政府关于文官系统改革的七项目标，同时表明了工党政府的文官制度改革方向：一是一个更小的战略中心；二是具有专业和专门技能的文官系统；三是对国有部门、私有企业和自愿团体开放的，并推动其相互合作的文官系统；四是文官系统内更迅速的提升和高级职位终身制的废止；五是具有领导能力的文官系统，在进行管理和承办项目方面具备得到验证的领导能力；六是制定政策要更具有战略眼光和创新精神；七是政府围绕问题组建，而非问题围绕政府产生。

2012年6月，英国政府推出了新一轮公务员改革方案，旨在进一步推动英国公务员制度的改革，打造一支更加灵敏、快速、注重结果和具有多种能力(管理、信息技术使用、项目管理及商业能力等)的公务员队伍，为有效执行英国政府改革理念提供行动的基础。2012年公务员改革方案明确提出进一步改变公务员的职业价值和待遇，倾向于快速、扁平化、结果导向，推行更加灵活、便捷和人性化的工作方式，强调公务员应具备信息技术和项目管理的能力等。

(二) 美国公务员制度的确立和发展

美国的文官制度是在英国文官制度的基础上发展起来的。政党分赃制是美国近代政党政治的产物，即在竞选中获胜的新总统把政府机构中的职位分配给自己所属党派特别是那些在竞选中为自己出力的人员及其亲信。随着历史的发展与社会的进步，政党分赃制日益暴露出许多弊端：首先，行政事务的繁杂使政府需要越来越多的专家，而政党分赃制由于在选任官员时任人唯亲，无疑会妨碍政府的工作效率；其次，南北战争以后，美国政府贪污腐化现象越来越严重，以至于许多人认为这种风气与封官许愿的做法是密不可分的。

1840年，美国两院议员提议仿照英国文官制度建立文官分级考试制度，并于1853年和1855年模仿英国文官制度，规定了文官考试录用的原则。1867年，国会通过《官吏任期法》，规定凡经国会任命的官员，总统如果试图更换，须先经国会同意。1870年，内政部颁布命令，规定以公开考试的方式选优录用政府工作人员。1871年，国会授权总统颁布命令，规定公职人员录用的知识、能力、年龄、品德等条件和录用的有关程序，并成立了第一独立的文官机构——三人文官委员会，统一负责吏制的改革。1877年，海斯总统发布命令，首先在海关、税务、内政人员中实施考试录用文官的制度，并禁止这些人员参与政治活动。1882年，阿瑟总统为了收买人心争取在1884年的选举中连任，开始进行全面的文官制度改革。1883年，共和党议员彭德尔顿依据英国文官制度的经验，提出了一份长达200多页的文官制度法案，即著名的《彭德尔顿法》。在阿瑟总统的授意下，国会很快通过了这一法案。《彭德尔顿法》确立了美国文官制度的一些重要原则，包括竞争择优原则、职位常任原则和政治中立原则。

美国公务员制度建立以后，历届政府陆续通过改革法案不断完善公务员制度。1912年，国会授权文官事务委员会建立考核制度、设立考核司管理考核事宜。1920年，威尔逊总统下令联邦政府开始实行统一的考核制度。1950年，美国国会通过《工作考核法》，废除上述统一的考核制，要求各机关在客观、科学的职位分析的基础上，由考核负责人和被考核者双方协商制定与职位相关的工作数量、质量及具体的工作标准，并以此标准作为考核的客观尺度。1923年，联邦政府制定了第一部文官《职位分类法》。1949年，文官《新职位分类法》颁布，美国文官的分类逐步走向系统化、科学化与现代化。1939年，国会通过《哈奈法案》，进一步确定了公务员的职位常任原则和政治中立原则。

卡特是美国历史上第一位把文官制度改革放入高层政治议事日程的总统。1977年卡特当选总统以后，很快便着手对官僚制度进行改革，并形成了改革美国联邦政府文官制度的议案。1978年，文官制度改革法案通过以后，美国联邦政府文官制度无论在管理机构还是在文官结构上，都发生了明显的变化。

1993—2000年，克林顿政府历时8年，对陷于困境的传统公务员制度进行了大刀阔斧的改革。这一场自1883年公务员制度建立以来持续时间最长的改革，被命名为"重塑人力资源管理"，涉及雇佣、分类、薪酬、绩效管理、培训等14个方面的内容。

2001年，小布什就任总统后正式提出了"改进联邦政府管理和绩效战略"的政府改革方案，即总统管理议题，这次改革仍然包含公务员制度改革，而且是5个基本议题中的第一号议题，其目标是形成一种以人力资源战略管理为特征的新型公务员制度。

2010年，奥巴马上任伊始，就开展了以简化联邦政府公务员录用程序为核心的公务员录用制度改革，通过进一步改进公务员录用程序和方法，确保联邦政府吸引到高素质人才。

(三) 德国公务员制度的确立和发展

历史上，德国长期处于封建割据局面，直到18世纪初，德意志诸邦中的普鲁士才开始通过考试录用公务员。1713年，威廉一世制定了任用法官必须通过考试的规定，从而建立了德国最初的公务员考试录用制度。但是，德国的公务员制度发展较为缓慢，直到第一次世界大战后，德国才将专制政体改为共和政体，德皇的统治变成了政党的内阁治理。1919年8月11日制定的《魏玛宪法》以国家根本大法的形式确立了德国的公务员制度。

第二次世界大战后，德国被一分为二，苏联军事管理区成立德意志民主共和国，美、英、法军事管理区成立德意志联邦共和国。德意志联邦共和国对德意志帝国的公务员制度进行了一系列改革，陆续颁布了《联邦公务员法》《联邦法官法》《联邦公务员工资法》和《联邦公务员休假条例》等法律法规。20世纪70年代末—80年代初，联邦德国为了适应经济和社会发展，进行了国家行政制度与公务员制度的进一步调整，调整内容如下：一是公务员选才范围扩大和机会均等程度扩大；二是增加特殊的局部选择考试，对外交官、科级官员等需要特殊资历、技能的公务员采用特殊的局部选拔方式；三是公务员的录用和任用采用了考任制、选任制、聘任制、委任制等多种方式；四是公务员分类制度方面职位分类和品位分类互补化、综合化，既重视人的职位，也重视人的品位和事的职位；五是设立联邦人事委员会等机构；作为统一的人事决策机构；六是确定专门的高级文官培训机构——施佩尔行政学院(联邦政法学院)；七是激励的高层次化和多样化，在突出功绩制工资、丰富物质与精神激励的基础上，增加情感激励与改善人际关系激励；八是监督机制的综合化，在传统的行政上级与监察部门监督的基础上发展为行政、立法、司法、公共舆论、社会组织等多方位系统进行全面监督。这次德国公务员制度的重大调整，对于完善公务员制度、度过政府与社会危机、促进经济复苏与社会发展起到了重要作用。

1995年，德国政府成立精干政府专家委员会，从政治和行政角度全面研究与"精干政府"这一重大课题有关的各项建议，并为实施具体的改革措施做准备。之后，德国政府开始实施"精干政府"计划，全面推进行政管理及公务员制度改革，主要内容包括：一是重新审查政府职能，认为政府工作必须减少到只保留国家核心任务的程度，政府机构必须缩减到只履行法治国家必不可少的职能的程度；二是改革和精简行政管理部门，改善内部管理结构，对政府各部门重新进行编制审核，并要求各部门制定提高效率的方案；三是改革预算法，将以微观投入为主的预算转变为以结果产出为主的预算来衡量行政责任；四是改革公务员制度，强化人力资源开发。

(四) 法国公务员制度的确立和发展

资产阶级大革命之前，法国是西欧最强大的封建中央集权制国家，官职恩赐、贵族世袭、卖官鬻爵等制度并行。法国大革命摧毁了封建官僚制度，法国的公务员制度在此期间萌芽。法国大革命后颁布的《人权宣言》规定：所有公民在法律上地位一律平等，所以政府官吏的任用也应平等，除以才能品德为根据外，不应受其他限制。

1799年，拿破仑开始执政法兰西第一共和国，他颁布了有关公务员制度的一系列规定，建立了严格的行政人员的等级制。1809年，法国根据行政人员进入行政部门的任职时间、在行政部门中的地位以及在行政部门以外的履历划分等级，将公务员的等级与工资联系起来；录用官员与受教育程度结合起来，通过学校考试入学，培养不同类型与等级的预备官员，毕业后予以任用；实行严格的纪律；颁布了一些适用于政府公职人员的规章制度，如培训制度、工作方法；建立了与公职人员制度配套的机构，如行政法院；建立了培训公职人员的专门性学校。法国公务员制度在拿破仑执政时期初步形成。

1875年，法兰西第三共和国《宪法》规定，总统由上下议院共同会议选举产生，任期七年。总统有权任命总理和部长，而总理和部长按照规定也有权任用一些行政官员，任命的官员与总统内阁共进退，这就完成了政务和事务官员的分类。之后，相继出台了《公务员法》《公务员调动法》《退休法》等。第二次世界大战前，法国公务员制度已基本建立。

1945年，戴高乐政府设立专门管理公共职务的公职管理总局和负责考选、培训高级公务员的国立行政学院。1946年10月，法兰西第四共和国议会通过的《公务员总章程》成为法国第一个具有普遍意义的公务员法案。此后，该法案经过多次修改。法兰西第五共和国成立后，1959年2月颁布《公务员一般地位法令》，取代了1946年的《公务员总章程》，该法令只适用于国家公务员，不适用于地方公务员。

20世纪70年代，资本主义经济危机席卷法国，政府管理效能低下，口碑仍然不佳。80年代，密特朗上台执政，为了适应法国经济与政治的调整和发展，中央政府开始简政放权，扩大地方政府的权限，并对公务员制度进行了重大调整，调整内容包括：将公务员制度的适用范围由原来的中央政府部门的机关公职人员扩大到地方各级政府；将中央和地方政府的临时人员转为公务员编外人员，并分期转为编内公务员；开始实行合同制公务员，三年一聘，不算正式编制；明确公务员义务，完善职业道德规范；规定公务员有服从上级、提供服务但不能从事营利性兼职、谨慎克制、模范作用、严守秘密五项义务；规定公务员应该遵守的一些道德规范；推行公务管理现代化；改革竞争考试制度、培训制度与考核制度。

三、西方国家公务员制度的特点

(一) 严格区分政务官和事务官

政务官包括行政元首、部长、主任等，其主要作用在于决策、计划、领导与协调等。政务官的任职，不论是选举产生还是由代议机关委派，主要以政治背景、党派关系、政治见解、政治主张为依据，不注重特殊技能与专门知识。政务官有一定的任期，以选举胜负或政潮起落为依据，实行轮换制。

事务官的主要作用是做具体的管理工作，执行和实施法令。事务官是专门人才，也是永久职业者，一经录用，长期任职，不受政党进退的影响，因此亦称常任文官，对其实行的是常任制。事务官需要满足经过特殊训练与掌握专门技术，具有强烈的责任心与任劳任怨的服务精神，以及遵守纪律与尊重体制等方面的条件。

(二) 强调政治中立

各国均要求事务类公务员不参与党派斗争活动，不参与党派选举，不得因党派偏见影响决策。坚持政治中立有利于公务员以超脱党派斗争的公正态度处理公共事务，保证政府工作的正常秩序。

现实运作中，政治中立很难做到，因为公务员毕竟生活在党派或集团政治的社会环境中，完全摆脱党派影响是不可能的。由于事务官会在一定程度上参与公共政策的制定，因此，他们也有可能从自身或某些利益集团的角度去理解公共政策。在执行公共政策的过程中，也存在消极怠工或者积极拥护的可能，完全不偏不倚的中立立场是不存在的。

(三) 公开考试，择优录用

通过公开的竞争性考试录用文职官员，这是西方文官制度的重要内容，也是选贤用才的关键。全面公开实行竞争考试制度，择优录用政府公务人员的做法在西方各国已非常普遍。按考试成绩由高到低的顺序择优录用，克服以党派倾向作为录用依据的弊端，保证了录用的公正，遏制了用人中的不正之风。这一原则在西方国家是通过法律形式固定下来的。但通过考试评价一个人有时也存在弊端，例如，考试易于测定应试人员的文化知识水平，却难以测定应试人员的能力。因此，西方国家在录用公务员的过程中，不断改进测评方法，如运用心理测试，聘请一些心理学家进行面试，还引进演讲答辩、无领导小组讨论、情景测试等，以弥补考试方法的不足。

(四) 实行功绩制原则

美国行政家学费富纳认为，考绩就是一个工作人员的长官或监督人对其工作能力及表现的评价。西方各国一般都根据文官的工作能力、努力程度、工作成效来决定文官是否受到晋升和奖惩等，这对提高公务员素质和工作积极性，提高政府行政效率都起到了积极的作用。

(五) 强调公务员的职业道德

与封建专制时代的恩赐官职制、政党分赃制相比，西方国家的文官制度有一个鲜明的特点，即文官必须具有职业道德。现代文官作为常任的政府行政工作人员，对外以官方代表的身份出现，要求他们必须忠实于国家，为国家的总体利益服务，各国都对此做了相应的规定，一般包括依法行事、廉洁奉公、遵守纪律、严守机密、不得经商等。

四、西方国家公务员制度的改革趋势

现代公务员制度与官僚制理论有着密切的关联。官僚制是马克斯·韦伯设计的与工业社会相适应的组织结构形态和管理模式，是对当时社会政治、经济体制的概括和总结，它与政治与行政二分原则共同构成了传统公共行政的支柱。随着西方资本主义国家向城市化、工业化的迈进，官僚制逐渐成为各国政府的主要选择。然而，在向后工业社会转变的历史进程中，随着知识经济和全球化时代的来临，官僚制固有的缺陷不断暴露，摒弃官僚制的呼声此起彼伏，以官僚制为基础的公务员制度自然不能逃脱变革的命运。公务员制度改革已经不再限于管理机制和微观技术领域，而是触及公务员制度的核心价值。

(一) 公务员永久任职的合理性遭到怀疑

最初，公务员制度是为了提供连续、高效的公共服务，作为政治压力和政党分赃制的对立物而出现的，不管党派政治如何，避免了政府更替对日常行政管理带来的冲击。随着社会的发展，这种职位和工资的永久性倾向虽然符合连续性的要求，但不再符合政府的现实需要。政府的稳定性和可预测性已被削弱，而永久任职所产生的非灵活性和惰性已经使体制功能失调。随着市场竞争机制的引入，公私部门之间的交流与合作日趋频繁，临时性执行机构的设立和合同雇佣制的实行，均给公务员长久的职业化带来了严峻挑战，在政府常任官僚中引起了不小的震动。

(二) 公务员的政治化倾向进一步强化

在政治与行政严格二分的情形下，公务员不仅不能参加政治活动，而且不能把自己的党派价值观带到工作中去。但在激进政治时代，公务员内在思想不可能保持绝对的政治中立，公务员(特别是高级公务员)由于具有专业化知识和信息优势，越来越能影响乃至决定政府的决策。强调政治中立会使公务员脱离实际，失去政治敏感性与回应性，高级公务员政治化已经成为西方政府改革的一个发展趋势。

(三) 功绩制从象征走向实质

功绩制是为了克服传统官员任用制度的弊端，增强政府处理复杂事务的能力而出现的，强调以功绩标准选拔和任用公务员。然而，随着政府官僚行政体制的发展，功绩和能力退居次要地位，取而代之的是烦琐的规章制度，功绩制更多地成为一种象征性价值，而非实质性措施。1978年美国公务员制度改革时，确立了9条功绩制原则，基于新公共管理运动"以结果为本"的理念，新技术和新工具的运用使功绩制的实现成为可能，西方各国不断强化政府绩效评估以及强调公务员对政府效率的责任。

新公共管理运动在推动公务员制度变革的过程中，也暴露了一些问题和局限。例如，公务员制度改革以引入市场机制为核心，以求提高政府机构的效率，但由于公共服务的不可测量性，绩效评估实施的成本过高，同时可能削弱公民的权利和公务员的服务意识，导致社会价值的流失，对政治责任和社会民主构成了挑战，因此，公务员制度的改革也遭到了诸多的质疑和责难。但不可否认，新公共管理运动给公务员制度带来冲击和考验的同时，也为公务员制度的变革和发展提供了难得的机遇，促进了新的管理技术和方法的使用，适应了政府在后工业化社会进一步发展的历史要求。

第三节　中国公务员制度

中国公务员制度是在继承中国共产党干部人事制度的传统，汲取改革开放以来干部人事制度探索的经验，借鉴西方国家公务员制度的先进方式的基础上确立和发展起来的。

一、中国公务员制度的建立与发展

(一) 新中国的干部人事制度(1949—1986年)

新中国的干部人事制度是在批判地借鉴中国古代官吏制度的基础上建立、发展的起来，并在许多方面承袭了革命战争年代的做法。

中华人民共和国成立初期的干部管理体制延续了革命战争年代的做法，实行的是高度集中统一的"一揽子"干部管理方法。这种管理体制与党在国民经济恢复时期的政治任务相适应，并与当时党的组织状况相符合。从1953年开始，随着干部队伍不断扩大，党中央决定建立在中央及各级党委统一领导、中央及各级党委组织部统一管理下的分部分级管理干部的制度。干部不再只是由党委组织部一个部门管理，党委的其他部门也承担管理本系统干部的责任。之后，由于机构调整和形势的发展，党中央对人事管理的具体制度和办法又做过几次补充和调整，这种由中央及各党委统一领导，中央及各级党委组织部统一管理和分部分级管理相结合的干部人事管理体制基本上被沿用下来。

党的十一届三中全会以来，人事管理机构和一些行之有效的规章制度得到了恢复。随着改革开放事业的推进，特别是市场经济体制的确立和快速发展，原有人事管理体制的弊端日益显露。第一，"国家干部"这个概念过于笼统，缺乏科学分类，因而使干部的范围越来越大，干部队伍越来越庞杂，反映不出各类人员的不同特点和结构的现状。第二，管理权限过分集中，管人与管事相脱节，形成了用人的不管人、管人的不用人，管用脱节，责权脱节的局面。第三，管理方式陈旧单一，用管理党政干部的单一模式管理所有干部，不仅不利于人才的成长，而且还强化了全社会的"官本位"意识，形成了千军万马走"官"道的局面。第四，管理制度不健全，用人缺乏法治，领导部门和领导者的主观随意性很大，严重影响了人事工作的科学化、法治化和现代化进程。这些干部人事制度中的重大缺陷和弊端造成两大难题：一是年轻、优秀的人才难以脱颖而出，二是用人问题上的不正之风难以避免。因此，进一步改革干部人事制度已成为一项刻不容缓的艰巨任务。

1980年8月18日，邓小平同志发表了题为《党和国家领导制度的改革》的重要讲话，指出坚决解放思想，克服重重障碍，打破老框架，勇敢改革不合时宜的组织制度、人事制度。这篇讲话揭示了我国原有领导体制的弊病，提出了改革不合时宜的组织制度和人事制度，从而为中国干部人事制度改革奠定了基础。

随着经济体制和其他各项制度改革的不断深入，中国的干部人事工作又经历了几次变革。1980年，党中央明确提出了干部的"四化"方针，同时建立了后备干部制度和干部退离休制度，并且在干部选拔、任用、考核、升降、监督、交流和回避等方面做了许多改革的探索和实践。为了进一步推进我国干部人事制度改革，党中央于1984年提出搞好干部人事方面的立法工作。从1984年起，中共中央组织部和原劳动人事部组织一批专家、学者和实际工作者，着手起草《国家工作人员法》，随着实践工作的展开，该法案几经修改，1985年更名为《国家行政机关工作人员条例》。1986年下半年，根据邓小平同志的建议，中央成立了政治体制改革领导小组，下设干部人事制度改革专题组。专题组根据中央的指示精神，借鉴西方国家文官制度，结合中国国情对《国家行政机关工作人员条例》做了重大调整，并将其更名为《国家公务员暂行条例(草案)》。

(二) 公务员制度的建立(1987—1993年)

1987年，党的十三大报告正式把干部人事制度改革的整体思想列为一项内容，并确定在国家机关建立和推行公务员制度。七届全国人大一次会议进一步确认要抓紧建立和逐步实施国家公务员制度，尽快制定《国家公务员条例》，研究制定《国家公务员法》。

1988年3月，为进一步加强政府人事工作，更好地推行公务员制度，中央决定成立国家人事部。人事部的成立标志着国家公务员制度开始进入实施阶段。人事部成立后，对《国家公务员暂行条例(草案)》进行了多次修改，并多次在全国范围内征求意见，在试点单位进行试行的条件逐渐成熟。1989年年初，人事部决定首先在国务院6个部门即审计署、海关总署、国家统计局、国家环保局、国家税务局、国家建材局进行试行。首批试点单位的确定，标志着国家公务员制度已经走出规划设计的阶段，将做出前所未有的历史性跨越。1989年4月，试点工作正式启动。公务员考核录用、回避、职务晋升、培训等单项改革制度也陆续出台。1992年5月，国务院常务会议讨论并原则同意了人事部制定的《国家公务员暂行条例(草案)》。

1992年10月，江泽民同志在党的十四大报告中明确提出，逐步建立健全符合机关、事业、企业不同特点的科学的分类管理制度和有效的激励机制，这方面的改革要同机构改革、工资制度改革相结合，尽快推行国家公务员制度。1992年12月和1993年1月，中共中央政治局常委会议和政治局全体会议先后听取了人事部的汇报，原则同意《国家公务员暂行条例(草案)》及实施构想。1993年4月24日，国务院常务会议审议通过《国家公务员暂行条例》，并决定于1993年10月1日起正式试行。《国家公务员暂行条例》的颁布标志着中国公务员制度的正式确立。

(三) 公务员制度的发展与完善(1994年至今)

《国家公务员暂行条例》颁布后，为了保障公务员制度的顺利实施，人事部决定采用"一年一重点"的办法：1994年，重点抓考试录用制度；1995年，重点抓辞职辞退制度；1996年，重点抓交流轮岗和回避制度；1997年，重点对竞争上岗及相关制度进行试点和探索；1998年以后，侧重在制度完善、创新和提高队伍素质上下功夫。

2000年，中央颁布的《深化干部人事制度改革纲要》明确指出，要进一步加快公务员法的制定。党的十六大报告也强调，要改革和完善干部人事制度，健全公务员制度。2005年4月27日，第十届全国人大常委会第十五次会议审议通过了《中华人民共和国公务员法》，该法自2006年1月1日起实施，中国第一部综合性人事管理的法律自此确立起来。《公务员法》以法律的形式确立了中国公务员制度的基本框架、基本原则和基本制度，为中国进一步深化干部人事制度改革指明了方向，提供了法律依据。

《公务员法》以《国家公务员暂行条例》为基础，继承和发扬中国干部人事制度的优良传统，保持了公务员制度的连续性和稳定性。同时，积极吸收《国家公务员暂行条例》实施以来干部人事制度改革的经验和成果，并借鉴了国外人事管理的有益做法，顺应公务员制度改革的国际化趋势，在原有制度的基础上有所创新、有所完善、有所发展。

1. 调整了公务员的范围，体现了中国政治制度的基本特点

《国家公务员暂行条例》第三条规定："本条例适用于各级国家行政机关中除工勤人员以

外的工作人员。"《公务员法》第二条规定:"本法所称公务员,是指依法履行公职、纳入国家行政编制、由国家财政负担工资福利的工作人员。"可见,《国家公务员暂行条例》仅将公务员的范围限定在各级国家行政机关,而按照《公务员法》的界定标准,公务员则包括中国共产党机关的工作人员、人大机关的工作人员、行政机关的工作人员、政协机关的工作人员、审判机关的工作人员、检察机关的工作人员、民主党派机关的工作人员。

2.完善了职位分类制度,提供了多样化的职业发展阶梯

《国家公务员暂行条例》第八条、第九条规定,"国家行政机关实行职位分类制度","国家行政机关根据职位分类,设置国家公务员的职务和等级序列","国家公务员的职务分为领导职务和非领导职务"。《国家公务员暂行条例》实施以来,公务员管理取得了很大的进展,但在职务和级别的设置方面也逐渐暴露出以下问题。

第一,《国家公务员暂行条例》虽然规定实行职位分类制度,但主要强调机关在确定职能、机构、编制的基础上进行具体职位的设置,并未从整体上对职位进行归类和划分,它在实质上属于一种没有职位分类的职务分类,这就使职务和级别的设置难以满足不同职位的性质和特点的需求。针对这一问题,《公务员法》第十四条规定:"国家实行公务员职位分类制度,公务员职位类别按照公务员职位的性质、特点和管理需要,划分为综合管理类、专业技术类和行政执法类等类别。"专业技术类职位和行政执法类职位的设置,完善了公务员的职位分类制度,解决了专业技术类公务员和基层执法部门公务员的激励问题,为提高公务员管理的科学化水平奠定了良好的基础。

第二,《国家公务员暂行条例》规定公务员职务设12个层次,分别对应15个级别。在这里,级别的激励功能较弱,公务员更多感受到的是职务对其待遇的影响。但从职务升迁角度来讲,每个单位的领导职务是有限的,主要领导职务就更少,这就意味着大家只有一条发展途径可以走——提升职务。这不仅限制了个人的发展,而且也会滋生腐败。为了有效地解决这一问题,《公务员法》对公务员的职务与级别进行了重新设计,将级别由原来的15个增加到了27个,扩大了职务与级别的对应幅度,并加大相邻职务层次的级别交叉幅度。这就改变了单一化的职务设置,为公务员提供了多样化的职业发展阶梯。

3.对职位聘任制度做出了明确规定,健全了公务员的职务任用制度

《国家公务员暂行条例》第四十五条规定国家公务员职务实行委任制,部分职务实行聘任制,但对聘任制的适用范围、具体内容、聘任程序、管理办法、争议处理办法等均未做出具体的规定,可操作性差。而《公务员法》则对此做出了专章规定,第十六章规定,"机关根据工作需要,经省级以上公务员主管部门批准,可以对专业性较强的职位和辅助性职位实行聘任制"(第九十五条),"机关聘任公务员应当在规定的编制限额和工资经费限额内进行"(第九十六条),"机关依据本法和聘任合同对所聘公务员进行管理"(第九十九条),"国家建立人事争议仲裁制度,聘任制公务员与所在机关之间因履行合同发生争议的,可以向人事争议仲裁委员会申请仲裁"(第一百条)。实行聘任制度是对中国公务员制度的发展和创新,机关内部分职位实行聘任制体现了我国目前党政机关人事管理新的发展趋势和要求,既可以满足机关对特殊人才的需求,又可以降低机关的用人成本。

4. 规定了公务员离职后的从业限制，以有效地遏制"权力期权化"

公务员在职期间掌握着一定的公权力，对隶属的单位具有一定的影响力，这种权力的惯性和影响力一经形成就具有相对的稳定性和渗透性，即便在公务员离开所在机关后的一段时间内仍具有不可低估的作用，这就是"权力期权化"。《国家公务员暂行条例》对公务员离职后的活动有所规范，第七十三条规定："国家公务员辞职后，两年内到与原机关有隶属关系的企业或者营利性事业单位任职，须经原任免机关批准。"这里的"隶属关系"一词给许多人留下了可乘之机。《公务员法》对此做了完善，《公务员法》第一百零二条规定："公务员辞去公职或退休的，原系领导成员的公务员在离职三年内，其他公务员在离职两年内，不得到与原工作业务直接相关的企业任职，不得从事与原工作业务直接相关的营利性活动。公务员辞去公职或者退休后有违反前款规定行为的，由其原所在机关的同级公务员主管部门责令限期改正；逾期不改正的，由县级以上工商行政管理部门没收该人员从业期间的违法所得，责令接收单位将该人员予以清退，并根据情节轻重，对接收单位处以被处罚人员违法所得一倍以上五倍以下的罚款。"

5. 公务员获得了对上级说"不"的权利

《国家公务员暂行条例》第六条规定，"忠于职守，勤奋工作，尽职尽责，服从命令"是公务员必须履行的义务。这种绝对性的规定容易造成这样一种局面：即使上级的命令有错误，甚至是明显错误的，下级也要服务和执行。《公务员法》对此做出了修正，它对上下级之间的服从关系做了比较具体的规定，下级服从的前提是上级的决定或命令是正确的、合法的，下级对于上级的违法行为和错误决定可以说"不"，纪律和责任由此得到了辩证的统一。《公务员法》第五十四条规定："公务员执行公务时，认为上级的决定是错误的，可以向上级提出改正或者撤销该决定的意见。上级不改变该决定或者命令，或者要求立即执行的，公务员应当执行该决定或者命令。执行的后果由上级负责，该公务员不承担责任。但是，公务员执行明显违法的决定或者命令的，应当依法承担相应的责任。"强调公务员要把执行上级的决定或命令和承担法律责任统一起来，这在客观上弱化了权力的绝对性，强化了权力的相对性，减少了下级对上级权力的依附和盲目服从、绝对服从，强化了上下级公务员在法律意义上的平等关系：服从是在法律意义上的服从，不服从也是在法律意义上的不服从。这种理念的确立，不仅能从根本上淡化行政机关的等级观念，也将最大限度地激活公务员对社会正义的追求，最大限度地抑制官僚习气和特权意识的滋长。

随着《公务员法》的贯彻和落实，2008年3月31日，国家公务员局挂牌成立，国家公务员局是统一管理全国百万公务员的国家行政职能部门，它的设立标志着中国公务员制度体系朝着更加专业化、规范化、科学化的方向迈进。

2015年，国务院发布《机关事业单位工作人员养老保险制度改革的决定》(以下简称《决定》)，《决定》指出，为统筹城乡社会保障体系建设，建立更加公平、可持续的养老保险制度，国务院决定改革机关事业单位工作人员养老保险制度，实行社会统筹与个人账户相结合的基本养老保险制度。基本养老保险费由单位和个人共同负担。机关事业单位在参加基本养老保险的基础上，还应为其工作人员建立职业年金。

2016年7月，中共中央办公厅、国务院办公厅正式印发《专业技术类公务员管理规定(试行)》和《行政执法类公务员管理规定(试行)》(下称两个《规定》),这是《公务员法》实施10年之后,公务员分类管理改革迈出制度化的关键一步。历经10年之久,落实《公务员法》职位分类管理的两个配套文件终于出台,其间的波折与艰辛可想而知。两个《规定》的出台,对提高公务员管理的科学化水平,激励、调动公务员的积极性,打造一支专业化的公务员队伍都将产生深远的影响。两个《规定》明确了专业技术类、行政执法类公务员的职位设置、职务序列、职务晋升、管理和监督等内容。专业技术类和行政执法类职务的层次均为11个,但职务名称不一样,专业技术类职务的名称为总监、高级主管、主管、专业技术员。行政执法类职务的通用名称为督办、高级主办、主办、行政执法员。11个职务层次晋升与之前基层公务员仅两个职务晋升台阶相比,职业发展空间被打开。11个职务层次每层对应数个级别,如一级、二级行政执法员每层次对应8级,增加了级别晋升台阶,针对基层一线执法人员多、天花板低、晋升台阶少的问题,无论职务是否晋升都可以晋升级别,一职数级,上下交叉。对于专业技术类和行政执法类公务员的晋升,两个《规定》提供了适合各自成长规律的职业发展阶梯,明确了转任其他类公务员需在现类别职位工作满5年,提高了转任的成本,鼓励了职位上的忠诚行为。

随着中国特色社会主义进入新时代,党和国家事业发生历史性变革,《公务员法》也逐渐出现一些不适应、不符合新形势新要求的地方,需要与时俱进地加以修改和完善。2018年12月29日,十三届全国人大常委会第七次会议表决通过了《中华人民共和国公务员法(修订草案)》,习近平主席签发第二十号主席令予以公布,2019年6月1日起正式实施。《公务员法》的首次修订标志着我国公务员管理法治化、规范化、科学化进入新阶段,对于建设一支信念坚定、为民服务、勤政务实、敢于担当、清正廉洁的高素质、专业化公务员队伍意义重大。此次《公务员法》修订的内容中,有三个方面值得关注:

一是旗帜鲜明讲政治。新修订的《公务员法》明确公务员制度坚持党的领导,坚持以科学发展观、习近平新时代中国特色社会主义思想为指导,贯彻新时代党的组织路线,落实好干部标准,在公务员选、育、管、用各环节强化政治素质要求,进一步彰显了中国特色。

二是确立了职务与职级并行的制度。根据新修订的《公务员法》,过去的"非领导职务"表述将成为历史,取而代之的是职务与职级并行的运行模式,将非领导职务改造为职级,明确综合管理类公务员职级序列由高至低依次为一级巡视员、二级巡视员、一级调研员、二级调研员、三级调研员、四级调研员、一级主任科员、二级主任科员、三级主任科员、四级主任科员、一级科员、二级科员,改革成果以法律的形式被巩固了下来。

三是体现了严管和厚爱相结合的原则。新修订的《公务员法》调整并充实了从严管理干部的有关规定,将《公务员法》第九章章名命名为"监督与惩戒",增加了有关加强公务员监督的规定;同时,围绕激励公务员在新时代有新担当、新作为,新修订的《公务员法》还进一步完善了公务员激励保障制度的相关规定,贯彻了党中央关于加强正向激励的要求。

二、中国公务员制度的特点

中国公务员制度是在吸收、借鉴西方国家公务员制度和苏联、东欧国家干部人事管理制度合理成分的基础上,科学总结民主革命时期及新中国成立以来干部人事制度的管理经验,结合国情创立的,是具有中国特色的公务员管理制度。

(一) 相对于西方国家公务员制度的特点

1. 坚持党的基本路线

西方资本主义国家强调政治中立，要求公务员不得参加竞选、为竞选募捐等党派活动，要求公务员在公务活动中不得带有所谓的政治倾向性，对党派必须保持中立，这是在多党竞争体制下为保持国家行政管理的连续性和稳定性所必需的原则。在我国，中国共产党是领导中国社会主义事业的核心力量，政府的各项工作都是在党的基本路线指引下进行的，公务员只有在公务活动中认真贯彻执行党的基本路线和方针政策，才能保证各级政府行政管理的正确与有效。

2. 坚持党管干部的原则

中国共产党是领导各项事业的核心力量，公务员制度是党的干部制度的一个组成部分。在公务员的管理上，强调坚持党的组织领导、政治领导、思想领导和执政地位，贯彻党的组织路线，保持党对政府重要领导人选的推荐权、输送权和考查权。而西方国家的公务员制度则强调公务员管理必须独立于任何党派之外，不受政治党派干预，与党派政治相脱离，是独立的管理系统。

3. 坚持德才兼备的用人标准

德主要指干部的政治思想、道德品质等，才主要指干部的工作能力和业务水平。德才皆备，就是要求干部既有德又有才，两者同时皆备，不可偏废。《公务员法》规定，对新进行政机关担任主任科员以下非领导职务的公务员的录用，实行公开考试、严格考察、平等竞争、择优录取，并把考核政治思想和道德品质的结果作为是否录用的重要条件；在职务晋升上，坚持德才兼备的标准，注重贯彻执行党的基本路线的表现和工作实绩；在考核时，强调对公务员的德、能、勤、纪、廉进行全面考核，重点考核工作实绩。而西方国家的公务员制度在用人标准上，只强调所谓专才或通才。西方国家视公务员为一种职业群体，在思想道德要求方面，没有做出与其他职业群体明显不同的特殊规定。

4. 坚持为人民服务的宗旨

公务员应坚持为人民服务的宗旨是由中国国家政权性质及国家行政机关职能的本质决定的。我国各级政府是名副其实的人民政府，各级政府的公务员都应是名副其实的人民勤务员或人民公仆。中国的公务员制度强调公务员必须全心全意为人民服务，廉洁奉公，不谋私利，并接受群众监督；提倡公务员艰苦奋斗，与人民群众同甘共苦，吃苦在前，享受在后。中国的公务员没有自己集团的特殊利益，也不存在任何形式的特权。而西方国家的公务员则是一个单独的利益集团，政府与公务员之间是雇主与雇员的关系，公务员作为公共部门的雇员，常常会就自己的利益与政府进行谈判。

(二) 相对于传统干部人事制度的特点

1. 实行了科学的分类管理体制

公务员制度适用于国家机关及少数单纯行使公共职能的事业单位，而不适用于企业、一般事业单位及其他机关进行人事管理，各机关或单位按照适合本系统特点的人事管理制度行事，这就改变了过去不论什么干部一律按一个模式进行管理的方式，建立起符合国家机关特点的分类管理制度。这不仅使国家机关外的单位摆脱了束缚，而且也有利于国家机关调整干部结构，克服官僚主义，提高机关的行政管理效率，以适应我国改革开放与社会主义市场经济体制发展的需要，促进社会进步，从而为坚持党的基本路线提供了组织保证。

2. 实行了法治化的管理体制

实行法治化的管理体制是针对中国传统人事管理普遍存在的人治弊端所进行的改革。以往国家机关人事管理体制与运行机制在总体上缺乏配套的法治化的规范体系，带有相当大的主观随意性。目前，公务员制度除有总法规——《公务员法》之外，还陆续出台了各单项法规及其实施细则，形成了一套比较健全的法规体系，使中国公务员管理做到了有法可依，依法行政，逐步走上法治化道路。

3. 实行了科学的竞争激励机制

中国传统的人事管理长期存在端"铁饭碗"、坐"铁交椅"的现象，缺乏生机和活力。而公务员制度从"进口"到"出口"的各个管理环节都体现了科学的激励和平等的竞争，以促进公务员奋发进取，力争上游。占中国公务员总数90%以上的一级主任科员以下的公务员的录用，采取公开考试、平等竞争、严格考核、择优录任的办法；对所有公务员进行严格考核，注重实绩，并以考核结果为依据，按照规定程序对公务员进行奖惩、培训、职务升降、晋级、增资及职位调整，因而有利于调动广大公务员发挥积极性和创造性，保证国家机关按照德才兼备的标准选拔优秀人才。同时，对不称职人员区别情况予以降职或辞退，以做到优胜劣汰，能上能下，保证公务员队伍的素质，从而避免"干好干坏一个样"的现象。

4. 实行了正常的新陈代谢机制

在保证整个公务员队伍有良好素质的同时，《公务员法》还对"出口"等环节做了严格的规定。例如，健全了公务员退休制度，规定了部分职务的聘任制，建立了公务员的辞职与辞退制度，逐步实行某些领导职务的任职年龄梯度结构制度，规定了公务员的交流制度等，增加了公务员的"出口"渠道，使公务员能进能出，增强了国家机关的生机与活力，从而克服了以往干部任职终身制、能进不能出等弊端。

5. 实行了健全的勤政廉政约束机制

《公务员法》把勤政廉政建设作为一项明确的要求贯穿和体现在公务员的诸项管理制度中。例如，通过公开考试择优录用，实行严格考核，推行正规培训，促使公务员勤奋工作，这对提高公务员队伍的素质起了保障作用；通过法治化管理，避免了用人上的不正之风；通过公务员义务、权利、纪律等规定，保证和促进公务员依法办事，廉洁奉公。

通过以上各项制度的实施，各级国家机关及公务员队伍形成了一心为公的高效率的工作作风，树立了为政清廉、为民谋福利的良好形象。

关键词

公务员　文官　公务员制度　干部人事制度改革　政治与行政二分原则　职位品位
党管干部

思考题

1. 在我国，公务员的范围是如何界定的？

2. 什么是公务员的分类制度？如何理解现行的两种公务员分类制度？

3. 如何理解西方文官制度的产生基础？

4. 如何评价《公务员法》颁布的意义？

5. 如何看待对《公务员法》的修订？

推荐阅读

[1] 彭正龙.公共部门人力资源管理[M].上海：同济大学出版社，2007.

[2] 边慧敏.公共部门人力资源开发及管理[M].北京：高等教育出版社，2009.

[3] 李德志，等.公务员制度[M].北京：科学出版社，2013.

[4] 姜海如.中外公务员制度比较[M].北京：商务印书馆，2013.

[5] 舒放，王克良.国家公务员制度[M].北京：中国人民大学出版社，2014.

第六章　行政领导者

　　领导是人类社会群体活动的必然产物，是人类永恒而普遍的职责，是组织存续和发展的重要影响因素。马克思指出："一切规模较大的直接社会劳动或共同劳动，都或多或少地需要指挥，以协调个人的活动，并执行生产总体的运动。"公共行政活动的和谐有序运行也需要统一地组织和指挥，需要杰出的领导者。行政领导者是公共行政活动的主要行为主体，贯穿公共行政全过程，发挥着核心主导作用。国家治理体系和治理能力现代化的持续推进，对行政领导者提出了新的要求和挑战，解读行政领导者将有助于把握行政领导活动规律，促进行政领导工作科学化，进而为提升国家整体治理水平打下坚实基础。

第一节　行政领导与行政领导者

一、行政领导

(一) 行政领导的定义

　　基于不同的理论视角或分析框架，可以对行政领导做出不同的界定，目前学术界存在以下三种较为典型的定义：其一，从认知心理学角度对行政领导进行解释，认为行政领导是机关的各级主管适应部属的心意与需要，运用思想沟通、人格感召、智能表现及管理措施，促使部属踊跃、热烈地共赴事业，以协同一致的努力，有效地完成机关的使命与任务。其二，从政治与行政二分原则的角度诠释行政领导，在对领导类型进行划分的基础上，将行政领导界定为国家各级行政机关的行政领导者依法行使国家行政权力，组织和管理行政事务，进行决策、指挥、组织、控制、检查、监督等行政活动。其三，从"事实—逻辑—价值"的分析框架来解读行政领导，认为行政领导是指国家行政机关及其领导者依法行使国家权力，通过决策、指挥、协调、监督和控制等方式引导和影响所属组织成员，同心协力完成行政目标的活动。这三种定义都将行政领导视为一个动态的过程，体现了行政领导的时态性和过程性。

　　事实上，对动态过程的强调是将行政领导等同于行政领导活动，即行使行政领导权力，履行行政领导职责，率领和引导行政人员去实现行政目标的活动，这是一种广义的定义。而与之相对的，对行政领导静态的、狭义的分析则认为行政领导就是行政领导者，指的是在行政组织中经过选举或任命而享有法定权威、从事行政活动的人。概而言之，行政领导既包括国家行政管理中的领导活动，又包括从事这种领导活动的人。

(二) 行政领导的特征

　　行政领导是对公共行政活动的领导，除了具备一般意义上领导的共同特征，又有其自身的独特之处，主要表现在以下几方面。

第一，行政性。行政领导是对行政进行领导，是在一定的行政环境下，为实现特定的行政目标，对在行政活动范围内的被领导者进行指挥与统御，完成一系列事务性行政活动。强调行政领导的行政性主要是为了区别于政治家对政治的领导，行政领导一般不包括政治活动。

第二，执行性。行政机关是权力机关的执行机构。行政机关必须依据权力机关制定的决策，合法、及时地组织好人力、物力、财力，确保权力机关的意志得以高效、快捷地实现。

第三，权威性。行政领导带有一定的强制色彩，表现为行政领导者做出决策和发出指令后，被领导者必须执行。通常而言，行政领导代表国家，以国家名义开展活动，其权威来源于三个方面：一是国家意志的体现；二是权力依法定程序授予；三是任何具体的行政行为都是依法而为。

(三) 行政领导的功能

行政领导是公共行政的核心和灵魂，承担统筹协调工作关系、人际关系和多种社会关系的使命。具体来说，行政领导的功能主要包括以下几项。

第一，导向统领功能。现代公共行政的高效率和高质量都强化了行政领导的作用，特别是行政领导的决策作用。行政领导的首要功能就是把握全局，确定组织的发展方向，为各项政府管理事务定位。在此基础上，根据外部环境变动进行持续不断地回应和修正。

第二，指挥整合功能。马克思在论述资本主义生产管理的二重性时指出："凡是有许多个人进行协作的劳动，过程的联系和统一都必然要表现在一个指挥的意志上，表现在各种与局部劳动无关而与工场全部活动有关的职能上，就像一个乐队要有一个指挥一样。"行政领导就如同乐队指挥，在公共需求的识别与界定、行政活动的运作与协调，以及组织矛盾的缓和与化解中发挥高效整合功能。

第三，组织协调功能。行政体制是一种复杂的协作性体制，需要许多人围绕行政目标开展行动。在这样一个庞大的系统中，各种关系盘根错节，众多部门人员相互联系、互相影响，冲突和矛盾在所难免，如果组织协调不合理，就会产生组织内耗，削弱组织效能。这就需要行政领导从宏观角度协调好行政任务，分配好行政利益，聚合组织力量，以确保组织目标得以实现。

二、行政领导者概述

(一) 行政领导者的职位

行政领导者的职位是指行政领导者在行政组织中的法律地位及其所担任的行政职务。行政领导者的职位是从事领导活动的前提，没有一定行政职位的人就不能被称为行政领导者，同时也不能行使行政领导职权，也不负行政领导职责，这是行政领导者区别于一般行政事务人员的核心标志。

行政职位是行政职权和行政职责的集合体。一方面，行政职位依法而定，该职位所具有的权力和责任都是依据法定程序由法定组织授予的，任何组织和个人都不能按照其主观意志凭空或随意设置、改变行政领导者的职位性能；另一方面，行政职位因事而定，行政领导者的职位设置以事为中心，而不以人为中心，行政职位可由胜任其要求的任何人在任何时间担任，职位具有客观性，不会随着人的去留而消失或者改变。

(二) 行政领导者的职权

行政领导者的职权是由行政领导的职位派生的，是为履行行政职责而受法律保护的权力。具有行政领导者的职权是行政领导者完成行政任务、履行行政职责不可或缺的前提和基础。行政领导者的职权明确规定了行政领导者的任职要求，而要完成行政职位的职责，国家就必须授予行政领导者相应的权力，让他们具有一定的支配力量，使其在职位要求的范围内，借助权力的力量来进行组织、协调、指挥、控制等管理活动，确保行政任务的按期完成和行政目标的顺利实现。

行政领导者的职权与职位是一一对应的。行政领导者只能拥有所在职位范围内的职权，超过职位范围的职权则被视为无效权力，不具法律效力，亦不合权力制约传统。换言之，行政领导者在行使行政职权时，不能脱离现有职位范畴无限制地任意滥用权力。行政领导者的职权大小不受个人认知等主观因素影响，而是受到职位高低、职责轻重的限制。

(三) 行政领导者的职责

行政领导者的职责是指行政领导者担任领导职位所应承担的具体工作责任和法律上应负的行政责任。行政领导者的职责是其履行职务过程中应尽的义务，它是随着职位的确定和职权的授予而产生的，有权就有责，权责要对等。一般而言，责任与职位、职权成正比关系，即行政领导者的职位越高，职权越大，其责任也就越重。职权是尽到职责的手段，职责才是职权的本质内容。

行政领导者的职位、职权、职责三者的关系是相互联系、相互制约的。行政领导者的职位是职权和职责的基础。行政领导者的职权是完成行政职位所要求的任务、践行行政职责的必要手段。行政领导者的职责来自行政职位，两者相比，职责是第一位的。行政职位、职权、职责是行政领导者从事行政领导活动的基本条件。任何行政领导者都是一定的职位、职权、职责的统一体，三者互相联系、互相制约，不可偏废。有职就要有权，有权就要尽责，任何将三者分离的状况都将妨碍行政领导者发挥领导作用。

(四) 行政领导者的产生方式

行政领导者的产生方式是指行政组织遴选、确定行政领导者的方式或者手段。行政领导者的产生方式是决定行政领导者获得合法性的重要前提。传统行政领导者的产生方式大致有四类：选举制、委任制、考任制和聘任制。

1. 选举制

选举制是指行政领导者由被领导者直接选举或者由被领导者的代表间接选举产生。根据选举方式不同，主要有民主投票、民意测验、意向选举等。选举制是应用较为广泛的行政领导者产生方式，不仅适用于机关内部，而且也适合在社会中进行。在我国组织系统中，选举是产生行政领导者的主流方式。《中华人民共和国全国人民代表大会和地方各级人民代表大会选举法》第二条规定："全国人民代表大会的代表，省、自治区、直辖市、设区的市、自治州的人民代表大会的代表，由下一级人民代表大会选举。不设区的市、市辖区、县、自治县、乡、民族乡、镇的人民代表大会的代表，由选民直接选举。"选举制的优点是能够在极大程度上代表民意，其程序一般较为严格，选举结果也有较大的公正性和权威性；不足之处是选举过程容易过长，不能保证准确地识别人才。

2. 委任制

委任制是指行政领导者由上级领导者或者上级机关根据少数人的意志和标准任命产生。委任制是当前各国政府机关普遍采取的行政领导者产生方式，也是历史最悠久的行政领导者产生方式，具体有两种实现方式，一是行政首长直接任命，二是由本级行政首长向上级提名报审批准任命，目前多以第二种实现方式为主。委任制的优点是权力集中，责任明晰，人事相结合，效率较高且行动统一；不足之处就是过于依赖主观选择，缺乏客观标准，易出现任人唯亲的人治现象。在我国，实行由本级人大常委会、本级政府、上级主管部门、派出的政府机关或部门依法委派人员担任领导职务的制度。

3. 考任制

考任制是指行政领导者由专门的机构根据统一客观的标准通过考试择优遴选产生。这种行政领导者产生方式最早可追溯至我国封建社会实行两千余年的科举制。考任制的具体实现方式主要有三种：一是依据行政职类和职级分别进行分类、分级考试；二是根据备选人的来源进行内部竞聘考试和外部公开竞招；三是根据考核阶段的不同而进行双轮制或者三轮制考试。《公务员法》第二十一条规定："录用担任主任科员以下及其他相当职务层次的非领导职务公务员，采取公开考试、严格考察、平等竞争、择优录取的办法。"一般而言，在考任制实施过程中要把握以下几个要点：要与院校升学考试相区别，扩大考试范围，侧重考察专业知识和实际工作能力；要由法定机构统一组织主持，公开进行；录取要严格根据考试结果而定。考任制的优势是以竞争为原则，最大限度地保证公平性和客观性；其劣势主要是考核过程中无法避免主观性，领导者的选拔有时并不依据考试的实际结果，难免使考试流于形式。

4. 聘任制

聘任制是指通过协议或者合同等方式招用外部社会人员担任非常设性的行政领导职位。聘任制在公共部门的适用性较为有限，主要用于专业技术职务和基层行政职务，而不适用于高层行政领导者。在我国，随着公务员分类管理改革的推进，聘任制在公共行政部门得到显著发展。为此，《公务员法》单列"职位聘任"作为独立章节，在第九十五条更是明文规定："机关根据工作需要，经省级以上公务员主管部门批准，可以对专业性较强的职位和辅助性职位实行聘任制。"聘任制的优点是有利于广泛吸纳人才，提高行政组织的环境适应力，克服公共部门的封闭性；不足之处在于可能导致用人上的短期效应，还容易忽视对本部门原有人才的使用。

(五) 行政领导者的素质要求

所谓行政领导者素质，指的是行政领导者在先天禀赋的基础上，通过后天习得所获得的品德、智能和体质的总和。习近平曾指出："新时代，我们党要团结带领人民实现'两个一百年'奋斗目标、实现中华民族伟大复兴的中国梦，必须贯彻新时代党的组织路线，努力造就一支忠诚干净担当的高素质干部队伍。"由此来看，行政领导者素质的高低将直接影响行政领导活动的成败。

由于行政领导者角色的特殊性和动态性，要确定一种统御的领导素质结构或者模型，或许是一种乌托邦式的理想主义。我们只能从浩繁的研究中找到大家都认可的一种共识，对行政领导者素质的相对稳定性进行合理解读。目前，学术界普遍认可的行政领导者素质主要包括以下几个方面。

1. 政治思想素质

行政领导者的政治思想素质是指行政领导者从事领导行为必须具备的政治立场、价值观、态度和思想品质等素质的集合。政治思想素质决定领导活动的性质和方向，"古昔以来，国之乱臣、家之败子，才有余而德不足，以至于颠覆者多矣"，所以，政治上有问题的人，能力越强、职位越高，危害就越大。政治品德不过关，就要一票否决。习近平曾指出："我们党对干部的要求，首先是政治上的要求。选拔任用干部，首先要看干部政治上清醒不清醒、坚定不坚定。"

确保政治思想素质达到要求，首先，行政领导者要有高度的政治责任感，在政治上与党中央保持高度一致，当今反复强调的在政治上与党中央保持一致，指的就是将思想统一到党的思想指南上，确保中央大政方针得到彻底、有效贯彻；其次，行政领导者要有崇高的政治理想，全心全意为人民服务，崇高的理想和目标是行政领导者成为卓越领导者的重要原因，也是行政领导者不断走向成功的驱动力。对于中国共产党而言，这一政治理想就是全心全意为人民服务，一名合格的行政领导者必须坚持人民主体地位，坚持立党为公、执政为民，践行全心全意为人民服务的根本宗旨，把党的群众路线贯彻到治国理政的全部活动之中，把人民对美好生活的向往作为奋斗目标，依靠人民创造历史伟业。

2. 道德品格素质

行政领导者的道德品格素质是指行政领导者所具有的品德修养和在行政领导活动中自觉遵守社会规范、恪守领导者职业道德的基本素质。习近平曾指出："我们党历来强调德才兼备，并强调以德为先。德包括政治品德、职业道德、社会公德、家庭美德等，干部在这些方面都要过硬，最重要的是政治品德要过硬。"

具体而言，行政领导者的道德品格素质主要包括以下几个方面：其一，忠诚担当。对国忠诚，对人民忠诚，对于行政领导者来说具有基础性功用。这既是行政领导者自身职业道德的客观要求，也是一切行政领导者素质的基础。习近平同志在党的十九大报告中指出："全党同志特别是高级干部要加强党性锻炼，不断提高政治觉悟和政治能力，把对党忠诚、为党分忧、为党尽职、为民造福作为根本政治担当，永葆共产党人政治本色。"其二，公正廉洁。公正，就是要求行政领导者为人做事能够持中，不偏不倚；廉洁，就是要求行政领导者为官清正，不以权谋私，不贪赃枉法。其三，勤政务实。勤政务实是行政领导者职业道德的基本要求。行政领导者的忠诚、廉洁等内在素质，都要外化为恪尽职守才能体现出来。习近平曾在2013年全国组织工作会议讲话中指出，好干部要做到信念坚定、为民服务、勤政务实、敢于担当、清正廉洁。将勤政务实作为"好干部"的"五条标准"之一和自觉追求，足见勤政务实对于行政领导者的重要性。

3. 文化知识素质

行政领导者的文化知识素质是指行政领导者履行好本职工作所必须具备的基础专业知识和合理的知识结构，突出表现为行政领导者的文化知识水平和程度。习近平指出："我们的党政领导干部都应该成为复合型干部，不管在什么岗位工作都要具备基本的知识体系，法律就是其中基本组成部分，对各方面的基础性知识，大家都得掌握、不可偏废，在此基础上做到术业有专攻。"较高的文化知识素质是行政领导者完成行政任务的必备条件和前提，只有具备了文化知识素质，行政领导者才能对环境变化做出预判，做到运筹帷幄，决胜千里。

行政领导者的文化知识素质一般包括以下几个方面：其一，一般基础知识。一般基础知识是行政领导者文化知识素质的第一个层级，是指行政领导者必备的文化基础知识、社会科学理论等基础学科知识。其二，专业技术知识。专业技术知识是行政领导者知识结构的核心部分，良好的专业技术知识储备是实现内行领导的基础和前提，直接影响行政领导的水平和质量。其三，其他辅助知识。行政领导者不仅要实现专才化，而且要不断提升自己，努力朝通才化发展。进行其他辅助知识储备就是行政领导者通向通才化之路的必经阶段。列宁曾说过："只有用人类创造的全部知识武装自己的头脑，才能成为真正的共产主义者。"

4. 生理心理素质

生理心理素质是行政领导者不可或缺的基础性素质。行政领导是一项高强度的社会活动，需要消耗大量的体力和精力，只有具备良好的生理心理素质，才能在面对高压时依然能够胜任。习近平曾指出："当今社会，领导干部主政一方，承担的任务重、责任大，要履职尽责不仅需要良好的身体素质，更要有良好的抗压能力。"

生理心理素质是行政领导者顺利开展行政领导活动的重要构件，包括生理素质和心理素质两个维度。其中，生理素质表现为行政领导者的性别、年龄、体质和机体反应能力等。生理素质决定行政领导者所能从事的工作长度和工作强度，以及对不同的工作环境、工作条件的适应性。不同性质、不同类型、不同条件的行政工作对生理素质有不同的要求。心理素质表现为行政领导者的性格、气质和个性等。心理素质影响行政领导者的思想的丰富性、情绪的稳定性、兴趣的多样性，他们的需要、动机和行为方式，以及他们的交往范围、同事关系、工作态度和精神状态。

第二节 行政领导者的行政权力

任何行政领导活动都是通过行政权力的运行来实现的。无论是从行政发展着眼，还是从治理绩效改善出发，行政权力的存在和运用都是至关重要的。行政领导的生命线就是权力。权力的获得、保持、增长、削弱和丧失是实践工作者和研究者所不能忽视的，忽视了这一点，其后果几乎可以肯定会丧失现实性和导致失败。古往今来，人们对于行政权力的解读从未停歇。作为一种权力现象，作为行政活动的核心资源，行政权力既有一般权力的共同属性，又有自身的独特性。

一、行政权力的概念

权力在不同的领域有不同的表现形式，如政治权力、经济权力、文化权力等。其中，政治权力是权力在政治系统中的一种表现形式，具体表现为统治阶级为维护自己的阶级利益，以国家暴力机构为后盾，以法律为手段，对被统治阶级的管理、控制能力。行政权力属于政治权力体系，是政治权力体系中的一种特殊形式。

对于什么是行政权力，公共行政研究领域存在较多不同的观点，归纳起来主要有四类：第一，行政权力就是决策权。持这一观点的代表人物是著名公共政策学者拉斯韦尔，其在《权力与社会》一书中指出，领导权力就是决策权，在领导的过程中，离不开决策权。为了处理各种相关的问题或事务，科学、理性地做出决策对行政领导者意义非凡。第二，行政权力是一种行政能力。马克斯·韦伯从社会学的角度指出，权力是指一个人或者几个人所拥有的机会，这些机会是他们通过集体行为，甚至是在他人反对的情况下，实现自己意志的可能性，是一个人或一些人不管其他人的反对甚至反抗而实现自己意志的能力。第三，行政权力是一种关系。《简明不列颠百科全书》对权力的定义是一个人或许多人的行为使另一个人或其他许多人的行为发生改变的一种关系。行政权力即行政领导者使下属行为发生改变而产生的一种关系。第四，行政权力是一种支配力量。秉持这一观点的人将领导权力看作起控制作用和强制作用的支配力量。王安平等人主编的《领导权力学》一书中指出，权力是一种支配—服从关系。

综上所述，行政权力就是指行政领导者在行政管理活动中，利用其合法地位，采用不同的激励和制约方式，引导下属同心协力达成行政目标的影响力。

二、行政权力的特征

行政权力作为国家权力的一种，既有一般国家权力所具有的合法性、强制性和普遍性等特征，又有着不同于一般国家权力的独特特征，其独特特征体现在以下几个方面。

(一) 本质属性特征

从本质属性来讲，行政权力具有阶级性、关系性和社会性。阶级性指无论任何阶级社会，行政权力都是特定主导阶级的权力。究其根源，在一个资源配置相对有限的社会背景之下，权力如同产品消费一般都会表现出一定的利益排他性。关系性指行政权力的实现是通过一系列的权力关系落实的。权力的分配不仅涉及国家、社会及公民等外部系统，还需要在内部权力系统中进行横向和纵向的分权与制约。社会性指相对公民权而言，行政权力是一种源自人民主权的治权，具有一定的工具性，必须服从和服务社会权利，即取之于民，用之于民。

(二) 职能发展特征

从职能发展的角度来看，行政权力同时具有统治性、管理性和服务性。统治性指行政权力作为一种派生权力，其本质是统治阶级政治意志的延伸和外在表现，行政是现代政治的心脏。管理性指行政权力的工具属性，随着社会的发展，管理型政府逐渐取代统治型政府成为社会主流管理模式，行政权力的特征也由传统的统治性向管理性转变。行政权力发展的第三个阶段即通过行政权力的服务性质来提升行政效率，行政权力的特征主要体现为服务性。事实上，行政权力一直兼备上述三种属性，不过在不同的历史阶段其性质结构会有所不同，正如恩格斯所言："政治统治到处都是以执行某种社会职能为基础，而且政治统治只有在它执行了它的这种社会职能时才能持续下去"。

(三) 利益取向特征

从利益取向的角度来看，行政权力具有公共性、自主性、膨胀性。公共性指行政权力的社会性和利益超然性。习近平曾在十八届中央纪委三次全会上强调："公权为民，一丝一毫都不能私用。"行政权力本来就属于公共权力，它的运作目的在于提供公共物品，维护公共利益，是公共利益制度化的重要手段。自主性指相对于社会权力和统治权力的独立性，以及在行使过程中所表现的自由裁量性质。行政权力的自主性源自其公共性，马克思认为："正是由于私人利益和公共利益之间的这种矛盾，公共利益才以国家的姿态采取一种和实际利益脱离的独立形式"。也就是说，行政权力所代表的利益是独立于其他利益形式之外的。膨胀性即自我膨胀性，由于行政机构是金字塔形的组织体系，行政权力通过多层级委托代理，自上而下沿伞状放射轨道传递政令，从而导致行政权力的自然扩张。

三、行政权力的构成

行政权力的构成是指行政权力的组成要素。遵照领导学原理，行政权力是一种影响力，构成行政权力的要素即其影响力的来源。行政权力影响力的来源主要有两个：一是由权力的强制性而产生的影响力，即一般意义上的权力性影响力(强制性影响力)。这种影响力来源于职位权力，亦称正式权力，指的是从合法的权力(依靠法定职位)中产生的权力，因法律赋予而具有强制性和威胁性，使其影响对象在心理上形成一种不得不服从、无法抗拒的感觉。二是由行政领导者个人魅力而产生的影响力，即一般意义上的非权力性影响力(自然性影响力)。这种影响力来源于人格权力，亦称非正式权力，它不是从合法的权力和职位中产生的，对被领导者没有强制性的约束力，也不能使用惩罚和奖励的手段。被领导者服从领导者从不得不服从变为自愿服从，甚至主动追随领导者。

(一) 正式权力

正式权力包括法定权、强制权和奖赏权。法定权是合法职位的派生产物，指一个人因占据了正式职位而拥有的权力，这种权力包含行政组织成员对职位权威的接受和认可，因而其影响力来源不仅是职位本身，也有部属认可的成分。强制权是指借助威胁或者惩处等硬手段来强迫他人服从的权力，其背后的支持力量通常是国家机器及其暴力工具，其影响力建立在迫使人们产生惧怕的前提之下，即当人们由于害怕或无力承担不服从权力而产生的严重消极后果时，就会对强制权做出服从反应。而奖赏权是与强制权相反的一种权力形式，指领导有决定是否提供或者取消奖励的权力。奖赏权主张采取软手段，当下属做出服从上级领导并按照领导预期目标行事时就会受到奖赏，即领导在进行正强化的过程中发挥了奖赏权的影响力。

(二) 非正式权力

非正式权力包括专家权和感召权。专家权是指基于专长、技能和知识而获得的非正式权力。由于信息社会和知识经济的发展，拥有技术就是拥有社会相对稀缺资源，因此，专门的知识技能也就成为权力的重要来源之一。换言之，谁拥有了知识和专长，谁就拥有了话语权和解释权，谁就有了隐形的权威，即影响他人的权力。感召权是指基于对具有理想资源、个人特质魅力的认同或归属而形成的权力。这种权力的形成在很大程度上取决于一些个人无形的素质，包括但不限于行政领导的人格魅力、辉煌的阅历、特殊的人际关系和血缘关系背景，以及行政领导者与下属之间的默契和融洽的感情。

四、行政权力的分配

行政权力结构的层次性和行政权力目的的可划分性，决定了行政权力在实际情境中需要划分为若干系统和层级，这就势必使行政权力的分配成为无法避免的议题。本质上，行政权力的分配是行政组织职能分化的外在表现形式。

(一) 分配途径

行政权力的分配途径是指组织系统中对行政权力进行分割配置的路径。行政权力的分配途径主要有三种：行政授权、权力下放和权力外放。

1. 行政授权

行政授权是指较高层级的行政主体授予下级行政主体一定的责任和管理权限，使下级行政主体在上级的监控下获得某种自主行使的权力。行政授权是实现行政权力结构性分配和功能性分配的重要途径。授权是权力的委托代理，任何组织当其达到一定的规模或者实行职能分工之后，都会有授权行为的发生。就授权方式而言，根据行政授权程度的不同，可以将行政授权划分为充分授权、不充分授权、制约授权和弹性授权等；根据授权形式的不同，可以将行政授权划分为书面授权和口头授权。根据授权的合法程度、规范化程度和程序化程度的不同，可以将行政授权划分为正式授权和非正式授权等。

2. 权力下放

权力下放是指由于公共事务管理任务的需要，行政权力系统内部自上而下地进行职责、权力与利益调整的管理方式。相对于逐级授权，权力下放的适用性较低，不能经常性地使用，仅存在于行政权力的结构性分配之中。行政权力一旦下放后，上级行政主体只做一般原则上的指导与检查，不过多干涉下级行政权力的具体行使。

3. 权力外放

权力外放是指通过向私人领域、市场、社会转移权力和寻求合作的方式来配置行政权力，是行政权力的社会配置，其方式主要有两种：第一，通过向社会转移权力的方式来配置行政权力。随着民主、自由理念的传播与发展，不仅中央向地方分权成为发展潮流，而且社会、政府向公民转移权力以促进社会自治的形式被广泛使用，中国行政改革中的政府职能转变就涉及这种权力分配方式。第二，通过寻求与社会合作治理的方式来配置行政权力，即借助市场化、工商化和社会化等治理技术的改进，以更多参与、更高效率、更多解决和更为透明的方式进行改革，驱使政府行政权力成为更为适宜的公共服务力量。

(二) 分配原则

在公共行政活动中，确保行政权力的合理分配是行政组织行使行政权力的重要前提和基础，因此明确并遵循行政权力的分配原则至关重要。学术界普遍认为，分配原则主要有以下几个。

第一，程序合法原则。合法性是行政权力的重要表征，亦是行政权力运行的关键保障。行政权力分配首先必须严格按照合理、合法的规则运行，只有程序合法，才能师出有名，行政权力才能凭借明确的法律依据获得行政客体的认可和服从，才能形成权威性。

第二，职权分明原则。在分配行政权力的过程中，与之相关的层次部门都必须做出较为明确的职权规定。权限划分既要考虑行政主体内部上级对权力的控制程度以及下级组织的承受能力，又要兼顾行政客体的范围，进行系统的思考。

第三，权责一致原则。职权的本质是职责，职权要与职责保持一致。权力的拥有应伴随义务的履行。在我国，行政权力来自公民及国家政治机关的授权，也来自上级行政机关的授权。在行使权力的过程中，既要对授权主体负责，即履行政治层面的责任，也要履行管理层面的责任。

第四，权利明确原则。行政权利涉及行政主体拥有的权限。权利清楚、明确有利于让行政主体知悉自己的行为是否恰当和越轨，与此同时还可避免因权利模糊而使行政主体的权益受损，有利于行政主体更好地履行职责和义务，增强行政行为的有效性。

第五，内容全面原则。内容全面指的是行政权力分配过程中，要保证行政权力范围、程序、方式等要素都已具备。行政权力分配过程中，任何一个要素的缺乏都会使权力分配不能达到预期目标，降低行政权力的效率，不利于行政主体的职能履行。

五、行政权力的运行

公共行政的目标和使命只有通过行政权力的运行才能实现。行政权力运行的过程就是行政主体分配和行使权力的过程。行政权力的运作需要一定的基础和手段，采用相应的运作方式，保证行政组织的高效运作，避免行政权力在行使过程中的负效应。

(一) 运行机制

行政权力的运行是权力主体执行国家的意志，为实现公共的利益，作用于权力客体的一种动态的行为过程。行政权力运行主要指权力的授予环节和权力的行使过程，包括外部循环机制和内部循环机制。行政权力运行的外部循环机制是通过宪法或者一定的法律、法规，将广大人民的意志转变成国家的意志的过程。行政权力运行的内部循环机制是根据宪法和法律的规定，基于自身的价值观标准，在行政组织体制的基础上，行政机关行使权力、回应公民政治要求的过程。

(二) 制约机制

行政权力的运行具有双重性，一方面能够维护社会秩序和公共利益，推动经济发展，保障公众权益；另一方面也可能带来社会矛盾，阻碍经济发展，损害公共利益，起到消极的负面作用，表现为权力僭越、权力滥用等，正如孟德斯鸠所说，"一切有权力的人都容易滥用权力，这是一条万古不易的经验"。因此，在行政权力的运行过程中，必须建立相应的制约机制，最大限度地防止和克服权力运行过程中可能出现的负效应。正如党的十九大报告所强调的，要强化对权力运行的制约和监督，让人民监督权力，让权力在阳光下运行，把权力关进制度的笼子。

行政权力的制约机制是指通过各种控制手段去控制权力的运行，规范行政权力，使其在合理、合法的范围内活动，具体体现在以下几个方面：①以权力制约权力，即孟德斯鸠所说的，"从事务的性质来说，要防止滥用权力，就必须以权力约束权力"；②以法律制约权力；③以道德制约权力；④以财政责任制约权力；⑤以透明性制约权力；⑥以社会制约权力等。

此外，权力运行的制约应该遵循的基本原则包括：第一，独立性原则。权力制约的独立性原则是指制约主体能够单独运用制约权，不受任何组织或个人的干预和影响。第二，公开性原则。权力制约的公开性原则是指对权力的监督、制约活动要公开进行。第三，对应对称性原则。权力制约的对应对称性原则是指监督制约主体的权力应当与权力拥有者的权力对应对称。所谓对应，就是监督主体的权力与被监督者的权力相对应。只有对应，权力才不会处于失监、失控的"真空"之中。第四，协调性原则。权力制约的协调性原则是指各类制约主体各尽其职，各负其责，密切配合，协调一致，从而保证制约系统的良性运转，2017年国家监察委员会的组建和运行就是保证该原则实施的重要举措之一。

第三节　行政领导者的行政责任

一个出色的领导人应该具有承担责任的勇气，并使周围的人也随之具有这种勇气。行政责任既是人类社会政治法律思想和制度发展历史上间接民主阶段的必然产物，彰显了主权在民及权力分立的思想要求，又是近代国家责任政治的产物，是国家公共行政制度的重要组成部分。看一个领导干部，很重要的是看有没有责任感，有没有担当精神。对于行政人员而言，承担行政责任不但意味着对法律的负责，更是对其行政内部系统机制负责，行政组织开展行政活动必须重视行政领导者行政责任的实现，行政领导者责任的实现也应成为一个重要的行政后果。这里需要说明的是，本节探讨的行政责任主要是指行政领导者的行政责任(不包含行政组织)。

一、行政责任的概念

要理解行政责任的概念，首先要弄清责任是什么。通常而言，责任可以分为两类：一是义务(道义、法律)责任，主要指人们应当对自己的行为负责，否则就会受到道义上或法律上的谴责和惩罚；二是角色(职责)责任，指与某个特定的职位或机构相连的责任，主要是对职责范围内应做事情的规定。在此基础上，涉及行政领导者的行政责任可以有广义和狭义之分。广义上，行政责任指的是行政领导者对国家所承担的职责和义务，也是从根本上禁止其他人对之负责。狭义上，行政责任指的是行政领导者在代表国家实施行政管理活动的过程中，因违法或未履行相应职责和义务时，所应承担的否定性后果。这与违法或未履行相应职责和义务相联系，意味着国家对行政领导者违法行为的否定性评价和谴责。

二、行政责任的特征

行政领导者的行政责任作为特定历史条件下的产物，具有不同于一般责任的特征，表现在以下几个方面。

1. 行政责任是一种责任

行政责任具有政治性的一面，也是一种政治责任，行政领导者是由民众直接或间接选举产生的，因而要对民众负责，承担政治责任；行政责任具有法律性的一面，也是一种法律责任，行政责任通过法律的形式加以规范和保障，并以国家强制力为后盾发生约束力，法律保障行政领导者责任的履行，并对其不履行责任的行为进行追究；行政责任具有道义性的一面，也是一种道义责任，行政领导者为民众服务，理应遵循普遍的社会道德规范，在实施行政管理的过程中应增强工作责任心，忠实履行职责，避免职业道德问题的产生。

2. 行政责任是一种义务

对行政领导者来说，承担行政责任的过程就是承担为民众服务义务的过程。这种义务由法律、法规所规定，受社会公德和社会舆论约束，表现在两个方面：其一，行政领导者对国家权力主体承担忠实执行法律、为国家服务的义务；其二，行政下级对行政上级领导者承担忠于职守、努力工作、提高效率、遵纪守法的义务。

3. 行政责任是一种任务

行政领导者在承担一定义务的同时，还必须采用一定的方式保证这种义务的实现。在这里，履行义务的方式即行政机关所承担的规定性的工作任务及所应遵守的相应的工作制度。国家权力主体以宪法和法律的形式向政府规定工作任务，政府则通过自身的再分配，将宏观的工作任务分解、委派给各级行政领导者。行政领导者通过任务的完成来履行所承担的义务。从这个意义上说，行政领导者完成工作任务的过程就是履行其义务的过程。

4. 行政责任是一种监督机制

深层来讲，行政领导者的行政责任的核心在于保障国家权力机关对行政领导者管理行为的有效监督和控制。为了确保行政领导者根据民众意志和法律规定开展行政活动，就必须通过一定的机制来防止行政领导者置国家的利益、国民的利益于不顾，肆意追求权力和特殊利益，这也体现出建立行政责任监督机制的必要性和重要性。

三、行政责任的类型

由于行政领导者责任的内在性质和内容差异较大，使行政领导者责任的外在表现呈现出较大不同。

(一) 从广义职责或义务的角度划分行政责任

从广义职责或义务的角度来讲，可以将行政领导者的行政责任划分为法律责任、政治责任、管理责任和道德责任。

1. 法律责任

行政领导者的法律责任指的是行政领导者必须遵守法律和行政法规的规定，如果违背应当承担法律上的后果。通常而言，行政领导者的法律责任包括行政领导者的行政法律责任和行政领导者受托人的行政法律责任。

2. 政治责任

行政领导者的政治责任指的是行政领导者必须对人民、国家机关、政党负责，违反特定的政治义务将承担政治上的后果。行政领导者对其行政行为除了应承担法定的义务外，还需承担一定的政治义务，主要是胜任党和人民委托的义务。

3. 管理责任

行政领导者的管理责任指的是在行政体系内部，行政领导者如果没有正确履行职责或者违反义务，则要承担相应的内部管理责任。

4. 道德责任

行政领导者的道德责任指的是行政领导者所应遵守的、与职业活动紧密联系的，具有公共行政职业特征并反映对行政领导者的特殊要求的道德准则和规范。在我国行政体系中，行政领导者所承担的行政道德责任包括：①为人民服务；②遵守行政领导者职业道德规范，即忠于职守、一心为公、实事求是、秉公执政等；③具备工作责任心和勤政的思想意识。

(二) 从狭义问责的角度划分行政责任

从狭义问责的角度来讲，行政领导者的行政责任可视为对其违法违规后果的否定性评价和谴责。行政领导者应该认识到自己的行为可能会对政府服务产生影响，继而最终影响公民的福利。行政领导者应该为自己行为的后果负责，较为典型的体现就是行政处分。所谓行政处分，是指公共行政组织对所属行政领导者违法失职行为尚不构成犯罪，依据法律、法规所规定的权限而给予的一种惩戒。《中华人民共和国公务员法》第六十二条规定，处分分为：警告、记过、记大过、降级、撤职、开除六类。

(1) 警告。对违反行政纪律的行为主体提出告诫，使其认识应负的行政责任，注意并改正错误，不再犯此类错误。这种处分适用于违反行政纪律行为轻微的人员。

(2) 记过。记载或者登记过错，以示惩处之意。这种处分适用于违反行政纪律行为比较轻微的人员。

(3) 记大过。记载或登记较大或较严重的过错，以示严重惩处。这种处分适用于违反行政纪律行为比较严重，给国家和人民造成一定损失的人员。

(4) 降级。降低违反行政纪律的行为主体的工资等级。这种处分适用于违反行政纪律，使国家和人民的利益遭受一定损失，但仍然可以继续担任现任职务的人员。

(5) 撤职。撤销违反行政纪律的行为主体的现任职务。这种处分适用于违反行政纪律行为严重，已不适宜担任现任职务的人员。

(6) 开除。取消违反行政纪律的行为主体的公职。这种处分适用于犯有严重错误已丧失公共行政基本条件的人员。

四、行政责任的追究

出了问题，就要追究。行政领导者的行政责任追究是在行政责任确定的条件下，依据法律、法规的规定，对造成行政责任的行为主体给予一定行政或法律惩处的制度。党和政府历来重视行政责任追究，例如，2009年7月印发的《关于实行党政领导干部问责的暂行规定》，2010年3月出台的《党政领导干部选拔任用工作责任追究办法》，2016年通过的《中国共产党问责条例》，2019年5月颁布的《重大行政决策程序暂行条例》，都对行政领导责任追究做出了针对性的规定。行政责任追究是行政领导责任制度的重要环节和集中体现，正是这种机制使行政领导者的行政责任制度得以最终确立。

(一) 行政责任追究依据

习近平总书记曾在2013年全面推进依法治国第四次集体学习指出，"任何组织或者个人都必须在宪法和法律范围内活动，任何公民、社会组织和国家机关都要以宪法和法律为行为准则，依照宪法和法律行使权利或权力、履行义务或职责"。行政领导者的行政责任是一种法定责任，必须经由国家法定确认才能产生。没有法律、法规的规定，行政领导者的行政行为即使发生损害性后果也不能产生行政责任，这种情况在实践中通常表现为无法追究行政责任。

行政领导者的行政责任追究依据主要包括如下内容：第一，行政责任追究由有关法律、法规规定和确认。这就是说，行政责任追究作为一种特定的国家现象，由法的规定而产生并依照法的规定而执行，离开了法的规定，行政责任追究就无从谈起。第二，没有法的规定不产生行政责任追究。行政领导者的行政行为即使在事实上造成损害，但由于没有法的规定而不承担法律上的行政责任，至多承担道义上的行政责任。第三，由法律、法规规定的例外情况不产生行政责任追究，这是国家豁免说的一种有条件的沿用。

(二) 行政责任追究原则

从立法的指导思想、原则以及执法实践来看，追究行政领导者的行政责任主要应遵循以下几项原则。

(1) 过责法定原则，是指行政领导者的过错和对过错应承担的责任要用法定形式固定下来。哪些行为属于违法行为，应当承担何种行政责任，应受哪些行政处分，都应由一定形式的规范文件或条文加以明确规定。

(2) 过惩相适应原则，也称过惩相当原则，是指根据过错大小决定惩处的轻重，以解决执法实践中罚不当过的现象。

(3) 责无旁贷原则，也称责任自负原则，是指对违法失职行为，不管涉及谁，都应毫无例外地追究其行政责任。对于集体违法失职的共同行为，不能搞法不责众，要分清当事人的责任大小，分别做出相应的处罚。在行政领导者管理过程中，不允许存在担任职务、行使职权而不承担责任的现象，更不允许出了问题推卸责任或强加责任、包揽责任或代负责任。

(4) 教育为主、惩处为辅的原则，是指通过惩处违法失职行为，使本人受到教育，也使其他行政领导者引以为戒，达到警戒、防范的效果。

(三) 行政责任追究制度

行政责任追究制度是指行政系统应对行政领导者失范行为的一系列制度安排的统称，其涉及范围较广，本节着重探讨目前最为典型的制度表现形式——行政问责制。

所谓行政问责制，是指上级行政组织对现任行政领导者在所管辖的部门和工作范围内由于故意或者过失，不履行或者未正确履行法定职责，以致影响行政秩序和行政效率，贻误行政工作，或者损害行政管理相对人的合法权益，给行政组织造成不良影响和后果的行为，进行内部监督和责任追究的制度。

行政问责制的目的在于，要把原先单一的事后责任追究模式转变为对行政领导者行使行政权力的全方位、全过程的监督和制约。把监督检查、目标考核、责任追究有机结合起来，实现问责内容、对象、事项、主体、程序、方式的制度化、程序化。使各种利益主体的利益得以充分、流畅地表达和博弈，使个体目标和整体目标得以整合和兼容，保障行政监督主体在行使问责权时有章可循、有规可依。

行政问责制的基本问题是行政问责的主体、客体、范围、方式、程序和后果问题。第一，行政问责的主体，指"由谁问"。行政问责的主体包括同体的问责主体和异体的问责主体两个部分。同体的问责主体是指行政机关的上级机关，异体的问责主体包括人民代表大会、司法机关、各民主党派、新闻媒体、公众等。第二，行政问责的客体，也称问责的对象，指"问谁"。行政问责的客体主要指负有直接和间接领导责任的各级行政领导者。第三，行政问责的范围，即内容，指"问什么"。行政问责的范围包括一切与职权或职务有关的行为和过程，不仅涉及过错责任，注重对违法违纪责任的追究，还应该把问责的视角扩展到无作为的行政行为上来。第四，行政问责的方式，指"如何问"。行政问责方式的设计和规定要具体、广泛、可操作，否则行政问责制仍不能够落到实处，也不能起到效果。第五，行政问责的程序，即通过什么样的程序对行政领导者进行问责。其关键是要实现责任划分的法治化和责任追究的程序化，责任要具体到位、到人，否则就会出现由于弹性过大而最终无法实施。行政问责的程序至少应该包括问责的启动程序、责任的认定程序、问责的回应程序及责任追究程序。第六，行政问责的后果，主要指行政领导者应该承担的相应责任，包括政治上、行政上、道义上、法律上的责任。

第四节　行政领导方式和行政领导艺术

行政领导者要履行行政领导任务，实现行政领导目标，一方面必须坚持依法行政，强调行政领导行为的合法性；另一方面必须使行政领导行为符合行政管理的客观规律，重视行政领导行为的科学性。而行政领导行为的科学性则是在科学的行政领导方式和高超的行政领导艺术的基础上实现的。

一、行政领导方式

(一) 行政领导方式的概念

关于行政领导方式的概念，学术界存在诸多表述，其中较为典型的观点有以下几种。

《辞海》将领导方法定义为："实现领导目标和领导职能的途径、手段和工具。包括领导者在实现领导目标的过程中所遵循的世界观和方法论，领导者带领被领导者为实现领导目标采取的手段、途径或者中介，领导者在特定领导环境中为实现领导目标采取的技巧和方法。"

邱霈恩指出："领导方式是一种具有权威性、结果性的组织行为方式和社会行为方式，是领导主体以其特定的作风、习惯、性格、态度、倾向、思想和教育素质在特定领导环境制约下，形成的对领导客体做出反应并施加影响的基本行为定势。"

新玉言认为："领导方式指领导者与被领导者之间发生影响和作用的方式。"

刘建军指出："领导方式是在领导行为理论和权变理论的基础上提出来的。它主要研究领导者在领导过程中对下属采取什么样的态度。从领导学的角度来看，领导方式就是领导者进行活动时对待下级部属态度行为的表现。"

黄强指出："领导方式指领导者进行活动时对待下级部属态度行为的表现。"

综合上述观点，本书认为，领导方式研究的基本内容是行政领导者在行政活动中对待下级部属的态度和行为，一旦把这种态度和行为加以模式化就形成了领导模型，即行政领导方式。

(二) 行政领导方式的特征

根据对行政领导方式的诠释，可以看出行政领导方式具有以下基本特征。

1. 目的服务性

领导方式总要为一定的领导目标服务，把人民赋予的权力用来造福于人民，帮助领导者达到一定的领导目的，这就是行政领导方式的目的性。行政领导方式的选择取决于领导的目的，这表明了行政领导者运用行政领导方式的自觉性。值得关注的是，领导方式一般都是几种方式相互配合下的综合运用，实现同一目标或目的可以有多种方式，同一方式也可以实现多种目标。

2. 客观存在性

行政领导方式是行政领导者在领导工作中普遍运用的，不存在无领导方式的领导工作。毛泽东曾指出："我们要从其中引出固有的而不是臆造的规律性，即找出周围事变的内在联系，作为我们行动的向导。"因此，每一种领导方式必须接受反复的实践检验，以确定其正确性。一定的领导方式必须与一定的领导过程和领导对象相对应，行政领导者不能凭空创造领导方式。

3. 层次多样性

行政系统存在不同层级，不同层级的领导目标有不同的要求，因而领导方式在运用过程中也会呈现出层次性。使用领导方式时，不仅要重视对基本领导方式的研究与应用，也要注重根据实际情况进行更新。

4. 动态时效性

行政领导方式是客观的，客观事物是不断变化的，因此反映客观事物的领导方式也是处于动态变化中，这种变化有多方面的表现，且往往呈现出周期时效性。

(三) 行政领导方式的类型

选择行政领导方式的核心问题是如何正确处理上下级之间的关系，由于行政领导涉及的关系繁复，内容多样，因而行政领导方式按照不同标准可以划分为不同类型。

1. 根据行政领导者运用权力的方式划分

根据行政领导者运用行政权力方式的不同，可将行政领导方式划分为专断式、民主式和放任式。专断式行政领导方式是指把行政决策权、决定权集中于领导者一人手中的领导方式。在这种行政领导方式下，任何事情都由行政领导者个人做出决定，用强制命令推动工作，下级一味服从上级领导，被动开展工作。民主式行政领导方式是指行政领导和被领导者以及群众互相沟通，共同参与决策的领导方式，其特点是上下级关系密切，多方相关主体参与到决策过程中，决策具有民主性和开放性。放任式行政领导方式是指行政领导者将很大部分的行政决策权力下放给下级行政机构或行政人员，让其充分享有行政管理权限的领导方式。在这种行政领导方式下，行政领导者放权让下级发挥职责和功能，自己只进行必要的指导和监督，而下级此时则充分掌握了权力，做起工作相应地会有主动性和决定权。

2. 根据行政领导者工作重心的方式划分

根据行政领导者工作重心形式的不同，可将行政领导方式划分为重人式、重事式和人事并重式。重人式行政领导方式以人为中心，行政领导者在工作过程中比较民主、宽容，平易近人，体贴、关心下属，强调建立领导者与部属之间的互相尊重、互相信任的关系。重事式行政领导方式以任务为中心，领导者对任务的关心胜于对下属的关心，把任务的完成放在工作首位，以完成工作任务为目的。人事并重式行政领导方式是一种中间型领导方式，领导者对人的关心度和对工作的关心度保持中间状态，既关心工作，又关心人，领导者通过协调和综合各种活动促进工作的开展，他们会鼓舞士气，使大家和谐相处，发扬集体精神。

3. 根据行政领导者作用于人的方式划分

根据行政领导者作用于人方式的不同，可将行政领导方式划分为强制式、说服式和激励式。强制式行政领导方式是指行政领导者发出行政指令来约束或引导行政人员的言行，行政指令具有明显的强制色彩，直接以惩罚为外在特征。说服式行政领导方式是指行政领导者经常使用说服式的领导方式，包括劝告、诱导、启发、劝谕、商量、建议等易于领导者和群众双向沟通的方式。激励式行政领导方式是最能提高领导效能的领导方式之一，它是行政领导者使用物质或精神的手段激发下属的工作积极性，达到决策目标的推进型领导方式。

二、行政领导艺术

毛泽东曾说："领导人员依照每一具体地区的历史条件和环境条件，统筹全局，正确地处理每一时期的工作重心和工作秩序，并把这种决定坚持地贯彻下去，务必得到一定的结果，这是一种领导艺术。"在行政领导活动中，不同的领导者在运用相同的方式处理行政事务时，取得的结果有时却大相径庭，究其本质原因，这与行政领导者的领导艺术有很大关联。从本质上来说，行政领导艺术是决定行政领导活动能否取得预期效果的关键要素之一。

(一) 行政领导艺术的概念

艾伯斯认为："领导艺术在于不使下属知道而操纵和摆布他们。在大多数情况下，一位有效的领导人并不知道他们在玩这种'把戏'"。列宁说："……全部政治生活就是由一串无穷无尽的环节组成的一条无穷无尽的链条。政治家的全部艺术就在于找到并且牢牢抓住那个最不容易从手中被打掉的环节，那个当前最重要而且最能保障掌握它的人去掌握整个链条的环节"。黄强认为，领导艺术就是指"领导者凭借自身的影响力，在履行领导职责、完成领导任务的过程中，灵活运用各种领导原则、领导条件、领导方法的技能和技巧"。张立荣认为，领导艺术是指"领导者在领导实践中创造性地运用领导科学的一般原理、原则和方法去解决问题。领导艺术意味着领导者在领导活动中主观能动性和更多个性化因素的体现，偏向于经验性，是对原则和规范的权变和融通"。郭小聪认为，行政领导艺术是指"行政领导者在行政管理活动过程中，自觉地运用行政管理理论，熟练而有效地完成行政任务的技巧、方法和手段"。

本书认为，行政领导艺术是指行政领导者领导方法的个性化、艺术化，是行政领导者在工作中结合普遍经验和个人体会而形成的，它属于行政领导方法中创造性、随机性、权变性较强的部分。与行政领导方式不同，行政领导艺术是一种较为特殊的领导才能，它是既有管理知识和管理方法的升华，是在此基础上的灵活运用和创新推进，是领导者智慧、胆识、经验、人格、能力、学识的综合与深化。

(二) 行政领导艺术的特征

毛泽东曾指出："对于物质的每一种运动形式，必须注意它和其他各种运动形式的共同点。但是，尤其重要的，成为我们认识事物的基础的东西，则必须注意它的特殊点，就是说，注意它和其他运动方式的质的区别。只有注意到这一点，才有可能区别事物。"所以，正确把握行政领导艺术的特征是合理运用行政领导艺术并达到行政目标的重要因素之一。

1. 行政领导艺术具有随机性

行政领导艺术属于经验形态，是行政领导者对领导知识和领导经验的运用，具有明显的个性特征，具有随机性。行政领导艺术的运用一般都因人、因事、因时、因地而异，它既没有固定的程序，也没有确定的模式。

2. 行政领导艺术具有多样性

行政领导艺术的多样性是由行政领导活动的多样性和行政领导者的不同特点所决定的。不同的行政领导领域和领导层次需要不同的行政领导艺术，即使是同一领导层次的行政领导者，由于个人的智慧、学识、才能、经验和胆略不同，在处理同类行政事务时采取的策略也有所不同。

3. 行政领导艺术具有实践性

行政领导艺术是在行政领导活动的实践中产生、发展和提高的，是行政领导者实践经验的提炼和升华。行政领导艺术只有在行政管理实践中与行政领导者的实践经验相结合才会产生，只有在行政领导者实践经验的基础上，经过不断丰富和发展才会不断提高。

4.行政领导艺术具有科学性

从表面上看，行政领导艺术具有随机性、多样性、实践性等特点，感觉没有什么科学性可言。其实不然，它是建立在科学的基础之上的。优秀的行政领导者只有把领导艺术建立在科学的基础上才能发挥它的巨大作用。

(三) 行政领导艺术的内容

事实上，领导艺术存在于每一个领导行为之中，有多少种领导行为就会有多少种领导艺术。因此，要全面、概括性地论述行政领导艺术是不切实际的，在这里仅列举一些常见的行政领导艺术。

1.授权艺术

授权是由上级授予下级一定的权力与责任，使下级在其领导、监督下为达成目标而有相应的自主权和行动指挥权。授权既然是领导者将适当的决策权授予适宜的下属，因此决定授权有效性的关键是适权适人。行政领导授权的艺术性在于：围绕目标，明确要求；因事择人，视能授权；把握尺度，适度授权；尊重分工，逐级授权；民主监督，公开授权；强化责任，可控授权。

2.用人艺术

用人艺术主要强调知人善用，人尽其才，这是最大限度地利用人力资源的必然要求，也是对用人艺术的最低要求。所谓知人，就是全面地了解别人的长处和短处，及时地发现和识别人才。人各有"长"有"短"，每个人都有独特的优点，也有其不可回避的缺点，人无绝对的优点和缺点，关键是领导如何用其所长。知人是为了善任，即做到人尽其才，才尽其用，充分发挥各类人才的作用。我国古代思想家和政治家们通过对实践经验的总结，提出了许多重要的用人原则，例如，春秋初期的政治家管仲在《管子·权修》篇中说："察能授官，班禄赐予，使民之机也"。荀子也主张"察能授官"，强调"论德而定次，量能而授官"。这些都是对用人艺术的提炼和概括。

3.处事艺术

行政领导者在干好自身领导工作，专心本业，忠于职守的同时，还要树立正确的权力观，谦虚谨慎，实事求是，清正廉洁，光明正大，因人制宜，宽容处事等。纵观世界全局，事情零星而杂乱，实际却只有两个因素，一是人，二是事。人要做事，事要人做，做好人的工作，就等于把事情办好。一般情况下，领导者所遇到的处事对象是人。人的性格、思想认识、思维方式、精神境界、个人追求各有不同，能力也有强弱，不能用同一方式去处理，要视各人不同的情况而采取不同的方法去对待，而这些恰恰都是行政领导者处事的艺术。

4.运时艺术

运时艺术既包括行政领导者对自己本职工作事务处理的时间安排，也包括他对本组织内各类事务处理时限的了解和运筹。总体来说，对提高行政领导效率大有帮助的运时艺术主要有以下几个方面：一是科学运筹时间。在领导工作中科学地运筹时间是一项重要的领导艺术，是提高行政领导效能最重要的途径之一。行政领导者想要完成组织行政目标，并试图获得最佳效果，就必须科学运筹时间。赢得了时间的主动，就等于赢得了胜利。二是合理安排工作程序。行政领导者应合理安排时间消耗比例，把要完成的工作依据工作内容的轻重缓急、规模大小进行分类，按照时间先后次序安排好，然后按预定计划逐步完成。三是提高时间利用率。处理工作事务，要专心致志，利用各种有利因素，努力提高单位时间的利用率，要善于挤时间，充分利用现代化的科技手段，把握高效率的黄金时间段，全面提高效率。

 关键词

行政领导　行政领导者　行政权力　行政责任　行政领导方式　行政领导艺术

 思考题

1. 行政权力分配的方式有哪些？
2. 如何理解行政领导者职、权、责之间的辩证关系？
3. 结合实际谈谈新时代背景下我国行政权力改革的趋势。

推荐阅读

[1] [美]PETER G NORTHOUSE. 领导学：理论与实践[M]. 5版. 北京：中国人民大学出版社，2012.

[2] [美]伯恩斯. 领导学[M]. 北京：中国人民大学出版社，2013.

[3] 王乐夫. 领导学：理论、实践与方法[M]. 4版. 广州：中山大学出版社，2013.

[4] 邱霈恩，等. 领导学[M]. 4版. 北京：中国人民大学出版社，2014.

[5] 朱立言，李国梁. 行政领导学[M]. 3版. 北京：中国人民大学出版社，2015.

[6] [美]安弗莎妮·纳哈雯蒂. 领导学——领导的艺术与科学[M]. 7版. 北京：中国人民大学出版社，2018.

[7] 彭向刚. 领导科学概论[M]. 北京：高等教育出版社，2019.

第七章　行政决策

决策自古至今都是社会生活中的一项重要活动，无论是生产资料和生活资料的分配，还是种族群体活动的相关决定，抑或是组织的管理活动，均离不开决策。在现代社会，随着社会化大生产不断发展，社会公共事务的领域不断扩大，相应的决策问题也日益增加，对决策效率和决策质量的要求亦越来越高。20世纪40年代以来，基于现代社会管理活动的需要，在公共行政研究中，对行政决策的研究日益深入，进而形成了一系列行政决策理论。这些理论基于不同的实践背景和研究预设，为人们深刻理解行政决策提供了助益，也推动了行政决策的科学化、法治化和民主化进程。

第一节　行政决策概述

一、行政决策的概念、特点以及对行政活动的意义

(一) 行政决策的概念

在我国，"决策"一词古已有之。《韩非子·孤愤》云："智者决策於愚人，贤士程行於不肖，则贤智之士羞而人主之论悖矣。"意为智者的计谋由愚蠢的人来评判，贤者的品德由不贤的人来衡量，那么品德好、有才智的人就会感到耻辱，而君主的论断也必然荒谬了。此处的"决策"一词已经有了选择方案的意思，但与现代管理活动意义上的"决策"概念不同。现代管理活动中的"决策"最早出现在美国，即做出决定(decision-making)。狭义上，决策是指仅仅针对几种备选方案做出最终决定；广义上，决策是指为了达到组织目标而制定方案和选择方案的整个过程。因此，决策可以定义为一定的行为主体为实现既定目标而制定和选择特定方案的过程。首先，决策行为是针对特定目标的活动过程；其次，存在两种或两种以上的备选方案；最后，决策绝非一次完成的行为，而是具有持续性的，贯穿整个管理活动的行为。

20世纪20年代以后，随着现代管理学的不断发展，相关的学术成果对公共行政研究起到了很大的借鉴作用，"决策"这一现代管理学概念也逐渐成为公共行政学者的研究重点。美国行政学家古利克在《组织理论》一文中，首先将决策作为行政的一种主要功能进行了研究。美国管理学家巴纳德在《行政人员的作用》一书中，对决策与动机、沟通、目标和组织关系等概念做了系统的分析，重要的是明确了行政决策对于行政领导的重要作用。在前人研究的基础上，西蒙在著作中确立了现代决策理论的基本架构，并提出了一系列概念工具。西蒙的重要贡献在于将决策作为现代管理学体系中独立的领域进行了研究，开创了现代管理学新的学派分支。同时，作为一名行政学家，西蒙在前人的基础上对行政中的决策行为进行了深入研究，并最终开

创了公共行政学的决策学派。

本书认为，行政决策是指具有合法行政权限的国家行政机关或合法权限的工作人员，为达到行政目标，依据一定的政策法规和程序，针对特定问题拟定并选择方案的过程。

(二) 行政决策的特点

与一般决策相比，行政决策具有以下特点。

(1) 决策主体的权威性。行政决策的主体是具有合法权威的国家行政机关或合法权限的工作人员。只有具有管理国家公共事务行政权限的组织或个人，才能够成为行政决策的主体，由于其权力来源和产生程序均具有权威性，行政决策主体也相应具有权威性。

(2) 决策程序和依据的严格性。本质上，行政决策是对国家权力机关意志的执行，是对资源、权力和利益的交换与分配活动，所以行政决策必须依据严格的法律和法规，遵从特定的决策程序，从而保证行政决策实施的效力。

(3) 决策效果和影响的广泛性。行政决策主体的层次相对较高，影响的利益群体相对广泛，对特定的行政管辖范围具有重大影响。同时，行政决策的实施往往具有"风向标"的作用，深刻地影响着社会生产与生活。

(4) 决策对象和事物的特殊性。行政决策的对象是整个国家和社会的公共事务，纵向上涵盖从中央到地方的各单位，横向上涉及政治、经济、文化和社会生活各个领域。行政决策对象和事物的特殊性表现在领域的广泛性、事务性质的公共性、利益关系的复杂性。

(5) 决策价值取向的公共性。作为在现实政治生活中与民众利益直接相关的公共权力施行活动，行政决策必须以增进公共利益为目标，其价值取向注重的是公共利益的实现。即使是强调效率至上的新公共管理运动改革，仍然不能仅仅把成本—效率指标作为唯一的衡量标准，不能将客观指标作为最终目标。

(三) 行政决策对行政活动的意义

行政决策作为行政活动的重要功能之一，深刻地影响着各项行政职能的履行情况，行政决策质量与行政效能息息相关，进而影响一个组织乃至国家和社会的稳定繁荣与长久发展。行政决策对行政活动的意义主要体现在三个方面。

(1) 行政决策贯穿行政活动的各个环节。从行政职能来看，一项具体的行政活动离不开计划、组织、指挥、协调和控制，而决策活动贯穿于任何一个职能的实施过程中，每个职能均涉及决策问题。从行政层级上看，高层决策影响广泛，意义深远，毋庸置疑；对于基层来说，尽管决策活动在基层工作中表现得较不明显，但街头官僚的自由裁量权运用却无时无刻不是决策活动的表现，直接影响社会公众的基本生活。从决策的重要程度来看，决策同样是各项管理活动中最重要的部分之一，重视决策环节就是抓关键，在现代管理活动日益复杂的今天，事无巨细、面面俱到只能顾此失彼，在各个环节中进行有效决策往往能够事半功倍。

(2) 行政决策是行政领导者的重要职责，也是衡量领导水平的重要标准。从行政领导者的主要职能来看，行政领导者的主要任务在于确立组织愿景、制定长远规划、提供和分配资源，以及建立外部关系等。组织愿景与发展规划的设定无疑是行政领导者综合考虑组织内外部环境因素后做出的决策，提供和分配资源是领导者根据实际需要，依据一定的原则而制定的分配方案，这同样是决策行为。行政领导者根据社会发展需要，制定政策，优化社会资源配置均需要良好的决策。从行政领导者的考核标准来看，重大行政决策失误造成的社会影响之强，正促使人们开始关注行政领导者考核中行政决策部分的权重。同时，在信息高速传播的自媒体时代，行政决策信息公开后往往会迅速传播，进而产生广泛的社会影响，这使行政决策对政府公信力的影响比以往更强，同时也压缩了行政领导者在决策中试错的机会和反应的时间，对行政领导者的决策水平提出了更高的要求。

(3) 行政决策是公众民主化参与的重要渠道。由于行政决策最终会影响社会公众，因而，尽可能多地回应与满足公众的利益诉求是行政决策追求的重要价值目标，行政决策过程中充分的民主化参与有助于形成满足绝大多数利益主体需要的决策方案。通过民主化参与，决策者能够更多地了解社会公众的实际需求，发现决策满足公众需求存在的障碍及可能的解决途径，以此制定出更加科学、民主的决策方案。同时，决策过程中充分的民主化参与也有利于先期舆论引导，对于社会公众理解政府决策以及行政决策实施环节的开展具有重要促进作用。最后，随着经济社会的不断发展，社会公众的需要也向更高层次发展，开始追求公民生存和发展权利以外的法定权利，参与公共事务成为人们的重要诉求，社会公众需要能够满足此类需要的窗口与平台，民主参与行政决策是满足公众更高层次需求的重要方式之一。

二、行政决策的类型

根据实际问题的不同和社会发展的需要，产生了不同的决策方法。根据不同的分类标准，可将行政决策划分为不同的类型。目前常见的行政决策分类方法有以下几种。

(一) 经验决策和科学决策

经验决策是指决策者在决策过程中凭借经验制定决策的活动与过程，即凭经验决策，是决策者根据个人的思想水平、工作能力和生活经验等决策者素质做出的。经验决策产生于蒙昧时代，有一个较长的发展时期。西蒙将经验决策的发展分为三个阶段：凭习惯决策阶段、凭标准规程决策阶段、决策组织专门化阶段。凭习惯决策阶段一般是指从蒙昧时代到工业革命这一时期，由于人们习惯于凭借基本经验进行选择，因而人们在决策的方式上处于停滞阶段。凭标准规程决策阶段一般是指从工业革命开始到19世纪与20世纪之交这一时期，工厂成为主要的生产组织，标准的操作规程第一次出现了，因而生产管理者和工人的决策都有了可供遵循的规章程序。决策组织专门化阶段一般是指20世纪以来的时期，科学管理的创始人泰勒首次将计划职能和执行职能分开，计划部门被单独设立出来，并按照科学规律制订计划、做出决策。这种决策方式为科学决策的产生奠定了基础。

科学决策是指在决策过程中以科学的思考、科学的计算和科学的预测为依据进行决策的方法。科学决策产生于第二次世界大战期间，是伴随着第二次世界大战中现代科学技术的涌现而产生的。与经验决策相比，科学决策强调科学技术和方法的应用，主要包括数学化、模型化和计算机化三种发展趋势。数学化是指采用现代数学方法求解决策问题。模型化是指将决策过程中的变量关系进行模型化，并用数学方法来求解，进而选择合理方案。计算机化是指运用计算机作为数学计算和逻辑计算的信息处理工具，以提升决策数学化求解的效率。科学决策根据目标、要求、变量关系和限制条件的不同建立决策分析模型，将实际数据录入模型，并使用计算机进行数学化的分析、实验和模拟，从而得到准确的决策，具有客观、严谨的特点。

1. 经验决策和科学决策在实践中的关系

首先，经验决策和科学决策绝不是相互排斥的两种决策方法，经验决策绝非反对科学决策，科学决策也绝非完全依据理性分析而排斥经验决策。准确的决策往往是两种决策方法相互结合的产物。其次，经验决策所依据的是人类长期客观实践所积累的宝贵经验，其科学性是经得住推敲和检验的。重要的是，在新发生的事件和紧急突发状况面前，经验决策具有科学决策不可比拟的优势。再者，科学决策所依据的调查数据同样来源于被调查者的个人经验认知和对实际发展趋势的客观预测，分析人员在使用科学分析方法的基础上同样需要依据自身的经验做出判断，从而得到分析结果。

2. 经验决策、科学决策与"科学的决策"之间的关系

经验决策不等于谬误，科学决策不等于科学的决策。虽然经验决策的决策依据受限于决策者个人的思想水平、工作能力和生活经验，但不意味着依据经验决策就会选择错误的备选方案。相反，由于采取经验决策的条件一般为相对简易或规范化的条件，依据经验决策的结果往往是正确的，同时决策成本较低。科学决策依据科学的思考、计算和预测进行决策，但不一定意味着决策的最终结果是科学、准确的。模型建构是否正确、数据来源是否真实、分析误差的大小、分析人员是否客观都可影响决策的科学性。

(二) 程序性决策和非程序性决策

程序性决策是指决策所需要解决的问题是重复出现的，故又称常规性决策或重复性决策。由于相关问题之前经常出现，如何决策以解决这些重复出现的问题已经探索出规律，且形成规范化的决策过程与结构，故又称此类决策为规范化决策或高结构化决策。程序性决策主要针对反复出现的问题，依据一套固定的决策程序就可以得到相对准确的决策方案。由于难度相对较低，组织的中低层工作人员的决策大多是程序性决策。

非程序性决策是指所需要解决的问题是没有重复出现的，故又称非常规性决策或非重复性决策。由于相关问题之前没有出现，如何决策以解决这类问题基本没有规律可循，且没有规范化的决策过程与结构可使用，故又称此类决策为非规范化决策或低结构化决策。非程序性决策主要针对没有出现过的问题，决策内容不仅指对备选方案的选择，而且指制定决策的整个过程都具有非程序化的特点。由于难度相对较大，组织的中高层领导决策中，非程序性决策的比例较高。

(三) 确定型决策、风险型决策和不确定型决策

美国管理学者卢斯(B. D. Luce)和莱伐(H. Raiffe)最早提出了确定型决策、风险型决策和不确定型决策的分类方式，主要依据是决策的限制性条件差异，即决策方案面临的客观状态的单一程度、客观状态发生的概率是否可以预测得出。

确定型决策是指目标问题仅仅受到一种客观状态影响，备选方案的结果是单一的、恒定的。因此，决策者可以根据每个方案对应的结果，在唯一的客观状态下进行直接比较并选择决策方案。

风险型决策是指目标问题受到多种客观状态的影响，但决策者可以预测得到各种决策备选

方案在不同状态下的损益值，同时不同客观状态出现的确定程度是不明确的，但各种状态出现的概率却又可以大致预测出来。因此，决策者需要制定各种客观状态下的决策备选方案，并尽量选择发生概率大的客观状态下的效益最大化的方案作为决策备选方案。同时，选定的决策方案中还应合理加入其他状态下决策备选方案的内容，以使决策方案对不确定性环境的适应性更强，并进一步增强决策方案实现收益、降低损失的可能性。

不确定型决策是指目标问题受到多种客观状态的影响，但决策者可以预测得到不同状态下的损益值，同时不同客观状态出现的确定程度是不明确的，且其出现的概率同样不能预测得到。

(四) 战略决策和战术决策

根据决策的问题和影响的大小，可划分为战略决策和战术决策。战略决策是指具有指导意义的，方向性的，与整个国家、社会发展相关的重大决策。战术决策是指为解决某一具体问题而做出的决策，具有日常化、短期化和具体化的特点。

(五) 高层决策、中层决策和基层决策

根据决策层级的高低，可划分为高层决策、中层决策和基层决策。从行政层级划分来看，三个层次分别对应中央、地方和基层；从组织结构层次来看，三个层次分别对应领导层、管理层和操作层。

(六) 理性决策和非理性决策

根据决策者的思维模式，可划分为理性决策和非理性决策。理性决策是指在行政决策的各个环节(目标问题确定、备选方案设计以及评估和选择等)都进行严格讨论，反复论证后做出的决策。非理性决策是指决策者根据猜测、条件反射、本能反应等非理性因素做出的决策。

三、中国行政决策议程设置模式

政治与行政二分原则对公共行政学脱离政治学成为一门独立学科起到了很大的作用，但行政活动无法完全实现价值中立，绝对的价值中立也并不可取。同时，由于行政决策参与主体的差异，其利益诉求和参与能力均会有很大的差异，进而影响行政决策的议程设置。哪项决策议题和由哪一个主体提出的决策方案进入决策议程都不是偶然的现象，这是社会发展实际需要和利益群体诉求相互折中、妥协的最终结果。

综观行政决策议程设置情况，进入议程的决策议题与方案的提出者大致包括政府决策者自身、智囊团等科研团体和民间三类主体。同时，在促进各项议题与方案进入决策议程的过程中，民众发挥了不同的作用，在决策议程中的参与程度不同。因此，根据行政决策议程提出者的主体身份和民众参与程度的高低划分出六种行政决策议程设置模式，如表7-1所示。

表7-1　行政决策议程设置模式

民众参与程度	议程提出者		
	决策者	智囊团体	民间团体或个人
低	关门模式	内参模式	上书模式
高	动员模式	借力模式	外压模式

1. 关门模式

议程的提出者是政府决策者自身，公众并没有参与到行政决策过程中。决策者采取此类情况往往出于三种考量：一是认为此类决策没有必要争取大众的支持和参与即可推行；二是认为公众参与决策会导致此项行政决策无法实施，但却有利于公众，应速战速决，强制推行；三是认为此类决策只符合特定群体利益，甚至有损全体公众利益，惧怕民主参与。由于关门模式缺乏公众参与，决策结果脱离实际的情况经常存在，决策出现问题后，往往饱受诟病。该模式并非一无是处，例如在特定情况下，关门决策对公众有利，但公众初期无法理解，则只能采取该模式。关门模式应用较少，但又是必然存在的。

2. 动员模式

议程的提出者是政府决策者自身，但公众参与行政决策议程的程度较高。动员模式往往基于公众强烈的参与意识，或者决策者需要公众的支持作为自身政策推行的政治砝码或政治资源，或者该项决策的实施需要公众的合作。动员模式在很大程度上是一种思想动员模式，即统一思想意识，达成社会共识，贯彻政策议程的线性流程。新中国成立初期，这种模式应用较为广泛。

3. 内参模式

议程的提出者是智囊团体，公众参与行政决策议程的程度较低，智囊团体往往不寄希望于民众的支持，而是寄希望于决策者的重视和赏识。智囊团体通过各种渠道向决策者提出提案，希望能够被纳入议程中。因此，这一模式强调的是智囊团体与决策者之间的沟通与互动。

4. 借力模式

议程的提出者是智囊团体，但公众参与行政决策议程的程度较高，智囊团体不直接内参决策者，而是将自身建议公之于众，希望获得公众的支持，进而形成压力，促进提案纳入政策议程中。和内参模式相比，借力模式采取了迂回借力的方式。这种模式显然较为费时费力且易造成与决策者的对立，但采取此模式的原因即在于决策者对于该项提案的抵制，而提案却有极强的民意支持。

5. 上书模式

议程的提出者是民间团体或个人，公众参与行政决策议程的程度较低。在此需要做一个说明，民间团体或个人的提案是为公共利益诉求时，才可划分到上书模式当中。但就中国发展的历史来看，真正通过上书模式使提案进入决策议程的案例少之又少。在没有广泛公众支持的社会背景下，普通公众很难通过直接提案就影响决策者使提案进入决策议程的。

6. 外压模式

议程的提出者仍然为民间团体或个人，但公众参与行政决策议程的程度较高。决策的提出者通过诉诸社会舆论，争取广泛的民意支持，形成社会压力向决策者施压，希望通过公众的普遍呼吁来使提案进入决策议程。值得一提的是，在当今自媒体时代下，个人思想和看法更容易演化为群体意愿表达，社情民意的反应更为迅速，可以更快地形成对决策者的压力。在当今中国民主参与机制和渠道相对不完善的情况下，民众通过自媒体途径形成外压从而参与行政决策将更为常见。

第二节　行政决策体制与理论

行政决策体制与理论都随社会政治、经济等条件的变化而变化。作为现代决策科学化、民主化的制度保障，行政决策体制的运行效果将直接影响决策的质量；而行政决策理论作为对现实中行政决策规律的系统总结，来源于现实，又能够为现实中的决策过程提供指导，不同的行政决策理论是对现实中不同的决策现象的总结，适用于不同的决策情形，只有充分了解每种理论的特点，才能在实际决策中灵活运用各种理论解决相应的问题。

一、行政决策体制

(一) 行政决策体制的含义、特点及作用

1. 行政决策体制的含义

行政决策体制是指行政决策机构和人员为解决决策权力的分配问题而组成的组织体系以及形成的有关制度。在不同历史时期和不同国家，行政决策体制存在着差异，表现出不同的特点。例如，我国古代中央集权下统治机构的决策体制属于独断专制型，不同于现代西方国家的议会制和我国现行的人民代表大会制。

2. 行政决策体制的特点

行政决策体制主要有以下特点。

(1) 分工性。行政决策体制是由多个子系统共同构成的，包括负责信息收集的系统、提供咨询意见的系统、进行最终决策的系统等，它们各司其职，主要表现为决策中的"多谋"与"善断"的相对分工、决策制定与执行的相对分工。事实表明，明确的分工是实现科学决策的重要保证。

(2) 整体性。行政决策体制的整体性是与分工性对立统一的属性。从横向上来看，对于每一个特定的行政决策系统，不同的子系统分工明确，但又相互制约、相互配合；从纵向上来看，自上而下的高层、中层、基层决策系统层层相通，共同构成一个结构合理、功能齐全的决策体系。

(3) 科学性。现代行政决策的复杂性要求决策机构必须配备现代化技术设备和高素质、高技能的人员，必须掌握先进的科学技术和科学手段，同时必须严格按照科学的决策程序进行决策，这些都构成了行政决策体制的科学性。

3. 行政决策体制的作用

行政决策体制在行政决策中的作用主要体现在以下三个方面。

第一，行政决策体制是行政决策科学化的前提。任何一项行政决策的做出，都需要大量的事前和事中准备，不仅要了解问题本身的性质以及各种因素的影响，还需要在掌握足够信息的基础上提出若干可行性方案，最后经过综合评价、筛选，才能做出较为稳妥的行政决策。而行政决策体制由信息系统、咨询系统、决策中枢系统构成，信息系统和咨询系统作为决策中枢系统的支持系统，为决策中枢系统及决策者最后决断的科学性提供支持。

第二，行政决策体制是行政决策民主化的条件。这主要体现在两个方面：首先，行政决策体制的不同子系统决定了行政决策主体的多元化。拥有不同知识结构的人员相互启发，充分发

挥集体智慧的作用，在保证决策的科学性的同时体现了决策的民主化。其次，行政决策体制明确规定了各个子系统的职责划分，规定了决策的基本程序，从而避免了个人专断，保障了决策民主化的实现。

第三，行政决策体制是行政决策高效化的重要保证。行政决策体制对于现代化技术设备和高素质、高技能人才的使用，为行政决策高效化的实现创造了积极的条件。同时，以"软技术"和"硬技术"为主要内容的现代科学技术方法和手段的广泛运用，必然会提高行政决策的效率和效益。

(二) 行政决策体制的构成

从功能角度来看，行政决策体制主要由行政决策信息系统、行政决策咨询系统和行政决策中枢系统三部分组成。

1.行政决策信息系统

行政决策的复杂性，一方面体现在事前的信息收集与处理，另一方面体现在事中的谋划与决断。行政决策信息系统便是为解决信息问题而建立的系统，是由从事行政信息处理的机构、人员、信息通道和信息工具所组成的有机体。这里的信息通道主要指信息传输通道。根据信息传输方向的不同，信息通道可分为三种类型：一是纵向传输渠道，主要进行不同层级之间的信息传输；二是横向传输渠道，主要进行同一层级的各行政组织之间的信息传输；三是综合传输渠道，是前两种传输通道的结合。

行政信息是行政决策的基础，因此，行政决策信息系统的主要任务是把来自各种信息源的行政信息收集起来进行加工和处理，然后传输给行政决策咨询系统和行政决策中枢系统，为行政决策咨询系统和行政决策中枢系统的工作提供服务。在现代社会，信息不断更新，加大了信息收集和处理的难度，进而提高了行政决策的难度。各级政府只有建立、健全包括各种情报所、信息中心、图书资料室、档案局、机要局、统计局、信访局等部门在内的信息网络，保证信息来源广泛、信息渠道畅通，才能及时、全面、准确地掌握信息，进而做出科学的决策。

2.行政决策咨询系统

行政决策咨询系统也称智囊系统，是现代行政决策体制的智囊团、智力库。行政决策咨询系统由各类专职或兼职的决策研究机构及其人员所组成，是行政决策的辅助机构。行政决策咨询系统主要有两个特点：辅助性和独立性。辅助性体现了行政决策咨询系统在整个行政决策体制中的地位，即行政决策咨询系统主要为行政决策中枢系统提供服务，是行政决策中枢系统的参谋；独立性是指行政决策咨询系统在发挥参谋作用时是不受行政决策中枢系统控制和影响的，这是咨询工作科学性与客观性的前提，同时也是行政决策科学化、民主化的必然要求。

行政决策咨询系统的主要任务有三个：一是发现问题。借助行政决策信息系统所掌握的信息，协助决策中枢系统发现行政活动中存在的问题，并及时将有关问题反映给决策者，在与决策者进行商讨后，决定是否将其提上议事日程。二是拟定各种决策方案。现代行政决策的复杂性要求将决策的过程进行分解，各个环节由专门的机构负责。行政决策咨询系统作为行政决策体制的智囊团，其人员具备专业的知识和能力，可以为问题的解决设计多种可行性方案。三是论证决策方案。决策方案的评估优选以及最后的确定需要发挥行政决策咨询系统多学科的人才优势。行政决策咨询系统在现代行政决策体制中发挥着不可替代的作用，各级领导应支持其进行独立的科学研究，为其提供良好的工作环境和条件。

3. 行政决策中枢系统

行政决策中枢系统是现代行政决策体制的核心，行政决策信息系统和行政决策咨询系统是在决策中枢系统的领导下为其服务的辅助系统。行政决策中枢系统由掌握决策权的机构和人员构成，有权对一定范围内的行政问题做出决策。行政决策中枢系统主要有两个特点：权威性和主导性。权威性体现在行政决策中枢系统享有法定的权力以确定决策方案并对决策结果承担法定责任；主导性体现在行政决策中枢系统可以对行政决策的运行过程和其他系统进行有目的的组织、指挥、协调和监督，直接控制行政决策的方向和发展进程。

行政决策中枢系统的任务主要有两个：一是领导、协调、控制整个决策过程。现代行政决策是一种集团决策，这意味着在决策过程中既需要多方面的组织和个人的参与，又需要与多方面的组织和个人产生联系。如果缺乏统一的领导，各方面的组织和个人就很难进行协调，决策行为也难以有计划、有步骤地进行下去。二是确认决策问题、决策目标和决策方案。在实际行政决策的过程中，决策问题、决策目标和决策方案不一定都是经由行政决策中枢系统发现、设计的，有可能是其他组织或专门的行政咨询机构，但这些决策问题、决策目标和决策方案只有经由行政决策中枢系统的确认才有效，这也体现了行政决策中枢系统在整个行政决策体制中的核心地位。因此，行政决策中枢系统的决策水平与决策质量，直接关系行政决策的质量并进而影响整个行政活动的成败。

(三) 行政决策体制的类型

行政决策体制的核心含义是权力分配，行政决策体制表示的是行政决策权力在行政组织中的分配情况。因此，根据最高行政权的归属，即谁最终决定，谁对结果负责，可以将行政决策体制划分为首长制和委员会制。

1. 首长制

首长制又称独任制，是指一个行政组织中的法定最高决策权归某个人单独掌握的决策体制。在实行首长制的行政决策体制下，各级行政首长具有最高的行政决策权，同时行政首长也对行政决策后果负责。但这并不意味行政首长是唯一与行政决策有关的人，行政首长做出最终决定仍然需要行政决策信息系统、行政决策咨询系统和行政决策中枢系统的支持。目前，世界上大多数国家都实行首长制行政决策体制。

首长制的特点是事权集中，责任明确，有效地减少了决策过程中的权力冲突和内部摩擦，保证了行政决策的高效率，也使不同行政决策间具有一定的统一性和整体性。但由于是否采纳别人的看法在很大程度上取决于行政首长的个人意志，因此首长制容易导致个人专断、滥用决策权等问题，因决策者个人问题而出现的重大决策失误也时有发生。

2. 委员会制

委员会制又称集体负责制，是指一个行政组织中的法定最高决策权由两个以上的地位平等的人组成的委员会、小组或联席会议集体掌握的决策体制。在实行委员会制的行政决策体制下，行政决策的权力不再由某一个人单独掌握，而是由委员会成员平等分享。重要的行政决策需由整个委员会集体讨论表决确定。一般来说，委员会会预先规定行政决策方案通过的条件，如投票结果多数通过。相应地，决策责任也非由个人承担，而是由集体成员共同承担。

委员会制的特点是群体决策，分工合作，可以增强行政决策本身的科学化和民主化，做到智能互补、经验共享，充分发挥集体智慧和力量，但同时也容易导致决策过程缓慢、效率低下，以及决策失误无人负责等问题。

二、行政决策理论

决策活动从古至今普遍存在于人类改造自然和社会的实践中，而决策理论则是在工业革命以后，随着管理科学的兴起而发展起来。特别是20世纪40年代以来，西蒙系统研究了现代管理学意义上的决策，并对行政组织中的决策现象进行了深入、持续地研究，同时也对之前的行政学研究成果进行了总结，逐渐构建起现代行政决策理论的基本框架与体系，此后的学者则对这一体系进行了不断地完善。目前，比较有影响的行政决策理论包括理性决策理论、有限理性决策理论、渐进决策理论和混合扫描决策理论。

(一) 理性决策理论

理性决策理论又称古典决策理论，根植于启蒙运动时期的理性主义和实证主义，其基础是古利克和厄威克提出的POSCORB七功能说，即行政体系可以通过系统的计划、决策、选择、调整、补充和预算来最大限度地实现其目标。理性决策理论注重决策过程的规范性，认为一个规范的决策过程应该包括发现问题、提出目标、设计方案、预测后果、分析比较、选择最优方案等连续的活动。在所有这些活动中，决策者始终是理性的，只有这样才能保证整个决策过程的理性。由此，理性决策理论是建立在"经济人"假设的前提下。一方面，作为"经济人"的决策者，目的是追求个人利益的最大化，因而决策目标就变得单一且明确；另一方面，决策者拥有绝对理性，他能知晓所有有关问题的信息，熟知各种决策方案及其后果，最后做出最优选择从而实现预期的价值目标。

理性决策理论以"经济人"假设为前提分析决策者的行为进而研究决策过程，舍弃了次要的分析变量，大大简化了决策分析的过程。从理想角度而言，理性决策模型是一个非常科学的模型，它通过对决策过程的逻辑思考，否定了以往的经验决策模型，大大促进了人类决策从经验决策到科学决策转变的历程。此后，各种科学决策理论与科学决策模型的出现均建立在对理性决策理论的继承、批判与反思的基础上。同时，从实践角度来看，理性决策理论为人们如何科学、理性地决策提供了强有力的方法指导。从理论和实践角度来看，理性决策理论都具有一定的价值。

但理性决策理论有其局限性，主要在于"经济人"假设自身存在一定的弊端，因此不能解决决策实践中的诸多问题。首先，决策者不是一个绝对的"经济人"。在实践中，决策者面临的目标往往是多元且模糊的，并不只关注个人利益的最大化，而理性决策理论假设决策目标是单一且明确的显然与现实中的诸多实践情况不符。其次，决策者并不是一个绝对理性的人。人的知识与能力总是有限的，决策者不可能知晓所有问题的信息，也不可能了解各种决策方案及后果，因而就不能找出最佳的决策方案。最后，决策制定要综合考虑决策时间、决策者精力、可供决策使用的资源和其他因素的限制，这也增加了决策者进行理性决策的难度。因此，实践中的决策制定既要平衡好决策者个人目标与受决策影响各方目标的关系，也要把握好决策的最佳性与时效性、经济性的关系，同时也不能忽视决策信息对于决策的限制作用，这些都使得在实践中严格按照理性决策理论的假设进行决策难以达到预期效果。实践中的难题使得理性决策理论遭到了很多学者的强烈批评，其中最具代表性的批评来自西蒙和林德布罗姆。

(二) 有限理性决策理论

有限理性决策理论是由西蒙在其代表作《管理行为》中提出的。西蒙认为，人的理性是有限度的，主要体现在三个方面：知识的不完备性、困难的不可预见性和可能行为范围的不确定性。在此基础上，西蒙提出有限理性决策理论，认为决策应该遵循"满意原则"而不是"最佳原则"，即符合要求或令人满意是有限理性决策理论的决策标准，所以有限理性决策理论又称满意决策理论。西蒙还将"过程"的概念引入决策研究之中，强调决策过程的完整性，既注重对抉择之前目标问题及抉择环境复杂性的了解、调查和分析，也强调对抉择之后的方案评估。西蒙认为，一个理性的决策过程应包括四个阶段：一是找出决策的理由；二是找到可能的行动方案；三是在各个行动方案之间进行抉择；四是对已进行的抉择进行评价。

有限理性决策理论主要有以下几个观点：首先，决策者在决策中使用的手段和其所要达到的目的之间是存在矛盾的，并不存在完全对应的关系，如果只是简单地通过手段和目的的关系进行分析会导致不准确的结论；其次，决策者是追求理性的，但不是最大限度地追求理性，而只是要求在有限理性的范围内做出尽可能"满意"的决策；最后，决策者在决策中追求"满意"标准，而非"最优"标准，即如果有一个备选方案能较好地满足已确定的基本要求，就不需要再去研究或寻找更优的方案。有限理性决策理论使决策者不再无限地去追求全部信息、全部方案和预测全部结果以找到最佳方案，而是选择一个符合最低限度目标和要求的标准，如果在收集信息、拟定和选择方案的过程中达到这个标准就适可而止。虽然这一理论指导下的决策不能得到绝对理性的最佳方案，但也能产生令人满意的方案，而且在实际决策中具有极强的可操作性，因而在实践中得到了许多决策者的接受和使用。

但正是由于有限理性决策理论承认了人们理性的有限性，在某种程度上削弱了决策者在自己能力范围之内尽可能多地寻找备选方案的积极性。由于感到真实世界是无法把握的，决策者往往满足于用简单的方法，凭经验、习惯和惯例去办事。在这一理论指导下，决策者只满足于有限的信息收集和处理，进而做出决策方案的选择，而放弃了对更优方案的遵循，在一定程度上降低了决策结果的收益，进而影响了决策质量。

(三) 渐进决策理论

渐进决策理论是由美国耶鲁大学教授查尔斯·林德布罗姆对理性决策理论提出批评之后提出的一种理论。该理论认为虽然绝对理性是做出决策的最佳前提，但因为人的理性是不完全的，且在实践中受到种种因素的制约，使决策不可能达到完全的理性。不过，完全理性可以作为一种美好的憧憬，为人们追求决策的完善提供参考的标准。因此，林德布罗姆主张，决策的制定与完善应该是一个渐进发展的过程，既需要科学手段又需要社会参与互动。在多重主体参与和相互制衡下，行政决策的目的不再是改变未来，而是着眼于现行决策，根据经验进行局部、边际性的反复调试。渐进决策理论的典型特征主要有五点：一，价值判断只是在其边际上做出调整，即决策者只注重边际价值或增量价值；二，目的和手段同时选择，因为少量调整价值和目标既是目的又是手段；三，就政策本身而不是就价值标准取得一致意见是检验政策的标准；四，分析不是综合全面的，可能会遗漏一些重要价值或可能采取的重要的备选方案；五，连续不断地进行比较，可以大大减少对理论的依赖性。

渐进决策理论保留以往政策的延续性，只是对决策进行修改和完善，从而简化了决策的过程，避免因重新做出决策产生各种成本影响决策效率；决策以经验为指导，既不强调"最佳"也不强调"满意"，而是讲求实用、可行，在实践中具有很强的可操作性；决策的调整有助于解决问题，但又不会对现有秩序造成冲击，从而起到良好的维稳作用。鉴于此，渐进决策理论在行政决策实践中得到了最为普遍的应用。

渐进决策理论也有其局限性，主要有以下几点：第一，渐进决策理论一味强调维持现状，对于社会革新则显得无能为力，反映了一种消极的保守主义倾向；第二，由于各种社会集团的存在，增加了协调的难度，各方利益的权衡很难达到一个共同满意的结果；第三，该理论决策方法只适合在稳定的社会里使用，在急速变迁的社会里，不能满足各种社会主体不断提出的新需求；第四，所使用的手段不系统、不科学，缺乏理论指导和远见，难以实现决策的科学化和高效化。

(四) 混合扫描决策理论

混合扫描决策理论是社会学家阿米泰·埃奇奥尼在其1967年发表的《混合扫描："第三种"决策方法》一文中提出的。该理论认为，无论是理性决策理论，还是渐进决策理论都是不尽完善的，有些决策需要同时使用两种理论，因此他主张将两种理论结合起来，利用它们的优点，克服各自存在的局限性，所以混合扫描决策理论又称综视决策理论。作为一种决策方法，它要求决策者在进行决策时，需要从一开始就系统、及时地考虑自己的决策范围，将决策区分为根本的决策和非根本的决策。对于根本的决策，必须加以系统的分析，通过研究选择合理方案进行决策；对于非根本的决策，则可考虑采用渐进方式进行决策。

混合扫描决策理论不像理性决策那样逐一对所有决定进行全面、详尽的考察，而只是像渐进决策那样把主要力量集中于重要的决定上面。"重要的决定"是根据当时的情况和最广泛的影响来确定的，因为其决策考察的范围较广泛，并不完全局限于对以往政策的修正和完善，因而比渐进决策有更多的选择余地和伸缩性。在备选方案的选择方面，混合扫描决策的选择范围也较为广泛，但仅集中注意似乎可能的和有希望的选择。混合扫描决策理论不关心同类问题在以往如何解决，改进了渐进决策理论的局限性，可以创造性地选择决策方案，同时又可以节省用于政策分析的时间和精力，改进了理性决策理论的局限性。简而言之，对一般性的政策要素，使用渐进决策理论进行分析，然后在此基础上运用理性决策理论，重点分析决策者认为是最重要的特殊要素，既考虑决策者的能力，又顾及环境的变化，因而是一种从实际出发的决策理论。

由于混合扫描决策理论同时吸收理性决策理论和渐进决策理论的优点，因而在实际决策过程中有较大的灵活性、创新性和选择的余地。但不是所有的决策都需要同时使用这两种方法，所以混合扫描决策理论不能取代或排除任何一种决策理论。在实际中，上述提及的四种理论都会在行政决策中用到，都有各自适用的范围和条件。例如，一些长远的、宏观的、计划性的、经济性的、定量性的决策问题，需要借助理性决策理论或有限理性决策理论加以解决；一些外部环境较为稳定的、短期的、微观的、日常的、政治的、非量化的决策问题，适合采用渐进决策理论加以解决；而对于各种问题相互交织的具体情况，就需要采用对渐进决策理论和理性决策理论综合运用的混合扫描决策理论加以解决。一个具备较强素质的决策者，不仅应该充分了解各种决策理论的特点，还应该在实际工作中根据不同的问题灵活运用各种理论。

第三节　行政决策的科学化、民主化和法治化

行政决策的科学化、民主化与法治化是现代公共行政的基本取向。民主化是行政决策的基础，科学化是行政决策的主导，而法治化是行政决策的保证。

一、行政决策的科学化

行政决策的科学化的本质是行政决策的主观活动要符合客观规律和客观实际，要求决策者及其他参与者充分利用现代科学技术知识和方法，特别是行政决策(政策科学)的理论与方法，并采用科学、合理的决策程序来进行决策。行政决策的科学化主要体现在以下四个方面。

(一) 行政决策机构与体制的科学化

科学设置的行政决策机构是行政决策科学化的组织保证。健全的决策机构系统实际上是一个包括从决策目标的制定、方案的提出到决策实验全过程的系统"工厂"。所以，决策机构系统的功能是否健全、结构设置是否科学合理与行政决策的科学性密切相关。根据决策活动的特点，一个功能齐全、结构合理的决策系统应该包括决策中枢系统、信息系统、咨询系统、执行系统、监督与反馈系统等子系统，各子系统承担不同的功能，发挥不同的作用，分工合理、任务明确、职权清晰、密切协作，共同完成行政决策的各项任务，确保行政决策目标的实现。这从根本上反映出行政决策的体制性问题，对行政决策的科学化具有决定意义。如果决策机构系统中的子系统设置不全，必然会有一些工作没有相应的机构承担，决策功能互相脱节，多种工作集中到某些机构中，造成决策质量下降。而系统机构的重复设置，又会引起工作上的摩擦、扯皮和责任不清，增加系统协调的工作量，分散决策者的精力。因此，决策系统应该基于精简、统一、效能的原则合理设置机构，确定各机构人员的资格和能力要求。

(二) 行政决策程序与原则的科学化

科学的行政决策程序应当是一个严密相接的逻辑程序系统，有着内在的规律性。一般来说，科学的决策程序包括发现问题、确定目标、设计方案、论证和预测、比较择优和最终选择方案等一系列功能环节。行政决策程序的科学化对于现代行政决策具有至关重要的意义：第一，从程序上避免了决策的随意性；第二，有助于提高决策质量。

行政决策原则是决策过程中一些固有的运行规律的概括和反映，是决策科学化的重要条件之一。行政决策原则主要有：第一，信息原则。科学的决策必须进行调查研究，收集、整理和应用准确、可靠、全面的信息，并对信息进行正确的分析和判断。第二，预测原则。决策是针对现实来规划未来，影响长远。没有运用未来学或预测学研究的理论和方法进行预测未来及后果的决策是盲目的决策，往往会造成失败。第三，程序原则。政策问题的分析界定、政策目标

的确立、政策方案的设计、政策效果的预测和政策方案的选择，这些步骤的顺序有其合理和科学性，是决策过程所必须遵循的。第四，可行性原则。确定一个政策问题的决策方案，要考虑经济、技术、政治、行政和社会心理等各方面的因素，来付诸行动并解决问题。第五，民主集中制原则。决策者要善于集中和依靠集体的智慧与力量进行决策，要广泛听取专家、学者和有实际经验的人的意见，走群众路线，集思广益，避免个人认识上的倾向性和片面性。

(三) 行政决策方法与技术的科学化

科学的决策方法、技术和手段是行政决策科学性得以实现的便利工具，是通往行政决策科学化的桥梁。决策方法和技术的先进性、科学性是相对的，在不同的历史条件下，行政决策方法的科学性内涵与形式是不同的。在当代，出现了许多新的有重大影响的科学决策方法和技术，如调查研究技术、智囊团技术、可行性研究技术、预测技术等，它们的重要特征是定性和定量方法的高度统一，使科学化的决策具有传统经验型决策无法比拟的技术优越性。

(四) 提高公共决策者与参与者的素质

决策者素质的高低决定了决策的水平，提高决策者素质是决策系统改进的重要内容之一。提高决策者素质可以从以下几个方面入手：第一，加快决策者集体班子的建设，从班子成员的年龄、知识、能力、性格等方面入手，合理配备决策班子，提高决策班子的整体水平；第二，提高参谋咨询人员的业务素质，及时对咨询人员进行教育培训，使他们成为具备现代决策理论素养，有较宽知识面，掌握现代决策方法、技术的高级人才；第三，提高信息工作人员素质，对信息工作人员进行思想政治、科学文化知识、信息管理技术等方面的培训，加强他们对信息的敏感性。

二、行政决策的民主化

行政决策的民主化是指必须保障广大人民群众、各种社会团体和政策研究组织能够充分参与公共决策的过程，在决策过程与结果中让广大人民的根本利益和要求得到有效反映，并在决策系统运行过程中形成民主的体制、程序和气氛。行政决策的民主化主要体现在以下三个方面。

(一) 公共行政决断子系统的民主化

行政决策者在政策抉择过程中要坚持民主性原则：第一，树立民主决策的意识和作风，这是行政决策民主化的主要因素；第二，在行政决策集体内部实行民主，按照民主集中制的组织原则，充分发挥行政领导集体中每位成员的智慧，集思广益，使行政决策更加科学化；第三，在行政决策过程中充分实行民主，行政决策的民主化过程是公众参与决策并有效监督决策的过程。

(二) 公共行政咨询子系统的民主化

提高专家、学者在决策中的地位和作用，这既是在更高层次上民主化的体现，也是实现决策科学化的重要保证。第一，保证参谋机构的相对独立性，决策者要允许和欢迎咨询人员唱对台戏，鼓励他们相对独立地进行科学研究，充分挖掘方方面面的政策问题；第二，在咨询机构内营造民主气氛，鼓励持不同观点的人进行自由讨论，既要允许顺向思维的存在，也要允许逆向思维的存在，鼓励思想交锋；第三，参谋人员要准确定位，其与决策者之间是"谋"与"断"的关系，谨防越俎代庖。

(三) 行政决策目标与环境的民主化

第一，建立重大问题的通报制度，诸如将一段时期内的经济形势、出台的重大改革措施、物价指数等事关人民群众切身利益的事情向社会通报；第二，强化对决策的新闻舆论监督，政务公开是实施新闻监督的基础，行政机关要支持和允许新闻舆论监督；第三，增强社会公众参与决策的意识和水平，行政机关要广泛开展决策民主教育，提升公众对于决策民主化的重大意义和实现途径的认识，提高公众参与公共管理活动的积极性，进而提高决策的民主化程度。

三、行政决策的法治化

行政决策的法治化是指通过宪法和法律来规定和约束决策主体的行为、决策体制和决策过程，特别是通过法律来保障广大人民群众参与公共决策的民主权利，并使党政机关及领导者的决策权力受到法律和人民群众的有效监督。行政决策的法治化主要体现在以下三个方面。

(一) 行政决策主体法治化

行政决策主体法治化是行政决策法治化的首要环节，是行政决策其他环节法治化的逻辑起点和依据。行政决策主体法治化是指以法律的形式确定了行政决策主体的资格和决策权力范围，以及行使职权的条件和时机，以法律的形式通过授权、要求积极作为、要求不作为三种方式来保障行政决策的适时、及时和必要性。行政决策主体的法治化为行政决策权的法治化打下了基础，按照责权一致的原理，行政决策主体法定权限越大，责任越重，特别对于行政决策责任承担环节来讲，行政决策主体即行政决策责任的承担主体。行政决策主体法治化要求对行政决策主体的法律地位、资格条件做出明确的规定，对行政决策主体行使决策权的范围和方式做出规定。

(二) 行政决策体制法治化

我国的法律一方面规定了县级以上各级人民政府工作中的重大问题须经政府会议集体讨论形成解决方案；另一方面又规定了行政首长的最高权力，行政首长对于政府民主决策会议讨论形成的结果拥有最后的决定权，最终决策也以行政首长个人名义发布。这样的行政决策体制体现了民主集中制原则，行政机关决策过程充分发扬民主，而最终的决策则体现了集中。同时，我国以法律规范的形式确定重大事项决定权在行政机关与立法机关、司法机关之间的划分，使得我国行政系统的权责更加明确，也为克服我国行政决策实践中越权决策、非理性决策提供了法律依据。由此，我国法律规范既规定了行政体制内部决策权的划分，也解决了决策权在立法、行政与司法系统之间如何分配的问题，对于我国行政决策的法治化具有助益作用。

(三) 行政决策程序法治化

行政决策程序法治化并不是将行政决策程序的方方面面都以法律规范的形式确立下来，而是将那些最重要的、最必要的程序制度以法律规范的形式加以确立。这些程序主要包括：第一，调查程序。行政决策机构应针对决策问题进行广泛的调查和研究，如进行实地调查，收集相应材料，了解国外有关政策、法规及实施情况等。第二，决策规划程序。在广泛调查研究的基础上，起草决策方案。草案应当对决策目的、适用范围、具体内容，甚至细则做出明确规定。第三，可行性论证程序。重大问题的行政决策必须经过可行性论证，明确确立可行性研究报告制度，对决策实施所涉及的一系列问题进行可行性论证。第四，听证程序。决策者在决策过程中应当使利害关系人有表达意见、提供材料和证据的机会。第五，咨询和协商程序。咨询是指决策者就决策中的专门问题向专家组成的咨询委员会提出询问。协商是指在决策过程中，就决策中的具体事项与相关机关或部门交换意见，以协调决策的内容。第六，审议和审批程序。审议是指决策机关、决策主体或行政首长对行政决策方案进行审查、讨论和最终做出决定的过程。第七，公布程序。行政首长将审议的结果以法定的形式向社会公众发布。这是行政决策程序法治化的重要环节，非经公布的决策，不能有法律的效力和约束力。第八，备案。备案指行政决策生效以后，行政决策主体应当依法向有关部门报送该决策文件，以供审查。

党的十一届三中全会以来，党和国家不断地探索适应社会主义现代化建设和改革开放要求的行政决策的科学化、民主化和法治化的道路，将行政决策的科学化、民主化和法治化当作行政体制改革以及社会主义民主政治建设的一个重要环节和目标，不断地推进行政决策的科学化、民主化和法治化建设。党的十八大以来，我国进入社会主义发展的新时代，我国的公共行政也进入了新的发展阶段，继续推进行政决策的科学化、民主化和法治化进程，符合新时代我国的公共行政发展要求，有利于我国公共行政的改革与现代化建设。

四、推进行政决策科学化、民主化和法治化的重要意义

推进行政决策科学化、民主化和法治化具有以下重要意义。

第一，推进行政决策科学化、民主化和法治化是行政决策自身特点的内在要求。行政决策内容广泛是指行政决策涉及的内容囊括了政府管理国家经济、政治、文化、社会、生态文明领域的各个方面。政府行政决策的内容关系着广大人民群众的切身利益、关系着国家的经济和社会发展、关系着党和政府在人民群众心目中的形象。因此，推进行政决策科学化、民主化、法治化是行政决策自身特点的内在要求，同时也是对我国多年来行政决策实践的总结和概括。

第二，推进行政决策科学化、民主化和法治化是推动经济社会发展的必然要求。对行政决策最初的要求是科学化、民主化，发展到如今的科学化、民主化、法治化，这种内容的丰富和变化体现了党和政府对行政决策认识的逐步深化，体现了政府将依法治国践行到实处。行政决策科学化、民主化、法治化是我国经济社会发展变化的反映，同时也是推动我国经济社会发展的必然要求。

第三，推进行政决策科学化、民主化和法治化是民主政治文明发展的必然要求。政府的宗旨是全心全意为人民服务，行政决策的最终目标是实现最广大人民的根本利益。行政权力来自广大人民群众的授权，是广大人民群众出于信任对政府的一种政治委托，因此人民群众理应是行政决策的主体。政府在行政决策过程中必须创造条件、拓宽渠道让更多的群众参与进来，只有这样，行政决策的结果才能符合最广大人民群众的根本利益，政府也才能赢得人民的信任。

第四，推进行政决策科学化、民主化和法治化是法治政府建设的重要内容。作为行政活动

的一部分，行政决策必然是政府自身建设的重要内容，而当前政府自身建设的重点和方向是加快建设法治政府，从这个意义上来说，推进行政决策科学化、民主化、法治化是法治政府建设的重要内容。

五、影响行政决策科学化、民主化和法治化的主要因素

(一) 公共决策系统及机构存在缺陷

公共决策系统及机构存在缺陷是影响行政决策科学化、民主化和法治化的主要因素之一，主要体现在以下几个方面。

一是决策系统的统一性和协调性有待提高。决断、信息、咨询和监督等子系统职责不明，界限不清，互相牵制，影响了决策的效率和科学性。

二是决策主体权利、职责划分不明确。党和政府、中央和地方的权限划分不够明确，人民代表大会最高决策权功能萎缩等现象还时而存在。

三是政策研究组织发展缓慢。目前，我国决策系统内部的政策研究组织多为官方政策研究组织，这类组织由于具有官方色彩，在决策参与中难以做到独立、中立的参与，决策系统内部急需非官方政策研究组织的参与。但由于我国非官方政策研究组织不仅数量少、功能不全，而且缺乏常态化的制度渠道参与到行政决策系统中来，故其研究力量未能充分参与到公共决策事务之中，进而对公共决策系统的效能发挥产生了不利影响。

(二) 决策方式转变存在困境

决策方式转变存在困境也是影响行政决策科学化、民主化和法治化的主要因素，主要体现在以下几个方面。

一是决策程序尚不规范。在实践中，没有根据理想的公共决策过程(包括从问题界定、目标确定、方案设计、结果预测、方案比较择优到最终研究及评价等一系列功能环节)进行科学、规范决策。决策之前不经过深入的调查研究，不经过系统的咨询论证，不充分征求各方面的意见，此类现象还不时发生。

二是现代化的决策方法、手段应用不充分。尽管系统论、信息论、控制论等一系列新兴理论为决策行为提供了新的方法论，但在实际决策中的应用还不够普遍。虽然计算机网络通信已比较发达，但资源共享的广度和深度仍然不够，信息资源为实现决策科学化发挥的作用还不十分明显。

三是政策研究人员的素质有待提高。目前，我国的一些政策研究组织成为安置人员就业的场所，甚至被当作"养老基地"。这些组织的参谋咨询功能弱化，并不是真正意义上的智囊团，人员素质不高。而且由于缺乏独立自主性，研究人员不受重视等，使公共政策研究机构难以引进并留住人才，造成我国的政策研究队伍存在年龄老化、观念滞后、知识结构不合理、缺乏自主创造性等积弊，政策研究人员的整体素质亟待提高。

四是决策信息的收集和处理工作存在问题。信息的全面性和准确性程度对决策的正确程度起决定性作用。目前，信息不全面、不准确的原因主要有以下：第一，有的领导人对信息工作不重视，在信息不足的情况下仓促做出决策；第二，获取信息的方法不科学，如典型调查法、

召开座谈会和听汇报等方法容易造成信息片面和失真；第三，我国政府专业性信息机构不足，而且还存在职能错位的问题。

五是决策环境的不确定性加剧了决策的难度。行政决策是以既定的公共问题为出发点，在此基础上，依据所确定的目标在众多的备选方案中选出最优方案，这样一种决策过程要求决策者具备关于问题产生和决策实施效果等方面较为完备的知识。然而，社会发展的动态性和复杂性决定了决策者最初的构想往往不能完全转化为实际效果，决策者面临环境的不确定性，主要体现在缺乏有关过去、现在、将来或假想事件过程的确切知识，这就决定了决策者在决策过程中将遇到重重困难。

六是公众的社会参与意识不强。当前我国公民的权利意识不强，人民作为国家主人的一些权利并没有很好地行使，公民履行义务的积极性也不强，参与决策主要是为了满足个人的私利，而没有更开阔的眼界，对于我国国家大事的参与度不高。我们生活在这个国家，理应树立国家兴亡，匹夫有责的意识，将国家的发展置于心间。

六、提高行政决策科学化、民主化和法治化的主要途径

行政决策直接关系行政效能，直接关系公民、社会组织及国家的利益。正因为如此，对行政决策的民主化、科学化、法治化问题的研究，正逐渐成为公共行政学研究的重要内容之一。

(一) 提高行政决策的科学化水平

1. 完善决策方案

提高行政决策的科学化水平，必须保证决策内容的科学性，而要做到这一点，除了把握决策方向、选准决策议题外，还要注意提高每一个决策方案的质量。质量不高的决策方案会加大决策实施的难度和风险，甚至会给公共行政造成重大损失。因此，要以准确性为目标，不断完善决策方案。

2. 优化决策议题

选择决策议题是行政决策的起始环节，一个好的决策议题对于行政决策整个议程的顺利进行与决策顺利实施具有至关重要的作用。在选择决策议题时，要坚持科学性与民主性相结合的原则，既要准确把握不同社会问题在整个社会系统中的位置，又要考虑不同社会问题在社会民众中的关切程度。在此基础上，决策者决定哪些议题进入议程以及这些议题在议程中的优先顺序。由此，决策议题的设置才能既符合社会事物发展的客观实际，又体现出公共行政对公共利益的关切与追求，也为随后的决策目标设置、决策方案提出与选择等环节提供良好的基础。

3. 健全决策制度

建立健全决策制度，特别是建立健全重大行政决策制度、重大行政决策程序制度、重大行政决策风险评估制度、重大行政决策责任追究制度，对于行政组织正确制定决策具有重要意义。因此，需要不断完善行政决策内部制度，建立权责一致、责任明确的决策模式，合理界定管理权和决策权，完善工作规则和有关制度。

(二) 提高行政决策的民主化水平

行政决策的民主化是指决策者在制定行政决策的过程中应充分发挥民主，充分听取公众、咨询系统专家的意见。

1. 保障公民参与决策的权利

公众参与决策，既是决策科学化的保障，又是决策民主化的体现，为此就需要不断地增加公众实际参与决策的机会。在这方面，我国现行法律已有明文规定，为公众参与政府决策提供了法律依据。例如，我国现阶段实行的决策听证和公示制度就是公众参与决策的一种有效方式。

2. 充分发挥专家在决策论证中的作用

从我国目前的实际情况出发，现阶段必须大力加强和完善各类研究咨询机构的建设，建立比较全面的专家数据库，发挥专家和咨询机构在行政决策中的作用，为科学民主决策献言策。与此同时，还要充分利用现有的研究咨询机构，加大培养决策咨询人才的力度，构建学有所长、业务精湛的专业人才队伍，提高决策咨询系统的建设能力和水平。

3. 提高行政机关作为中枢系统的能力和水平

国家行政机关是行政决策的主体和最终决定者，在决策过程中居于主导地位。行政机关工作人员的能力和水平，对于科学决策的实施及质量具有极其重要的影响。首先，要提高决策者的素质，使决策者在知识水平、道德素质、决策理念和决策能力等方面形成合理的素质组合。其次，在组织机构方面，按照决策权力的合理分配原则，在上下级决策机构之间、在不同决策部门之间合理划分决策权限，明确决策权归属。最后，在运行规则方面，严格规范决策过程，实现决策程序制度化、决策论证民主化和决策方法现代化。

(三) 提高行政决策的法治化水平

完善政府关于行政决策的程序规则是防止政府行政决策失误的必要条件。政府有关行政决策的所有行为都必须遵循必要的程序原则，而且，这些程序原则必须体现现代法治国家的正当法律程序精神，即既要符合程序性正当法律程序，又要符合实质性正当法律程序。为了实现行政决策法治化，需要落实以下内容。

1. 完善信息公开程序

信息公开是行政决策法治化的必要前提，是公众知情权的重要保证。行政决策法治化意味着行政决策过程的开放与互动，开放的关键是行政决策信息对普通公众的公开，充分满足公众对涉及自身利益的公共事务和其他重大决策事项的知情权，从而促进公众在知情权的基础上做出理性的分析和判断，保证公众与行政决策之间保持一种良性互动关系。

2. 完善行政听证程序

举行听证是行政决策法治化的重要形式，是公众表达权的重要保证。听证是指行政机关指定有关公民、法人或其他组织，在其主持下，就预定的决策主题，进行口头举证、质辩和辩论的活动。行政听证程序主要涉及的内容包括：明确听证参加人员中保持各种不同意见的人对等参与；听证参加人员有权对草案内容提问、质证并提出自己的意见和依据；各方有权交叉盘问并展开辩论；听证结束后，听证笔录交参与人员审核无误后签字。

3. 完善权利救济程序

行政决策法治化不仅要有保障公民知情权和表达权的法律程序，而且还要有保障公民对因违法和不当行政决策行为造成权益受到侵害而提起救济的法律程序。没有救济的权利不是真正的权利。所以，对于违法和不当行政决策行为造成行政相对人损害的，应该使受害人的合法权益得到保护和恢复，从而使行政决策部门在运用决策权力时更加谨慎。未来，完善权利救济程序应该扩大法院审查范围，把行政立法决策行为纳入受案范围，同时建立公益诉讼制度，原则上使利害关系人乃至任何人均可对违反法律的行政决策提出行政诉讼，把行政决策案件的原告资格扩大到所有与案件有关的直接和间接利害关系人。

4. 完善行政决策监督体系

行政决策监督体系法治化是保证行政决策具有科学性与民主性、实现行政决策权责统一的重要条件。从权利运行的流程来看，行政决策监督应该贯穿行政决策的全过程，行政决策监督体系应该是一个多元、多方位的综合系统，一方面，包括行政决策内部监督系统，主要涉及隶属关系实行的自上而下监督、政府监察机关的监督、审计机关的监督等；另一方面，包括行政决策外部监督体系，主要涉及人民代表大会的监督、人民政协的监督、司法审判机关依申请进行的审查、社会舆论的监督等。

关键词

行政决策　科学决策　程序决策　行政决策议程　决策咨询系统　混合扫描决策理论
行政决策科学化

思考题

1. 行政决策的概念是什么？
2. 程序性决策和非程序性决策的区别是什么？
3. 行政决策体制是由哪几个系统组成的？
4. 什么是渐进决策理论？该理论的优缺点是什么？
5. 行政决策科学化、民主化、法治化的意义是什么？

推荐阅读

[1] 陈振明. 公共管理学——一种不同于传统行政学的研究途径[M]. 2版. 北京：中国人民大学出版社，2017.

[2] 陈振明. 政策科学——公共政策分析导论[M]. 北京：中国人民大学出版社，2003.

[3] [美]查尔斯·林德布鲁姆. 决策过程[M]. 竺乾威，等，译. 上海：上海译文出版社，1988.

[4] [美]赫伯特·西蒙. 管理决策新科学[M]. 李柱流，译. 北京：中国社会科学出版社，1982.

[5] [美]赫伯特·西蒙. 管理行为[M]. 詹正茂，译. 北京：机械工业出版社，2013.

[6] [美]詹姆斯·马奇. 决策是如何产生的[M]. 王元歌，章爱民，译. 北京：机械工业出版社，2013.

第八章 行政协调

协调是公共行政的运行职能之一，是保证行政组织内部平衡和行政系统与外部环境平衡的重要方式。行政协调活动一方面要实现行政主体之间的有效沟通，从而实现行政组织内部各部门之间、各行政人员之间、各行政运行环节和各阶段之间的有机衔接；另一方面要建立行政组织之间，行政组织与其他社会组织、人员之间互相配合与协作的关系。行政协调对保持行政组织稳定有序、提高行政组织效能发挥着不可替代的积极作用。

第一节 行政协调概述

一、行政协调的含义

在汉语中，"协"是由"十"和"办"组成的会意字，"十"表示众多，"办"有同力之意，合起来组成"协"字，就有了众人同心齐力之意。"调"是由"讠"和"周"组成的，有四周说话但一音之意，是调和、调节的意思。协调就是配合得当、和谐一致的意思，是指人们为了实现某一个共同的目标而互相配合，从无序走向有序的一种状态。

行政协调是指行政管理过程中的协调，是行政主体为了有效实现一定的行政目标，在行政管理过程中对各项行政管理活动加以调节，通过高效的协同合作，促进行政组织高效、有序运行的过程。行政协调活动通过一定的媒介实现行政主体之间的有效沟通，从而对行政管理过程中的各项行政信息加以整合，并调整和构建行政组织内部各部门之间、各行政人员之间、各行政运行环节和各阶段之间，以及行政组织与其他社会组织、人员之间的分工配合、高效协作的关系。

从行政协调的涵盖范围来看，有广义和狭义之分。广义的行政协调既包括行政组织内部各部门之间、各行政人员之间的协调，也包括行政组织与其他社会组织、人员之间的协调，涵盖范围较广。狭义的行政协调则专指行政组织内部各部门、各人员之间的协调，涵盖范围仅限于行政组织内部。行政协调的本质就是保持行政组织内部各方面的关系，以及行政组织与外部环境各方面关系的平衡和有序，消除其因目标差异和行动不一致而产生的冲突和矛盾，从而最大限度地提高行政工作效率。

二、行政协调的工作内容

行政协调的工作内容主要包括以下三个方面。

(一) 某一行政部门内部的自我协调

某一行政部门内部的自我协调主要通过对某一部门内的目标任务、人员、设备、物品、资源、工具等具体行政活动的协调，有效达成部门内行政管理活动有序运行的目的。

(二) 横向的行政协调

横向的行政协调主要指平行部门之间的协调，具体指在实施某一工作计划之前，应主动与其他平行部门进行有效沟通，互相交流所掌握的行政信息及资源情况，并在后续的行政工作中及时进行沟通反馈工作，根据实际情况变化做出相应的调整和改革。

(三) 纵向的行政协调

纵向的行政协调主要指行政组织内部上下级部门之间的协调。上级部门要及时与下级部门进行行政信息的沟通交流和行政资源的共享，在计划工作施行的前期、中期、后期主动关注下级的情况，及时进行有效协调，纠正因目标差异和行动不一致而产生的冲突和矛盾。下级部门在执行具体计划的过程中，要主动与上级机关进行沟通，及时向上级报告工作进度和工作情况，并及时报备工作中出现的具体问题，及时反馈实际工作中遇到的障碍和取得的成果。

三、行政协调的特征

行政协调作为行政管理活动过程中必不可少的一个组成部分，具有鲜明的特征，具体介绍如下。

(一) 广泛性

从行政协调的过程来看，行政协调贯穿行政管理的全过程，无论哪一个层次、哪一个领域、哪一个环节、哪一个阶段，都离不开行政协调。从行政协调的涵盖范围来看，行政协调既包括行政系统内部的协调，也包括行政系统外部的协调。其中行政系统内部的协调主要是上下级政府或部门之间、平行部门之间、平行地区之间、行政工作人员之间的协调。行政系统外部的协调主要是行政组织与执政党组织、事业单位、其他社会组织之间的协调。从行政协调的对象来看，既有对事的行政协调，又有对人的行政协调。在行政管理活动中，无论是对事的协调还是对人的协调，都要求行政管理主体能够有效、合理地安排行政组织的物力、人力、财力等资源，提高行政资源的利用效率，有效协调行政组织中出现的冲突和矛盾。

(二) 相对性

行政协调是相对的，不是绝对的。行政协调的相对性主要是指行政协调的作用范围和功能有效性是相对的。虽然行政协调贯穿行政管理的全过程，但并不意味着行政管理过程中所有的冲突和矛盾都能通过行政协调得到顺利解决。有些通过行政协调不能得到顺利解决的冲突和矛盾，必须提交立法机关和司法机关依法解决。

(三) 客观性

行政协调的客观性主要体现在两个方面：一方面，行政协调的对象具有客观性。行政协调必须尊重被协调对象的客观性，遵循被协调对象的客观规律，绝不能主观任意地协调。例如，协调经济工作必须遵循经济活动的客观规律，协调教育工作必须遵循教育活动的客观规律。另一方面，行政协调的过程具有客观性。行政协调的过程具有一定的客观规律和客观顺序，不能用协调去任意改变行政活动的客观规律。例如行政目标的设立，需要先进行收集信息、整理信息、组织会议讨论再进行目标决策，而不能先设立目标，再去收集相关行政信息等。行政协调者遵循客观规律，通过行政协调活动促使行政系统由混乱转变为有序，这个过程是不以人的主观意志为转移的客观过程。

(四) 动态性

行政协调是行政系统内部各要素之间与外部环境之间动态平衡的连续过程，并在一定条件的平衡下形成的稳定的统一体。但是无论是外部环境还是内部各要素，都是复杂且不断变化发展着的，一旦某一因素或条件发生变化，原有的协调统一体就会解体，产生新的不协调，因而需要运用新的协调方法去解决。行政协调不是一个一成不变的过程，而是一个持续不断、动态发展的过程，这样才能保证行政组织有序、高效地运转。

(五) 权威性

随着行政管理法治化的不断推进，当引导、教育、帮助等手段无法奏效时，行政协调者可以依据国家的法律和政策，利用行政权威，采用命令、指挥、强制性手段，有效地规范和约束被协调者的行为，从而更好地达成预期的行政协调目标。

四、行政协调的作用

行政协调的本质就是保持行政组织内部各方面关系、行政系统与外部环节各方面关系的有序平衡，通过一定的行政协调方法和行政沟通渠道，促使行政组织内部各部门之间，各行政人员之间，行政组织与其他社会组织、人员之间形成合力。行政协调活动通过设立共同的目标和进行统一的行动，消除因目标不一致和行动不统一而造成的冲突和矛盾，从而最大限度地提高行政组织的效率，保证行政管理活动的有序运行。

总之，行政协调在行政管理的各个过程中是极为重要的，主要表现在以下几个方面。

(一) 消除组织矛盾，增强组织凝聚力

有效的行政协调可以消除或使行政组织中存在的冲突和矛盾最小化，理顺行政组织内部各部门之间的关系，组织人际关系中正式组织和非正式组织的关系，以及行政系统与其外部环境、人员之间的关系，及时协调行政管理活动中出现的偏差行为和无序现象。同时，通过上述工作使行政组织内部各部门之间、各行政人员之间能够密切配合，使行政系统和外部环境形成合力，增强行政组织内部的向心力和凝聚力，以及与其他社会组织、人员配合协作的能力。

(二) 合理利用资源，避免资源浪费

行政组织是一个庞大而复杂的系统，系统内部的结构和要素不是一成不变的，而是要随着时代的变化和社会的发展做出相应的变革和调整。以行政职权为例，"二战"后，随着政府规模的扩大，行政组织中的部门呈现种类繁多、分工细致的专业化趋势。政府规模的日益扩大带来的是行政职能的日益丰富，政府职能由起初的被动提供国防、维持社会秩序、提供公共物

品、税收等扩大到主动进行政治体制建设、管理经济、重视教育、保护社会环境和提供社会福利等。

行政职能在发展的过程中，呈现多元化和扩大化的趋势。有效的行政协调能够发挥行政组织的资源优势，合理配置行政组织的物力、人力、财力等资源，避免各级政府、各部门、各行政人员在行政管理过程中出现重复工作和资源浪费等现象，从而引导各部门和行政人员进行合理的目标设置和统一的集体行动，使各个部门分工明确，人人恪尽其责，保证行政管理活动的有序进行。

(三) 避免内耗，提高行政组织整体效能

行政效能是指行政主体在进行行政管理的过程中，能够以最小的行政资源投入来赢得最大的产出，并确保行政目标有效落实，达到资源配置的最优状态。有效的行政协调不仅能够使资源在各部门之间得到最优化配置，也可以使作为行政主体的个人的能力得到最大程度的发挥，在行政组织内部形成合力，发挥组织的整体优势，减少组织内部物力、人力、财力的浪费，从整体上提高组织的效能。更重要的是，通过及时与被协调者进行有效的行政沟通，征求被协调者的意见，接受被协调者关于整个行政协调过程的建议和反馈，及时根据反馈的结果纠正偏差并改进行政工作计划、目标和方法，能够使行政管理取得最大的社会效益。

五、行政协调的基本原则

(一) 整体利益一致原则

行政协调与其他社会组织的协调活动不同，是一种整体利益一致性十分突出的协调。行政协调要站在国家和人民的利益上，通过统一的行动实现最终的行政目标，这就要求行政协调者树立大局意识和全局思维，从整体利益出发统筹全局，协助设定合理的行政目标，相互配合，团结协作，发挥组织内的合力效应。被协调者也要有整体观念，当局部利益与整体利益发生冲突时，要坚持以整体利益为重，并愿意适当牺牲一部分局部利益。当然，在实现整体利益的前提下，也要注意各部门和行政人员的正当需要及局部利益的合理性。

(二) 分层运作原则

行政组织的纵向结构是上下节制的层级组织结构，即行政组织自上而下分为不同的等级。上级部门和下级部门之间存在隶属关系，同一职能不同等级的部门职能目标和工作性质相同，但管理权限和管理内容却随着层级的降低而逐渐缩小。由于行政协调活动必须在层级节制的体系范围内进行，因此要求上级部门设置合理的指标设定，下级部门也要服从上级部门的指挥和目标设定。在行政协调的过程中，行政协调者要妥善把握和处理整体与各层级之间、不同层级之间既相互依赖又相互制约的关系。要根据不同层级或同一层级之间不同职能部门的特点，厘清纵向协调和横向协调的关系，明确行政协调的内容、对象和重点，采取有针对性的措施，进行有针对性的协调。

(三) 动态发展原则

一方面，行政组织所处的外部环境是复杂且多变的，如政治环境、经济环境、社会环境、

文化环境等，每一个细小环节的变化都会对行政组织产生深刻的影响；另一方面，行政组织内部的机构设置、人员配备、职能配置、权责关系、组织文化和人员心理都容易发生变化，在行政管理的过程中，这些都会对行政协调的手段和重点产生重要影响。行政协调必须适应这些不断动态变化的复杂因素，坚持动态发展的原则，将原则性和灵活性有机结合，从实践出发，具体问题具体分析，不断改进行政协调的方法和手段，调动一切积极因素，平衡各种利害关系，减少冲突和矛盾，高效、灵活地处理现代行政管理过程中出现的各种冲突和矛盾。

(四) 目标导向原则

衡量行政协调成功与否的关键就是看是否促进了行政组织目标的有效实现、是否提高了行政绩效。行政协调要从行政管理的总体目标出发，兼顾各层级子目标的实现。行政协调活动要正确处理总目标与子目标、各级子目标体系之间的关系，在确保总体行政目标得以有效实现的情况下，统筹各部门不同层级子目标体系的实现进度。因此，行政协调必须遵循目标导向的原则，最大限度地提升行政组织内部各部门之间，各行政人员之间，行政系统与外部环境、人员之间的协作能力，发挥整体优势，促进组织目标的最终实现。

(五) 突出重点原则

由于行政管理是一个开放、复杂、动态的系统，行政协调要解决各类大大小小的矛盾和冲突，协调错综复杂的关系，常常使行政部门领导陷入各种琐碎的行政事务中。如果不能及时处理行政管理面临的重点问题和突出问题，则将影响行政工作的整体进度。因此，行政协调的主要负责人应在统筹兼顾的同时，抓住重点工作，以重点工作带动非重点工作，以重点部门的工作为基准统一整体工作的进度，从而保证行政管理活动能够高效、有序地运行。

(六) 沟通渠道畅通原则

行政协调活动最重要的基础就是行政沟通。无论是行政组织内部各部门之间、各行政人员之间，还是行政系统与外部环境、人员之间的行政协调，行政沟通都是必不可少的。行政协调要注意保持行政沟通渠道的畅通，确保行政信息能在行政组织纵向的层级部门之间、人员之间，横向的职能部门、人员之间准确、及时传达，保证相关人员都能准确编码和解码具体信息内容，避免因误解导致的实际行为偏差。

六、行政协调的类型

(一) 从协调的对象来看，可分为对事的行政协调和对人的行政协调

对事的行政协调具体可以分为上级布置的工作与本级计划的工作、本级总体的工作与各部门具体的工作、本部门的工作与相邻部门的工作、常规性工作与突发性工作、关键性工作与日常性工作等，要求行政协调者能够认清各项管理活动的轻重缓急，有序安排各行政事务的优先顺序，保证行政事务的有序进行。

日常的行政管理活动离不开人的参与，所以行政协调的突出表现就是对行政人员的协调。行政组织是人们为实现一定的行政目标，互相协作而组成的集体，行政人员是其中必不可少的

重要组成要素。对人的行政协调要求行政协调者处理好领导者与被领导者的关系、主要领导者与一般领导者的关系、正式组织与非正式组织的关系、同一部门内部行政人员之间的关系、不同部门行政人员之间的关系，应对行政组织内部的人际关系有一个整体、宏观的把握，通过有效的行政沟通方式及时理顺相关关系，避免危害行政组织稳定和凝聚力的小团体的出现。

(二) 从协调的范围来看，可分为内部行政协调和外部行政协调

内部行政协调是指行政系统内部自身的协调，主要包括组织内部上下级部门之间、各平行部门之间、各行政人员之间的协调等。行政组织内部关系复杂，需要有针对性地对其进行灵活协调，在处理相关的冲突和矛盾时找到一个最佳的结合点，使协调结果达到一个相对满意的状态。

外部行政协调的涵盖范围相对广泛，主要是指行政组织与国家权力机关、司法机关、政党组织、社会中介组织、社会团体、新闻媒体、大众之间的协调。行政组织与社会之间必然会形成一种互动关系，而行政协调的作用就是保证建立行政组织与外部环境之间的良性互动关系，根据外部环境的变化不断调整自身的职能体系和组织结构，增强行政系统的适应能力。

(三) 从协调的内容来看，可分为认识性行政协调和利益性行政协调

在行政管理活动中，行政执行是极为重要的一个环节。行政主体由于各自的知识储备、世界观、能力素养、心理状态和理解方式的不同，会对同一个政策命令产生不同角度和不同程度的理解，在实际执行过程中会造成不同程度的偏差。这就需要及时通过认识性行政协调，帮助执行人员对行政目标进行理解和把握，避免这种行为偏差的出现。

在行政管理活动中，不同的行政部门、行政人员总会出现不同的利益诉求。在实际执行行政协调的过程中，必须以整体利益为主，同时也要在不违背整体利益的情况下，兼顾行政部门和行政人员的合理利益诉求，在行政组织中营造团结、以整体利益为主的精神氛围。

(四) 从协调的性质来看，可分为促进式行政协调和纠偏式行政协调

促进式行政协调是以奖励手段为主的行政协调方式。在行政管理活动中，对成绩表现突出的部门和行政人员给予物质或精神上的奖励或表扬，通过表彰为其他行政部门或行政人员树立榜样，激励其他成绩一般的部门更好地工作。

纠偏式行政协调是以惩罚手段为主的行政协调方式。在行政管理活动中，对一些表现异常恶劣的、给全局工作造成重大损失的部门或人员，要适当给予惩罚，行政协调者要做到赏罚分明、认真客观、严肃负责，坚决消除、克服组织中具有破坏性的消极因素，使用纠偏的方式纠正行为偏差，维护正常的秩序，绝不姑息迁就。

(五) 从协调的方式来看，可分为合作式行政协调和应变式行政协调

任何行政系统中的行政行为都不是单独进行的，任何一个部门或人员的行政行为都有可能引起相关部门的连锁反应，通过合作式行政协调，理顺纵向组织结构、横向组织结构的关系，使其形成网格化的合力关系，从而有序、高效地完成行政目标。

不是所有的行政管理活动都能完完全全按照计划实施的，每个计划在最初制定的时候也不

是绝对完美的，在实际执行过程中都会存在一些或大或小的冲突和矛盾，或多或少地影响整个行政目标的实现。这种情况下就必须进行应变式行政协调，在保证决策正确的前提下，对执行过程中发现的不适宜部分，及时纠正，灵活处理，保证行政计划的有效实施。

(六) 从协调的途径来看，可分为会议行政协调和非会议行政协调

顾名思义，会议行政协调就是通过组织行政人员共同参加会议的形式，面对面地进行行政协调的商议方式，是最常见的协调方式之一，主要通过座谈会、讨论会、汇报会等形式进行，能够顾及各方面的权益，防止某一个领导者独断专行。进行会议行政协调时，需要注意控制会议成本，注意出席人数、会议数量、会议时间、质量、保密性等问题。

非会议行政协调可以是正式的行政协调，如通过广播电视、电子政府、计算机网络、新闻发言人等方式进行；也可以是非正式的行政协调，如通过单独沟通的方式进行。随着近年来电子计算机技术的飞速发展，视频会议的应用越来越广泛，这种方式也可以归类于非会议行政协调方式。

第二节　行政协调的主要模式

行政协调主要分为行政组织内部协调模式和行政组织外部协调模式。其中，行政组织内部协调模式主要包括纵向行政协调模式和横向行政协调模式，而行政系统外部协调模式主要包括政府与国家权力机关、司法机关、政党组织、社会中介组织、新闻媒体的协调。行政协调与行政沟通是密不可分的，从一定意义上说，行政沟通是行政协调的基础，是传递和处理行政信息以保证行政协调顺利进行的重要基础和条件。行政协调是行政沟通的结果，在行政组织内部各部门之间，各行政人员之间，行政系统与外部环境、人员之间保持良好高效的行政沟通，从而达到整个行政管理过程高效、有序、平稳运行的目的。

一、行政组织内部协调模式

(一) 纵向行政协调模式

纵向行政协调模式一般是以行政权威为前提的，具有隶属关系的上级政府或部门与下级政府或部门、上级领导人员与下级工作人员的行政协调模式。纵向行政协调模式的基本要求如下。

1. 上级政府或部门与下级政府或部门的行政协调模式基本要求

一方面，上级政府或部门在决策的过程中，要充分考虑下级政府或部门的实际需要和客观情况，尤其要考虑下级政府或部门的政策承接能力，进行科学决策，合理划分权责关系。上级政府或部门要求下级政府或部门能够有效完成目标任务的前提是上级政府或部门能够合理划分财权、事权、人权的权责关系范畴，做到合理决策。另一方面，下级政府或部门在贯彻执行上级政府或部门的政策时，应就政策理解问题，积极、主动、及时地与上级政府或部门联系，确保充分理解上级意图，不能随便模糊揣测上级意见就直接执行。遇到重大事态或特殊难题，要

及时向上级请示和汇报，不能胡乱执行，耽误总体目标的实现。在实现整体利益的前提下，也要注意协调各部门和行政人员的正当利益诉求。要在全体行政人员中牢固树立整体利益观念和"一盘棋"的思想，协调引导各行政部门之间和各行政人员之间的相互配合，避免出现相互推诿、各自为政、只关注局部利益等不良现象。同时，通过良好的行政沟通协调行政系统各部门之间，各行政人员之间，行政系统与外部环境、人员之间错综复杂的利益关系。

2. 上级领导人员与下级工作人员的行政协调模式基本要求

上级领导人员要理解、关心、鼓励和指导下级工作人员，坚持奖励手段与惩罚手段并重，及时、主动地了解下级工作人员的工作环境和工作状态，对存在行为偏差的人员要进行及时的沟通，利用领导魅力赢得下级工作人员的爱戴、支持、追随与配合。下级工作人员也要尊重并主动认同领导权威，认真执行上级下达的命令，做组织内部最坚定的执行者。同时，行政人员也要根据自己的职务，合理进行自我学习，认真参与组织的培训，努力提升自己的综合素质，使自己能够胜任日常行政管理活动中上级领导分配的各项任务。对于陌生的行政信息或不理解的行政信息，要及时向上级领导人员请示，避免因自己的理解偏差影响行政目标的实现。

(二) 横向行政协调模式

横向行政协调模式主要是指政府内部的横向行政协调，主要包括同级别的地方政府与地方政府之间、政府内部各平行部门之间、同级行政人员之间的行政协调模式。随着地方政府之间互惠互利的合作日益增多，在合作的过程中也会产生冲突和矛盾，这就需要通过行政协调来消除消极不利的因素，促进地方政府间的合作。政府内部平行部门之间，由于部分职能重叠、利益冲突、权责关系不明确等也会诱发冲突和矛盾，需要进行行政协调，及时沟通并化解矛盾；同级行政人员之间无论是领导班子内部、部门领导人之间，还是执行工作人员之间都需要通过行政协调增进沟通和理解，消除分歧和排斥心理，取得共识，增进合作。面对行政组织中错综复杂的利益关系，发挥体制的合力效应是最理想的状态。在日常的行政管理中，应选择合适的沟通媒介，进行有效的行政沟通，协调解决各部门之间的冲突和矛盾，避免各自为政、互相推诿等现象的出现。同时协调横向各部门、各行政人员之间的关系，使行政组织内部分工不分家，相互配合协作，在互助互谅的基础上谋求组织的共同发展。

二、行政组织外部协调模式

(一) 政府与国家权力机关的行政协调

我国宪法明确规定，全国人民代表大会是国家最高权力机关，地方各级人民代表大会是地方各级国家权力机关。全国人民代表大会代表国家和人民的意志，统一行使国家权力，行政机关及其他国家机关由人民代表大会定期选举或任命产生，接受人民代表大会的监督，并对其负责。一方面，行政组织要积极接受国家权力机关的监督，主动加强与国家权力机关的联系。各级行政机关应定期、及时、充分地向国家权力机关就行政管理活动中出现的新情况、新问题和新趋势进行反映和汇报，提出相应立法或立法修正的建议，或提请人民代表大会做出相应的决定。相关建议和决定经由立法机关的法律程序，转化为国家意志，以法律、法规、政策等形式展现出来，使法律体系更为完善，更适合新时代社会发展的需要。另一方面，行政机关必须严格遵守人民代表大会制定的宪法和法律，坚持依法行政，自觉接受人民代表大会的监督，保证行政管理活动是在法律允许的情况下进行的。

(二) 政府与司法机关的行政协调

我国的司法机关主要包括人民法院和检察院。人民法院是独立行使国家审判权的国家审判机关。检察院是国家的法律监督机关，独立行使检察权，对各级国家机关及其工作人员是否遵守宪法和法律规定的情况实施监督，以保证宪法和法律的有效实施。一方面，行政组织要充分尊重司法权的独立性和客观性，不能以权代法、权大于法，也不能要求司法权屈从和服务于行政事务；另一方面，行政组织要主动接受司法机关的监督，做到机关内不互相包庇、清正廉洁，充分尊重和配合支持司法机关行使相关权力，不违法、不越权，规范行使行政权力，提高行政水平。

(三) 政府与政党组织的行政协调

中国共产党领导下的多党合作与政治协商制度是我国的基本政治制度之一。中国共产党是执政党，代表着最广大人民的根本利益。各民主党派是参政党，代表全国范围内特定利益群体的利益，是社会主义事业的积极参与者和建设者。协调行政组织与政党组织的关系，一方面，要求行政机关要自觉接受党的监督和领导，贯彻党的意志，在政治上、思想上、组织上与党密切配合，支持党的一切指导活动；另一方面，行政组织要尊重各民主党派政治协商、参政议政、民主监督的权利，在重大事件上要认真听取各民主党派的意见和建议，尤其要发挥人民政协作为统一战线组织形式的作用。习近平总书记在庆祝中国人民政治协商会议成立六十五周年大会上的讲话中指出："要加强人民政协民主监督，完善民主监督的组织领导、权益保障、知情反馈、沟通协调机制。要推进人民政协参政议政更加深入务实开展，委托政协开展重大课题调研，邀请政协委员参与重大项目研究论证，完善参政议政成果采纳落实机制，更好发挥人民政协建言资政作用。"

(四) 政府与社会中介组织的行政协调

社会中介组织是政府与社会相互联系的纽带，是改革开放以来在市场经济发展过程中形成的。行政组织及其工作人员要转变以往的观念，重视社会中介组织的作用，明晰社会中介组织在当前现代化治理体系中的作用和地位，明确社会中介组织与政府、社会组织的权责关系，充分发挥社会中介组织在社会治理中的自治作用。同时，也要对社会中介组织进行法治化规范和监督，适时适度放权，减少直接的行政干预，选择合适的行政协调方式，减少行政组织与社会组织之间的冲突和矛盾，充分发挥社会中介组织在社会公共事务管理中的功能。

(五) 政府与新闻媒体的行政协调

新闻媒体是现代社会基本的信息传播渠道，具有速度快、范围广、影响大的特点，可分为印刷类媒体和电子类媒体，具有宣传功能、新闻传播功能、舆论监督功能、实用功能和文化积累功能等。新闻媒体既可以实现政府与社会公众之间的良好互动，提升政府形象，促进服务型政府的建设，又可以监督政府的行政行为，促进廉洁政府和法治政府的建设。各级行政组织应该努力建立与新闻媒体之间密切而健康的关系，积极引导新闻媒体的力量，推进政务公开建设，主动向社会各界提供相关政策和资讯，营造良好的政府形象；政府还要积极支持配合新闻媒体的监督，自觉改善行政管理和政府自身建设中存在的问题与不足，不断提升自身的治理能力和水平。

第三节　行政沟通

一、行政沟通的概念与作用

(一) 行政沟通的概念

在我国，"沟通"一词最早出现在《左传·哀公九年》："秋，吴城邗，沟通江淮。"杜预注："於邗江筑城穿沟，东北通射阳湖，西北至末口入淮，通粮道也。"原指开沟而使两水相通，后泛指彼此相通。沟通是指使两方能够连通，在行政管理中是指使行政信息能够顺利地在行政组织内外有效地传递。

行政沟通就是行政信息沟通，是在行政管理过程中，国家行政组织及其行政人员凭借一定的媒介和渠道传递行政信息，在行政组织内部各部门之间，行政组织与其他社会组织、行政人员之间交流思想、情感、信息和情报等的活动，能够协调行政管理活动，达到行政组织有序、高效运行的目的。行政沟通是行政管理活动实施过程中必不可少的一个部分，与行政协调密不可分，是行政协调的基础。行政沟通的内容是与行政管理活动息息相关的各类行政信息和社会信息，因此行政协调要实现对各项行政管理活动加以调节的目标，必须要以高效的行政沟通为前提。

(二) 行政沟通的作用

行政沟通是行政协调的基础，是行政组织有序运行的前提，在日常的行政管理活动中起着不可替代的作用。

1. 行政沟通是消除组织矛盾、协调行政管理活动的重要手段

行政组织各部门或者人员之间产生矛盾时，通过有效的行政沟通可以及时交流彼此的信息、思想、情感和意见，增进理解。在日常的行政管理过程中，各类行政信息体量庞大，流转迅速，有效的行政沟通能够最大限度地保证复杂的信息流准确流向目标受众，以便相关行政部门及时接收或选择恰当的信息并做出正确的解释。行政沟通通过减少和消除行政组织各部门之间、行政人员之间、行政系统与外部环境人员之间的各类矛盾和误解，使行政组织实现良性、有序运行。

2. 行政沟通是调节组织矛盾、提高行政效率的重要途径

在日常的行政管理过程中，经常会出现各部门责任划分不清、相互推诿的状况，导致行政组织内部各部门各自为政，这些情况的存在会极大地影响行政组织的工作效率。由于各部门职能设定不同，在相互沟通不足、组织协调不到位的情况下，必然会出现以上现象。行政沟通的

作用就是通过促进行政组织内部以及行政组织与外部环境、人员之间充分的信息交流与沟通，调节各部门之间各类显性和隐性的沟通障碍，为行政组织更好地提升行政效率营造良好的内外部环境和条件。

3.行政沟通是鼓舞士气、避免官僚主义的有效措施

所有的行政系统，无论规模大小，都要靠持续不断的信息流动来及时获取行政系统内外的信息才能保持良好的运行状态。良好的行政沟通能够增进各部门内部人员之间的情感交流，增加对行政组织的认同感，提高凝聚力，使各级行政人员能够士气高昂地投身到日常行政管理工作中。有效的行政沟通不仅能快速提高行政工作人员的自觉性、主动性和积极性，还能在行政工作人员和社会公众之间形成稳定的联系纽带，借此广泛听取人民群众的意见和建议，并依据正确、合理的意见及时修订现行的政策，减少官僚主义的发生，使行政组织有序、高效地运行。

二、行政沟通的类型

(一) 按行政沟通的渠道划分

在一个行政组织内部，按行政沟通的渠道进行划分，可以将行政沟通分为正式行政沟通和非正式行政沟通。这两种行政沟通方式同时存在于行政组织内部各部门及人员之间。

1.正式行政沟通

正式行政沟通是指按照行政组织内部明文规定的正式途径进行行政信息的传递和交流，与行政组织的正式结构密切相关。比较常见的方式是行政系统发布的命令、指示、文件，行政组织召开的正式会议，下级向上级领导的汇报，行政组织内上下级工作人员和同事之间因工作需要进行的正式接触等。在一个行政组织中，正式行政沟通是行政沟通最主要的方式，优点是正式、严肃、规范并且有较强的约束力；缺点是呆板，传递信息路径固定，沟通环节较多，易造成政务信息的损耗和失真。

2.非正式行政沟通

非正式行政沟通是指除正式行政规章制度和正式行政组织以外的各类渠道进行的沟通，主要是在行政人员的日常交往中形成的，无固定组织形式、无法定组织关系的沟通渠道。例如，会晤、交换意见、电话交流、走廊中的交谈都是非正式行政沟通的常见形式。与正式行政沟通相比，非正式行政沟通具有信息传播速度快、传播方式灵活、传播信息的过程能够满足行政人员社交需要、提高行政组织绩效等优点。法国行政学家德巴什就曾说过：“非正式信息有使行政机器中各种关系更具有人情味的好处。满足于正式行政沟通方式的领导很快会失去权威，传递给他的信息是不完全的，他下的命令只是部分得到服从。行政领导人的重要才能之一在于发现某种个人之间有效的信息沟通形式，捕捉流传的各种非正式信息。”但是非正式行政沟通又有一定的片面性和消极性，非正式行政沟通中的行政信息往往易被放大、曲解，信息极易失真，而且极易导致小集团、小团体的出现，破坏行政组织的凝聚力等。如果能够正确引导非正式行政沟通的话，它可以作为正式行政沟通的一种补充，但是如果引导得不好，很容易动摇军

心，影响行政组织内部安定和谐。

(二) 按行政沟通的方向划分

1. 下行行政沟通

下行行政沟通即自上而下的行政沟通，是指在行政组织中，从较高层次向较低层次进行的传递行政信息的过程，通常是领导者与其下属行政人员之间的沟通。领导者以命令、指示、任务、决议或传达上级的法规和政策等方式给下属工作人员安排工作，宣布工作程序和近期的工作目标，指出行政工作中应注意的问题，并及时提供绩效反馈等。下行行政沟通也可称为上情下达。在下行行政沟通中，沟通内容要尽量做到表述清晰，目的明确。

2. 上行行政沟通

上行行政沟通即自下而上的行政沟通，是指在行政组织中，从较低层次向较高层次进行的传递行政信息的过程，通常是下属行政人员按照规定向其主管领导提供的正式书面报告和口头报告，汇报工作进度，反映工作中的问题，并及时提供工作绩效的反馈和修正、完善的方案，以便顺利完成任务。上行行政沟通也可称为下情上达。这种沟通方式能够使管理者及时获得组织成员的信息，了解上级决策在执行中的实际情况，但在从下级到上级的反馈过程中，通常会由于等级差别和领导气质等原因明显地表现出动力不足等问题。所以在上行行政沟通过程中，一定要确保汇报信息的真实、可靠，切忌恭维奉承、报喜不报忧，以免影响整个工作进度。

3. 横向行政沟通

横向行政沟通即水平行政沟通，是指行政组织内同一层级的部门、同一层级的行政人员之间的沟通。平行行政沟通的主要内容是日常交流、互通情报、沟通关系、加强合作。在日常的行政活动中，一些政务信息的横向截留现象还是比较严重的。通过有效的横向沟通可以预防行政管理过程中的"踢皮球"现象，也可以避免行政部门的本位主义和机构重叠导致的问题，从而使组织之间、人员之间能够和谐、有效地合作完成行政组织所赋予的任务。

(三) 按行政沟通的具体方式来划分

1. 口头行政沟通

口头行政沟通在日常行政活动中使用率较高，常以发言、正式的群体讨论或个人讨论、非正式的会议、小道消息等形式出现。优点是速度快、反馈及时，信息的发出与反馈几乎同时进行，如果接收者有疑问，信息的发送者能够及时获得反馈并做出解释。口头行政沟通容易掺杂个人的情感因素，个人理解信息的程度可能存在差异，因而在传递过程中政务信息极易出现失真的情况。尽管如此，口头行政沟通仍然是比较理想的行政沟通方式，有助于增强人们的沟通和参与意识。

2. 书面行政沟通

书面行政沟通常以文字的形式出现，通过备忘录、电子邮件、传真、组织中的报刊、布告等形式进行。书面行政信息相当于行政机构的存储器。书面行政沟通的优点是有助于确定职责，便于保存和查询，用词比口头行政沟通更谨慎、更权威、更具逻辑性。缺点是耗时较长，传播速度比口头行政沟通要慢，不能及时了解信息的接收者是否接收到政务信息并充分了解该信息，缺乏及时的反馈。

3. 多媒体行政沟通

多媒体行政沟通的表现形式既非口头传递，亦非文字传递，而是数码符号传递。传递的工具包括电报、电话、广播、电视、网络等多种电子载体。目前，比较常见的多媒体行政沟通工具是电子政务与虚拟政府。电子政务经过了二十多年的发展，已经在行政事务的处理中得到了广泛的应用。采用多媒体行政沟通方式可以大大缩减中间管理层人员，使工作效率大幅度提高，所以在行政工作中要积极推进电子政务的发展，不断加快政策信息的传递速度，优化各类多媒体沟通技术路径，实现政策信息资源的有效共享。多媒体行政沟通是信息时代的产物。在信息时代，人们告别铅与火，自动化、计算机化、数字化在社会生活和管理活动中得到广泛应用。近年来，多媒体行政沟通在行政沟通领域的地位越来越重要，但是对相关领域技术要求不断提高、成本较高等问题还有待进一步解决。

4. 体态行政沟通

体态行政沟通是指在行政沟通中利用动作、手势、行为、面部表情等进行行政信息的交流。这种行政沟通方式从某种意义上讲能起到语言文字沟通起不到的效果，一个表情或一个动作即可让对方意会，但仅局限于面对面沟通。

三、行政沟通的机制

(一) 行政沟通的刚性机制

行政沟通的刚性机制是指具体、明确的制度规定，并且不以行政沟通参与者的意志为转移的约束规则，是行政沟通必须遵循的制度规定。

落实行政沟通的刚性机制需要满足以下条件。

1. 理顺行政组织内部各部门之间的职能，避免职能交叉

要落实行政沟通的刚性机制，必须避免各部门的职能交叉，最大限度地将密切相关的部门整合到同一个部门，尽量避免各部门在出现问题时相互推诿、互相牵制等现象。与此同时，也要减少部门与部门之间不必要的行政沟通，以便迅速做出决策、采取行动。

2. 尽可能地将行政部门之间的沟通转变为单一部门内部的行政沟通

相对于行政部门之间的沟通，在组织内的某一个行政部门内部进行行政沟通有两个优势：一是行政沟通可以经常进行，深入细致了解部门内运行状况，及时获取需要的行政信息；二是缩减沟通的层级和渠道，减少不必要的政务信息失真的情况。信息本身具有时效性，如果沟通的渠道过长，当信息接收者收到信息时，可能就已错失良机。实际中，可以根据行政职能的要求设置合理的行政层级与幅度，以便提高行政沟通和行政协调的效率与质量。

3. 将某一个常态性的行政沟通项目制度化

当某个问题在行政组织日常的活动中经常出现时，应考虑将解决这类问题的过程固化为行

政沟通制度，减少每次为沟通协调这类问题而进行临时性的联系工作，从而集中行政组织或一个行政部门的力量去进行更重要的管理活动，减少不必要的重复性工作，提高行政组织的整体效能。

(二) 行政沟通的柔性机制

行政沟通的柔性机制是指在行政沟通的过程中具有较大可变性的约束因素。这种因素具有可塑性、可改变、动态性的特性，是与行政沟通的刚性机制相对应的。行政沟通的柔性机制主要包括语言机制和心理机制，如行政过程中特定的符号、仪式、态度、期望等，这些因素往往会对行政管理产生非常重大的影响。

1. 语言机制

日常行政沟通需要大量的公文往来，要求有一套能为大家所接受和掌握的，常态、规范的语言信息表达系统，如一些公文的规范用语、固定表达格式、一套显示信息重要程度的特殊标识、保密的等级差别等。要避免在行政组织内部各部门之间，各行政人员之间，行政系统与外部环境、人员之间的信息沟通中出现误解和偏差，很重要的因素在于信息沟通参与者能否掌握这些约定的机制，从而使沟通准确、迅速地进行。由此可见，加强对行政人员公文写作方面的培训尤为重要，尤其要及时对行政人员进行定期培训和不定时检查，以使行政人员具有胜任相关工作的能力。

2. 心理机制

沟通的实质就是人与人之间的交往，行政沟通也不例外。行政沟通主要是将行政人员的行政活动通过信息符号的方式进行传递。行政人员对于行政沟通的态度、期望、反应方式等心理机制也会影响行政沟通的效果，进而在一定的程度上影响一项政策的执行效果，甚至会起到决定性作用。因此，要从心理机制的建设入手，加强行政人员的意识建设，营造良好的行政生态环境，从心理上激励行政人员自觉主动地加强行政信息沟通。

四、行政沟通的障碍及克服方法

(一) 行政沟通的障碍

行政沟通要及时、准确、无误才能取得良好的效果，但是在实际的行政管理过程中，各种错综复杂的突发情况往往会影响行政沟通效果，从而直接影响行政协调的效果。行政沟通的障碍可能来自行政沟通的方式、过程等任何一个环节。影响行政沟通效果的障碍性因素可以从主观障碍和客观障碍两个方面加以归纳。

1. 主观障碍

1) 语言障碍

语言包括口头语言和书面语言，是行政管理工作中最为重要的沟通工具。但是语言极其复杂，出现语言方面的障碍就极有可能导致行政沟通失灵情况的出现。首先，语言具有语种、语系、语族、语音等差别，不同语言背景的主体在进行行政沟通时往往通过翻译来进行，即使是同一个国家、同一个民族，由于地区风俗文化的差异，也会形成理解和语言交流上的差异，这些都会成为影响行政沟通的障碍。其次，不同的语音、语调、语气、逻辑重音等也会反映不同的情感，如果把握不好也会影响行政沟通的效果。而且语言是抽象概括的，要求行政人员在日常的行政管理活动中做到准确、全面地概括行政事务内容，不掺杂个人情感，避免出现表述偏差是十分困难的。

2) 心理障碍

行政沟通本质上还是人与人之间的交往。行政人员在进行日常行政沟通的过程中，不可避免地会受到自身情感变化的影响，而这种由于情绪失控等原因造成的心理障碍会直接影响行政行为的效果。例如，有的行政领导一听到不同的意见或者批评就表现出一种不耐烦的心理状态，缺乏正确对待批评的心理承受能力。久而久之，下级行政人员就算有问题也不敢轻易汇报，从而破坏行政组织的凝聚力和稳定性。

3) 认知障碍

在行政沟通的过程中，由于沟通对象的观念、习俗、气质、经验、教育背景等不同，使沟通双方对同一个问题或者政策内容的认知和理解存在差异，极易造成沟通障碍。认知障碍主要体现在信息接收者对于传播内容缺乏认同感。从传播学的角度来看，由于选择性心理的存在，受众一般会选择能够支持其信念和价值观的信息，以减轻认知上的不和谐。所以从某种程度上讲，当受众对传播的行政信息有认同感的时候，行政沟通才会更容易进行。

2. 客观障碍

1) 组织结构障碍

组织结构障碍是指行政组织结构层级过多、机构重叠、关系不顺等造成的行政沟通周期长、政令不一、政出多门等现象。管理学家巴纳德在《对组织系统的分析》中曾指出："为保证指令在传达过程中不走样，应减少层次。组织层次越少，指令下达越直接，差错也越少。"在具体的行政管理活动中，行政层次越多，行政信息的失真度就越大，行政沟通的速度和效果极易受到组织结构的影响。在组织内部层级和人数过多、组织规模过于庞大的情况下，各类行政信息的传递不仅耗时不断增加，而且容易产生信息主动过滤现象，影响行政组织任务的有效完成。

2) 专业偏见与职务等级障碍

一方面，担任不同职务的行政人员，由于其所在的专业分工不同，看问题的角度会有所差异，极易产生专业上的偏见。如果每个人都从自己的专业角度分析问题，各执一端，互不相让，就会在行政管理活动中出现分歧，导致行政沟通困难，行政协调难以进行。另一方面，职务等级差异也极易造成行政沟通的障碍。行政领导者往往站在一个较为宏观的层面进行决策，而一个好的决策可能在短时间内无法带来可量化的行政效果，执行人员在日常工作中可能出现职业倦怠的情况。有些领导者会在决策中搞个人主义、一人独断，而下级在行政工作中也会出现报喜不报忧，上有政策、下有对策等现象。这种因为职务等级差异而产生的心理状态在具体行政管理实践活动中屡见不鲜。

3) 沟通媒介障碍

行政沟通是一个传递行政信息的过程，必须凭借一定的传播媒介，如果行政沟通媒介选择不当也会产生沟通障碍。行政沟通媒介的类型是十分丰富的，无论是面对面交谈，还是电话、电子邮件、张贴布告等，都能在信息传递上起到或大或小的作用。如果沟通媒介选择不当，很容易造成行政协调上的困难，引起行政沟通的障碍。

(二) 行政沟通障碍的克服方法

为了改进行政沟通方式和渠道，增强行政沟通的效果，促进行政协调活动的有序进行，实现行政管理活动的既定目标，可以选择以下几种方法克服和减少实际行政管理过程中存在的行政沟通障碍。

1. 提高行政人员的综合素质

首先，要加强对行政人员的教育与培训，使他们在思想政治观念、文化知识和心理素质各方面得到全面提高。其次，要提高行政领导者的表达能力。行政领导者应善于选择正确的沟通方式和方法，准确发出和传递信息，并注重倾听下级行政人员所提出的不同意见和建议。最后，下级行政人员也应不断提高自身综合素质，提升交流和沟通过程中的领悟能力，准确把握上级部门和领导的决策意图，并加以落实执行。

2. 选择合适的沟通媒介

行政沟通就是在行政组织内部各部门及人员之间，行政系统与外部环境、人员之间传递行政信息的过程。沟通媒介众多，但在一般意义上讲，面对面的交谈是最好的沟通方式，不仅信息传递速度快，信息发送者得到反馈的时间也大大缩短。电话、电子邮件、信件、公告、一般文件等也是很好的沟通方式。对于行政人员比较熟悉的常规行政信息，可以选择信息传递较为直接的沟通媒介，如公告、一般文件等，不用特意去讲解，信息接收者就可准确理解相关文件内容。对于行政人员比较陌生的、容易产生误解的非常规行政信息应选择能够及时得到反馈的沟通媒介，如面对面交谈、电话、电子邮件等。此外，随着科学技术的不断发展，也要在日常的行政管理活动中重视新兴电子媒介的应用，如微信、微博等。

3. 构建顺畅的沟通网络

要在行政组织内部建立和健全一个四通八达、方式简便、传递迅速顺畅的行政沟通网络渠道，一方面，要在行政组织中合理利用正式行政沟通渠道，减少行政沟通的障碍；另一方面，要对行政组织中存在的非正式行政沟通渠道加以科学利用，及时、科学、正确地引导非正式组织的舆论方向，使之朝着健康的态势发展，同时控制谣言和小道消息，增强工作透明度，杜绝不健康的舆论。通过建立完善的行政沟通网络，可以有效缩短信息传递链，有效解决行政沟通过程中的信息失真和损耗等问题。

4. 改善行政信息质量

行政信息质量的优劣严重影响行政沟通和行政协调的效果。虚假、含糊不清的信息不仅会导致决策上的失误，还可能影响沟通效果，甚至会造成行政管理过程中的误解和矛盾，带来无法估量的损失。在进行有效行政协调的同时，要注意信息的质量，这既要求在日常的行政信息交流中保证行政信息的完整、准确与科学性，同时也要求信息传递的适量和适度性，不能同一时间传递过量的行政信息。过量的信息传递不仅会影响行政沟通的效果，还会造成行政人员工作中的负担甚至逆反心理。因此，要在行政组织中建立完善的行政信息系统，从体制上系统地保证信息质量。完善的信息系统有利于保障信息的有用性、准确性和时效性，提高信息的利用率，有效克服信息障碍。除了保证行政信息质量以外，还要培养行政领导者分辨真假信息的能力、分析信息可信度的能力，及时摒弃虚假的行政信息，使正确的行政信息能够得到充分的利用。

第四节 行政协调方法举要

2016年年初，在省部级主要领导干部学习贯彻十八届五中全会精神专题研讨班上，习近平总书记强调："协调既是发展手段又是发展目标，同时还是评价发展的标准和尺度，是发展两点论和重点论的统一，是发展平衡和不平衡的统一，是发展短板和潜力的统一。我们要学会运用辩证法，善于'弹钢琴'，处理好局部和全局、当前和长远、重点和非重点的关系，着力推动区域协调发展、城乡协调发展、物质文明和精神文明协调发展，推动经济建设和国防建设融合发展。"行政协调对于行政领导活动的重要性可见一斑。行政协调不仅是一门科学，更是一门艺术，既要坚持统筹兼顾，又要突出重点。下面简单介绍具体的行政协调方法。

一、按照行政协调主体的不同划分

按照行政协调主体的不同划分，可分为领导协调法、组织协调法和内部协调法。

(一) 领导协调法

领导协调法是指领导者在行政协调的过程中，采取直接参与或者间接协调的形式，包括领导牵头协调、领导委任协调和现场办公协调等。领导协调法的优点是领导者能够直接或间接参与协调活动，了解组织中现存的矛盾，实现决策者和执行者的协调互动，便于决策的贯彻落实，并根据执行者的反馈对决策进行及时调整和完善。在领导者疲于日常行政活动时，可以采用委任相关代理人的方法进行行政协调，便于及时改正决策执行过程中出现的问题，及时完善决策执行活动。对于较为重大紧急的情况，通过领导者现场办公，能够快速解决行政活动中出现的问题，避免久拖不决、互相推诿等现象的发生。领导协调法的缺点在于，领导者个人的精力、能力是有限的，不能解决所有问题，也不能保证所有事情都能够得到完美的解决。如果行政领导者负责协调的事项过多，会分散领导者的精力和时间，使领导者疲于应对，降低协调效率。

(二) 组织协调法

组织协调法是指由行政组织内的特定组织进行行政协调的方式，主要包括专门的议事机构协调、临时机构协调和主要牵头机构协调。专门的议事机构和临时机构都是为了完成某种任务而建立的，有助于整合相关力量形成合力，可以提高行政效率，但也容易导致机构臃肿、弱化行政权威等问题。除此之外，在行政管理过程中经常出现两个或几个部门职能交叉或职能缺失的区间，这就需要一个主要的牵头机构进行协调，负责协调其他部门，从而有助于明确责任、保证行政管理的专业性和主导性，避免职能缺位、错位、越位现象的产生。组织协调法的缺点很明显，在上级部门协调下级部门工作时，容易引发多头指挥的问题，而在同级部门负责行政协调工作时，常常由于权威性不足而出现协调不力等情况。

(三) 内部协调法

内部协调法主要是指针对特定的行政组织，以召集会议或会议通报等形式进行的内部综合行政协调，主要包括高层会议决策机制、部际联席会议、信息通报机制等。高层会议决策机制是由政府最高决策班子参加的高层决策会议，具体包括总理、副总理、国务委员、秘书长等，主要就行政工作中的重大事项进行讨论决策，具有高端性、战略性、法治性、动态性等特点。部际联席会议是为了使多个部门合作完成同一个行政目标，通过跨部门协商会议的形式讨论决定重大事项的制度安排。部际联席会议的优点是能够针对专门工作集思广益，有利于多个部门协调统一行动，又可避免新增协调机构的问题；缺点是对各方的约束力不大，权威不足，需要辅之以严格的计划方案和行政权威树立的工作。信息通报机制是指在行政协调的过程中，在需要协调的客体之间建立定期的或应急的信息通报机制，保证信息能够在有效时间内，在协调的相关部门和人员之间传播，消除因信息不对称和行动不一致而造成的冲突与矛盾，主要包括在政府网站中设立"政务信息通报"栏目，在不同层级和部门之间设置热线电话，成立专门的信息机构等。信息通报机制的优点是能够使需要协调的信息客体根据情况的变化而及时采取相应的协调措施；缺点是一些部门和人员会基于利益因素，对信息采取瞒报或缺报、少报等行为，导致行政延迟和行政不作为等现象。

二、按照具体的行政协调技术划分

按照具体的行政协调技术划分，可分为主体合流法、谈心沟通法、矛盾中和法、软性处理法与硬性处理法、跟踪处理法。

(一) 主体合流法

在进行行政协调的过程中，行政主体会由于知识水平、能力结构、心理素质、利益分配等方面因素的影响，有着不同的解决问题的思路和策略，互不退让。这种情况下，就可以采用主体合流法，在不同的意见中抓住较为正确的某一方或某几方的意见，以较为正确的意见为主，以其他几方的一般意见为辅，努力找出这几方意见的共同点或者观点的共同点，通过沟通协商，引导各方主体在不同程度上修改和完善原有的意见，使新意见无限趋近于共同意见中的相似成分，压缩甚至剔除与新意见相左的观点，使其他几方意见基本统一到正确的主导一方的意见上。

(二) 谈心沟通法

主体合流法主要针对的是重大事项的讨论，但在具体的行政协调过程中，往往是个体与个体之间易出现矛盾，此时既不能通过正式行文进行调节，也不能通过会议"小题大做"进行调节，极易形成行政协调难点。在正式的组织中，最适宜的办法是通过面对面的直接沟通进行个体与个体的调节。在实际操作过程中，最适宜的办法是在没有其他复杂因素影响的情况下，采用面对面直接沟通谈心的方法进行调节，立时立刻解决矛盾。当有较为复杂的因素掺入的情况下，往往可以通过间接沟通交流法，采用间接的方式以委托人为代理，由第三方解决问题。

(三) 矛盾中和法

在具体的行政协调活动中，行政主体往往会因为各自利益上的冲突和对认识的不一致而产生分歧，由于意见不一而导致协调困难。这种情况下，在非原则问题且不损害整体利益、不损害各方积极性的前提下，可以采取矛盾中和法，折中处理，综合各方利益因素，以"中间数"进行裁定。在没有"搭便车"的情况下，进行各方均能接受的利益和权利的再分配。

(四) 软性处理法与硬性处理法

在行政主体由于各类因素各持己见、僵持不下的情况下，如果事情不是必须立时立刻解决的话，行政协调者可以选择软性处理法，将事情暂时搁置，等到双方冷静下来，能够进行更加理性的沟通时再进行沟通，争取事情得到妥善解决，避免各行政主体的冲突。如果事情必须立时立刻进行解决的话，就需要采取硬性处理法，协调者要站在全局高度，权衡利弊，采用必要的行政手段，必要时刻可求助法律手段等进行协调，保证全局状态的稳定。

(五) 跟踪处理法

由于行政管理过程的各项活动是由具体的人来完成的，人性又是管理过程中最难把控的部分，而类似推诿扯皮现象就是一个典型的行政协调难题，因此需要有针对性地实施跟踪协调。针对行政协调中的推诿扯皮现象，大致有以下几种解决方式：因故变换责任人而扯皮的，要及时使责任衔接，告知新的责任人并向新的责任人重申一切要求，解决责任遗留问题；因政策变化而出现扯皮的，要从源头进行治理协调，从源头处开展工作，做到治标与治本相结合，同时要注意做好宣传教育，采取有效补救措施的同时，也能促进执行人对政策的理解，便于更好地执行政策；因有关人员违章、违纪、违法等导致工作走样、变形而扯皮的，要按章、按纪、依法进行处理，严厉惩治有关人员，在组织中起到警示的作用。

不论采取哪一类措施，都要在实践中针对具体的情况，切实选择合适的方法和理论。一次协调不能解决的问题，就要进行两次或多次协调，直到圆满解决问题。

关键词

行政协调　促进式协调　纠偏式协调　内部协调　行政沟通　行政沟通刚性机制
行政沟通柔性机制

思考题

1. 什么是行政协调？它有哪些特征？
2. 为什么要进行行政协调？
3. 行政协调的主要原则及主要模式有哪些？
4. 什么是行政沟通？具体包括哪些类型？

5. 行政沟通存在哪些基本障碍？应如何加以克服？

6. 行政协调方法有哪些？

推荐阅读

[1] [美]巴纳德. 经理人员的职能[M]. 孙耀君，等，译. 北京：中国社会科学出版社，1997.

[2] [美]阿尔蒙德，小鲍威尔. 比较政治学：体系、过程和政策[M]. 曹沛霖，郑世平，公婷，译. 北京：东方出版社，2007.

[3] [法]法约尔. 工业管理与一般管理[M]. 迟力耕，等，译. 北京：机械工业出版社，2013.

第九章　行政监督

权力的运行缺乏制约，就会滋生权力的滥用与寻租，这是对公共权力进行监督的根本原因与逻辑起点。行政监督是权力监督体系中的关键一环，拥有其他类型的权力监督机制所不具备的资源与效力。如果行政监督不能发挥效果，那么整个权力监督机制的运行就会事倍功半。廉洁、高效的行政监督机制是将权力关进"制度的笼子"里的重要锁具，必须从理论与实践两个层面加以关注。本章将对行政监督的概念、中西方行政监督体系的发展历程与现状，以及行政监督与行政救济等内容进行较为系统的阐释。

第一节　行政监督概述

一、行政监督的概念

在中文中，监督有查看、督促的含义。在英文中，supervision一词意为监督，有上级主管对下级的表现和行动进行管理与监视的含义。尽管行政监督的重要性已得到普遍的认可，但是学术界对行政监督的概念并没有达成共识。目前，对行政监督的界定主要有以下三种观点。

(一) 超广义的行政监督观

超广义的行政监督观将行政监督理解为行政机关对社会生活的方方面面所进行的公共督查。在这个意义上，行政监督等同于行政检查。行政检查是指行政主体基于职权依法对行政相对人是否遵守相关行政法律法规和执行行政决定等进行的监督检查，包括政府对教育、医疗卫生、食物、文化、体育等相关组织是否遵守了法律法规和行政规章的情况进行的检查。这种行政监督一般以行政执法的形式表现出来，例如某地方政府对属地内的食品安全进行检查，抽查了数个餐饮企业的卫生情况，并依据相关法律、法规对不合格的餐饮企业进行处罚的行为。行政检查一般被认为属于典型的行政执法行为，而根据超广义的行政监督观，这也属于典型的行政监督行为。

(二) 广义的行政监督观

广义的行政监督观认为行政监督是广义的政府部门、非政府组织、媒体和个人对狭义的政府部门——行政机关的监督。这种行政监督包括立法机构对行政机构的监督、司法机构对行政机构的监督、社会组织及公民个人对行政机构的监督等。从全球范围来看，这也是一个普遍的权力监督机制。行政机构是民意的执行机构，是人民权力意志的实现者。民意代表机关、司法机构、公民或公民联合对行政机关进行监督是再正常不过的了。由于内部监督经常存在缺陷和不足，外部监督机制的建立是非常必要的。我国也建立了比较完善的权力的外部监督机制，人大、监察系统、检察院和法院、社会媒体和公民个人，都有对政府行政行为进行监督的权利。中国共产党作为中国特色社会主义建设事业的领导核心，它对政府的监督更是我国权力监督机制的一大特色。此外，我国还存在政治协商制度和信访制度等一系列富有我国特色的权力监督机制。

(三) 狭义的行政监督观

狭义的行政监督观将行政监督看作行政机关对自身的法律与政策执行的有效性与合理性进行的监督。最典型的就是行政部门内部上级对下级部门的监督，以及职能部门在其职能范围内对其他行政主体的监督，也包括专门的行政监察机构对公务员队伍的监督。从世界范围来看，各国政府普遍在行政机关内部设立了相应的行政监督机构，来保证行政机关运行的合理合法。除了常规的上级监督和职能部门监督之外，我国还专门设立了相关的行政监察部门来承担这种行政监督职能。这种狭义的行政监督也可以被看作行政机关的自我监督和内部监督。在任何监督体系中，自我监督和内部监督都是不可或缺的，而且也是最为常见的。

对上述几种观点进行简单的辨析就会发现，学术界对于行政监督概念的分歧，主要在于对行政监督的主体与客体的认识有所不同。第一种观点与后两种观点的主要区别是对行政监督的客体的认识有所区别。超广义的行政监督观认为，行政监督的客体应该几乎是公共行政的全部对象，只要是行政机构依据法律、法规能够进行监管的领域，都应该属于行政监督的范畴。而后两种观点的行政监督的客体观念是一致的，即行政监督的客体应该是行政机构本身，而不是其他机构和个人。本书认为后者的观点是较为合理的。通常来说，随着概念外延的不断扩大，其分析能力会不断下降。也就是说，行政监督的范围越广泛，行政监督作为一个专门概念，它对人们认识世界的帮助就越小。因此，本书倾向于更为具体的概念界定方式。

后两种观点的主要分歧在于对行政监督主体认识的差异。广义的行政监督观认为行政监督的主体应该是具有监督权的各种组织与个人。狭义的行政监督观则认为行政监督的主体仅包括行政机关内部的监督机构，也就是把行政监督等同于行政部门的内部监督和自我监督。本书认为广义的行政监督观更为合理。从权力的本质来讲，权力如果缺乏外部监督，仅靠内部监督很难真正有效地制约权力。权力的内部监督对于有效的监督而言可能是必要条件，但绝不是充分条件。况且，外部监督所体现的现代民主观念也非常有吸引力。现代主流民主观念认为，民众及其代表对行政机构的监督是人民意志的表现，是政府实现其目的的保障，是保护民众合法利益的内在要求，这本身就是对行政部门内部监督的一种更高层次的监管。而且从行政监督的实践来看，各国的监督都是内部监督与外在监督的融合，没有哪个国家仅依靠行政机构的自我监督就能实现对权力的有效制约。因此，广义的行政监督观比较符合行政监督的理论逻辑与实践状况。

综上所述，本书将行政监督界定为拥有监督权的各个组织与个人对行政机关的行动及其后果进行查看和督促的行动。行政监督的客体特指行政机构本身，而行政监督的主体则包括公民及社会组织、社会媒体、广义的政府部门等。

二、行政监督的理论与历史

自公共权力诞生以来，对权力进行制约的需要就始终存在。早在古希腊时代，思想家们就意识到了依法行政的重要性。晚年的柏拉图与亚里士多德都强调了法治对城邦政治的重要意义，而这个意义首先就是用规则来制约城邦统治者的行政权力，可以说这是权力制约观念的最早雏形。真正的行政监督理论的产生，是建立在行政权获取独立地位的基础上的。

在古罗马共和国时代，行政权就有了从立法权中独立出来的萌芽。独裁官等官职的出现及其权力的扩展，都说明行政权在快速发展，并发挥了独特的作用。护民官的出现更是代表了民众对立法权力和行政权力的一种监督。行政权从理论上真正独立出来是从洛克和孟德斯鸠的分权学说开始的。洛克认为政府的根本目的和宗旨是保护每个人的自然权利，以弥补自然状态的某种缺陷。为了实现政府的这个目的，就不能让权力都掌握在一个人或一个组织手中。因此，他主张将公共权力分为立法权、执行权和对外权三个部分。洛克所称的执行权就是现在所说的行政权。洛克主张，行政权独立的标志就是执行权与立法权分属不同的机构。立法权归属国会，而执行权以及对外权应该归属国王。这种对国王权力的肯定固然是洛克保守君主制的观念体现，但是也表明了洛克确实认识到了独立行使行政权的重要意义。孟德斯鸠继承了洛克的主要观点，他认为要防止专制独裁的出现，就必须将不同的公共权力交给不同的机构去行使。他修正了洛克的观点，并把公共权力划分为立法权、行政权与司法权。与洛克的观点不同的是，孟德斯鸠并不认为行政权应该隶属立法权，而是认为它应该与立法权并立。只有如此，两者才能够相互制约。孟德斯鸠指出，立法权与司法权应该对行政权进行监督。只有如此，才能保证一个政府能够遵从法治，才能让政府真正实现其目标。孟德斯鸠明确表示，任何两个权力如果掌握在同一个群体手中，个人权利和自由便不复存在了。这表明了如果对行政权的外部监督不复存在的话，会导致怎样糟糕的、难以接受的后果。

由于洛克和孟德斯鸠的贡献，行政监督作为一种立法权和司法权对行政权的监督的观点逐渐成为主流。但是也不能无视另外一位反对分权学说的思想家对行政监督的理论贡献，这位思想家就是卢梭。卢梭反对将公共权力拆分为立法权、行政权和司法权，他认为主权是不可分割的，一旦分割，主权就失去了意义。因为人民的公意一旦分割，就成为众意，而众意并不能成为合理的公共权力依据。他认为民众应该经常集会形成公意，并由这种公民联合直接执行公意，而不是假手于某种不可信任的政治代表。但卢梭并不会天真地认为行政权力不应该受到制约，既然行政权只是在执行公意的话，那么还会有谁比公意的产生者——人民，更有资格去监督行政权力呢？这就是人民主权理论对行政监督的贡献。它从逻辑上明确了民众监督作为行政权力的行使者——政府的基本理由。这个观点的直接后果就是在现代民主实践中公民对政府行政行为的监督是天然合理的，并且也是普遍存在的。另一个从人民主权的角度对行政监督理论有所贡献的思想家是杰斐逊。杰斐逊发展了卢梭的人民主权理论，他认为政府的行政权力要保护个人的自然权利，就必须由民众来监督政府的行政行为。杰斐逊甚至认为民众每隔二三十年就应该制定一部新的宪法，只有如此才能保证立法与行政满足人们的需要。这些观念都造成了现代主流的民主观念与民主实践都强调民众对政府的监督。在他那个时代，杰斐逊的人民主权观念与地方自治的主张是对行政监督有关思考的一种集中体现。

马克思主义也一直高度重视对行政权力的监督。当然，马克思一直比较反对分权学说，所以其思考行政监督的思路与卢梭和杰斐逊接近。马克思通过对巴黎公社革命实践的总结与归纳指出，行政监督可以通过群众对公共管理部门的选举、罢免、社会舆论等进行监察和督促，而且公职人员的非专任化和非官僚化也最大限度地降低了官僚特权阶级的出现。这都是马克思对行政监督理论的重要贡献，并且实质性地影响了后来社会主义国家的行政监督实践。列宁也强调了政党、社会和民众对行政部门进行监督的重要意义。特别是对党内监督与党对政府的监督的论述，对于社会主义国家如何将党的领导与行政监督结合起来有着非常重要的启发意义。此外，毛泽东、邓小平等党和国家领导人对于马克思主义行政监督思想的中国化发展也有着关键性的贡献，这使我国构建了一系列不仅继承了马克思主义传统，还体现了中国特色的行政监督机制。不仅包括全国各级人大、审计部门、检察院、行政监察部门、社会媒体、普通群众等为主体的一般的行政监督机制，还包括政治协商制度、信访制度等独具特色的行政监督机制，这些机制把执政党和参政党都纳入行政监督的主体当中，并且在群众与党员干部之间建立了牢固紧密的联系，为中国特色的行政监督机制的发展提供了坚实的基础。

三、行政监督的特点与原则

(一) 行政监督的特点

行政监督的主要特点如下。

1. 广泛性

广泛性指行政监督主体的广泛性。本书定义行政监督时强调了拥有监督权的各个组织和个人，之所以这样界定，就是因为行政监督的主体非常多元，既包括立法机关和司法机关等广义的政府组织，也包括社会组织、媒体和个人，以及行政机关自身。在我国，执政党和参政党也可以作为行政监督的主体。正是这种监督主体的多样性，赋予了我国行政监督外延的拓展以及行政监督实践的拓宽。综合多种社会力量与政治力量对行政机构及其工作人员进行监督，也进一步保证了监督的有效性。

2. 特定性

特定性指行政监督对象的特定性。在分析学术界关于行政监督概念的争论时可以看到，一部分的争论是围绕行政机关的对象而展开的，那种认为行政监督的对象不仅仅局限于行政机关的观点是没有吸引力的。这等于把行政监督的对象泛化为政府公共行政的几乎全部对象，也等于把行政监督的概念等同于公共行政的概念。因此，行政监督的对象就应该特指行政机关及其工作人员。而行政监督的主要任务就是对他们的行政行为的合理性与合法性进行监察和督促。任何将这一行为泛化的观点都可能剥夺行政监督这个概念的独特分析能力。

3. 多样性

多样性指行政监督手段的多样性。人类在漫长的权力监督实践中摸索出了多种多样的权力监督手段，其中的绝大部分都能够应用于行政监督之中。行政监督既可以是来自上级行政部门和立法机构的具有明确法定支配权的硬监督，也可以是来自社会媒体和参政党的软监督；既可以是来自行政机关内部专门的监督部门的内部监督，也可以是来自行政机构之外的压力集团和公民个人的外部监督；既有来自立法机构的审计、新闻媒体的报道这样的公开监督，也有来自行政监察部门和纪检机构的非公开监督与调查。可以看到，行政监督的工具是非常多样的，关键是哪种工具更为合适，以及如何加强工具之间的配合。

(二) 行政监督的原则

在行政监督的具体执行过程中，也必须有明确的行为指导。行政监督的主要原则如下。

1. 合法性原则

合法性原则是指对行政机构及其工作人员的监督必须符合国家各项法律、法规的具体规定。在现代法治社会，任何行动都要以法律为准绳，行政监督也不能例外。合法性原则不仅指对行政机关进行监督的行动必须合法，还强调行政监督的程序也必须合法。违法的行政监督本身就是权力的滥用，就应该成为权力监督机制加以矫正和消除的现象。如果行政监督行为本身违反法律，就会产生权力滥用和权力寻租，甚至会威胁健康的行政行为，这对社会的危害是非常大的。

2. 有效性原则

有效性原则是指行政监督必须能够察觉、制止那些有害的行政行为的发生，而鼓励、引导有益的行政行为。如果这两个任务无法达成，行政监督就失去了意义。要保证行政监督的有效性，一些类型的行政监督就必须经常开展。因为现代社会对政府的需求比以往更多样、更严格，行政行为是密集出现的，与之相对应的监督也必须密集出现。另外，行政监督在面对即刻发生的、可能造成重大损失的行政行为时必须及时加以制止，这是现代社会对行政行为时效性的要求。

3. 权威性原则

权威性原则是指行政监督的主体必须相对于监督对象具有某种权威，否则行政监督就很难实际发挥效果。当然对于不同的主体来说，这种权威的性质是有差别的。上级对下级的权威就是硬的权威，具有支配性与领导性，也有舆论监督、政治协商这种软的权威，具有协商性和柔性。硬权威和软权威都是行政监督所必需的，在行政监督实践中是不可偏废的。

4. 公正性原则

公正性原则是指行政监督的程序和结果必须公平公正、不偏不倚。如果行政监督在本该广泛监督的领域进行一种选择性监督和指向性监督，不仅会违反法律的公正性，也会最终损害行政监督主体的权威。公正性原则要求行政监督的主体公正、无偏倚地对行政监督对象一视同仁，不能选择性执法甚至钓鱼式执法。当然，从另外一层含义来解释，行政机构的公正性也是行政监督的重要内容，行政机构出现执法不公等偏差行为，也必须及时加以制止。

5. 民主性原则

民主性原则是指公民及其联合才是行政监督最终的主体。在现代民主社会中，人民主权理论是一个主流的民主观念。在一个政治共同体当中，人民拥有最高的权威，也是行政机构的最终监督者。因此，现代社会中的公民、公民团体，以及以公民为主要受众的社会媒体，它们对政府的监督具有伦理上的正当性、法律上的合法性和政治上的权威性。尽管行政机关的内部监督可能更加专业和高效，但从本质上来说，这种监督是对公民监督的帮助和补充，而不是对公民监督的替代。行政监督不能本末倒置，必须时刻以人民为最高的权力来源，以人民的根本利益为基本的行动目标。

6. 科学性原则

科学性原则是指现代社会的行政监督要尊重基本的科学规律，也必须善于借鉴现代科学技术的发展，警惕高科技犯罪带来的消极作用。现代社会由于科学技术的进步，很多公共行政部门的专业性很强，如果不注意对科学规律的认识，不但无法发现和矫正一些行政行为的失当，而且可能对正常、健康的行政行为造成干扰。随着科技的发展，权力滥用、权力寻租都出现了新的形式和手段，对权力滥用和权力腐败的监察手段也在不断发展。如果行政监督行为罔顾科学规律，就不能达到有效、合理的监督效果。

第二节　行政监督的体系

行政监督主体的多样性是行政监督实践的一个基本特征，而且行政监督的多元主体间并非呈现机械性的条块分割状态，而是相互联系形成一个有机的整体，这就是行政监督的体系。行政监督的体系是由现代公共治理的基本情况决定的。现代社会所面临的公共治理问题具有复杂性、动态性和多元性的特征。复杂性是指现代社会的公共问题都是由多个因素共同作用的结果，牵一发而动全身，采用单一、简化的措施已经很难解决现代的公共治理问题。不认识到这种复杂性，甚至无法正确而深刻地认识现代的公共治理问题，更无从谈起解决公共治理问题了。动态性是指现代社会的公共问题变化非常迅速，有些公共问题非常紧迫，这对现代公共治理的主体提出了很高的要求。政府在面临这类问题时如果不能快速获取信息、高效做出决策，就极有可能贻误时机，最终造成不可挽回的损失。多元性是指现代社会的公共问题所涉及的利益相关方众多，而且这些利益相关方可能会获得足够的资源来影响政治决策，这就使现代治理问题异常复杂。当然，这些多元的利益相关方也非常可能成为公共治理的参与者，这恰恰是现代治理与传统的管理、管制的区别。正是由于现代公共治理问题的复杂性、动态性和多元性，导致了行政权力为了在这种情况下发挥作用，就要不断扩张和强化，这又在一定程度上导致了在现代社会进行行政监督的难度极高。在这种情况下，不同的行政监督主体之间相互配合，形成有机整体来对行政机关进行监督，就是一个符合逻辑与实践的选择了。一般来说，行政监督体系可以分为内部行政监督体系和外部行政监督体系两大部分。

一、内部行政监督体系

内部行政监督是指行政机构内部的常规部门和专门部门对行政机构及其工作人员的一种自我监督。学术界的一般观点认为，内部行政监督体系可以大致分为一般监督和专门监督两部分。

(一) 一般监督

一般监督是指行政机构内部非专门的一般行政机关的相互监督，主要形式有以下三种。

1. 科层制监督

科层制监督是指在行政机构内部的官僚体制中，上级领导部门对下级直属部门的监督。但是由于我国政府机构中的条块分割体制，此处所说的上下级仅指上级领导部门对直接领导的下级部门的监督，而不包括上级职能部门对下级职能部门的业务指导与监督。也就是说，这里的科层制指的是按照属地原则进行的"块"的监督。由于上级部门对下级部门具有领导权，因此这种类型的内部行政监督既方便又高效。科层制监督的一般措施与手段包括直接下达行政命令、进行工作检查、影响人事任命、工作绩效考核。由于上下级具有权力分配关系，下级必须服从上级领导在其法定职权范围以内的合理、合法的工作指令，上级可以通过下达行政命令的方式直接决定下级的行政行为，从而形成直接、高效的行政监督。进行工作检查也是常见的上下级监督的手段，上级可以通过工作检查的方式来获得下级执行工作的进展与情况。如果下级工作的方向与方式出现了偏差，上级可以及时加以制止和调整，来保证行政命令得到符合上级预期的执行，从而构成对下级部门的行政监督。与前两种手段相比，影响人事任命是一种间接的监督。上级部门可能并不具有直接、完整的人事任命权，但是对下属部门的人事调整一般都会合理地考虑上级主管部门的意见，上级部门就可以通过这种方式给下级部门的负责人造成压力，迫使他不折不扣地执行上级的行政命令，形成监督。与之相类似的是，工作绩效考核也经常是上级监督下属的手段。通过对下属工作绩效考核的评价，上级就可能影响下级部门的工作表现评估，从而对下级部门造成压力，形成监督。

2. 主管监督

上文提到，由于我国政府内部的条块分割机制，上级领导部门对下级直属部门的直接领导属于科层制监督，那么，上级业务部门对相应的下级业务部门的按照职能标准所进行的"条"的指导与监督就属于主管监督。与科层制监督相比，主管监督的主体权威可能会"软"一些。因为很多上级职能部门对下级职能部门只有业务指导的权力，而没有直接指挥的权力，这就使上级业务部门不能直接采取下达行政指令的方式来进行监督。但是毫无疑问的是，上级业务部门对下级业务部门是有监督权的，即上级业务主管部门可以采用工作检查、影响人事任命、参与下级业务部门绩效考核的方式来进行行政监督。而且，由于上级业务部门对职权范围内的职能业务更为熟悉和专业，他们在某些专门领域内对下级业务部门的监督可能更为高效。所以，尽管主管监督不像科层制监督那么直接，但是也成为一般监督不可或缺的行政监督手段。当然，在实际的行政管理过程中，情况是比较复杂的，有的业务部门只受到上级业务部门的领导，而不受同级政府的指挥，还有的业务部门要同时受到上级业务部门和同级政府的双重领导。但是无论哪种情况，上级业务部门拥有对下级业务部门的监督权是没有争议的。

3. 职能监督

职能监督是一种比较特殊的行政监督，是指某种职能部门在其职能范围内对按照属地原则划分的"块"的行政机构，以及按照职能原则进行划分的"条"的业务部门同时都具备的监督权限。在职能监督的过程中，监督手段既可能是直接的行政命令，也可能是其他的行政手段。例如，国家发展改革委员会(以下简称发改委)不仅仅对各个地方的发改委具有直接的领导权，同时在经济社会发展的重大事项上也有对地方政府和其他职能部门的监督权，这种行政监督就是职能监督。与主管监督相比，在相应的职能范围内，职能监督能够更加高效、专业地开展行政监督，而且很多职能监督所涉及的专业领域都可能对经济社会发展的全局形成影响。这些都表明，职能监督的重要意义不能忽视。

(二) 专门监督

专门监督是指行政机构内部设立的专门部门对行政机构及其工作人员的行政行为的监督。

与其他种类的行政监督相比，专门监督的突出特点就是监督主体的特定性。专门监督的主体是国家设立的专门用于行政机构内部监督的机关。世界各国普遍都设立了类似的机构。对我国来说，在2018年监察委员会成立之前，专门监督的主体主要有三个：行政监察机关、审计机关和政府内部的政法机关。

1. 行政监察机关

行政监察机关是最常见的内部专门监督机关。自古以来，我国就有设立监察机关的传统，从秦汉到民国，监察机构一直是政府的重要组成部分。早在新中国成产之初，当时的政务院就设立了人民检察委员会，1954年改组为监察部，后来一度被撤销，并最终恢复，于2018年并入新组建的中华人民共和国国家监察委员会。在2018年国家监察委员会成立前，我国最高的行政监察机关是国务院直属的监察部。监察部在国务院各部委与各级地方政府下辖监察厅及监察局，构成了我国监察机构的基本框架。我国监察部门的主要职权是监督我国行政机关及其工作人员，以及国家行政机关任命的其他人员是否遵守了相关法律法规、是否遵守行政纪律及其他规范。检察机关还要受理国家公务员及国家行政机关任命的其他人员对所受行政处分的申诉，并承担相关法律法规所赋予的其他工作职责。我国的行政监察机关是双重领导机制，既受到上级监察部门的领导，也受到同级别政府的领导。在具体的监督过程中，行政监察机关有检查行政机关及其工作人员的守法情况与守纪情况的权力；有对涉嫌违法违纪的行政机关及其工作人员进行调查的权力；有对确实违法违纪的行政机关及其工作人员进行行政处分的权力；有对相关行政机关及其工作人员提出工作建议的权力；也有对行政机关及其工作人员对其行政处分提出的申诉进行受理的权力。这些监察权力的运用为我国的内部行政监督做出了重要的、不可磨灭的历史贡献。

2. 审计机关

审计机关是我国政府为了进行财务监督而专门设立的机关。它有权对政府的财务情况，如行政财政收支、财金纪律的遵守等进行监督。尽管各国的审计制度有许多差别，但是设立独立的审计机构对政府财政进行监督是一个普遍的做法。我国的最高审计机关是国务院下辖的审计署，负责全国的审计工作，审计机关还包括审计署下辖的审计局，这些都构成了我国审计机关的基本框架。审计机关在职权范围上类似于一般监督中的职能监督，它有权监督各级政府的财务情况。我国审计机关的具体职权包括：对直属部门与下级政府的预算及决算的执行以及对财政收支进行监督；有权对国家财政的特定事项进行专项审计调查；有权对国际预算执行情况及其他财政收支情况进行审计监督，并向上级主管部门提交审计报告；可以受本级政府委托向本级人大常委会提交有关本级财政预算及其他财政收支情况的审计报告；也可以依法对涉及对象内部的审计工作进行业务指导，并审核由社会审计机构上交的有关审计报告。现代公共行政的一举一动都需要财务的支持，因此，财务问题对于公共行政来说是非常重要的。财政方面也是发生权力滥用和权力寻租的重灾区，因此，审计机关在财政监督方面对行政监督做出了专业的、高效的贡献。

3. 政府内部的政法机关

政府内部的政法机关是指我国行政机关内部的公安机关和国家安全机关。从组织架构来说，公安机关与国家安全机关都属于行政机关，因而属于内部的行政监督主体。公安机关与国家安全机关主要依据相关法律、法规对行政机关及其工作人员的行为进行监督与调查，这也是世界各国的通行做法。公安机关隶属国务院的公安部，以及地方各级公安厅、公安局和派出所。公安机关的主要职能是对涉嫌职务犯罪与经济犯罪的国家机关工作人员进行各项侦查，并对确实存在职务犯罪和经济犯罪的国家机关工作人员进行逮捕、拘留和预审，这对维护国家利益和社会秩序有着重要作用。当然，在实际的行政监督过程中，公安机关一般都会与检察机关、审计机关、司法机关等相互配合进行行政监督，但是公安机关毕竟有独立的侦查权，并且明确隶属国务院，因而属于行政机关内部的专门监督范畴。国家安全机关也由隶属国务院的国家安全部和地方各级的国家安全局组成。国家安全机关除了负责情报工作之外，也可以在法律、法规的框架下对涉嫌职务犯罪的行政机关及其工作人员进行侦查、逮捕、拘留和预审。国家安全部门对职务犯罪等行为的监督，对维护国家安全利益、保护国家秘密起着不可替代的作用。

二、外部行政监督体系

外部行政监督是指行政机关以外的相关主体依法、依规对行政机关及其工作人员进行的监察和督促。学术界对外部行政监督主体的观点比较一致，认为外部行政监督的主体一般包括立法机关、司法机关、公民与社会组织、社会媒体、政党和专门性监察机关等。

(一) 立法机关监督

从理论上来说，尽管洛克、孟德斯鸠的政治观迥异于卢梭和杰斐逊的观点，但是他们都能够认同立法机关是民众意志的直接表达，而行政机关是这种意志的执行机构。从这个角度来考虑，立法机关对行政机关进行监督是非常合理的、颇具权威性的一种行政监督。当今世界的绝大多数国家中，立法机关对行政机关进行的监督都是一种常态，在我国也是如此。全国人民代表大会是我国的立法机关，它对行政机关的监督是行政监督中必不可少的部分。例如，全国人民代表大会作为我国的最高权力机关及立法机关，组织行政监督就是它的重要职权。具体来看，各级人民代表大会进行行政监督的主要方式有以下几种。

(1) 直接对国务院的相关行政工作进行监督。例如，听取和审议国务院做出的政府工作报告，对国务院的一些行政行为提出质询，针对特定问题设立专门委员会等。

(2) 通过立法权来监督。现代公共行政必然是一种法治背景下的依法行政。行政机关的活动所依据的宪法和其他法律，就是由人民代表大会指定的。自然的，人民代表大会可以通过对立法工作的实施与调整，设计和改变行政行为所依据的规则，从根本上抑制反复出现的消极行政行为。

(3) 通过人事权力来进行监督。全国人民代表大会按照其职能规定，可以决定国家各级领导人的人选。例如我国行政机关的最高首脑——国务院总理，就是全国人民代表大会参考国家主席的提名而任命的。地方各级政府的领导人也是地方人民代表大会任命的。人民代表大会可以通过履行这一职权，在需要的时候调整任命，来监督行政机关工作人员的工作表现和工作结果。

(4) 通过财政权来进行行政监督。各级人民代表大会都有审议并批准各级政府提出的预算案的职权，通过对各级政府的"钱袋子"的控制，就可以把握政府行为的大方向，并从整体上提高政府工作人员贪污、挪用公款的违法成本和难度，从而实现行政监督。

(5) 全国人民代表大会还拥有审议和批准国民经济和社会发展规划，以及规划执行情况的职权。行政机构在这方面的行为如果有所偏差，也会受到来自全国人民代表大会的监督。总之，由于全国及地方各级人民代表大会职权的高效力，对行政机关及其工作人员的监督起到了关键作用。

(二) 司法机关监督

同立法机关一样，司法机关同样是外部行政监督体系中的重要主体。与立法机关相比，司法机关的行政监督更加专门化。司法机关主要是在司法领域对行政机关及其工作人员是否违反法律、法规进行监督。现代法治国家主要是通过司法机关的行政监督来保证依法行政的。在我国，司法机关主要指各级人民法院以及各级人民检察院，它们对行政机关及其工作人员的监督是一种司法监督。与法院相比，检察院对行政机关的监督更加主动，行政机关及其工作人员如果出现违法违规的行为，检察院有权对行政机关以及相关工作人员进行调查取证。例如在监察委成立前，检察院下辖的反贪局就可以对涉嫌职务犯罪的行政机关工作人员进行侦查，这种侦查权的对象甚至包括行政机关内部的一些专门行政监督机构。检察院可以对公安机关及国家安全机关这类的专门行政监督机构的工作进行审查。相对来说，法院系统的行政监督就比较被动，只有行政行为对公民或社会组织的合法权益造成损害并形成行政案件或刑事案件时，法院系统才能行使审判权来裁定相关行政行为是否合法。在任何法治社会中，对行政行为的合法性进行裁定是对依法行政进行保障的基本手段，也是外部行政监督的重要措施。此外，如果地方政府制定的行政法规与中央政府制定的行政法规不一致，最高人民法院也有权请国务院做出解释。总之，司法机关在对行政机关及其工作人员进行监督时，可以采取侦查、审查、建议、审判、撤销违法行政行为等手段保证行政机构能够依法行政，这是现代法治国家的基本要求和通行做法。

(三) 公民与社会组织监督

现代公共治理问题的高度复杂性导致了民众对政府的直接监督比较困难。普通民众可能缺乏足够的时间、信息、能力和其他资源来有效地监督政府，结果就是现代民主社会公民对政府的监督往往是间接的和代理的，但这并不意味现代民主社会就可以忽略民众对政府的直接监督。因为民众是主权的归属者，是最高权力的产生者，这意味民众对政府的监督必须发挥作用，包括对政府的直接监督。在现代西方国家，民众直接监督政府的手段是比较稀缺的，常见民众采取集会、游行、示威等方式来对政府施加压力，以说服政府改变或终止某些政策。当然这种方式缺乏足够的权威来强制政府行动，所以效果很微弱，主要原因是动员民众需要专门的资源与技能，而民众的自组织能力还比较缺乏。在这种情况下，组织公民社会团体，以集约化的力量来向政府施压就成为一个符合逻辑的解决办法。美国就是一个集团政治非常发达的国家，尽管公民个体的力量在政府看来非常渺小，但是公民集团则可能拥有足够的力量来引起政府的重视。

在我国，改革开放以来，社会组织的数量与质量都在飞速提高，我国公民可以通过参与社会组织的形式来对行政机构进行直接监督。此外，我国公民还可以通过一个特殊的渠道来对政府实施直接监督，即独具特色的信访制度。国家信访局及其各级下属机构可以直接接待群众来信来访，对群众提出的合理建议，信访部门要审议研究；对待群众提出的意见和反映的问题，信访部门也要调查督促。这都为我国行政机关工作人员与普通民众的沟通提供了重要的机制与平台，也为密切党群关系、践行党的群众路线做出了重要的贡献。

(四) 社会媒体监督

社会媒体的行政监督部分解决了公民直接的行政监督所面临的能力、时间和资源不足的困境。接受专业采访、报道训练的职业记者在法律的保护下和职业目标的感召下，具备充足的时间、专业的技能、专注的兴趣与职业敏感来监督行政机关及其工作人员。现代民主制度为了推进公民借助媒体进行权力制约的进程，一般都会立法保护记者的报道权、人身安全与财产安全。各类媒体对行政机关相关问题的报道能够引起民众和国家机关的重视，可以非常有效地震慑行政机关工作人员队伍中的害群之马。例如中央电视台与各级地方台通过新闻报道、制作媒体问政和群众问政的电视节目，有效监督了一些行政部门的怠政、缺位、滥用职权、权力寻租等违法违纪行为，为我国行政监督体系的运行提供了保障。进入互联网时代之后，社会媒体进行行政监督的重要性进一步凸显出来。随着现代信息技术的发展，网络社会的聚集效应、匿名性和参与的低成本，都更好地解决了公民直接进行行政监督的一系列问题。网络问政、网络议政、网络反腐都成为有效的、受到民众欢迎的行政监督手段。现代互联网技术的发展和群众高涨的网络监督热情，不仅提高了行政监督机构的技术手段和工作效率，也为那些违法违纪的行政机关工作人员编织了一层看不见，但又无处不在、无所不知的"天网"，使任何违法乱纪行为都在群众监督的阳光下无所遁形。在自媒体时代，几乎人人都能成为行政监督的直接参与者。这些都为行政监督的新观念、新做法、新技术和新标准的出现做出了极为有益的启发与尝试。

(五) 政党监督

政党在现代政治生活中是不可或缺的组成部分。当今世界的绝大多数国家的政治生活中都有政党活动的存在。从宏观来讲，政党是民众与政府的一个连接纽带，它一方面将民众的利益诉求和态度输入政治系统中去，另一方面也影响甚至主导政府政策输出到政治系统之外。正是这种功能，使政党成为民众监督政府的有效途径和组织保障。现代西方国家的政党一般通过议会或是总统竞选来获取公共权力，并利用这种公共权力保证行政机构的运行符合政党的预期，满足选民的基本诉求。有时候政党也会组织民众用游行抗议等方式来向政府施压，通过游说和交换来满足自身的政治目的。而在我国，政党是以一种与西方不同的方式来参与政治生活的。中国共产党作为我国的执政党、中国特色社会主义建设事业的领导核心，以及人民群众最根本利益的代表者，是代表民众来进行行政监督的最优秀的主体。党对行政机构及其工作人员的监督有一系列的制度设计。中共中央以及各级党组织对同级别的政府都有监督权，而且各级党组织还专门设立了各级纪律检查委员会，纪检委与监察委一起从党纪的角度来监督领导干部和普通工作人员的日常行为。这种党内纪律的要求甚至比国家法律还要严格，它对党员干部的威慑是十分明显的。例如，"双规"及"留置"机制就给很多违纪的党员干部造成很大的心理压力。由党的群众路线、信访制度等一系列党内监督和党政监督原则与制度的建立可知，中国共产党的领导是我国的行政监督取得实效的根本保障。政党的行政监督也是各种外部行政监督中最为重要的形式之一。

(六) 专门性监察机关监督

除上述立法机关和司法机关等外部监督主体外，在实践中还存在以监督行使公权力的机关与个人为核心职能的专门性监察机关。此类监察机关多依照宪法等根本性法律设立，向同级立法机关负责，因而能够较为有效地回避行政机关等监察对象对其监察实践的干扰。例如，成立于2018年3月的中华人民共和国国家监察委员会是当前我国最高的行政监察机关。国家监察委员会成立后，人民代表大会治下的"一府一委两院"权力格局正式形成。

监察委员会这一新型监察机关具有如下特点：第一，从监察委员会的组建模式来看，监察委员会由本级人民代表大会产生，监察委员会的人员构成由本级人民代表大会选举、任免。第二，从监察委员会的权力结构来看，横向上，监察委员会与同级政府和检察院等行政机关、司法机关的地位相等；纵向上，监察委员会的监察权是贯穿中央到地方的权力，由此形成中央、省、自治区、直辖市、自治州、县、自治县、市、市辖区等全覆盖的监督体系。第三，在监察委员会的权力整合方面，原县级以上地方政府的监察厅(局)、预防腐败局和检察院查处贪污贿赂、失职渎职以及预防职务犯罪等部门的相关职能均整合至监察委员会行使。第四，在职权范围及履职方式上，监察委员会有权对所有行使公权力的公职人员开展廉政教育，对其依法履职、秉公用权、廉洁从政从业以及道德操守情况进行监督检查；对涉嫌贪污贿赂、滥用职权、玩忽职守、权力寻租、利益输送、徇私舞弊以及浪费国家资财等职务违法和职务犯罪进行调查；对违法的公职人员依法做出政务处分决定；对履行职责不力、失职失责的领导人员进行问责；对涉嫌职务犯罪的，将调查结果移送人民检察院依法审查、提起公诉，并向监察对象所在单位提出监察建议。第五，在组织形式上，监察委员会与党的纪律检查机关合署办公，进一步促进了多种监督形式的整合，增强了监督实践的合力。

第三节 行政监督与行政救济

在实际的行政管理过程中，社会组织与公民经常由于行政机关及其工作人员的不当行为而遭受不合理的利益损失。由于公共权力的不对称性，要求行政相对人自行制止或纠正这些不当行为的可能性不高。这就需要司法机关或者行政机构内部的上级部门和专门部门按照法定程序来进行评判和解决。同样的，行政机关的工作人员自身在行政过程中与上级部门或其他部门产生了矛盾并造成了利益损失，或是对上级部门的行政处罚有异议，也需要有专门的部门来进行权利救济。所以在公共行政管理过程中，时常能见到公民或社会组织对行政部门的某个行动有所质疑，向其上级部门或专门部门提出行政复议的要求，甚至直接向法院起诉的情况，在进行复议或审判之后，行政部门的特定行为可能会被撤销、修正或责令赔偿。很多人会将上述行政救济的过程等同为某种行政监督。那么，从理论上来说，行政监督与行政救济的概念是否一致？概念关系如何？从实践上看，行政监督的实际过程与行政救济的实际过程的关系又如何？下面做进一步的分析。

一、行政救济概述

(一) 行政救济的概念

行政救济是指相关救济主体根据相关法律法规，在行政相对人的要求下对行政机关及其工作人员的违法违规行为进行处理的一种行政法律制度。

(二) 行政救济的内容

以行政救济对象作为标准，可以把行政救济的内容分成两个方面。

1. 对公民及社会组织的行政救济

公共行政所处理的很多问题都涉及众多公民与社会组织切身利益的公共问题。行政机关及其工作人员的行为稍有偏差，就可能造成特定群体和个人的利益损失。在这种情况下，终止与变更对行政相对人利益造成损害的行为、恢复原状、进行赔偿，并追究相关责任，就成为自然而然的一件事情。所以，公民及社会组织在日益复杂的公共治理环境下，很难依靠自身的力量来维护自身权益，就需要借助行政救济主体的法定职权来保护自己。

2. 对行政机关工作人员的行政救济

如同公民与社会组织在行政权力面前的"弱势地位"一样，行政机关的工作人员在整个行政权力面前也处于"弱势地位"。行政机关工作人员在面对行政机构内部的上级部门或是专门部门的处罚时，如果持有异议，也可以提出要求进行行政救济。当然，行政机关工作人员的行政救济与前述的公民与社会组织的行政救济有所不同。因为行政机关工作人员不仅要遵守法律，还要遵守行政机关的内部纪律，而且有些行政争议按照法律规定必须先经过行政复议，不能直接进行行政诉讼。

(三) 行政救济的主要方式

行政救济的主要方式有三种，分别是行政复议、行政诉讼和国家赔偿。

1. 行政复议

行政复议是公民、法人或者其他组织认为具体行政行为侵犯其合法权益，向行政机关提出行政复议申请，行政机关受理行政复议申请、做出行政复议决定的行为。行政复议的主体主要是国务院和地方各级的本级政府。行政复议机关的基本职责是受理行政复议申请，向相关组织和个人进行调查取证，审查行政复议申请的具体行政行为并做出复议决定等。

2. 行政诉讼

行政诉讼是指公民、法人或者其他组织认为行政机关和行政机关工作人员的行政行为侵犯其合法权益，依法向人民法院提起的诉讼。行政诉讼的受理机关在我国是人民法院系统。在行政诉讼中，各级人民法院应该保护公民、法人与其他组织的起诉权，受理理应受理的相关行政诉讼案件，并排除公民、法人和其他组织，特别是行政组织对行政诉讼的影响，独立行使审判权。

3.国家赔偿

国家赔偿是指国家机关和国家机关工作人员行使职权，侵犯公民、法人和其他组织合法权益时，造成损害的，受害人依法有权获得的赔偿。一般情况下，造成受害人损失的行政机关本身就是赔偿主体。特殊情况下，委托的行政机关和行政复议机关也可能成为赔偿主体。如果上述赔偿主体对公民的人身权或财产权造成损害的，就应该承担赔偿的法律义务。

总之，不管是行政复议、行政诉讼还是国家赔偿，都是在公民以及社会团体受到行政机关及其工作人员非法侵害时，对合法权益的一种保护，这是行政救济的实质。

二、行政监督与行政救济的区别

行政监督与行政救济这两种行政行为在实践中非常容易混淆，原因是行政监督与行政救济都对行政权力构成了某种约束和限制，都包含对行政机关及其工作人员的督促、调查、处置。但是行政监督与行政救济这两个概念到底是相同的还是有所区别？这两个概念到底是什么关系？总体来说，行政监督与行政救济这两个概念尽管联系紧密，但并不是同一个概念。

(一) 从主体范围来看

首先从主体的范围来看，行政监督的主体与行政救济的主体是有区别的。行政救济的主体包括行政复议机关和行政诉讼机关两大类。行政复议机关是国务院和地方各级人民政府。行政诉讼机关是人民法院。从狭义的行政监督概念来看，行政救济的主体范围比行政监督的主体范围更广。狭义的行政监督只包括行政部门的自我监督，所以它的主体仅仅是行政部门自身。而行政救济的主体除了包括行政部门自身之外，还包括人民法院等司法机关。从广义的行政监督概念来看，行政监督的主体比行政救济的主体更宽泛。行政监督的主体不仅包括行政救济的主体——各级人民政府和人民法院，还包括立法机关、公民与社会组织、社会媒体和政党。所以从本书认为比较合理的广义行政监督概念来看，行政救济的工作内容被包含在行政监督的工作内容之中。我国还有一个非常特殊的行政组织——信访部门。由于信访部门有接待民众来信来访、调查民众举报的行政机关及其工作人员的违法违纪行为，以及对行政机关提出工作建议的职权，因此很多人把信访部门也列入行政救济的范畴中，而信访部门也确实起到了保护行政相对人合法权益的客观作用。通过对行政救济的概念进行考察就会发现，行政救济的本质是一种行政法律制度，不管是行政复议还是行政诉讼，都有相关的法律依据。但是信访部门的工作依据是《中华人民共和国信访条例》，仅仅是一个行政法规，不属于行政法律，因此，信访部门不应该属于行政救济。

(二) 从对象范围来看

从行政救济的主体来看，不管是各级人民政府还是人民法院，都同时是行政监督的主体，所以可能会有人把行政救济看成行政监督的一个部分。实际上，行政监督的工作内容包含行政救济的工作内容，但不能说行政救济是行政监督的一部分，这是因为行政救济的对象与行政监督的对象并不相同。根据相关概念与法律条文，行政监督的对象是行政机关及其工作人员，而行政救济的对象是行政相对人，不仅包含行政机关的工作人员，也包括公民、法人和其他组织。也就是说,从行政救济的行政诉讼的角度来说,公民、法人和其他组织的合法权益受到行政机关及其工作人员的非法侵害时,才可以申请行政救济。公民是指具有一国国籍、依法享受权利并承担义务的人。也就是说,在我国的行政救济中,只要是拥有中华人民共和国国籍,就都可以申请行政救济。《中华人民共和国民法总则》规定:"法人是具有民事权利能力和民事行为能力,依法独立享有民事权利和承担民事义务的组织。"法人也是作为民事主体存在的。法人可以大概分为三类:第一类是营利法人,主要是企业法人;第二类是非营利法人,包括事业单位法人、社会团体法人、基金会法人与社会服务机构法人等;第三类是特殊法人,包括机关法人、农村集体经济组织法人、城镇农村的合作经济组织法人、基层群众性自治组织法人等。当然,行政救济制度的对象除了上述的公民与法人之外,也包括其他符合法律规定的社会组织。也就是说,只要符合上述公民、法人和其他组织的范畴的行为主体,都可以依法成为行政救济的对象,行政救济的对象范围比行政监督的对象范围扩展了许多。这说明,不能把行政救济看作行政监督的组成部分,因为很多行政救济的对象并不是行政监督的对象。当然,也不能把行政监督看作行政救济的组成部分,因为很多行政监督的内容,如媒体监督和公民参与,并不是行政救济的内容。所以,行政监督与行政救济并不是包含与被包含的关系。

(三) 从程序和能力来看

从程序上来看,行政监督更偏向于事前监督。行政监督努力将违法违纪的行政行为在造成不利后果之前予以清除。通过行政机构内部的检查与督促、通过立法机构的审议与人事任命、通过民众进行参与和知情,都可以对行政机关工作人员产生强大的警示和震慑作用,使他们不敢违法违纪。进一步来说,行政监督还努力让不利的行政行为最好不出现,从根源上杜绝消极的行政行为。尽管这是不可能完全做到的,但是行政监督主体的努力可以尽量降低消极的行政行为出现的概率。而行政救济则指向那些已经造成不利后果的行政行为,无论是公民、法人还是其他组织,只有当他们的合法权益已经受到非法侵害时,才能主动向相关主体提出行政救济的申请。

从能力来看,行政救济的对象都是无法依靠自身能力来保护合法权益的组织和个人。上文提到过,由于现代公共治理的复杂性、多元性和动态性,行政权力的扩张已经成为一种公共生活的需要。而无论是公民个体、法人还是其他组织,都缺乏足够的资源、权力、信息来对抗行政机关对他们合法权益的可能侵犯。在这种情况下,就需要相关组织来对他们的合法诉求进行保护,这就是行政救济制度作为一种权利救济制度的本质。而相对的,行政监督的很多主体是有权力维护自身的合法权益的。无论是行政机关内部的上级部门还是专门的监督部门,无论是立法机关还是司法机关(在我国还包括政党),这些主体都拥有足够的权力来制止行政机关的侵害。实际上,行政机关很少对这些主体进行侵害,这是由政治共同体的权力结构决定的。

总体来说,行政监督与行政救济既有主体的不同,也有对象的不同,还有程序和能力的不同,这些都说明行政监督与行政救济是不同的概念。而且对行政监督的对象和行政救济的对象的分析也表明,这两者之间的关系也不能简单地理解为包含与被包含的关系。

三、行政监督与行政救济的联系

概念的作用是帮助人们认识世界。实践中,对象与行动往往是纠缠在一起的,但这样并不能帮助人们认识对象，所以才需要进行概念界定，把要研究和思考的对象划分出来，与其他对象形成对照。在此基础上，人类才能够认识并研究它们。这种划分经常是一种理想类型的划分，也就是说，这个概念与其他概念的差别可能在逻辑上和理论上是清楚的、泾渭分明的，但是在实践中，这些概念的对象都是联系在一起的，很难进行区别。行政监督与行政救济这两个概念就是如此，尽管能够非常清晰地划分这两个概念，但是在实践中，行政监督与行政救济的行为联系非常紧密，这也是这两个概念经常混淆的原因。下面简单描述行政监督与行政救济这两种制度的相互作用。

(一) 行政监督对于行政救济的增益作用

就行政监督对行政救济的效用来看，行政监督的高效率能够降低行政救济发生的概率，并且也可以提高行政救济的成功率。上文提到过，行政监督追求从源头上尽量降低违法违纪的行政行为出现的可能性。

从硬的行为约束来说，行政监督建立了权力制约的完整的、全方位的监控。既有行政机关内部的监控，也有行政机关外部的监控；既有专门机关的专业监控，也有非专业部门的广泛监控。这些制度的建立与运转不仅能从行为结果上消除违法违纪行政行为的不利后果，也能从程序上增加违法违纪行政行为的行动成本，从而降低这些行为出现的可能性。在我国，行政监督机制是在不断完善的。不论是哪一种行政监督的途径与方式，都在随着社会经济的发展而不断调试，不断适应新的形势，直面新的问题、回应新的挑战，这是行政体制改革的内在要求，也是解决频发的行政行为造成社会矛盾的根本途径。

从软的行为约束来说，行政监督也必须同时建立执政为民、依法行政的行政文化。任何一个制度都不是在真空中运行，都必然是在某种特殊的文化背景下运作的。这决定了文化对制度有一种作用力。如果文化与制度相匹配，就能够互相强化；如果制度与文化相矛盾，就会降低制度的运行效率和执行结果。一种良好的行政文化的建立对于行政监督制度的有效运行是必不可少的。通过对合法、合理的行政行为的表彰、肯定和宣传，可以引导和感召行政机关的工作人员更多的做出这类行为；反之，对那些不合理、不合法的行政行为的处置，也会对行政机关工作人员产生警示和震慑作用，让那些违法违纪的行政机关工作人员内心产生罪恶感和羞耻感。当这种心理模式和观念意识成为主流时，才能够长远、有效地提高行政监督的效果。而且，良好的行政监督也能够提升行政救济的执行结果，即便行政监督没能从源头上阻止违法违纪的行政行为的出现，有效的行政监督也能增加行政救济的成功率。正面的行政文化不仅能使行政机关的工作人员意识到合理、合法行政的重要性，也能让那些已经违法违纪的行政机关的工作人员深刻意识到自身行为的错误性，从而促使他们主动交代问题、积极配合调查。系统的行政监督制度也能使行政相对人更容易地意识到自身的合法权益受到侵害，从而提出救济申请。调查机关也更容易从行政监督机构那里获得相关的证据，从而做出高效、公正的行政救济处理。

总体来看，高效的行政监督能够降低行政救济需要处理的违法违纪行政行为出现的概率，即使这种行为真正出现，并对行政相对人的合法权益造成实质性的损害，高效的行政监督也能增加行政救济成功的概率。

(二) 行政救济对行政监督的促进作用

具体地说，行政救济的提升也能够促进行政监督效果的改善。行政救济本身集合了行政监督主体中的权力机关与非权力机关的力量，为不同的行政监督主体的合作提供了平台与机制。作为权力机关的主体，进行行政监督时的优势就在于其权威性和专业性。权威性是指在权力结构中，权力机关进行行政监督更为简便。这当然不是说非权力机关开展行政监督没有权威，而是说在非权力机关中，这种权威是不能简便、直接地行使的。专业性是指权力机关对行政机构的工作情况更为熟悉，能够获得更多的信息、权力和其他监督资源。而权力机关作为主体的行政监督的问题是，这种监督如果不能得到社会的配合，就容易产生很多盲点，不一定能够及时、有效地发现相关问题，在处理的时候也可能显失公平。反过来，非权力机构的行政监督对违法的行政行为对社会造成的危害非常敏感，这是它的优点，但是非权力机构可能没有足够的监督资源来进行有效的监督，例如政府信息公开的缺位就可能会导致民众对政府进行监督的失效。因此，无论是权力机关还是非权力机关，单独作为行政监督的主体可能都无法有效地解决问题，这就需要互相配合。而行政救济制度则是很好地促进两者进行配合、合作的机制，体现了行政救济对行政监督的促进作用。而且高效、公正的行政救济不仅能从心理上威慑行政机关的工作人员，让他们合理、合法地工作，从而有利于正确的行政文化的构建，也能够凸显现有行政监督制度的一些问题，从而为行政监督机制的进一步完善提供启示。所以，良好的行政监督必定以高效、公正的行政救济制度作为配合与补充。

总体来说，行政救济与行政监督尽管在概念上有所区别，不能混淆，但是这两个概念的联系十分紧密，在实践中也是相互配合发挥作用的。行政监督到位自然会降低行政救济出现的可能性，高效、公正的行政救济也能够保证人民群众的合法利益免于行政权力的侵害，从而提升行政监督的实际效果。在我国公共治理能力和方式的现代化转变的大背景下，有必要对行政监督和行政救济做出准确、深刻的研究，以促进行政监督制度和行政救济制度发挥更好的效果，真正做到执政为民、依法行政。

 关键词

行政监督　行政救济　内部行政监督　外部行政监督　一般监督　专门监督

 思考题

1. 什么是行政监督？
2. 有哪些不同的行政监督观？
3. 行政监督的原则是什么？
4. 行政监督体系的组成要素有哪些？
5. 行政监督与行政救济的关系是什么？

推荐阅读

[1] 毕可志. 论行政救济[M]. 北京：北京大学出版社，2005.

[2] 丁建军. 行政监督概论[M]. 北京：高等教育出版社，2007.

[3] 毛宏升. 当代中国监督学[M]. 北京：中国人民公安大学出版社，2003.

[4] [法]卢梭. 社会契约论[M]. 李平沤，译. 北京：商务印书馆，2011.

[5] [法]孟德斯鸠. 论法的精神[M]. 徐明龙，译. 北京：商务印书馆，2012.

[6] [美]杰斐逊. 杰斐逊选集[M]. 朱曾汶，译. 北京：商务印书馆，2011.

[7] [英]洛克. 政府论(下篇)[M]. 瞿菊农，叶启芳，译. 北京：商务印书馆，1982.

第十章 公共预算

公共部门需要财政资源以达成使命并实现组织目标，但是获取财政资源仅仅是公共管理者面临的一个问题，财政资源必须在众多相互竞争的利益之中实现有效的配置。公共管理者面临的另外一个问题是财政资源也需要有效管理，以防止浪费。这就需要明确预算与财务管理在公共行政中的战略地位，把它们作为公共行政的重点之一。

第一节 公共预算概述

一、公共预算的内涵

一个国家的治理水平在很大程度上取决于国家的预算能力，取决于一个国家现代公共预算的成熟程度。从不同的角度出发，对公共预算的界定亦有不同。从会计学的角度，将公共预算理解为政府收入与支出的报告书；从经济学的视角，将公共预算理解为稀缺资源的配置工具；从法律的视角，将公共预算理解为一种法律性计划；从政治学的视角，将公共预算理解为一项政治活动；从政策的视角，将公共预算理解为一种政策工具或者政策过程；从公共行政的视角，公共预算是一项管理的工具。综上，公共预算是服务于不同目的的，而且肩负着许多不同的、有时甚至是矛盾的任务的公共收支计划。美国著名预算专家威尔达夫斯基认为，"美国国会和行政机构之间的斗争，实质就是争夺钱袋子(预算)权力的竞争[①]"。

在最基本的层面上，学术界的认识还是趋于一致的，即公共预算的根本问题无非是金钱或资源配置问题，这已经成为学术界内绝大多数人的共识，这也为本书把握公共预算的内涵提供了基本的依据。本书认为，公共预算指由预算职能部门经各级国家权力机关审批的某一年度内政府的收支计划，是对政府在该年度内全部活动较为全面、准确的安排，是一个具有法律效力的文件。

二、公共预算的特征与作用

(一) 公共预算的特征

1. 统一性

公共预算是一国政府履行职能的重要工具，是政务活动的命脉。从政府间关系的角度分

[①] 这句话在互联网上广为流传，据说是美国总统乔治·沃克·布什(George Walker Bush)在一次演讲中说过的话，但是通过检索小布什总统的各种讲话，无法找到英文原文的出处，可能是网友伪造的言论。无论是谁说的，这句话都非常令人深思。

析，公共预算是维护中央政府权威的有力手段。各国中央政府普遍通过公共预算加强中央政府的权威，通过税收制度设计使中央政府在预算收入中获取优势地位，并通过转移支付等途径维持地方和基层政府的正常运转，为公民提供尽量均等的公共服务。因此，全国范围内的税收制度、转移支付办法、国债管理、预算收支目标等重大预算需要保持统一性。

2. 完整性

公共预算应该包括政府的全部预算收支项目，完整反映以政府为主体的全部财政收支活动，全面体现政府活动范围和方向，不允许预算规定之外有任何以政府为主体的资金收支活动。同时，预算完整性还要求政府各预算单位的一切收支必须统一以总额形式列入公共预算，而不能以收支相抵后的净额形式列入。可见，按照预算完整性原则的要求，政府不应该有任何预算以外的财政收支活动。事实上，对于实现预算管理的所有关键目标而言，预算的完整性是一个基本前提。

3. 权威性

公共预算的权威性是由它的编制、审批、执行和决算的合法性决定的。预算文件是由作为权力机关的各级人大批准的具有法律效力的正式文件，要求在预算管理的各个环节都必须遵循法定程序，经立法机关批准，受立法机关约束。经法定程序审批后的公共预算，即成为具有法律效力的文件，预算部门必须无条件执行，不得随意更改。如遇特殊情况需要调整原定预算，同样必须遵循法定程序，不得在法律范围以外调整或变更预算，即必须由相关预算管理主体按照法定程序进行。

4. 法定性

从纳税人的角度来讲，预算必须经过立法机关审议通过的法律程序才能实施，其逻辑思路如下：纳税人已经授权政府按其意愿使用其提供的资源，政府不能随意变更。因此，政府预算的法定性原则可以看作"政府必须对纳税人负责"的理念在公共行政部门的延伸。可以说，公共预算的法定性原则是实现预算民主、预算公共参与的重要条件和机制。

5. 公开性

公开性是指政府预算的形成和执行是透明的、受公众监督的。公共预算始终都承担着公开政府财政的职责，本质上是反映公共需求和公共供给的计划，政府实际是代表公众履行上述职责。公共预算的公开性不仅有利于提高预算效率，而且便于公众监督。通过预算将政府财政决策公之于众，可以加强政府与公众之间的沟通，使公众了解政府决策，也能够体现政府预算的民主化和科学化，从而更好地发挥政府预算的监督和约束作用。当然，一些涉及国家防务安全等方面的收支需要有保密期的规定。公共预算的公开性要求预算易于被公众及其代表所理解，也便于代表审查其内容。

(二) 公共预算的作用

预算就是一种定量计划，用来帮助协调和控制给定时期内资源的获得、配置和使用。公共预算作为政府在预算年度内全部活动的经济基础，要为政府履行职能、提供公共服务给予资金支持。公共预算的具体作用体现在以下几方面。

1. 促进资源配置

政府必须通过公共预算和财政过程配置社会资源，原因有以下三个方面。

(1) 公共产品的供给。公共产品或公共服务的概念最初是由美国经济学家保罗·萨缪尔森提出，是指这样一类服务或物品，即每个人消费这种服务或物品不会导致其他人对该种服务或物品消费的减少。它意味着任意一个消费者对公共服务或物品的消费量等于该服务或物品的总量，即公共服务或物品在消费者中是不可分割的。公共产品具有三个特征：一是效用的不可分割性，二是消费的非竞争性，三是受益的非排他性。该类服务或物品的本质属性决定了其作为公共需要，必须由政府通过公共预算和财政过程对社会资源进行配置。无论公共产品的支出方式是购买性支出，还是转移性支出，均需要通过政府行为实现资源的再次配置。

(2) 外部性的存在。外部性是指当某一行为对没有参与该行为的主体带来损害或利益时，施加这一行为的主体并未付出代价或得到补偿。外部性需要由代表公共利益的政府运用公共预算加以化解。对给社会造成外部性的行为进行治理的主要工具是税收和补贴。一般而言，消解外部性遵循的原则是，对给社会造成负的外部性的行为主体进行征税，如对排污的工厂征税；对给社会带来正的外部性的行为主体进行补贴，如对专利发明者发放补贴或提供科研经费。

(3) 市场失灵的存在。市场失灵源自不完全竞争的存在，其主要表现是垄断的出现及其对自由竞争的威胁和遏制，主要是由规模经济、收益递减规律和行业壁垒等原因造成的。不完全竞争不能满足帕累托最优的要求，会给社会带来净效益的损失，阻碍社会资源的最有效配置。为了应付不完全竞争带来的不利局面，实现社会边际效益等于社会边际成本，需要通过预算资金进行干预。

2. 调节收入分配

初次收入水平的差异是市场经济的一个主要表现，因为不同的人占有不同的生产要素，在初次分配中，不同生产要素的拥有者获得的收入存在一定的差距。收入差距过大容易激化社会矛盾，不利于社会稳定。社会成员的收入差距不应太大，每个人都应享有基本的权利，如生存权、发展权等，这些权利的实现需要人们具有一定的收入。因此，需要市场以外的主体来调节收入分配，这个主体就是政府。所以，政府要通过公共预算调节收入分配，具体是通过累进税制等手段转移社会成员间的收入，然后通过社会保障等途径给低收入社会成员提供福利。

3. 稳定宏观经济运行

稳定经济是政府的主要职能，在我国，政府行使经济调节、市场监管的职能。稳定经济指政府通过公共预算和货币政策等措施主动地调控宏观经济发展态势，主要调控目标是促进充分就业、稳定物价水平、刺激经济增长、维持国际收支平衡，使国民经济稳定运行。

公共预算对宏观经济运行具有内在的稳定作用，这主要表现在累进的所得税和某些转移支出上。

(1) 预算自动变化所起的稳定作用。在累进所得税条件下，随着收入的增加，税率逐级上升，税收也增加，并且税收上升的幅度超过收入增加的幅度，会对社会总需求的扩大产生抑制作用；当收入下降时，税率逐级下降，税收也减少，并且税收下降的幅度超过收入下降的幅度，会对社会总需求的扩大产生推动作用。某些转移支付也具有自动稳定效应。例如失业救济金，它的发放数额主要取决于失业人数的多少，在经济萧条时期，失业人数增多，失业救济金的发放额自动增加，即转移支出增加，从而刺激消费支出，防止经济进一步衰退；在经济繁荣时期，失业人数减少，失业救济金的发放额也自动减少，即转移支出减少，从而抑制消费支出，防止经济过热。

(2) 预算的人为变化所起的稳定作用。公共预算的人为变化就是政府根据不同时期的经济形势，主动地变化公共支出与税收，以"熨平"经济波动。当存在通货紧缩缺口时，政府增加公共支出，削减税收，即实施扩张性财政政策；当存在通货膨胀缺口时，政府削减公共支出，增加税收即实施紧缩性财政政策。

三、公共预算理论和方法

(一) 零基预算

零基预算思想起源于凯伊(V. O. Key)在1940年所著的《预算理论的缺失》(*The Lack of Budgetary Theory*)中对编制公共支出预算的提问，他希望建立政府预算的规范性理论，将预算理性化。1952年以后，零基预算在美国被运用于编制公司研究部门的预算。20 世纪70 年代，卡特总统开始在美国政府全面推行零基预算，80年代中期以后，零基预算逐渐淡出美国人的视野。20 世纪90 年代，零基预算进入中国，并在中国兴起。

所谓零基预算，正如它的名称所言，意味着"从零开始"。零基预算是一种从总体上控制各个预算支出的预算编制理论，其基本特征是当期预算收支计划不受以往预算收支情况的影响，一切预算收支都建立在成本-效益分析基础上，一切从零开始来编制预算，要求每个政府部门在为每个项目申请预算时，应该对本部门原有的计划项目和活动进行系统评价与审查，然后再编制预算。零基预算把组织管理的重点放在评估组织的项目和寻求资源配置的最佳决策方案上。根据政府项目的重要性对预算支出进行排序，提供管理决策的不同替代方案，这是零基预算的核心内容。从本质上讲，零基预算是一种对政府提供公共服务的先后顺序做出安排的思维方式。它是市场经济及预算管理技术发展到一定阶段的产物，也是为提高公共预算绩效而做出的努力。

在公共部门实行零基预算需要四个基本步骤。

步骤一：确定决策单位。部门用来做出预算决策的任何有意义的要素都是决策单位。它们是预算编制过程中最小的分析单位。

步骤二：建立决策包。一个决策包是一份文件，用来确认并描述每个决策单位，进行评估和排序：①在资源有限的情况下对每个决策单位进行评估和排序；②决定是否对这个决策单位拨款。

步骤三：通过对所有的决策包进行评估和排序来确定预算拨款请求。

步骤四：编制与预算决策包相对应的业务预算。零基预算模式不但提供了财政计划，而且为部门项目的实施提供了业务预算方案，使其能够顺利通过立法机关的审查和修正。

从西方国家的实践经验来看，零基预算主要适用于规模较小的预算，对于大规模预算，繁重的文案工作徒添工作量，并且，零基预算在控制预算规模增大方面也存在问题。在我国，从1993年开始，河南、河北、安徽等省份先后试行了零基预算。2000年，中央部门预算改革，开始全面采用零基预算进行预算编制，并取得一定成效。但是，由于我国正处于经济转型期，零基预算在我国的推行仍存在一些问题，如现行机构设置的不匹配，预算分配权过于分散，对预算支出的制约缺乏，以及编制技术的落后等均制约零基预算的推行。所以，零基预算在我国的实行远未达到理想效果。

(二) 部门预算

部门预算是指编制政府预算的一种具体制度和方法，它由各级政府的各个部门编制，经财政部门审核后提交国家权力机关通过，反映部门所有收入和支出的预算。2000年，我国财政部进行了部门预算的改革试点，向全国人民代表大会提交了教育部、农业部、科技部和劳动与社会保障部四个部门的预算。同时，地方财政也进行了改革试点，从而开始了以编制部门预算为先导的政府预算制度大改革。2001年，上报全国人民代表大会的试编单位又扩大到国务院26个部门，上报内容和形式也做了改进，我国的部门预算改革逐渐走向深入。部门预算的积极意义有以下几点。

(1) 强化了政府预算的计划性。通过提前预算编制时间，使预算程序更符合程序逻辑，改变了中央政府预算先执行后审批的做法。通过部门预算的编制，可以细化政府的整体预算，使编制详细的政府预算有了科目依据。同时，部门预算对规范预算外资金管理也有积极作用。

(2) 加强了政府预算的统一性。部门预算相对完整地反映了各个主管部门及其所属单位各类收支的全貌，相对全面地反映了各个部门的收支活动，起到了统一和集中政府财力的作用，改变了过去部门经费多头管理的局面，便于理顺各部门与所属单位之间的财物关系。将二级单位预算纳入主管部门管理，有助于改变政府财力分散的状态。

(3) 提高了政府预算的集中性。编制部门预算使每个政府部门都分别编制自己的财力收支计划，改变了原有的各部门缺乏完整预算的状态，从而容易观察本部门的财力状况，有利于各部门自主开展政务活动，有利于政府把握各个部门的财力投入状况，确保提高重点部门的投入和行政效率。

(4) 增强了政府预算的法治性。部门预算的编制是依据相关法律和法规统一组织和开展的，使政府自觉遵循法律而采取行动。它为社会公众借助法律约束政府活动，为法治社会的形成和反腐倡廉提供了应有的条件和制度保证。

(三) 绩效预算

绩效预算是20世纪50年代初美国联邦政府首先提出并应用于支出管理的一种预算编制模式。20世纪90年代，随着"再造政府"运动的兴起，美国联邦政府放弃零基预算，绩效预算特别是基于绩效预算的绩效管理越来越受到美国预算管理办公室(Office of Management and Budget，OMB)的重视，并相继通过了一系列相关法案。从实施状况来看，绩效预算已经开始成为西方发达国家的主要预算模式，它在引导政府在市场经济中提高效率、发挥宏观调控作用等方面起到了重要的作用。

绩效预算是一种以绩效或结果为导向的预算管理方式，是政府依据其需要实现的职能和施政计划，确定实现计划所需要的支出经费，并评估和测量某项支出计划可能产生的社会经济效果与业绩。绩效预算的特点是重视对预算支出的效益进行分析和考察，并以预计收益作为编制预算支出的依据。同时，绩效分类一般是从政府职能分类开始的，可以将政府同类型机构中性质相同的工作任务使用的经费进行比较，以此来判断政府工作绩效，并且对政府不同年度之间的工作效率进行纵向比较来考核政府行政责任的完成情况。各国进行绩效预算的做法各有特色，总体来看，绩效预算主要可分为五个管理阶段：①公布绩效报告，系统地向公众发布有关政府服务的信息；②明确绩效目标，目的是影响政府活动；③将绩效报告提交审计师审核；④预算机构与支出机构或某个机构与其管理者之间订立绩效合同，详细规定机构在可使用资源的条件下应取得的绩效；⑤编制绩效预算，列出支出，同时列出与此相应的预期绩效，绩效预算体现了绩效合同的内容。

综上，绩效预算是指要阐述和明确请求拨款所要达到的目标，为实现这些目标而拟定的计划需要花费多少钱，以及用哪些量化的指标来衡量其在实施每项计划的过程中取得的成绩和完成工作的情况，包括绩、预算、效三要素。绩是指业绩指标，表明申请财政拨款是为了达到某一具体目标或计划；预算是指达到这一业绩所需的拨款额；效是指业绩的考核及业绩与预算挂钩的方式。

与传统预算编制方法相比，绩效预算具有以下优势。

1. 绩效预算是一种效益预算

绩效预算的出发点是政府部门应当花多少钱来购买某项公共劳务，而不是为养活某些机构或部门，这是市场经济关系在政府公共部门的应用，是一种以产出或结果为依据的预算。与传统的投入预算相比，绩效预算是一种既重视投入，更重视产出的效益预算。

2. 绩效预算实现了绩效与预算的匹配

绩效预算实行实物量(绩效)与资金供给量相配比的原则。政府预算的支出计划以业绩项目为基础，每项支出都依业绩项目的成本标准计算。预算单位若想得到更多的资金，就必须实施更多的项目活动，而且这些项目活动要有好的绩效。而单位分到的预算越多，说明它们获得政府交办的项目越多，从而实现预算单位绩效与预算的匹配。

3. 实行绩效预算硬化了预算约束

绩效预算较清晰地表明了投入的每项资金将会产生的成果，绩效预算中权利与义务是对等的，它坚持按绩、效和成本标准来确定每笔拨款，为评价预算分配的合理性提供标准，使预算约束硬化。

4. 绩效预算的可操作性强

绩效预算强调效果和可操作性，预算制度由多种方法构成，但它最终以政府各部门的业绩考核为依据，从而又进入相对简化的阶段。绩效指标不是绩效标准，指标只是绩效好坏的指示物，并不是要用它们精确地测量绩效，其可操作性强，即使不懂预算的人也能看明白。绩效指标的设计可以从简单到复杂，逐步完善。

第二节　公共预算的构成

一、公共预算收入

(一) 公共预算收入的含义

公共预算收入指政府为行使其职能，为公众提供公共服务而依法、有计划地取得的资金或资源。公共预算收入的主要原则为受益原则和支付能力原则。

一般公共预算收入的主要来源是税收收入，以及非税收入、债务收入和转移性收入。

税收收入是国家预算资金的重要来源，目前我国税收分为商品和劳务税、所得税、资源税、财产和行为税、特定目的税五大类，现行的税种共18种。五大类18个税种分别有增值税、消费税、企业所得税、个人所得税、资源税、城市维护建设税、房产税、印花税、城镇土地使用税、土地增值税、车船使用税、船舶吨税、车辆购置税、关税、耕地占用税、契税、烟叶税、环保税。18个税种中的个人所得税、企业所得税、车船税、环保税、烟叶税和船舶吨位税6个税种通过全国人民代表大会立法颁布实施，其余12个税收事项都是依靠行政法规、规章及规范性文件来规定。

非税收入包括专项收入、行政事业性收费收入、罚没收入等，受经济结构和经济发展水平的影响较大。

转移性收入是指上级政府对下级政府的补助性财政收入，包括返还性收入(中央与地方共用收入科目)、一般性转移支付收入、专项转移支付收入、政府性基金转移收入等。

(二) 公共预算收入的分类

公共部门取得公共收入的渠道多种多样，主要包括税收、公债、捐赠、使用费、规费、国有资产运行收益和国有企业利润等多种形式。对公共预算收入进行科学的分类，有助于我们对公共预算收入进行全面、深入的认识。按照不同的分类标准，可以将公共预算收入进行多种分类。

1. 按照公共预算收入的形式，可以分为税收收入、公债收入和其他收入

(1) 税收收入。税收是国家或地方公共团体为筹集满足社会共同需要的资金，按照法律规定，以货币的形式对私人的一种强制性课税。在现代社会中，税收是政府筹集公共预算收入的首要来源，它在公共预算收入中所占的比重也最大。

(2) 公债收入。公债是政府依据信用原则，采取有偿的形式取得公共收入的一种有偿形式，是一种信用产物。公债是政府取得公共预算收入的另一种重要形式。公债的基本作用是弥补政府财力的不足，但是在宏观经济调控中，政府为了拉动社会总需求和促进经济增长往往通过发行公债获得财政资金。

(3) 其他收入。除了前面提到的几种公共预算收入形式外，在现实中还存在其他公共预算收入形式，如通货膨胀、捐赠、使用费、行政事业规费收入等。

2. 按照公共预算收入的税收和非税收标准，可以分为税收收入、国有资产收益、公债收入和其他收入

(1) 税收收入。税收收入是最稳定的公共预算收入来源，目前在我国也是最主要的公共预算

收入来源。一国政府是唯一具有征税权力的组织，因此，税收收入是政府收入来源的基本部分。

(2) 国有资产收益。我国是以公有制为主体的社会主义国家，大量国有资产也是我国公共预算收入的主要来源。在实行股份制的公司中，国有股可以带来大量国有资产收益。

(3) 公债收入。公债收入是国家通过信用从国内外取得的收入，包括发行公债、国库券、经济建设债券等。公债收入需要符合效率原则和规模适度原则。

(4) 其他收入。其他收入虽然在公共预算收入中所占的比重较小，但是种类却比较多，主要有以下几种：一是事业收入。事业收入指各类事业单位向国家缴纳的收入，如各类学校，尤其是高等院校、体育、广播电视和新闻媒体等事业单位缴纳的部门收入。二是规费收入。规费收入指政府部门为个人或企业提供某些特殊服务时收取的手续费或工本费，如商标注册、执照费、商品检验费和公证费等。三是罚没收入。罚没收入指海关、工商行政、税务行政和有关政法机关，对具有非法行为的个人或组织征收的罚款和没收的物品带来的收入。四是国有资源收入。国有资源收入指国家在允许个人或企业开采矿藏、利用水资源和牧草资源时按规定征收的管理费或使用费带来的收入。五是专项收入。专项收入指各种专款专用的项目，如教育附加费收入、电力建设专项收入等，这些收入往往遵循专款专用的原则。

3. 其他划分公共预算收入种类的标准

(1) 按照预算编制的方法，可以将公共预算收入划分为经常性预算收入和资本性预算收入。经常性预算收入主要指税收和国有资产收益等来源较为稳定的收入。资本性预算收入主要指国债收入，这类收入来源不稳定，而且主要用途是进行基本建设，不是用于日常支出。

(2) 按照预算管理层级的不同，可以将公共预算收入划分为中央预算收入和地方预算收入。

二、公共预算支出

(一) 公共预算支出的含义

公共预算支出又称政府支出或公共支出，指政府为行使职能，提供公共服务而花费的公共预算资金或资源。从经济学角度来看，公共预算支出是公众享受公共服务所负担的成本，公共预算支出不仅是政府行使职能的前提，而且是政府增进社会公平、提高经济发展效率的重要手段。

政府履行任何职能都离不开对资源的占用，在市场经济社会中，政府的开支规模决定了政府所能掌握的资源的使用量，也决定了公共部门所能提供的公共产品的数量和质量。因此，公共支出是政府行为的成本，是公共财政管理的一个基本组成部分，公共支出可以看作政府履行其基本职能所发生的以货币为媒介的支出的总和。

公共部门是市场的重要组成部门，公共支出所代表的公共需求是全社会总需求的重要组成部分。公共部门对经济的影响作用主要表现在公共支出上，政府干预、调节经济的职能也主要是通过公共支出来实现。公共支出的规模、结构、投向领域不但反映了政府对经济干预的广度和深度，而且对市场价格的形成，以及私人部门的消费、储蓄和投资决策都具有基础性的影响。公共部门的支出活动往往会成为私人部门行为决策的基本着眼点。因此，公共支出不但是政府运行所必需的保障，也是政府干预经济的基本工具。

公共支出的数额反映政府介入经济生活和社会生活的规模与深度，也反映公共部门在经济生活和社会生活中的地位。从本质上讲，公共支出就是满足社会公共需要的社会资源配置活动，是国家通过财政收入将集中起来的财政资金进行有计划的分配，以满足社会公共需求和社会再生产的资金需要，从而为实现国家的各种职能服务。

(二) 公共预算支出的分类

研究公共部门的支出，核心是要了解不同投向的公共支出可能对市场主体产生的影响及作用机制，不但要了解公共支出的基本分类，同时要熟知公共支出的基本结构和发展变化的一般趋势，特别是西方学术界关于公共支出规模增长的一般理论和公共支出的决策理论。通过对公共预算支出分类，有助于深入分析公共预算支出的结构并评价其合理性及其对社会经济的影响。按照不同的分类标准，可以将公共预算支出划分为不同的类型。

1. 按照公共预算支出的经济性质，可以分为购买性支出和转移性支出两大类

(1) 购买性支出又称消耗性支出，直接表现为政府购买物品或劳务的活动，包括购买进行日常政务活动所需的或用于进行国家投资所需的物品或劳务的支出，由这些物品或劳务的数量与它们的价格相乘来计算。政府购买计入国民生产总值与国民收入内。政府购买的共同点是政府付出了资金，相应地获得了物品或劳务，由政府部门运用这些资源，就排除了私人部门运用它们的可能性。在这样的一些支出安排中，政府如同其他经济主体一样，在从事等价交换的活动。

(2) 转移性支出直接表现为资金无偿的、单方面的转移，主要包括政府部门用于养老金、补贴、债务利息、事业救济金等方面的支出。转移性支出并不反映公共部门占用社会经济资源的要求，转移只是在社会成员之间的资源再分配，公共部门只发挥中间人的作用。转移性支出的共同点是政府付出了资金，却无任何资源可得，不存在任何交换的问题。转移性支出所起的作用是通过支出过程使政府所掌握的资金转移给特定的领受者，转移性支出只转移了资金的使用权，对于国民收入的分配有直接影响，但对生产、就业及社会总需求的影响是间接的。

2. 按照公共预算支出的目的，可以分为统治性支出与社会性支出

(1) 统治性支出指用于维持社会秩序和保卫国家安全，使其不受侵略和破坏，保护人民的生命财产安全和经济与社会建设的顺利进行的支出，如用于国防、监狱与统治性政府部门的支出。

(2) 社会性支出指用于提高社会发展水平，满足人民日益增长的美好生活需要的支出，如科教文卫、社会保障等领域的支出。

3. 按照公共预算支出的自主性标准，可以分为可控制性支出和不可控制性支出

(1) 可控制性支出指不受法律或权力机关的约束，政府或预算执行部门可根据每个预算年度的需要分别决定或调整支出数额的支出。

(2) 不可控制性支出指根据法律和契约的规定必须进行的支出，也就是说，在法律或契约的有效期内必须按照规定准时如数支付，不得任意停付或逾期支付，也不得任意削减其数额。

这类公共支出主要包括两大项：一是国家法律规定的个人所享受的最低收入保障和社会保障，如失业救济、食品券补贴等；二是政府债务、遗留义务和以前年度设置的固定支出项目，如债务利息、对地方政府的补助等。

4. 按照公共预算支出的受益范围，可以分为一般利益支出与特殊利益支出

(1) 一般利益支出指全体社会成员均可以享受所提供的效益的支出，具有共同消费或联合收益的特点，所提供给各个社会成员的效益不能分别测算。

(2) 特殊利益支出指对社会中某些特定居民或企业给予特殊利益的支出，这些支出所提供的效益只涉及部分社会成员，每个社会成员所得效益的大小有可能分别测算。

这种分类对于说明公共支出所体现的分配关系，进而分析不同阶层或不同利益集团在公共支出决策过程中可能采取的态度具有重要意义。

总体来看，政府的活动领域主要集中在非竞争性领域，因此政府不应参与具有市场竞争性的行业投资，否则难以保证市场的公平与活力。

第三节　公共预算制度

公共预算制度是为保障政府预算政策的进行，规范政府预算的编制、审批、执行和决算等活动而制定的一系列法律、法规，内容包括预算体系的构成、预算的编制、审批、执行、调整和决算等。

一、公共预算体系

我国国家预算的组成是与国家政权结构和行政区域划分一致的，即我国实行一级政府一级预算。《中华人民共和国预算法》(1995年1月1日实施，2014年8月31日修正，以下简称《预算法》)规定，我国设立中央、省(自治区、直辖市)、市(设区的市、自治州)、县(自治县、不设区的市、市辖区)、乡(民族乡、镇)五级预算。全国预算由中央预算和地方预算组成。地方预算由各省、自治区、直辖市总预算组成。地方各级总预算由本级预算和汇总的下一级总预算组成；下一级只有本级预算的，下一级总预算即下一级的本级预算。没有下一级预算的，总预算即本级预算。中央与地方政府间的预算关系在本质上是通过中央与地方各级政府间纵向财政权力配置的过程表现出来的，其界定是否科学、合理直接影响一国财政体制运行的结果。中央与地方预算的关系是在中央与地方政府职能划分的基础上进行财政预算权力配置的过程体现。众所周知，中央与地方预算关系会直接影响地方预算自主权的程度。一般来看，地方政府有权根据本行政区域内公民对公共产品的偏好程度以及对公共服务的需求程度自主决定预算收支的结构、规模范围及支出事项。但是，给予地方预算自主权并不是对中央或国家预算的排斥行为。

为了完善公共预算体系，2014年版《预算法》删除了原来有关预算外资金的内容，明确了"建立健全全面规范、公开透明的预算制度"的总体目标，进一步细化了预算体系的范围、内容等，加快以全口径预算管理为基础建立现代预算制度的改革步伐。表10-1所示是《预算法》修改前后，涉及公共预算体系的法律条文修改对照。

表10-1　　《预算法》修改前后涉及公共预算体系的法律条文修改对照

修改后的《预算法》	修改前的《预算法》
第三条　国家实行一级政府一级预算，设立中央，省、自治区、直辖市，设区的市、自治州，县、自治县、不设区的市、市辖区，乡、民族乡、镇五级预算。 全国预算由中央预算和地方预算组成。地方预算由各省、自治区、直辖市总预算组成。 地方各级总预算由本级预算和汇总的下一级总预算组成；下一级只有本级预算的，下一级总预算即指下一级的本级预算。没有下一级预算的，总预算即指本级预算	第二条　国家实行一级政府一级预算，设立中央，省、自治区、直辖市，设区的市、自治州，县、自治县、不设区的市、市辖区，乡、民族乡、镇五级预算。不具备设立预算条件的乡、民族乡、镇，经省、自治区、直辖市政府确定，可以暂不设立预算。 第五条第一款、第二款　地方预算由各省、自治区、直辖市总预算组成。 地方各级总预算由本级政府预算(以下简称本级预算)和汇总的下一级总预算组成；下一级只有本级预算的，下一级总预算即指下一级的本级预算。没有下一级预算的，总预算即指本级预算
第四条　预算由预算收入和预算支出组成。政府的全部收入和支出都应当纳入预算	无相关规定
第五条　预算包括一般公共预算、政府性基金预算、国有资本经营预算、社会保险基金预算。 一般公共预算、政府性基金预算、国有资本经营预算、社会保险基金预算应当保持完整、独立。政府性基金预算、国有资本经营预算、社会保险基金预算应当与一般公共预算相衔接	无相关规定
第六条　一般公共预算是对以税收为主体的财政收入，安排用于保障和改善民生、推动经济社会发展、维护国家安全、维持国家机构正常运转等方面的收支预算。 一般公共预算、政府性基金预算、国有资本经营预算、社会保险基金预算应当保持完整、独立。政府性基金预算、国有资本经营预算、社会保险基金预算应当与一般公共预算相衔接。 中央一般公共预算收入包括中央本级收入和地方向中央的上解收入。中央一般公共预算支出包括中央本级支出、中央对地方的税收返还和转移支付	第四条　中央政府预算(以下简称中央预算)由中央各部门(含直属单位，下同)的预算组成。 中央预算包括地方向中央上解的收入数额和中央对地方返还或者给予补助的数额
第七条　地方各级一般公共预算包括本级各部门(含直属单位，下同)的预算和税收返还、转移支付预算。 地方各级一般公共预算收入包括地方本级收入、上级政府对本级政府的税收返还和转移支付、下级政府的上解收入。地方各级一般公共预算支出包括地方本级支出、对上级政府的上解支出、对下级政府的税收返还和转移支付	第五条第二款、第四款　地方各级政府预算由本级各部门(含直属单位，下同)的预算组成。 地方各级政府预算包括下级政府向上级政府上解的收入数额和上级政府对下级政府返还或者给予补助的数额
第八条　各部门预算由本部门及其所属各单位预算组成	第六条　各部门预算由本部门所属各单位预算组成。 第七条　单位预算是指列入部门预算的国家机关、社会团体和其他单位的收支预算

（续表）

修改后的《预算法》	修改前的《预算法》
第九条　政府性基金预算是对依照法律、行政法规的规定在一定期限内向特定对象征收、收取或者以其他方式筹集的资金，专项用于特定公共事业发展的收支预算。 政府性基金预算应当根据基金项目收入情况和实际支出需要，按基金项目编制，做到以收定支。 第十条　国有资本经营预算是对国有资本收益作出安排的收支预算。国有资本经营预算应当按照收支平衡的原则编制，不列赤字，并安排资金调入一般公共预算	无相关规定
第十一条　社会保险基金预算是对社会保险缴款、一般公共预算安排和其他方式筹集的资金，专项用于社会保险的收支预算。 社会保险基金预算应当按照统筹层次和社会保险项目分别编制，做到收支平衡	无相关规定
第二十七条　一般公共预算收入包括各项税收收入、行政事业性收费收入、国有资源(资产)有偿使用收入、转移性收入和其他收入。 一般公共预算支出按照其功能分类，包括一般公共服务支出，外交、公共安全、国防支出，农业、环境保护支出，教育、科技、文化、卫生、体育支出，社会保障及就业支出和其他支出。 一般公共预算支出按照其经济性质分类，包括工资福利支出、商品和服务支出、资本性支出和其他支出	第十九条　预算由预算收入和预算支出组成。 预算收入包括： (一)税收收入； (二)依照规定应当上缴的国有资产收益； (三)专项收入； (四)其他收入。 预算支出包括： (一)经济建设支出； (二)教育、科学、文化、卫生、体育等事业发展支出； (三)国家管理费用支出； (四)国防支出； (五)各项补贴支出； (六)其他支出
第二十八条　政府性基金预算、国有资本经营预算和社会保险基金的收支范围，按照法律、行政法规和国务院的规定执行	无相关规定
第二十五条　地方各级预算按照量入为出、收支平衡的原则编制，除本法另有规定外，不列赤字。 经国务院批准的省、自治区、直辖市的预算中必需的建设投资的部分资金，可以在国务院确定的限额内，通过发行地方政府债券举借债务的方式筹措。举借债务的规模，由国务院报全国人民代表大会或者全国人民代表大会常务委员会批准。省、自治区、直辖市依照国务院下达的限额举借的债务，列入本级预算调整方案，报本级人民代表大会常务委员会批准。举借的债务应当有偿还计划和稳定的偿还资金来源，只能用于公益性资本支出，不得用于经常性支出。 除前款规定外，地方政府及其所属部门不得以任何方式举借债务。 除法律另有规定外，地方政府及其所属部门不得为任何单位和个人的债务以任何方式提供担保。 国务院建立地方政府债务风险评估和预警机制、应急处置机制以及责任追究制度。国务院财政部门对地方政府债务实施监督	第二十八条　地方各级预算按照量入为出、收支平衡的原则编制，不列赤字。 除法律和国务院另有规定外，地方政府不得发行地方政府债券

(一) 中央预算与地方预算

1. 中央预算

按照《预算法》的规定，中央预算即中央政府预算，是指主要承担国家安全、外交和中央国家机关运转所需经费，调整国民经济结构、协调地区发展、实施宏观调控所必需的支出及由中央直接管理的事业发展支出，具体包括国防费、武警经费、外交和援外支出、中央级行政管理费、中央统管的基本建设投资、中央直属企业的技术改造和新产品试制费、地质勘探费、由中央财政安排的支农支出、由中央负担的国内外债务还本付息支出，以及中央本级负担的公检法支出和文化、教育、卫生、科学等各项事业费支出。中央预算主要包含一般公共预算、政府性基金预算、国有资本经营预算和社会保险基金预算，这四项预算形成了全面反映政府收支总量、结构和管理活动的且具有中国特色的复式预算体系。

(1) 一般公共预算。一般公共预算是最基本的预算，部门预算、收支分类等预算管理改革的众多措施大都是以一般公共预算为着眼点的。一般公共预算是政府凭借国家政治权力，以社会管理者身份筹集以税收为主体的财政收入，用于保障和改善民生、维持国家行政职能正常运转、保障国家安全等方面的收支预算。一般公共预算收入主要是税收收入和部分非税收入；一般公共预算支出则涵盖公共财政的各个方面。

(2) 政府性基金预算。政府性基金预算是将政府性基金收支全部纳入预算，并且接受与政府性基金相适应的制度规范管理的预算类型。政府性基金预算是指各级人民政府及其所属部门根据法律、行政法规和中共中央、国务院文件规定，为支持特定公共基础设施建设和公共事业发展，向公民、法人和其他组织无偿征收的具有专项用途的财政资金，具有设立的政策导向性、征收的强制性、用途的公共性、使用的专项性四大特点。它与政府公共预算之间一般不存在相互调剂关系，而是共同投入的关系。政府性基金预算按照"以收定支、专款专用、结余结转使用"的原则进行管理，各项基金自求平衡。若某项政府性基金收入不足以满足规定的特定支出需求，可直接在政府公共预算中统筹安排，不通过预算间的资金调剂解决。编制政府性基金预算有助于提高政府预算的统一性和完整性，有利于增强预算的约束力和透明度，便于人民代表大会和社会的监督。政府性基金预算的改革过程如表10-2所示。

表10-2　政府性基金预算的改革过程

时间	改革进程	主要内容
1996年	国务院颁布《国务院关于加强预算外资金管理的决定》	将养路费、车辆购置附加费、铁路建设基金、电力建设基金、三峡工程建设基金、新菜地开发基金、公路建设基金、民航基础设施建设基金、农村教育事业附加费、邮电附加、港口建设费、市话初装基金、民航机场管理建设费等13项数额较大的政府性基金(收费)以政府性基金预算的方式纳入预算管理
2008年	财政部出台《中央政府性基金国库集中支付管理暂行办法》	完成政府性基金实施改革的准备工作
2009年	财政部开始全面编制中央和地方政府性基金预算	略

时间	改革进程	主要内容
2010年起	财政部正式向全国人民代表大会编报政府性基金预决算	略
2010年起	财政部颁布《政府性基金管理暂行办法》	对政府性基金的概念、申请和审批程序、征收和缴库、预决算管理、监督检查与法律责任五部分做出了明确规定：政府性基金属于政府非税收入，须全额纳入财政预算，实行"收支两条线"管理，按照"以收定支、专款专用、收支平衡、结余结转下年安排使用"的原则编制，并要求2011年1月1日正式施行

(3) 国有资本经营预算。国有资本经营预算是国家以所有者身份对国有资本实行存量调整和增量分配而发生的各项收支预算，是指各级人民政府及其部门、机构履行出资人职责的企业上交的国有资本收益。国有资本经营预算收入主要包括应交利润、国有股利、股息、国有产权转让收入、企业清算收入和其他收入；国有资本经营预算支出根据国家宏观经济政策以及不同时期国有企业改革和发展的任务统筹安排确定，主要包括资本性支出、费用性支出和其他支出，是政府预算的重要组成部分。国有资本经营预算制度是伴随社会主义市场经济体制改革大幕的拉开以及推进而逐步建立和完善的。国有资本经营预算的改革过程如表10-3所示。

表10-3 国有资本经营预算的改革过程

时间	改革进程	主要内容
1993年11月	党的十四届三中全会首次明确提出"国有资产经营预算"	略
1994年	通过《预算法》	从法律上规定政府预算按照复式预算编制
1995年	颁布《中华人民共和国预算法实施条例》	第二十条明确规定各级政府预算按照复式预算编制，分为政府公共预算、国有资产经营预算、社会保障预算和其他预算。然而，现实中政府公共收支与国有资产收支仍混编在一个预算中，国有资产经营预算并未有实质性进展
1998年	中央政府机构调整，原国家国有资产管理局并入财政部	相应的财政部"三定"(定职能、定机构、定人员)方案中再次提出，要改进预算制度、强化预算约束，初步建立起政府公共预算、国有资本金预算和社会保障预算制度。"国有资产预算"被"国有资本金预算"的概念所替代
2002年	党的十六大召开	建立中央政府和地方政府分别代表国家履行出资人职责，享有所有权权益，权利、义务和责任相统一，管资产和管人、管事相结合的国有资产管理体制
2002年	国务院国有资产监督管理委员会(以下简称国资委)设立	意味着国有资产出资人明确，独立国有资本经营预算的编制逐步得到落实
2003年10月	十六届三中全会通过了《中共中央关于完善社会主义市场经济体制若干问题的决定》	提出建立国有资本经营预算制度，自此，多地开始着手试编国有资产预算

(续表)

时间	改革进程	主要内容
2007年	国务院颁布《国务院关于试行国有资本经营预算的意见》	指出国有资本经营预算是国家以所有者身份依法取得国有资本收益，并对所得收益进行分配而发生的各项收支预算，是政府预算的重要组成部分，并且明确国有资本经营预算的编制主体、编制内容，为国有资本经营预算整体推进提供基本的制度保证
2007年11月	财政部发布《中央企业国有资本经营预算编报试行办法》	略
2007年12月	国务院批准，财政部会同国资委发布《中央企业国有资本收益收取管理办法》	开始试点编制中央本级国有经营预算，一系列有关国有资本经营预算法律法规的出台标志着我国已经基本建立了国有资本经营预算制度框架，中央层面国有资本预算编制工作铺开
2008年10月	十一届人大常委会第五次会议表决通过我国首部《企业国有资产法》	明确了国有资产管理体制、解决国企分红与收益权等关键问题，其中专章规定国有资本经营预算目的、内容、编制年限、限制条件等，进一步确认2007年试点以来国有资本预算合法性问题，奠定了我国国有资本预算制度的法律基础
2010年	财政部首次对外公布中央国有资本经营预算收入表、支出表及说明。国有资本经营预算作为重要的内容列入了每年全国人民代表大会的审议和表决程序	略
2013年	中央和地方国有企业经营预算实现合并	略

(4) 社会保险基金预算。社会保险基金预算是指社会保险经办机构根据社会保险制度的实施计划和任务编制的、经规定程序审批的年度基金财务收支计划。我国社会保险基金预算管理在很长一段时间内是作为预算外资金存在并进行管理的。社会保险基金预算管理制度也是伴随社会保障事业的快速发展和政府预算制度改革不断完善建立的。社会保险基金预算的改革过程如表10-4所示。

表10-4 社会保险基金预算的改革过程

时间	改革进程	主要内容
1993年	发布《中共中央关于建立社会主义市场经济体制若干问题的决定》	提出建立政府公共预算和国有资产经营预算，并可以根据需要建立社会保障预算和其他预算
1994年	全国八届人大通过的《中华人民共和国劳动法》和1995年开始实施的《预算法》及《中华人民共和国预算法实施条例》都以法律形式规范了社会保险基金管理和监督，明确建立社会保障预算制度	略
1996年	财政部发布《关于建立社会保障预算的初步设想》	提出了编制社会保障预算的具体形式
1999年	国务院出台《社会保险费征缴暂行条例》	规定社会保险基金纳入财政专户，实行收支两条线管理

时间	改革进程	主要内容
2000年—2009年	由于受社会保障制度安排的客观约束，真正意义上的社会保障预算制度迟迟没有建立起来。《国务院关于加强预算外资金管理的决定》规定，我国社会保障基金在国家财政建立社会保障预算制度以前，先按预算外资金管理制度进行管理	
2010年	国务院发布《关于试行社会保险基金预算的意见》	社会保险基金预算正式进入我国政府预算体系，开始独立运行和专门管理，完成了企业职工基本养老保险基金、失业保险基金、城镇职工基本医疗保险基金、工伤保险基金、生育保险基金等的编制
2011年	居民社会养老保险、居民基本医疗保险基金也进入编制序列	略
2013年	首次将全国社会保险基金预算提交全国人大审议，并向社会公布	略

2. 地方预算

地方预算是各级地方政府财政收支计划的统称。从省、自治区、直辖市级到乡、民族乡、镇级所建立起的预算都属于地方预算，地方各级政府预算由本级各部门(含直属单位)的预算组成。地方各级政府预算包括下级政府向上级政府上解的收入数额和上级政府对下级政府返还或者给予补助的数额。

地方预算收入主要来源于税收、地方国有资产收益、专项收入和其他收入，地方预算支出主要包括经济建设支出、教育、科学、文化、卫生、体育等事业发展支出、国家管理费用支出、国防支出、各项补贴支出和其他支出。通过地方预算，可以基本了解地方国民经济的整体运行状况。

(二) 财政总预算、部门预算和单位预算

1. 财政总预算

财政总预算是各级政府汇总本级和下级政府的年度收支所编成的预算。国家总预算由中央级预算和省、自治区、直辖市总预算组成。地方各级总预算由本级政府预算和汇总的下一级总预算组成；下一级只有本级预算的，下一级总预算即指没有下一级预算的，总预算即指本级预算。

2. 部门预算

部门预算是以编制部门预算为依托的一种预算资金管理制度。在部门预算制度下，各部门编制本部门预算、决算草案，组织和监督本部门预算的执行，定期向本级财政部门报告预算的执行情况。更深层次地，部门预算应当囊括预算编制、执行和监管的整个过程，形成预算编制、执行和监管"二位一体"的闭环管理系统，其中部门预算编制是整个系统的核心。部门预算是市场经济国家普遍采用的预算编制方法，部门预算的实施提高了预算的透明度和管理水平，也在相当程度上对政府、财政及部门的行为起到了规范和制约作用。

3. 单位预算

单位预算是政府预算的基本组成部分，是各级政府的直属机关就其本身及所属行政事业单

位的年度经费收支所汇编的预算，另外还包括企业财务收支计划中与财政有关的部分。单位预算是机关本身及其所属单位实现其职能或事业计划的财力保证，是各级总预算构成的基本单位。

根据经费领拨关系和行政隶属关系，可以将单位预算划分为一级单位预算、二级单位预算和基层单位预算。一级单位预算是直接从同级财政部门领取预算资金和对所属单位分配、转拨预算资金的单位预算，也称主管部门预算；二级单位预算是从一级单位预算领取预算资金，又向所属单位分配转拨预算资金的单位预算；基层单位预算是仅与上级单位或财政部门发生领取预算资金关系的单位预算。有些主管部门虽然直接从财政部门领取预算资金，但下面无所属单位预算的，也视同基层单位预算。

二、公共预算的编制与审批

(一) 公共预算的编制

公共预算管理在公共财政体系中处于核心地位，预算编制则是公共预算过程的第一步，是指各级政府、各部门、各预算单位在财政部门的指导下，对收支进行预测，制定筹集和分配预算资金年度计划的预算活动，是整个预算过程的核心部分。预算编制应当遵守国家编制预算的原则，按照编制办法和程序进行，所需时间较长，需要经过财政部门和支出部门的反复沟通后，经立法机关审查批准。

1. 我国公共预算编制的依据

我国《预算法》第三十五条关于预算编制有明确的规定：“地方各级预算按照量入为出、收支平衡的原则编制，除本法另有规定外，不列赤字。”部分地方政府为了有效控制支出，在年初的预算指导中，还加上了“收支平衡、略有结余”的要求。此外，《中华人民共和国预算法实施条例》第十六条还具体规定了各级政府编制年度预算草案的依据：

(1) 法律、法规；

(2) 国民经济和社会发展计划、财政中长期计划以及有关的财政经济政策；

(3) 本级政府的预算管理职权和财政管理体制确定的预算收支范围；

(4) 上一年度预算执行情况和本年度预算收支变化因素；

(5) 上级政府对编制本年度预算草案的指示和要求。

第十七条规定了各部门、各单位编制年度预算草案的依据：

(1) 法律、法规；

(2) 本级政府的指示和要求以及本级政府财政部门的部署；

(3) 本部门、本单位的职责、任务和事业发展计划；

(4) 本部门、本单位的定员定额标准；

(5) 本部门、本单位上一年度预算执行情况和本年度预算收支变化因素。

2. 公共预算编制的基本原则

(1) 法治性原则。公共预算的编制要符合《预算法》和其他相关法律、法规，预算的编制要充分体现国家的方针、政策，要在法律赋权的范围内进行编制。不仅预算收入要符合法律、法规，而且预算的各项支出要符合法律、法规规定的支出标准。

(2) 完整性原则。公共预算的编制必须完整、真实地反映政府活动的全貌。第一，预算编制要设立完整的科目；第二，每一项收支指标必须依据充分确实的资料；第三，要实行综合预算制度和中长期滚动预算制度，提高公共预算的风险预测能力和控制能力。

(3) 科学性原则。公共预算的编制要以社会经济发展和政府职能的行使为准则，运用科学的经济学和财务分析技术，制定科学的收支指标，尽可能使预算确定的指标稳妥可靠，符合实际。

3. 编制的方法

预算可以根据不同的预算项目，分别采用相应方法进行编制，主要方法有以下几种。

(1) 固定预算。固定预算又称静态预算，是根据预算期内正常的、可实现的某一业务量水平为基础来编制的预算。用这个方法做出来的预算，算多少是多少，一般情况金额都不变。所以，适用于固定费用或者数额比较稳定的预算项目。

(2) 弹性预算。弹性预算在按照成本(费用)习惯性分类的基础上，根据量、本、利之间的依存关系，考虑到计划期间内业务量可能发生变动，编制出一套适应多种业务量的费用预算。此方法是为了反映不同业务情况下所应支付的费用水平，是为了弥补固定预算的缺陷而产生的。

(3) 增量预算。增量预算是在上期成本费用的基础上根据预计的业务情况，再结合管理需求，调整有关费用项目。

(4) 零基预算。零基预算就是一切从零开始，不考虑以前发生的费用项目和金额。根据实际需要逐项审议预算期内各项费用的内容及开支标准是否合理，在综合平衡的基础上编制费用预算。

(5) 定期预算。定期预算是以不变的会计期间作为预算期。多数情况下该期间为一年，并与会计期间相对应。

(6) 滚动预算。滚动预算是指在编制预算时，将预算期与会计期间脱离，随着预算的执行不断地补充预算，逐期向后滚动，使预算期间始终保持在一个固定的长度(一般为12个月)。

(二) 公共预算的审批

1. 公共预算的审批程序

公共预算编制完成后，需经过财政部门和全国人大的审查和批准通过后，才具有合法性。财政部门对预算的审批使政府的预算更具科学性和统筹性；人民代表大会作为国家权力机关对预算的审查和批准使公共预算兼具合法性和公开性。按照《预算法》的规定，各级公共预算的审批程序应该严格依法进行。

《预算法》第二十一条第二款、第三款要求："县级以上地方各级人民代表大会常务委员会监督本级总预算的执行；审查和批准本级预算的调整方案；审查和批准本级决算；撤销本级政府和下一级人民代表大会及其常务委员会关于预算、决算的不适当的决定、命令和决议。""乡、民族乡、镇的人民代表大会审查和批准本级预算和本级预算执行情况的报告；监督本级预算的执行；审查和批准本级预算的调整方案；审查和批准本级决算；撤销本级政府关于预算、决算的不适当的决定和命令。"

《预算法》第二十二条要求："全国人民代表大会财政经济委员会对中央预算草案初步方案及上一年预算执行情况、中央预算调整初步方案和中央决算草案进行初步审查，提出初步审查意见。""省、自治区、直辖市人民代表大会有关专门委员会对本级预算草案初步方案及上一年预算执行情况、本级预算调整初步方案和本级决算草案进行初步审查，提出初步审查意见。""设区的市、自治州人民代表大会有关专门委员会对本级预算草案初步方案及上一年预算执行情况、本级预算调整初步方案和本级决算草案进行初步审查，提出初步审查意见，未设立专门委员会的，由本级人民代表大会常务委员会有关工作机构研究提出意见。""县、自治县、不设区的市、市辖区人民代表大会常务委员会对本级预算草案初步方案及上一年预算执行情况进行初步审查，提出初步审查意见。县、自治县、不设区的市、市辖区人民代表大会常务委员会有关工作机构对本级预算调整初步方案和本级决算草案研究提出意见。设区的市、自治州以上各级人民代表大会有关专门委员会进行初步审查、常务委员会有关工作机构研究提出意见时，应当邀请本级人民代表大会代表参加。""全国人民代表大会常务委员会和省、自治区、直辖市、设区的市、自治州人民代表大会常务委员会有关工作机构，依照本级人民代表大会常务委员会的决定，协助本级人民代表大会财政经济委员会或者有关专门委员会承担审查预算草案、预算调整方案、决算草案和监督预算执行等方面的具体工作。"

《预算法》第二十四条第三款要求："经省、自治区、直辖市政府批准，乡、民族乡、镇本级预算草案、预算调整方案、决算草案，可以由上一级政府代编，并依照本法第二十一条的规定报乡、民族乡、镇的人民代表大会审查和批准。"

2. 公共预算审查的内容

公共预算审查的内容主要包括编制审查、收入审查、支出审查、平衡审查四个部分。编制审查的内容包括：预算是否按程序编制；编制预算资料是否齐全，预算报表与资料的衔接是否符合逻辑；预算报告是否完整、准确、真实；预算编制是否符合现行财政体制和规章制度要求；预算指标调整是否遵守制度和手续等。

人民代表大会对预算的审查采用全面审查与重点审查相结合的制度。其中，预算审查的重点在于预算草案是否体现了"量入为出、收支平衡"的原则；预算收入是否与本地区国民经济发展相适应；确保预算完成的措施是否得当；支出结构是否合理，是否保证了法定有限增长项目，是否有利于本地区经济与社会可持续发展等。

三、公共预算的执行、公共决算与公共预算的监督

(一) 公共预算的执行

预算的执行阶段是实现收支的过程，通常由政府的职能部门如财政部负责组织实施。从分工来看，财政部门主要负责预算资金的分配和拨付，各支出部门和具体预算机构负责预算支出的具体使用。通常部门和机构在支出预算执行中，如遇特殊情况需要增加预算支出的，可以向财政部门提出追加支出的申请，但是这个过程的审批程序与预算审批程序一样，要花费相当长的时间。如果支出部门或预算机构要避免调整预算的情况发生，也可以在编制下年预算时再提出，将开支延迟至下一预算年度。财政部门也要尽可能避免调整预算的情况发生。如果发生必

须追加的支出项目，一般不能通过增加支出总规模来解决，只能通过削减其他部门或机构的支出项目来解决。在发生预算失衡的情况下，财政部门往往采取冻结资金、减少开支等措施来修复。公共预算的调整，要经过立法机构的批准。

各国在加强公共支出预算执行管理方面都采取了一些行之有效的措施。以美国为例，预算的管理部门是总统预算办公室，它按照进度分步拨款和按照项目类别进行分配。在执行的过程中要追加支出的，须经过国会立法修正案。依据美国法律，经费超支或该支出的钱没有支出完都属于违法。国会的会计总监局负责审查联邦预算的执行结果与国会通过的法案是否相符，对部门和项目的预算支出效益进行评估。预算执行中的资金调拨等具体事宜由财政部来负责。财政部在各个银行都有两个账户，即收入户和支出户，银行之间实行了联网，财政部和联邦储备银行随时都可以了解公共收支的情况。财政部根据总统预算办公室的预算安排，将资金由收入户划入支出户，办理预算资金的拨付。美国联邦支出中有相当大的比重是通过公共采购方式由财政部直接支付给商品和劳务的供应者的。利用完善的计算机网络，财政部可以按天来编制资金平衡表。当预算资金调度紧张时，财政部可以根据国会的债务额度，按照资金缺口和当时银行的利率，发行短期公债来筹集资金。

1. 公共预算执行的任务

(1) 按照公共预算确定的收入任务，积极组织预算收入；

(2) 按照政府预算支出计划，及时、合理地拨付预算资金；

(3) 按照公共预算收支变化，做好预算执行中的平衡工作；

(4) 加强预算执行的监管。

2. 公共预算执行的组织领导机构

根据《预算法》的规定，各级预算由本级政府组织执行。中央预算由国务院负责组织实施，地方各级政府负责本地区预算的执行。

3. 公共预算执行的具体管理机构

根据《预算法》的规定，各级预算执行的具体工作由本级政府财政部门在本级政府的领导下负责实施。

4. 公共预算的执行机构

各级政府的预算执行由其财政部门组织实施，同时，也规定了负责参与组织预算执行工作的部门。参与组织预算收入执行的机关主要有税收机关和海关；参与组织预算支出执行的机构主要是政策性银行，如国家开发银行、中国农业发展银行及特殊情况下商业银行的临时性参与。

(二) 公共决算

由于公共管理的公共性和开放性，公共预算执行的结果与预算不可能完全一致，对于公共预算执行的实际情况，是否完成收支任务、收支是否平衡等问题，唯有通过决算才能准确地反映出来。简而言之，公共决算是对公共预算执行情况的总结和评价，它与公共预算相呼应，既可反映预算活动的实施程度和管理绩效，又可为新的预算方案的编制提供参考依据和经验教训。

公共决算体系与公共预算体系的构成一样，都是按照国家的政权结构和行政区域来划分的，根据我国宪法和公共预算管理体制的具体规定，一级政权建立一级预算，凡是编制预算的地区、部门和单位都要编制决算，各级财政部门还要编制预算收支决算。这些机构、部门和单位编制的各种年报或决算，都是各级总决算和政府决算的有关组成部分。我国公共决算包括中央决算和地方决算。中央决算由中央各部门(含直属单位)决算组成，并包括地方向中央上解的收入数额和中央对地方返还或者补助的数额。地方决算由各省、自治区、直辖市总决算组成。地方各级总决算由本级政府决算和汇总下一级总决算组成。地方各级政府决算由本级各部门(含直属单位)的决算组成。地方各级政府决算包括下级政府向上级政府上解收入数额和上级政府对下级政府返还或者补助的数额。各部门决算由本部门所属单位决算组成。

公共决算指按照法定程序编制的，用以反映国家预算执行结果的会计报告，由决算报表和文字说明两部分组成。它是预算年度内预算收入和支出的最终结果，也是政府的经济活动在财政上的真实表现，更是预算管理过程中一个必不可少的、十分重要的环节。按照《预算法》的规定，我国各级政府、各部门、各单位在每一年度终了后，应按照国务院规定的实际编制决算，以便及时对预算执行情况进行总结。

1. 编制决算的程序

(1) 单位预算决算的编制内容包括预算数字、会计数字和基本数字。

(2) 地方各级政府总决算的编制内容包括预算数字、决算数字和基本数字。

2. 决算的审查

(1) 公共预算决算审查的方式包括自查、联审互查和上级部门审查。

(2) 公共预算决算审查的内容包括政策性审查(支出审查、结余审查和资金运用审查)和技术性审查(数字关系审查、决算完整性和及时性审查)。

3. 决算的批准

各部门对应审核所属各单位的决算草案，并汇总编制本部门的决算草案，在既定期间内上报本级政府财政部门审核，财政部门有权对其进行纠正。国务院财政部门编制中央决算草案，报国务院审定后，由国务院提请全国人大常委会审查和批准。各级政府决算经批准后，财政部门应当向本级政府各部门批复决算，地方各级政府应当将批准的决算报上一级政府备案。

(三) 公共预算的监督

公共预算监督指预算监督主体对各级政府和预算执行单位的预算编制、预算执行、预算调整及决算等活动的合法性和有效性实施的检查与督导。2014年修订，2015年1月1日起开始执行的《中华人民共和国预算法》增加规定，各级人大预算编制审查的重点是：预算安排是否符合国民经济和社会发展的方针政策，收支政策是否可行；重点支出和重大投资项目的预算安排是否适当；对下级政府的转移性支出预算是否规范、适当等。同时，《预算法》要求：各级预算收入的编制应当与经济和社会发展水平相适应，与财政政策相衔接；各级政府不得向预算收入征收部门和单位下达收入指标，应当建立跨年度预算平衡机制；各级政府一般公共预算年度执行中有超收收入的，只能用于冲减赤字或者补充预算稳定调节基金等。把握好上述预算编制审查的重点，既是人民代表大会监督预算的前提，更是实现人民代表大会预算审查监督新常态的关键环节。

1. 监督的主体

公共预算监督有两类重要监督主体：各级人民代表大会(包括各级政府财政部门和审计部门)和社会公众。第一，人民代表大会是我国的权力机关，全国人民代表大会是我国的最高权力机关，具有宪法赋予的监督权利。人民代表大会在对预算进行审查、批准、监督的同时，也在监督政府行为是否符合市场经济要求，并对政府预算的内容、执行、决算等进行合规性审查。第二，社会公众是政府财政收入的提供者，政府收取社会公共资源是为社会公众提供公共服务。所以，作为社会公共资源的提供者和公共产品受益者的社会公众，他们有权通过政府预算对社会公共资源的使用及政府预算进行监督，使其能真正满足社会公共需要。

2. 监督的客体

公共预算监督的客体是公共预算支出的管理部门和执行部门，主要分为基础层次的监督和目标层次的监督。其中，公共预算基础层次的监督是指对公共预算过程的监督，公共预算目标层次的监督是指对政府收支活动的监督、对社会公共资源的筹集和流向的监督。

3. 监督的内容

公共预算监督的内容包括税务监督、国有资产监督、财务会计监督、财经纪律监督、社会中介机构监督。

4. 监督的方式

公共预算监督的方式包括：内部监督与外部监督，事前监督、事中监督和事后监督，日常监督与专项监督，直接监督与间接监督。

(1) 内部监督与外部监督。内部监督指由各级财政部门实施的预算监督，具有灵活性、经常性、预警性及一定的独立性的特征。外部监督指不直接参与预算的编制、执行、调整及决算的主体实施的预算监督，如各级人民代表大会对本级政府预算的监督以及政府审计部门实施的监督等，具有独立性、权威性、常规性的特征。

(2) 事前监督、事中监督与事后监督。事前监督指在各级政府预算和单位预算编制前，对预算的编制、审核和批准的过程进行的监督。事中监督指根据预算法规、政策和制度，对各级政府和预算单位执行预算情况的监督。事后监督指在政府预算、单位预算、财务收支计划的收支发生后，对执行结果进行的监督。

(3) 日常监督与专项监督。日常监督指贯穿预算资金运用过程的监督，是对尚未发生和已经发生的预算活动进行的一种程序性、经常性的监督。专项监督指对已经发生或者已经结束的某项预算收支行为的合法性、合规性及真实性进行的监督，在一定意义上属于事后监督。

(4) 直接监督与间接监督。针对公共预算监督的直接、间接属性进行区分，可以分为直接监督与间接监督。

进行公共预算监督的目的是通过加强对预算活动的监督检查，提高公共预算资金的使用效率，促使政府为公众提供高效的公共服务。

四、我国公共预算体制的改革历程及完善路径

(一) 我国公共预算体制的改革历程

1. 国民经济恢复和计划经济时期的政府预算制度(1949—1977年)

中华人民共和国成立后,我国政府预算制度也从无到有,逐步建立起来。国民经济恢复时期,国民经济处于崩溃状态,生产萎缩,物价飞涨,城乡隔绝,失业严重;军政费用开支巨大,财政收入增加缓慢,收不抵支;财政收支脱节、不统一,不利于中央集中调动;财政赤字过大,通货膨胀,物价上涨等。这些现实困难促使我国建立了高度集权的以统收统支为特征的财政预算制度。

从1953年开始,我国进行了大规模的经济建设,同时进行了生产资料所有制的三大改造,经过三大改造,我国建立起了社会主义经济制度,也建立起了高度集权的计划经济体制。与此同时,我国对高度集中统一的财政预算制度进行了一定程度的改革探索,建立了与计划经济体制相适应,以中央集权(包括财权)为特征,以行政为主导,预算功能不全的分级预算制度。

在以高度集权为特征的计划经济体制下,国家经济发展计划是资源配置的主要工具,国家计划以实物形式规定社会资源用于投资和消费的数量,规定不同企业的投资数量和产品的生产产量,在此基础上国家通过国有化和集体化控制全部社会资源和生产剩余。在这一体制下,财政预算只是国家计划的工具,只是被动地为实施各类指令性计划而管理和划拨资金。此时的政府预算以计划为主,无独立性可言,只是从属于计划,为计划服务。预算管理更是以行政为主导。

不论是国民经济恢复时期还是计划经济时期,统收统支是这个时期预算制度的主要特征,尽管计划经济时期对预算制度进行了所谓分权化改革,但是不论如何下放权力、分权改革,根本原则还是统收统支。

2. 经济体制转轨和建立社会主义市场经济体制时期的政府预算制度(1978—1997年)

1978年,十一届三中全会的召开标志着我国工作重心开始转移到以经济建设为中心、实施改革开放的新时期,也从此开启了以市场为导向的经济体制改革。这场改革是对计划经济体制的逐步否定和对市场经济体制的逐步肯定。经济体制转型推动了我国预算模式转型,我国预算模式由计划型转向市场型。1992年,党的十四大明确提出了建立社会主义市场经济体制的改革目标,标志着我国市场化改革进入一个新的阶段。为了与新的改革目标相适应,政府进一步加强了财政预算体制的改革与转型,强化了政府预算管理,并对传统政府预算制度进行了全面改革。

十一届三中全会后,我国开始了一场以打破权力过于集中、向地方向企业分权、以市场化为导向的全面经济体制改革,而财政作为资源配置的枢纽,自然成为放权让利改革的突破口,分权化改革也就成为我国财政预算体制改革的逻辑起点。以市场化为导向的分权化改革决定了我国的财政预算模式也开始由过去的计划型转向市场型,政府预算制度也逐步由集权型走向分权型。在这场以市场化为导向的分权化改革过程中,我国的财政预算体制经历了四次大调整:第一,1980—1984年的"划分收支、分级包干"的财政体制改革;第二,1985—1987年的"划分税种、核定收支、分级包干"财政体制改革;第三,1988年的"财政大包干"体制改革;第

四，1994年的"分税制"财政体制改革。

1978—1997年的财政预算体制改革符合我国市场化改革发展要求，尤其是分税制改革突破了传统放权让利的改革思路，向构建与社会主义市场经济体制相适应的财政运行机制迈出了关键一步，为建立科学、规范的中央与地方政府的财政预算关系奠定了坚实的基础。但从总体上看，这次财政预算体制改革仍然滞后于经济体制改革的其他方面，没有从根本上改变政府预算制度的计划经济特性，存在事权与财权划分不清、预算编制粗放、预算约束软化、透明度低、预算资金效率不高、存在大量预算外资金等一系列问题，仍然需要不断探索和完善。

3. 公共财政基本框架的建立与政府预算制度改革(1998年至今)

随着我国社会主义市场经济体制改革目标的确立和市场化改革的不断深化，以及人们在政府与市场关系方面认识上的不断深化，我国财政定位及财政职能被重新思考，特别是分税制改革以来，我国财政体制如何更好地适应市场经济发展要求，满足经济发展和社会公共需求，成为重点关注话题。为适应社会主义市场经济发展要求，我国于1998年正式提出构建公共财政体制，这是我国继分税制改革后对财政预算体制的又一次根本性变革，标志着我国财政预算体制改革进入了一个新阶段。

1999年起，我国开始了政府预算的公共化改革，这也标志着我国政府预算改革进入一个构建与社会主义市场经济体制和公共财政制度相适应的现代预算制度框架的"预算时代"。1999年9月，财政部决定，2000年在部分中央部门试点编制部门预算，要求细化报送全国人大的预算草案内容。在试行部门预算改革后，展开了国库集中收付、政府采购、收支两条线和政府收支分类，实施金财工程等多项改革，财政支出结构不断向满足公共服务均等化倾斜。2008年，开始在中央本级试行国有资本经营预算，对《预算法》的修订也开始起步。这表明，预算制度改革逐渐成为财政体制改革的重点，并且开始了从形式到内容，从量变到质变的变革过程。2014年，《预算法》修正案通过，翻开了预算法律制度的新篇章，通过赋予地方适度举债权，对地方债实施分类管理和规模控制。

(二) 我国公共预算体制的完善路径

改革开放四十多年，特别是最近十多年来，我国公共预算体制取得了明显进展，不论是在政府预算收支公共化方面，还是在促进政府预算公共化的管理运行机制方面，都取得了明显成效。当然，目前政府预算公共化改革还存在许多不足，距真正意义上的预算公共化还有很漫长的道路，如预算支出结构仍然不合理，公共服务支出仍然不足，预算决策民主化、编制科学化、执行规范化程度仍然不够，预算监督力度仍然比较弱，预算的公开性和透明度仍然比较低。这些问题有赖于我国社会主义市场经济体制的不断完善和公共财政体制改革的不断深化而得到解决，最终形成一个与社会主义市场经济体制相适应的现代政府公共预算制度。

1. 强化预算的行政控制，逐步实现行政机构内部财权的集中统一

以正在进一步深化的部门预算改革为中心，进一步完善国库集中支付制度、政府采购制度、深化收支分类改革、收支两条线改革(收支分离)，逐步减少未纳入一般预算和基金预算的政府性收支项目数量，强化预算行政控制，进而逐步实现行政机构内部财权的集中统一。

2. 完善政府预算法律体系

推动预算改革和构建现代预算制度的核心特征就是法治性，即现代预算制度需要一个完善的预算法律体系来支撑。通过多年努力，我国初步形成了预算法律体系雏形。但目前我国预算法律体系还存在诸多问题，包括预算法律体系不完整、预算法律体系内部及与其他法律体系之间不协调、一些预算法律立法层次偏低等。我国在财政收支划分、财政转移支付、财政投资、财政融资、国有资产管理、财政监督等领域还存在立法空白，极大地影响了我国预算实践活动的有效开展。因此，完善我国预算法律体系是我国近期预算改革的重要任务。

3. 推进预算信息公开，构建阳光财政

(1) 预算收入主要来自纳税人，取之于民，用之于民，预算信息必然要让公民知道。所以，预算公开是预算的基本要求，除少数涉及国家安全、国防、外交及个人隐私、商业秘密等公益与私益项目外，其余政府预算事项都要公开。目前，我国有关政府信息公开的法律、法规主要是国务院通过的《政府信息公开条例》，该条例明确规定政府信息公开是原则，不公开是例外。《政府信息公开条例》的实施极大地促进了预算公开，但这只是政府出台的规章，其法律层次不高，权威性不足，执行效率严重低下，使预算公开大打折扣。

(2) 破除政府部门关于公开预算的认识误区，树立主动、自觉公开预算信息的意识。公开预算信息的积极意义远超所增加的决策难度和决策成本。公开预算信息可以满足公众知情权，让公众更加充分地表达他们的愿望和要求，立法机构也可以据此更科学、合理地审批预算，更有效地监督预算。而且公开预算信息是构建民主政府的基础，可以增进政府与民众的互动、互信，增强民众参与公共治理的积极性，增进社会和谐，最大限度地发挥预算满足和实现公共利益的需求。

(3) 构建政府预算公开指标体系。提高预算透明度，需要一套与之相应的指标体系，以此作为衡量预算信息公开透明度的标准。在内容上可以采取渐进式推进，如先公开一般预算，之后是基金预算和预算外资金等，一般预算中可以先公开"三公经费"，"三公经费"公开可以由中央到省到市，逐级渐进推进。在公开范围方面，按人大、部门、公众三个层次公开。在公开形式上，针对不同层次、不同对象采取不同的公开形式，如对公众、部门可以通过网站、出版物、报刊公布预算报告，对人大还必须提供预算草案，对审查机构必须以内部文件形式提供更多预算资料。

因此，近期预算改革的主要任务之一就是必须大力改革和推进政府预算信息的披露和公开，构建公开、透明的政府预算制度。

 关键词

公共预算　零基预算　部门预算　绩效预算　公共预算收入　公共预算支出
一般公共预算

 思考题

1. 简述公共预算的功能。

2. 简述公共预算的特征。

3. 简述公共预算编制的基本原则。

4. 简述编制决算的程序。

5. 简述公共预算收入的分类。

6. 简述公共预算的监督。

推荐阅读

[1] [美]阿尔伯特 C 海迪，等.公共预算经典[M].上海：上海财经大学出版社，2006.

[2] [美]威尔达夫斯基.预算：比较理论[M].上海：上海财经大学出版社，2009.

[3] 马骏，赵早早.公共预算：比较研究[M].北京：中央编译出版社，2011.

[4] 彭成洪.政府预算[M].北京：经济科学出版社，2010.

[5] 邓子基.财政学[M].4版.北京：中国人民大学出版社，2018.

第十一章 行政法治

依法行政是依法治国的必然要求和具体落实。建设法治政府是全面深化改革的迫切需要，是全面依法治国的重大任务。本章将从行政立法、行政执法、行政责任、行政司法和行政诉讼等角度出发，对行政法治理论与实践展开较为系统的梳理与阐释。

第一节 行政法治概述

行政法治是行政组织结构法治、行政职权法治和行政行为法治的总称。党的十八届三中全会提出建设法治中国的奋斗目标，明确了法治建设整体推进、共同发展的努力方向，对进一步推进行政执法体制改革和司法体制改革做出工作部署。依法治国是党治理国家的基本方略，依法执政是党在新的历史时期和时代条件之下治理国家的基本方式。行政法治作为全面推进依法治国的重要组成部分，要坚持依法治国、依法执政与依法行政共同推进，坚持法治国家、法治政府与法治社会一体建设。

一、行政法治的基本原则

行政行为必须具有法律依据。行政机关只能在法律授权的范围内采取行动，这是行政法治原则的根本要求。行政机关的权限主要规定在宪法、法律等成文法之中，行政机关不得超越法律规定的权限范围自由行动，否则将构成无权限行为。行政行为必须符合法律要求。行政法治要求行政行为的存在须有法律依据，行政行为的实施须符合法律规定的方式、程序和目的，行政决定的内容和法律根据须合法。行政机关必须以自己的积极行为来保证法律的实施。对行政法治原则的分析，不仅是理论上的阐释，而且关系到怎样正确理解依法行政、如何真正做到依法行政，对树立科学的法律意识、正确地指导法治实践都有重要的意义。

(一) 行政法治原则的内涵

1. 行政权力的从属性

行政权力来源于法律的授予，并受到法律的制约。行政权力的从属性是对行政权力根本性质的描述，是对行政权力的基本定位。行政权力的从属性要求行政机关和公民的关系回归现代宪制的体制之下，政府不是全能的政府，而是提供公共产品的服务者。在行政管理过程中，行政机关和公民的法律地位是平等的，公民对于行政过程有积极的参与权。现代政府是责任政府，即政府应该对其违法行政的行为承担法律上的责任，而不只是政治上的责任。

2. 行政权力的有限性

行政权力的有限性来源于其从属性，行政权力的范围局限于法律所赋予的范围，超越这个范围就是违法的。行政权力的有限性表现为行政权力可以涉及的领域的有限、行政权力内容的有限、行政机关可以采用的行政管理措施的有限。越权无效是各国行政法的一个普遍原则，在英美法系国家，它成为司法审查的主要标准。行政行为的有限性划分了公益和私益的关系，公益不能成为任意剥夺私益的理由，公共利益机关归根结底是为广大个人服务的，这是现代法治的重要观点。

行政法治原则的核心表现是行政行为必须接受司法审查。《中华人民共和国行政诉讼法》界定了公民权利和行政权力在行政管理领域的界限。司法审查背后所蕴涵的是一种国家权力对另一种国家权力的干预和制约，是通过司法权力划定行政权力的界限。司法审查的界限是有限的，审查的深度和广度都有法律规定，司法权力不能无限干预行政权力。

(二) 行政法治原则的外延

1. 行政实体法治

授权与限权是对于行政权力法治的要求。行政权力来自法律的授予，授权本身就意味着一种限权，因为权力只能在授予的范围内行使，超过范围的权力是不存在的。重要的是，权力自身有扩张性，如果没有一个明确的界限，权力会扩张到法律所赋予的范围以外。所以，在授权的同时必须限权，即明确规定行政权力授予的目的、行政权力行使的原则、行政权力可以采取的具体措施等。依据法定权限，行政主体只能运用法律授予的权力，采取法律认可的措施，对法定的事项进行管理。超越法定权限的行为是违法的，必须撤销或者归于无效。行政权力是一种执行权力。任何行政权力、行政措施都必须接受审查，不能允许无审查的行政权力存在。审查的形式有多种，司法审查是其中最有效的形式之一，它由当事人启动程序，在案件中结合具体公民权利进行审查，具有独立性、公正性的特点。

2. 行政程序法治

行政程序法治是指行政行为在实体上必须符合法律权限、目的，在其程序上必须具有正当性。不经过程序步骤的行为是违法的，每一个步骤都要和实体结论有必然的、实质的联系，不能抛开程序得出结论或者把程序当形式，使实体的结论与程序相脱离。

(三) 行政法治原则的主要内容

1. 依法行政

政府应依法行政、依法办事，即行政活动要有合法性，不得违宪，是合法性的最高要求和核心。依法的"法"，包括法律、法规、规章。法律的效力高于法规、规章；法规、规章的原则、内容不得与法律相抵触。法律、法规、规章发生冲突，应以法律为准。依法的内容包括依法定权限、法定实体规则和法定程序。未遵循法定要求的，均构成对法治原则的违反。依法行政首先是对政府执法行为的要求，同时也是对立法的要求。立法包括权力机关的立法和行政机关的立法。权力机关的立法主要制定基准性规范。行政机关的立法主要制定从属性、执行性规范。依法行政原则要求政府机关加强行政法规和规章的制定，使大量的政府行为有章可循，以最大限度地减少政府行为的任意性及其导致的不公正和腐败。依法制定和发布行政法规、规章，不仅是政府的一项权力，更是政府的职责。

2. 职权法定

职权法定指政府、行政机关的职权必须由法律规定。对内部而言，超越职权就是侵犯了另一个机关的职权；对外部而言，超越职权就会侵犯公民的合法权益。职权法定，越权无效，是行政法治的一个重要原则。相对于公民权利的法无禁止即自由来说，行政机关不仅在法律禁止的情形下不得为之，在一定的范围内，在法律没有授权的情形下也不得作为，否则就是超越职权。对行政机关而言，行政行为不得违反法律，行政行为的权力来源要有法律的明文依据。因为行政机关是执行法律的机关，不能给自己授权，人民授权形式即是法律规定。行政处罚、行政强制措施、行政许可、行政收费等行政行为，都不是行政机关的当然权限，都需要法定。即使是行政机关的职权范围内的事项，也并不意味其有权采取任何手段达成自己行政管理的目的。行政权力的取得和存在必须有法律依据，没有法律依据的行政权从根本上说是一种非法的权力；行政主体必须在法律规定的权限范围内，依据法定的程序行使其行政职权，法定职权之外的事务由私人通过自治方式解决。行政职权法定的法理意义在于，它明示了行政权是有限的、可数的，并为行政机关划定了行使行政权的边界。

3. 控制自由裁量权

行政自由裁量权是指法律、法规赋予行政机关在行政管理过程中依据立法目的和公正、合理原则自行判断行为条件、自行选择行为方式和自由做出行政决定的权力。即依照法律所确定的原则、目的、精神、范围和幅度，行政机关在实施行政行为的过程中，基于客观实际情况，通过主观的合理判断做出灵活选择的权力。法律的稳定性、现实的复杂性、立法者的局限性以及法律条文表述的概括性决定了行政权力中自由裁量权存在的必然性。现代法治国家权力的授予与控制总是相伴而行的，控制行政自由裁量权是依法行政、依法治国和建设社会主义法治国家的必然要求。从本质上来说，权力具有自我腐蚀和自我扩张的特性，因此对权力的规范和约束就成为权力健康运行的一条规律。行政自由裁量权作为行政权力的一种，同样必须加以控制。滥用行政自由裁量权违背了法律授权的目的和意愿，干扰和破坏了法治秩序，具有很大的危害性。因此，对自由裁量权必须加以控制。

4. 权责一致

法治政府应该带头守法，切实保障公民的合法权益不受侵犯。如果政府行为越权，侵犯公民、法人或其他组织的合法权益，则应依法承担法律责任；如果政府行为造成公民、法人或其他组织人身权、财产权的损害，则应依法赔偿受害者的损失。对其违法行为是否承担法律责任，是区别法治政府和专制政府的一个重要标志。法治政府应对人民负责，并自觉接受人民监督，权为民所用，利为民所谋。因此，作为人民的政府，必须有权必有责、用权受监督，违法要追究，侵权要赔偿，切实负起责任。

二、行政法治的基本内容

(一) 行政立法

从本质上来说，国家权力机关制定、发布行政法律规范的活动是代表国家行使立法权的行为，而行政立法行为则是国家行政机关代表国家行使行政权的行政行为。但并非所有行政机关都有权进行行政立法，只有享有行政立法权的行政机关才能进行行政立法。行政立法是指有权行政机关依照法定程序，在自己的职权范围内制定并颁行有关行政管理事项普遍应用的规则的活动，主要包括国务院制定行政法规，国务院各部委、省、直辖市、自治区人民政府、设区的市、自治州的人民政府制定规章的活动。行政立法的主体是宪法和法律规定建立的国家行政机关。由于国家对经济和社会生活的干预增多，以及行政机关行政权力的相对扩大，单靠立法机关立法已无法适应社会发展的需要。立法机关以委托立法方式，赋予行政机关立法权；同时，行政机关制定的各种规范性文件也是一种行政立法活动。

具体来看，行政立法的内容包括：行政机关和公务人员的法律规范；行政机关管理国家事务的法律规范；对行政机关的活动进行监督的法律规范。不同层级的国家行政机关的行政立法的效力等级不同。

(二) 行政执法

行政执法是具有行政执法权的国家行政机关依法对违反行政法律、法规的行为所进行惩戒的统称。行政执法主要包括行政处罚、行政强制、行政征收、行政许可等。根据不同的标准，行政执法主要可以分为以下几类：抽象执法和具体执法、羁束性执法和自由裁量性执法、依职权的执法和依申请的执法、强制性执法和非强制性执法。从体系结构来看，行政执法主要分为政府的执法、政府工作部门的执法、法律授权的社会组织的执法、行政委托的社会组织的执法。

(三) 行政责任

行政法律规范要求国家行政机关及其公务人员在行政活动中履行和承担的义务。行政违法是行政责任的前提，如果行为主体的行为尚未构成行政违法，行政责任就没法产生。这就是说，并非行政法律关系主体的所有行为都产生行政责任，只有有行政违法存在时，行政责任才会产生。这里的行政责任是一种法律责任，不是基于道义或约定的道德责任。行政责任是在行政活动中由行政机关及其公务人员的违反行政义务引起的，与违宪责任、民事责任、刑事责任有程度上的不同。行政责任是一种不能以其他法律责任或纪律责任替代的独立的责任。

(四) 行政司法

行政司法主要包括行政调解、行政仲裁、行政裁决、行政复议。行政司法是由行政机关充当争议的裁决人，依照行政司法程序解决行政争议和其他特定纠纷的一种行政行为，是国家行政机关按照准司法程序审理特定的具体案件、裁决特定行政争议的活动。行政司法的主体是行政机关。行政司法是相对于行政立法、行政执法而言的一种行政行为，它的主体必须是行政机关。行政司法程序是一种特殊的法律程序。行政司法程序是把行政程序和司法程序融于一体，形成一种具有行政性质的司法程序，可以称之为准司法程序。行政司法的范围在解决行政争议之外不断扩展。行政司法既可以解决以行政机关为一方当事人的因行政法律关系而引起的争议，也可以解决公民之间、组织之间或者公民与组织之间发生的一些民事、经济纠纷。

(五) 行政诉讼

行政诉讼对于保护公民、法人和其他组织的合法权益，维护和监督行政机关及其工作人员依法行使行政职权具有重要的意义和作用。行政诉讼有利于提高公民的民主、法治意识，有利于改革开放的顺利进行。同时，行政诉讼也是惩治腐败、建设廉洁政府的有力武器。研究行政诉讼对国家法治建设具有非常重要的作用，对在行政审判中充分发挥行政诉讼功能具有十分重要的意义。行政诉讼的功能模式是指设计行政诉讼制度以及行政诉讼活动所要达到的终极目标而呈现的总体风格。学术界对行政诉讼功能模式的概括可以总结为实体权利保护说、维护公法秩序说、纠纷解决说和程序保障说。行政诉讼的功能模式关系整个行政诉讼程序的设计以及具体制度的构建。

三、行政法治建设的重要意义

(一) 依法行政有利于实现民主政治

建设法治政府可以调和国家权力与公民权利之间的冲突，从体制、机制、程序上规范民主、发展民主、保障民主，实现民主政治。

1. 法治政府是职能科学的政府

国家推进的行政审批制度改革，目的就是要打造一个职能科学的政府。政府不能什么都管，也不能该管的不管。例如，现代政府职能强调宏观调控、市场监管、社会管理、公共服务、环境保护，这五项职能是法治政府必须具备的职能，脱离这五项职能，就不能实现政府职能的科学配置。当然，各级政府之间关系的配置也必须是科学、合理的。所以，推动简政放权、放管结合、优化服务、事权财权匹配以及基层的综合执法，积极、稳妥地推进"大部门制"，都体现了职能科学的要求。

2. 法治政府是权责法定的政府

权责没有实现法定化，是因为缺少比较合理、科学的组织法、编制法和划分政府部门职能间权力、权限的相关法律。所以，权责法定化一直是法治政府建设中的短板。因此，党的十八届四中全会强调要"完善行政组织和行政程序法律制度，推进机构、职能、权限、程序、责任法定化"，实际上就是要求政府的权责要逐步实现法定化。法治政府是执法严明的政府。政府的重要职责之一就是严格、公平、公正地实施宪法和法律。只有依法行政才能保证政府在法律界限范围内行使权力，保证政府有效履行职能。

(二) 依法行政有利于促进法制完备

建设法治政府要求必须建立完备的法律和完善的法律体系。法制完备，首先是形式意义上的完备，即法律制度的类别齐全、规范系统、内在统一；其次是实质意义上的完备，即法律制度适应社会发展的需要，符合公平正义的价值需求。法治政府是守法诚信的政府。政府守法是法治政府的前提和题中之义。任何政府，如果连法律都不能遵从的话，就谈不上法治政府。当然，法治政府也意味着必须是诚信政府。政府要讲诚信，不能出尔反尔，变来变去。政府的领导可以变动，但政府的决策、决定，包括审批行为等不能随意变动，因为一旦变动，就会导致政府公信力的下降，会引发一系列的纠纷、矛盾。所以，政府要对行政行为所产生的信赖利益予以合法保护，做到守法诚信。

(三) 依法行政有利于社会文明进步

法治与文明一脉相通，集中体现了人类追求政治民主、社会正义、社会秩序中自由、平等的共同要求。法治作为文明的制度形态和秩序形态，不仅是文明丰富内涵的集中体现，也是文明成果的显著标志。从这一意义上来说，建设法治政府就是建设文明社会。法治政府建设是现代国家政治文明的重要标志，是实现国家治理体系和治理能力现代化的必由之路。依法行政是现代政治文明的重要标志。党的十八届四中全会明确提出，要善于使党的主张通过法定程序成为国家意志，善于使党组织推荐的人选通过法定程序成为国家政权机关的领导人员，善于通过国家政权机关实施党对国家和社会的领导，善于运用民主集中制原则维护中央权威、维护全党全国团结统一。国家治理体系最终是以制度的形式表达出来，而制度的最高形态是法律。法治化就是治理体系现代化的重要标志之一。

第二节　行政立法

行政立法有广义和狭义之分。广义的行政立法泛指行政性质的立法，其内容是关于行政管理的行政法律规范，属于行政部门法。基于这种认识，凡是国家机关，包括国家权力机关和行政机关，制定并发布行政法律规范的活动，或称制定行政法的活动均为行政立法。其定义的核心是关于行政管理方面的内容，以与刑事和民事立法相区别，可谓广义之说。狭义的行政立法指国家行政机关依法定权限和程序制定、颁布具有法律效力的规范性文件的活动，简言之为行政机关立法，具体是指国务院制定行政法规的活动，以及国务院各部、委员会、中国人民银行、审计署和具有行政管理职能的直属机构，省、自治区、直辖市人民政府以及设区的市、自治州的人民政府制定行政规章的活动。其定义的着眼点在于立法者，可谓狭义之说。从立法性质来看，立法是以国家名义制定、发布规范性文件，并具有与法律相同的效力，所立之法属于法的范畴，体现法的基本特征。从行政性质来看，立法者为行政机关，法所调整的对象主要是行政管理事务或与行政管理有关的事务，其适用的程序是行政程序，目的是执行权力机关制定的宪法和法律，实现行政管理职能。在现代社会，行政机关所制定的规范性文件中，有一部分也是行政机关进行行政管理活动的标准和规则。

一、行政立法概述

(一) 行政立法的概念与特征

关于行政立法的概念，学术界存在四种不同的观点：第一种观点，行政立法是指相对刑事立法、民事立法或经济立法而言的行政立法，即制定行政法律；第二种观点，行政立法是指制定行政法，即人民代表大会和行政机关制定行政管理的法律规范的活动；第三种观点，行政立法是指所有行政机关制定行政规范性文件的活动；第四种观点，行政立法是指行政法学研究范围内所使用的，享有制定行政法规或规章权力的行政主体依法定职权和法定程序制定规范性文件的活动。总之，行政立法是行政性质和立法性质的有机结合。行政立法既有行政的性质，是一种抽象行政行为，又具有立法的性质，是一种准立法行为。

1. 行政立法的行政性质

行政立法的行政性质主要表现在：行政立法的主体是国家行政机关；行政立法所调整的对象主要是行政管理事务及与行政管理密切关联的事务；行政立法的根本目的是实施和执行权力机关制定的法律，实现行政管理职能。

2. 行政立法的立法性质

行政立法的立法性质主要表现在：行政立法是有权行政机关代表国家以国家名义创制法律规范的活动；行政立法所制定的行为规则属于法的范畴，具有法的基本特征，即普遍性、规范性和强制性；行政立法必须遵循相应的立法程序。

(二) 行政立法的分类

依据不同的标准，可以对行政立法做不同的分类。

1. 一般授权立法和特别授权立法

行政立法依其立法权力的来源不同，可以分为一般授权立法和特别授权立法。所谓一般授权立法，是指国家行政机关直接依照宪法和有关组织法规定的职权制定行政法规和行政规章的活动。所谓特别授权立法，是指依据特定法律、法规授权或者依据国家权力机关或上级国家行政机关通过专门决议的委托，制定规范性法律文件的行为。

2. 中央行政立法和地方行政立法

行政立法依据行使行政立法权的主体不同，可以分为中央行政立法和地方行政立法。国务院制定行政法规和国务院各部门制定部门规章的活动称为中央行政立法。地方行政立法是指一定层级以上的地方人民政府制定行政规章的活动。在我国，有权进行地方行政立法的机关包括省、自治区、直辖市的人民政府，设区的市、自治州的人民政府。

3. 执行性立法、补充性立法和试验性立法

依据行政立法内容、目的的不同，可以分为执行性立法、补充性立法和试验性立法。执行性立法是指为了执行法律或地方性法规以及上级行政机关发布的规范性文件而做出具体的规定，使之更切合实际情况的行政立法活动。补充性立法是为了补充已经发布的法律、法规而制定规范性文件的活动。实验性立法是指行政机关基于有权机关或法律的特别授权，对本应由法律规定的事项，在条件尚不充分、经验尚未成熟或社会关系尚未定型的情况下，先由行政机关做出有关规定，经过一段实验期以后，再总结经验，由法律正式规定下来。

(三) 行政立法的主体

行政立法的主体主要包括：①国务院；②国务院各部、各委员会；③国务院直属机构；④省、自治区、直辖市人民政府；⑤设区的市、自治州的人民政府。

二、行政立法的效力及作用

行政立法特别是地方性法规、行政法规和行政规章的制定一定要以宪法和法律作为依据。一般应在总则里明确载明行政法规和行政规章所依据的法律，行政规章还应载明其所依据的行政法规，地方政府的行政规章也应当载明其所依据的地方性法规。在法律、地方性法规、行政法规、自治条例和单行条例、规章中，特别规定与一般规定不一致的适用特别规定；新规定与旧规定不一致的适用新的规定；不能确定如何适用时，由全国人大常委会、国务院或制定机关裁决。

在法律层面上，依现行法律的规定，有关行政管理的法律草案的提出议案权属于国务院，国务院在提出法律草案的初始阶段大多是由国务院有关部委起草，涉及一个以上部委的由一个部委牵头，由部委首长签署后送国务院法治机构审查或修改，经国务院审议后，由国务院总理提交全国人民代表大会。在法律草案的起草初始阶段，法律起草小组的成员中应有相当比例的从社会聘请来的专家，这样可使法律草案的提出者具有更多的理性，以克服部门偏见，提高立法质量。

法的规范之核心内容是规定社会成员的权利与义务，对于行政机关而言就是职权与职责，立法者在进行权利与义务配置时的原则是权利(权力)与义务(责任)对等，对于行政管理的主体行政机关而言，行政职权的享有就意味着相应的职责，一旦法律赋予其一定的职权，就必须积极、认真地行使，不得失职也不得越权，并要接受各种监督。被管理一方有服从行政管理的义务，也就有要求行政机关依法进行管理的权利，并有法定的救济途径。今后的行政立法中，注意权利(权力)与义务(责任)平衡仍然十分重要。

《中华人民共和国立法法》规定，国家主权事项，民族区域自治制度，特别行政区制度，基层群众组织制度，犯罪与刑罚，诉讼和仲裁制度，涉及公民政治权利剥夺，限制人身自由的强制措施和处罚，民事基本制度，各级人民代表大会、人民政府、人民法院、人民检察院的职权和相互关系，以及财政、税收、海关、金融外贸等方面的基本制度等应当由全国人民代表大会和全国人民代表大会常委会以法律的形式规定。人民代表大会尚未立法时，全国人民代表大会可以授权国务院和地方人民代表大会或行政机关进行立法，但有关犯罪与刑罚、涉及公民政治权利的剥夺和限制人身自由的强制措施、处罚或司法制度等事项除外。被授权机关不能将该项权力转授给其他机关，并应在一定时间里制定规范性文件，授权应有期限，到期收回。法律制定后，相应的立法事项的授权终止。

法律、法规确定过高的目标同样有害而无益。这从美国的《水净化法》的变迁可以得到说明[1]。荷兰的开放式分段立法的经验值得关注[2]。行政立法中常常会遇到立法时机是否成熟的问

---

[1]　美国1972年制定的《水净化法》明确规定水的质量应达到的数个标准，要求到1985年年底，任何废物都不得排入公共水体中，水体将回到自然状态。该法施行若干年后，美国国会对其进行了修改，原因是原来规定的目标不切实际，耗费太大，因而确定了一个执行新标准的时间。

[2]　荷兰的《通用行政法》不是一次性制定，而是分段立法。这种首先规定最急需解决的问题，然后不断加入新的内容的做法，具有很好的灵活性。

题。例如，如果在立法时机不成熟的情况下超前立法，则很难保证所立之法得到真正执行；如果待时机成熟再行立法，则又不利于法治的推进。

一部法律或法规、规章要成为"良法"，除立法者高度的社会责任感和较高的立法艺术外，必要的实验和法律颁布后的社会效果的评估亦十分重要。法治社会要求国家的一切活动都要依法办事。因此，正确的法治之路应该是任何重大改革均应出台法律或法规，这些法律或法规的空间效力可以是局部的，时间效力可以是有时限的，对人的效力可以是划定的群体，进行立法实验证明成功后再将完善的法律、法规推及全国或全省(市)。①当一个国家的法律体系日渐完善后，应适时进行法律编纂，梳理现行法律，消除矛盾，弥合疏漏，使国家法律更加适应社会生活，并成为国家依法行政的前提，使国家向法治国家的目标迈进。

三、行政立法的原则

社会主义国家行政立法的基本原则指社会主义国家的行政机关在进行立法活动时所必须遵循的原则。

1. 坚持党的领导的原则

党是领导社会主义国家一切工作的核心力量，行政立法必须体现党的领导。社会主义国家行政立法的主要任务就是将党的有关方针政策，特别是党的基本方针和政策具体化、规范化。一切行政法规和规章应该体现党的有关方针与政策的精神，为贯彻落实党的有关方针政策提供具体的行为规范。

2. 立法有据的原则

立法有据的原则指行政机关进行行政立法要有法律上的根据。这条原则在我国有以下三层含义：①只有法律规定有行政立法权的行政机关才能制定行政法规或行政规章，它们在进行行政立法时也不能超过本部门的职权管辖范围，如果根据需要必须超越，要经过同级权力机关或上级行政机关正式批准；②国务院制定行政法规，必须依宪法和法律的有关规定作为立法依据；③国务院所属各部、各委员会，省、自治区、直辖市人民政府，设区的市、自治州的人民政府发布行政规章，必须以现行的法律或行政法规的有关规定作为立法依据。制定行政法规和行政规章，都应当声明其法律根据。

3. 民主立法的原则

民主立法的原则指行政机关在制定行政法规和规章时，要走群众路线，要经过认真调查、研究和充分的民主讨论。行政法规和规章是否能真实地反映广大人民的意志和利益，所规定的具体措施是否符合实际，是否为最佳选择方案，立法技术是否符合要求等，都要在法规与规章起草前后广泛征求公众的意见。

---

① 德国一直在进行这方面行政立法的实验，荷兰的《通用行政法》也规定了常规的正式评估制度，以便对行政机关和公民是否遵守该法的规定及社会对该法的满意程度进行调查。通过社会调查可以发现法律是怎样起作用的，也可以发现行政立法上存在的问题和需要改进的方面，从而推进行政法律体系的完善。日本有关改革的法律出台后，法律附则中详尽规定改革的过渡时期操作规则的做法很值得借鉴。对现行有效的法律进行评估，也将成为完善法律的重要方法之一。

4. 效力分级的原则

效力分级的原则指为保证社会主义法制的统一性和严肃性，必须明确行政法规和行政规章在法律体系中的效力等级。按照我国宪法和法律的规定，我国行政立法中效力分级原则的主要内容如下：国务院制定的行政法规的效力高于一切行政规章的效力，低于现行宪法和法律的效力；国务院所属各部、委制定的行政规章的效力高于地方行政规章的效力，低于国务院行政法规的效力；省级人民政府的行政规章的效力高于设区的市、自治州人民政府的行政规章的效力。

5. 程序合法的原则

程序合法的原则指行政法规和行政规章的制定、通过和发布都必须经过合法的程序，这是保证行政立法合法性的重要措施。

四、行政立法的程序

行政立法程序是指行政立法主体依法定权限制定、修改、废止行政法规和规章所应遵循的步骤、方式和顺序。

1. 起草

起草是指对列入规划的需要制定的行政法规和规章，由人民政府各主管部门分别草拟法案。行政法规和规章的起草一般有两种：一是较为重要的行政法规和规章，其主要内容涉及几个具体部门业务的，由政府法制机构或主要的部门负责，组成由有关部门参加的起草小组负责起草；二是行政法规和规章的主要内容不涉及其他部门业务的，由主管部门负责起草。

2. 征求意见

在起草行政法规和规章的过程中，应当广泛听取有关机关、公民、社会组织的意见。听取意见可以采取座谈会、论证会、听证会等多种形式。对于涉及其他主管部门的业务或者与其他部门关系密切的规定，应当与有关的部门协商一致。经过充分协商不能取得一致意见的，应当在上报草案时专门提出并说明情况和理由，由上级机关出面协商或决定。对于直接涉及公民利益的某些重要的行政法规和规章草案，应当进行公开讨论，广泛听取公众的意见，听取有关专家的意见，包括技术专家、管理专家和法学专家的意见，特别是利害关系人的意见。起草行政法规和规章时，应当对与内容相同的行政法规和规章做出清理。对同一事项，如果做出与其他行政法规、规章不相一致的规定，应当在上报草案时专门提出并说明情况。如果现行的法规和规章被新的法规和规章所代替，必须在草案中明示废止。

3. 审查

审查是指行政法规和规章草案拟定之后，送交政府主管机构进行审议、核查。承担行政法规和规章审查职能的是政府法制机构。政府法治机构对行政法规和规章草案审查的主要内容有：制定行政法规、规章的必要性和可行性；是否符合党和国家的方针、政策、法律以及上一层次规范性文件的规定；是否在本机关的权限范围内，是否有越权或滥用职权的现象；行政法规和规章草案的结构、文字等立法技术是否规范；是否符合上报手续，以及有关的资料、说明是否齐备等。法制机构审查后，写出审查报告，提出是否提交会议讨论通过的建议。若需讨论通过，应将行政法规和规章草案的上报稿与修改稿一并呈送。

4. 通过

通过是指行政法规和规章在起草、审查完毕后，交由主管机关的正式会议讨论表决。行政法规要经过国务院全体会议或常务会议审议通过；部门规章要提交部委会议或常委会会议审议通过；地方政府规章要提交地方政府常务会议或全体会议审议通过。

5. 签署

行政法规和规章通过后，还须经制定机关的行政首长签署。国务院发布的行政法规，应由国务院总理签署；各部委发布的规章，应由部长或委员会主任签署；地方人民政府发布的地方政府规章，应由省长、自治区主席、市长或自治州州长签署。

6. 发布

发布是行政法规和规章生效的必经程序和必要条件。凡是未经发布的行政法规和规章都不能认为已发生效力。行政法规由总理签署，以国务院令的形式发布，并应及时在国务院公报、中国政府法制信息网以及在全国范围内发行的报纸上刊载。在国务院公报上刊登的行政法规文本为标准文本。部门规章由部门首长签署命令公布，并应及时在国务院公报、中国政府法制信息网以及在全国范围内发行的报纸上刊载。地方政府规章由省长、自治区主席、市长或自治州州长签署命令公布，并应及时在本级人民政府公报、中国政府法制信息网以及在本行政区域范围内发行的报纸上刊载。

7. 备案

备案是指将已经发布的行政法规和规章上报法定的机关，使其知晓，并在必要时备查的程序。备案本身只是立法程序的一个后续阶段，而不是立法本身。行政法规报全国人大常委会备案；国务院部门规章、地方人民政府规章报国务院备案；地方政府规章应当同时报本级人民代表大会常务委员会备案；设区的市、自治州的人民政府制定的规章同时报省、自治区的人民代表大会常务委员会和人民政府备案；根据授权制定的地方行政法规报授权决定规定的机关备案。

第三节　行政执法

行政执法是具有行政执法权的国家行政机关依法对违反行政法律法规的行为所进行惩戒的统称。行政执法主要包括财产罚、行为罚、人身罚和申戒罚等。姜明安认为，法治思维下的行政执法要求主要体现在法治的目的，即追求社会公平正义和人的自由、幸福，保障和发展人权一类美好价值上。实质法治否定"恶法亦法"的消极法治主义。对于明显违宪、违法的"恶法"，必须通过违宪审查或违法审查程序撤销。在没有撤销之前，国家机关应适用合宪、合法的上位法，而不适用明显违宪、违法的"恶法"。各级政府和政府部门更有依宪、依"良法"抵制"恶法"的义务和责任。

一、行政执法的概念

行政执法是指有行政执法权的行政机关或法律、法规授权的组织，依照法律、法规、规章规定的职责、权限与程序，对特定的行政相对人和特定的事项进行处理，并直接影响行政相对人的权利和义务的行为。理解这一概念需要把握以下几点。

第一，行政执法的主体是具有行政执法权的行政机关和法律、法规授权的组织。也就是说，只是具有行政执法权的行政机关和法律、法规授权的组织才是行政执法主体，一般的事业单位、党的机关、人民代表大会机关、法院、检察院等不是行政执法主体。

第二，行政机关和法律、法规授权的组织，其执法的职责、权限、程序要由法律、法规、规章来规定，不得自我封权、自我授权，也不得通过制定一般的文件给本级政府、本部门授权。

第三，行政执法行为直接影响行政相对人的权利或义务。因此，行政执法行为如果违法，就不利于密切政府与公众的关系。

第四，行政执法人员必须学法、懂法。行政执法与行政机关的立法活动是不同的：一般地讲，国务院制定行政法规的活动，以及国务院部门和省级政府制定规章的活动，并不针对特定的人和事，只是规范某一领域的行为，因此称为抽象行政行为；而行政执法则不同，它要将法律、法规、规章的规定运用到具体的人、具体的事上，因此属于具体行政行为。

二、行政执法的分类

按照不同的分类标准，可以把行政执法划分为不同的类型。

(一) 按照行政执法工作的性质划分

按照行政执法工作的性质划分，可以把行政执法划分为治安行政执法、税务行政执法、工商行政执法、劳动保障行政执法、国土资源行政执法、建设行政执法、环保行政执法等。这种分类便于有关行政执法部门对分管的行政执法工作进行统筹规划，总结经验，探寻其发展变化的规律。

(二) 按照行政执法所涉及的权利和义务划分

按照行政执法所涉及的权利和义务划分，可以把行政执法划分为以下7种类型。

(1) 赋予行政相对人权利或资格的行为，如颁发卫生许可证、营业执照、对行政相对人进行表彰奖励等。在赋予行政相对人权利或者资格这一类行政执法行为中，有一种行政执法行为叫行政给付。行政给付是指行政机关依照规定，给特定的行政相对人提供一定的物质帮助或救济。例如，行政机关规定给公民提供一定的养老保险费、医疗保险费、工伤保险费、生育保险费或者最低生活保障费等，就属于行政给付的重要内容。

(2) 剥夺或者限制权利的行为，如吊销许可证或者执照、责令停产停业、罚款、没收违法所得、行政拘留等。

(3) 给行政相对人设定或者免除义务的行为。例如，设定义务的行为有依法征税、征兵、收费、征缴社会保险金等；例如，免除义务的行为有依法免税、免交费用、免服兵役等。

(4) 调处行政纠纷的行为，如行政机关处理土地纠纷、污染纠纷、劳动争议、农业承包合同争议等。

(5) 确认行政相对人的法律地位、法律关系或者法律事实的行为，如房屋产权登记确认、土地使用权登记确认、户籍登记确认、居民身份确认等。

(6) 行政指导行为，即通过示范、劝导、建议、发布信息等方式引导行政相对人从事某一方面的活动，而不是采取强制方法来达到行政管理目的。例如，行政机关指导民众预防艾滋病等传染性疾病，行政机关指导农民外出打工就业等，就属于行政指导的范畴。但须指出，行政指导必须坚持合法、准确、及时，防止把行政指导变成行政误导。行政指导一般没有法律强制力，充其量可算作准行政执法行为，除非法律法规有特别规定，行政机关不得采取强制办法。

(7) 行政监督检查行为。监督检查行为有时是行政处罚中的一个步骤，有时是为了了解法律、法规的执行情况。不少情况下，监督检查并不是一个独立的行政执法行为。

(三) 按照行政执法行为的启动权划分

按照行政执法行为的启动权划分，可以把行政执法划分为依申请的行政执法行为和主动的行政执法行为。行政许可、行政确认、行政给付一般是由行政相对人申请启动的，故称为依申请的行政执法行为，没有行政相对人的申请，行政机关不得主动为之。罚款、没收违法所得等行政处罚，一般是行政机关主动实施的，故称为主动的行政执法行为。

三、行政执法的地位和作用

(1) 行政执法是社会主义法治的重要组成部分。我国社会主义法治大致包括立法、执法、守法和监督等主要环节。立法是前提，没有立法就谈不上执法。没有严格的执法，法律、法规、规章容易变成一纸空文。守法是基础。法律、法规、规章一经公布，如果国家机关，企业、事业单位，广大公民能够自觉学习、遵守，就能使社会处于稳定、有序、和谐的状态；反之，社会就会不稳定甚至动乱。监督是保障，实践证明，立法、执法、守法都离不开监督制约；只有加强监督才能确保法律、法规、规章得到正确的执行和遵守。

(2) 行政执法是社会稳定、和谐的重要保障。行政机关依法办理行政许可、依法确认权利能力，有利于建设诚信社会；行政机关依法查处各种行政违法行为，有助于维护公平正义、矫正不良行为；行政机关依法处理各种行政纠纷、争议，可以协调相关的利益关系，促进社会和谐。

(3) 行政执法是促进社会发展的重要力量。现代社会离不开行政管理，而行政执法是行政管理的重要手段。行政机关严格按照法律、法规、规章规定的职责、权限和程序办事，公民、法人和其他组织依法参与国家行政管理，政府与公众之间形成良性互动关系，从而推动经济、社会的进步和人的全面发展。

总之，行政执法在国家的政治、经济、军事和文化生活中处于重要地位，具有十分重要的作用。

四、行政执法的基本原则

(一) 合法原则

行政执法是在执行法律、法规、规章，理所应当要按法办事，坚持合法原则是行政执法的题中之义。行政执法的合法原则至少包括三个方面的内容。

(1) 行政机关的执法职责和权限要由法律、法规、规章来授予，行政机关不得自我授权。这一点，在介绍行政执法的概念时已经提到。

(2) 行政执法要求严格执行法律、法规、规章规定的程序。截至目前，我国已制定《中华人民共和国行政处罚法》《中华人民共和国行政许可法》《中华人民共和国行政强制法》基本法律，有的法律、法规、规章规定了执法程序，执政机关和行政执法人员要严格贯彻执行。

(3) 行政执法权利有边界。应当看到，我国的行政执法权是有限的。国务院在《全面推进依法行政实施纲要》中指出，公民、法人和其他组织能够自主解决的事项，市场机制能够调节的事项，行业组织和中介机构通过自律能够解决的事项，除法律另有规定的以外，行政机关不要通过行政管理去解决。

(二) 公平合理原则

坚持行政执法的公平合理原则，要把握以下5个方面的要求。

(1) 目的正当。行政机关和行政执法人员开展行政执法工作的目的应当是维护正义、秩序，促进社会稳定和发展，但个别单位和人员开展行政执法工作的目的是获得更多的罚款、收费，以期得到更多的财政拨款。还有的行政执法人员开展行政执法工作是为了取得某种好处或者为了图报复、泄私愤，这与目的正当的要求显然是背道而驰的。严格来讲，目的不正当的行政执法行为是应当加以否定的。

(2) 平等地对待行政相对人。既要做到在法律面前人人平等，不因穿着好坏、地位高低、民族差异、关系亲疏等采取不同的标准，也要做到对处于相对弱势的人和群体，如残疾人、妇女和儿童等，要依法给予优待和保护。

(3) 坚持行为适度、过罚相当，即行使自由裁量权要根据情节轻重做出恰当选择，防止动不动就从重、加重处罚，特别要杜绝暴力取证、将行政相对人的争辩当作暴力抗法、打骂行政相对人等违法行为。

(4) 坚持人性化执法，即采取非剥夺、非强制方式能够解决问题的，就不要采取剥夺和强制方式。法并不等于罚，也不等于强制，行政执法应当充满教育、指导、帮助、服务等良性互助因素和人文关怀。这一要求是现代民主法治的价值取向。

(5) 既要维护公共利益又要保护合法的私人利益。建设电站、兴办工厂、修建道路、整治河道、美化环境、治理污染、建设国防、维护治安、征收税款和征缴社会保险金等，属于公共利益的范畴，关系到经济、社会的发展和进步，是任何一个现代国家政府都不得不认真对待的。但是公民具有生存权、发展权、财产权等合法权益，非经法定事由和程序不得剥夺。《宪法》规定："国家保护个体经济、私营经济等非公有制经济的合法权利和利益。""公民的合法的私有财产不受侵犯。"这表明，无论是公共利益还是私人利益，都应当得到法律保护。但是长期以来，一些行政机关在行政执法中注重保护公共利益，忽略了对合法人利益的保护，有的对合法的私人利益甚至不屑一顾。土地征收(征用)了不给或少给补偿，房屋拆除了不依法给予安置，有的执法人员还侵犯了公民的健康权、人格权、人身自由权，造成了极坏影响。党中央、国务院反复强调科学发展观，要求各行各业贯彻以人为本、执法为民的原则，从而把维护公共利益和合法的私人利益紧密地结合起来。因此，各级行政机关和行政执法人员开展行政执法活动时，既要维护公共利益又要保护合法的私人利益，既要服务于公共利益又要服务于私人利益,任何偏于一面的做法都是违反法律和政策的。

(三) 高效便民原则

贯彻行政执法的高效便民原则要注意把握以下三点。

(1) 行政执法必须高效。高效执法,就是当突发事件发生时,当行政相对人遇到紧急情况需要救助时,有关行政机关必须在最短的时间到达现场并采取有效措施,最大限度地减少损害;在发生违法行为和纠纷时,在行政执法相对人申请办理证照时,行政相关和行政执法人员要按照法定程序和时限办结,不得拖拖拉拉,也不得相互推诿。

(2) 行政执法必须便民。在办理行政许可过程中贯彻便民原则体现在:一个机构统一受理行政许可申请并统一送达行政许可文书;将行政许可的事项、依据、条件、数量、程序、期限、需要提交的材料目录、申请书示范文本等在办公场所公示,以方便申请人;实行一次告知两次办结制度,最大限度地减少申请人往返次数,等等。从某种意义上说,《中华人民共和国行政许可法》就是一部方便民众到行政机关办事的法律。在实施行政处罚过程中贯彻便民原则体现在:公开行政处罚依据,在做出行政处罚决定之前告知当事人做出行政处罚的事实、理由和依据;充分听取当事人的意见并采纳合法、合理的意见;确保当事人依法享有的陈述权、申辩权、申请行政复议权、控告权、提起行政诉讼权、请求暂缓或者分期缴纳罚款权等。

(3) 行政机关和行政执法人员在办理行政确认、行政奖励、行政给付等行政执法工作中,也要遵循执法为民、以人为本的精神,体现高效便民的原则。

(四) 诚实守信原则

政府及其工作部门的执法任务都是由行政机关工作人员去完成的,因此,如果行政机关工作人员在行政执法工作中说假话、提供虚假信息、出尔反尔、朝令夕改、反复无常,就难以取得人民的信任。坚持行政执法的诚实守信原则,必须做到以下几点。

(1) 在回答行政相对人的咨询、要求行政相对人做出某一行为时,要为他们提供全面、准确、真实的信息或材料。

(2) 行政机关及其工作人员不得随意改变已做出的行政许可决定、行政处罚决定、行政裁决决定,以维护行政执法的严肃性和确定性,否则就会给民众造成说话不算数的印象。

(3) 因国家利益、公共利益的需要而收回、改变卫生许可证、宅基许可证等行政许可证证件,或者做出行政处罚、行政裁决等行政行为时,必须依照法定权限和程序进行,给行政相对人造成财产损失的要依法给予补偿或者赔偿。

(五) 接受监督原则

不受监督制约的权力必然走向腐败,这一点已经成为共识。改革开放以来,我国已形成了对行政执法的监督制度,行政机关和行政执法人员必须严格遵守这些制度,不遵守和执行这些制度就要承担相应的法律责任。因此,行政机关和行政执法人员必须自觉接受六个方面的监督:一是接受人民代表大会监督和政协的民主监督;二是接受行政诉讼监督;三是接受行政系统内部的层级监督;四是接受行政监察、审计等专门监督;五是接受新闻舆论和公众的监督;六是接受行政机关内部的相互监督和制约。

第四节　行政责任

从行政法治视角出发，行政责任是指行政机关及其工作人员在代表国家实施行政管理活动的过程中，因其违法或未履行相应职责和义务时，所应承担的否定性的政治的、行政的及法律的后果。从这个意义上说，行政责任与违法或未履行相应职责和义务相联系，意味着国家对行政机关及其工作人员违法行为的否定性评价和谴责。

一、行政责任的归责原则

行政责任的归责原则是指在法律上确定行政责任所依据的某种标准。关于行政机关的归责原则，世界各国的规定很不相同，其中具有代表性的有三种，即过错责任原则、无过错责任原则和违法责任原则，三种归责原则各有利弊。各国根据本国不同情况，采用不同的归责原则。

(一) 过错责任原则

过错责任原则通常指行政机关的行政行为存在故意或过失的过错，从而成为承担行政责任的根据。行政行为的过错有主观过错与公务过错之分。主观过错指致害行为人具有的一种应受责难的心理状态，包括故意和过失。主观过错在英、美等国家是主要归责原则之一，并常和违法要件一并使用。主观过错观点奠定了行政机关及其工作人员必须对自己的行为负责的基础，也便于分清行政机关及其工作人员的责任。但在实践中，由于致害行为发生在国家行政管理活动中，而行政管理活动常常涉及众多人员及环节，加上程序公开程度不够，使得对究竟谁的主观方面犯有过错的判断较为困难，不易把握。公务过错指行政机关的公务行为欠缺正常的标准。公务过错原则明显优先于主观过错原则。公务过错是以公务活动是否达到中等公务活动水平为客观标准来衡量公务活动是否存在过错，以判断实施公务的行政机关的责任。在这里，公务员的过错是次要的。公务过错原则避免了主观过错原则在主观方面的判断困难，又适应了国家行政责任的特点，为受害人提供了较多的救济机会。

(二) 无过错责任原则

无过错责任原则也称危险责任原则，指在国家行政机关的公务活动中，只要有损害结果发生，国家行政机关就要承担行政责任，而无须考虑行政机关及其工作人员是否有过错。随着科学技术的发展及政府权力的不断扩张，公务活动造成危险的情况剧增。在许多情况下，工作人员即使不存在过错或违法，亦可能导致公民合法权益的损害，而过错责任原则对此种情况的救济则显得力不从心。为弥补过错责任原则的不足，无过错责任原则也就应运而生了。无过错责任原则旨在将公务危险造成的风险损失由个人承担转而由社会的全体人员承担，以实现责任的社会化。所以，无过错责任原则具有与过错责任原则截然不同的特点。它不评判侵权行为引起的原因、性质与内容，不问其是否违法或有无过错，而是从侵权行为的结果着眼，从结果责任出发，实行客观归责。当然，各国在适用该原则时通常都予以一定限制，仅将其作为过错责任原则的补充。所以，无过错责任原则在整个责任原则体系中仅处于辅助或从属的地位。

(三) 违法责任原则

违法责任原则指以国家行政机关及其工作人员职务行为是否违法作为责任标准，而不问侵权的机关或工作人员过错的有无。至于何谓"违法"，在行政责任理论中有两种不同的解释：一种为狭义说，指致害行为违反了法律、法规的明文规定；另一种为广义说，指除违反严格意义上的法律规范外，还包括违反法律的诚信原则、公序良俗原则、尊重人权原则、权力不得滥用原则、尽合理注意原则等。[①]国内多数学者赞成立法采用违法责任原则，理由在于：第一，违法原则与宪法、行政诉讼法的规定相协调，与法治原则、依法行政原则相一致；第二，违法原则简单、明了，易于接受，可操作性强；第三，违法原则避免了主观过错原则对主观方面认定的困难以及过错违法原则的双重标准，有利于保护行政相对人的合法权益。

二、行政责任的构成要件

行政责任的构成要件是使行政责任得以成立的基本条件。行政责任的构成要件是理解和把握行政责任的重要理论依据，根据行政责任的构成要件，可以对行政机关及其工作人员的行政行为是否应承担行政责任进行较为准确的判断。行政责任的构成要件主要包括以下几项。

(一) 行政责任主体一般为国家行政机关及其工作人员

行政责任主体是构成行政责任的必备条件之一，行政责任主体即行政责任的承担者。由于行政行为的实质是一种国家行为或政府行为，所以，一般情况下，只有代表国家或政府实施行政行为的主体才有可能成为行政责任的主体，而公民、法人和其他组织则不会成为行政责任的主体。也就是说，在一般情况下，只有国家行政机关及其工作人员才有可能成为行政责任主体。此外，得到国家法律、法规授权的非国家行政机关的社会组织，以及接受国家行政机关委托的组织在执行公务时也能产生行政责任，从而成为行政责任的主体。即行政责任主体不以国家行政机关及其公务人员为限，任何行为主体，只要获得合法从事国家行政行为的资格并实际实施行政行为，就有可能产生行政责任，成为行政责任主体。因此，行政责任主体不以是否是国家行政机关及其工作人员为绝对界限，而以所实施的是否是行政行为为界限。

(二) 行政行为违法

行政责任必须是由国家行政机关或其工作人员的违法行政行为所产生。行政责任的这一要件实际上包括两方面的内容：第一，承担行政责任的行政行为必须是执行职务的行为。行政机关作为一种组织，除了行使职权与社会发生行政管理关系外，还有可能以普通民事主体的身份与社会发生一般的民事关系。也就是说，行政机关的行为可以分为执行职务的行为和普通民事行为。由于行政责任是一种国家责任，所以，只有行政机关及其工作人员以国家的名义实施行政管理、执行公务的行为才有可能产生行政责任，而行政机关及其工作人员以私法意义上的法人名义所从事的普通民事行为则不产生行政责任。后一种行为造成的损害由行政机关或个人负民事责

① 《中华人民共和国国家赔偿法》采用违法责任原则，第2条规定："国家机关和国家机关工作人员违法行使职权侵犯公民、法人和其他组织的合法权益造成损害的，受害人有依照本法取得国家赔偿的权利。"

任，而国家并不对此负责。第二，承担行政责任的行政行为必须是违法的执行职务的行为。①

(三) 有法律、法规的规定

行政责任是一种法定的责任，因而必须有国家法律、法规的明确规定，必须经由国家法律、法规的确认才有可能产生。没有法律、法规的规定，行政机关及其工作人员的行政行为即使发生损害性后果，也不能产生行政责任。这种情况在实践中通常表现为无法追究行政责任。行政责任的这一构成要件包括如下内容。

(1) 行政责任由有关法律、法规规定和确认，即行政责任作为一种特定的国家现象，由法的规定而产生并依照法的规定而执行，离开了法的规定，行政责任就无从谈起。因此，在西方国家的法律体系中，一般都有关于行政责任的法律原则规定以及相应的法律规定。

(2) 没有法的规定不产生行政责任。行政机关及其工作人员的行政行为即使在事实上造成损害，但由于没有法的规定而不承担法律上的行政责任，至多承担道义上的行政责任。在这里，法律、法规的规定是追究和执行行政责任的基本依据。

(3) 由法律、法规规定的例外情况不产生行政责任，这是"国家豁免说"的一种有条件的沿用。在通常情况下，不承担行政责任的行政行为多局限于特定的领域，如政治、军事、外交活动等领域。对这些方面的国家责任，各个国家一般按照国家免责的原则进行处理。

(四) 损害事实的存在

损害事实的存在即行政责任必须有特定的行为后果存在。只有当行政机关及其工作人员的行政行为造成特定的损害后果时，才产生实际承担行政责任的问题。这一要件包括的内容如下：第一，行政机关或其工作人员的行政行为造成了特定的可引起行政责任的损害后果；第二，损害性后果与行政机关或其工作人员的行政行为存在直接的因果关系，即行政行为涉及的对象所受到的损害必须是行政机关或其工作人员的行政行为直接造成或引起的。由于第三者的行为或自然力的原因所产生的损害不产生行政责任，例如战争、自然灾害等原因引起的损害不产生行政责任。

三、行政责任的追究

行政责任的追究是指在行政责任确定的条件下，依据法律、法规的规定，对造成行政责任的行为主体给予一定的行政或法律惩处的制度。这种制度是整个行政责任制度的重要环节之一，是行政责任制度的归宿。

行政行为是以国家或政府的名义进行的有组织的国家行为，是为实现公共利益而实施的行为，因此，当发生损害行为时，一切行政责任在名义上和性质上都由国家或政府承担。然而，国家或政府的行政行为是通过具体的行政机关及其工作人员的具体行政活动来体现或实现的，这就产生了行政责任主体的双重性及其区分的问题。

在西方国家，行政责任原则上首先由国家或政府承担，但国家或政府同时保留对实际负有责任的政府工作人员的追偿权。也就是说，当行政责任确定后，追究行政责任的一般顺序是首

---

① 《中华人民共和国国家赔偿法》规定，国家机关及其工作人员违法行使职权的行为可以引起赔偿，也可以引起行政责任。

先由国家或政府负损害赔偿责任。如果政府工作人员存在过错或过失，则在国家或政府履行完行政责任的义务后，再依据有关法律、法规向犯有过错或过失的工作人员追偿。

西方国家政府承担行政责任的方式一般是金钱赔偿。西方学者认为，以金钱赔偿作为承担行政责任的方式，不仅可以使受害人得到实际的补救，而且简便了追究行政责任的方式。金钱赔偿金一般来源于国家税收。根据西方国家法律、法规的规定，追究行政责任的主体一般为议会、法院、国家检察机关、政府自身和公民个人。作为追究责任的主体，有权的国家机关的追究途径一般是立案调查，而作为公民个人，其追究的途径通常是起诉。

我国的政治体制下，追究行政机关行政责任的主体可以是权力机关，也可以是上级行政机关，在法定范围内，还可以是人民法院。由于追究行政责任的主体不同，其所追究的行政责任的范围、方式及程序也有所不同。依照宪法和法律的规定，我国人民代表大会追究行政机关的行政责任的方式主要是：按法定程序撤销行政机关的违法和不适当的抽象行政行为；通过直接干预，要求行政机关自行纠正或者撤销其违法或不适当的决定。我国行政机关追究行政责任的方式通常是：通过行政命令责令(下级)行政机关自行纠正错误，追究有关机构或人员的行政责任；通过行政复议的方式，撤销、变更负有行政责任的行政机关的行政行为。我国人民法院追究行政机关行政责任的方式是：在公民提起行政诉讼的前提下，通过对案件的审理，审查行政机关的具体行政行为的合法性，以撤销、责令履行职责、赔偿损失等方式，来追究行政机关的行政责任；对于行政机关的显失公正的行政处罚行为，人民法院还可以直接予以变更。我国对公务员的行政处分依法分别由任免机关或国家监察机关决定，其中给予开除处分的，应当报上级机关备案。县级以下行政机关开除公务员，必须报县级人民政府批准。

我国对公务员的行政处分一般要经过立案、调查、审理、处理决定、执行等阶段。行政处分的承办人员应对公务员违纪的事实认真进行调查取证，认真听取群众的意见，在初步掌握公务员违纪的情况后，应开会集体研究案情，除特别情况外，应通知当事人出席会议，并听取当事人的申辩意见。承办人员应将有关材料上报审批机关，上报的材料应包括行政处分审批表、各种证据材料、受处分人的检查或申辩材料、处理意见等。未经审批机关批准不得执行处分。公务员犯有严重错误，在行政处分决定尚未做出或批准之前不宜担任现职的，可以先停止其职务。审批机关在审批公务员的行政处分时应采取认真、负责的态度，不放过任何疑点，必要时可自行调查，并听取当事人的申辩。行政处分决定一般要在机关首长主持召开的工作会议上讨论决定。处分决定要以书面形式通知本人，并存入本人档案。

第五节　行政司法

随着社会的发展，国家职能在不同的国家机构间相互渗透，法院难以裁决专门性的国家事务，特别是行政职能日益广泛、复杂，非法院所能处理。因此，需要行政机关作为裁判者，解决行政争议和某些民事纠纷，有的学者称之为准司法活动。行政机关以裁判者身份解决行政争议称为行政复议或行政诉愿，相当于作为行政诉讼前置阶段的行政复议。行政复议所解决的行政争议，除法律另有授权外，主要是行政机关主管职责范围内发生的争议。行政机关以裁判者身份解决某些民事纠纷，一般仅限于法律有明确规定的事项。在行政复议中，上级行政机关不仅可以撤销或维持下级行政机关的裁决，还可予以变更。行政司法的程序一般较诉讼程序简单。

一、行政司法概述

行政司法是指行政机关作为第三方，按照准司法程序审理特定的行政争议或民事争议案件所做出的裁决行为。行政司法所形成的法律关系是以行政机关为一方，以发生争议的双方当事人各为一方的三方法律关系，具体包括行政裁决、行政复议等。此外，还有一些特殊的行政行为，如行政终局裁决行为、国家行为等。行政司法具有以下特征。

(1) 行政司法行为是享有准司法权的行政行为，即以依法裁处纠纷为宗旨的行政司法行为。它按照准司法程序来裁处纠纷，坚持程序司法化的原则。

(2) 行政司法行为的主体是法律规定的具有行政司法职权的行政机关。在我国，主要是指行政复议机关、行政裁决机关及行政调解机关。

(3) 行政司法行为的对象是与行政管理有关的行政纠纷及民事、经济纠纷，一般都由法律给予特别规定。这类纠纷是由于当事人不服行政机关的决定，或双方当事人不履行义务，或行政机关、其他当事人侵害对方合法权益而产生的，在权利和义务上发生利害关系的争议或纠纷。

(4) 行政司法行为是行政主体依法行政的活动，即行政机关依法裁处纠纷的行为。

(5) 行政司法行为具有不同程度的确定力、约束力、执行力，但它对纠纷的解决一般都不具有终局性，所以原则上也具有可诉性，不服行政司法决定的还可以向法院起诉。

行政司法行为作为一种准司法行为，主要包括行政调解、行政仲裁、行政裁决和行政复议四种行为。

二、行政调解

行政调解是指由国家行政机关或者部门主持的，通过说服教育的方式，民事纠纷或轻微刑事案件当事人自愿达成协议、解决纠纷的一种调解制度，通常称为政府调解。国家行政机关根据法律规定，对属于国家行政机关职权管辖范围内的民事纠纷，通过耐心的说服教育，使纠纷的双方当事人互相谅解，在平等协商的基础上达成一致协议，从而合理、彻底地解决纠纷或矛盾。

行政调解协议虽然不具有强制执行的法律效力，但它的性质是合同，应当按照法律对合同的规定来处理相关问题，并按照法律对合同的有关规定对消费者进行进一步的保护。与法院调解相比，行政调解同人民调解一样，属于诉讼外调解，所达成的协议均不具有法律上的强制执行的效力，但对当事人均应具有约束力。行政调解是在自愿的基础上所进行的调解活动，按照现有法律规定，当事人应当自觉履行所达成的协议。因此，可以说行政调解所达成的协议仍应与人民调解所达成的协议一样，对当事人具有约束力。

值得注意的是，行政调解下形成的协议，一方不履行时，并非所有的协议当事人都可据此向人民法院起诉要求按协议履行。某些行政调解具有"公私交易"的性质。例如，《中华人民共和国治安管理处罚法》规定，一方不履行，公安机关应该重新对违反治安管理者进行处罚，当事人也可就基础纠纷提起民事诉讼。虽然没有规定禁止据此协议向法院起诉，但根据我国立法特点，有"可以"性规定的，实际上"可以"性规定之外的为禁止。因此，一方不能向人民法院起诉要求另外一方按协议履行。此规定的法理主要是，在该治安案件的调解过程中，一方以调解过程中的妥协换取了免于治安处罚，为"公私交易"，不属于完全的民事处分行为，其中包含公权处分，或者说并非完全是平等主体之间关于权利、义务的约定，其中包含了公权，因此不能适用《中华人民共和国合同法》的规定。但是，交通事故中，在交警调解下达成的和解协议，一方不履行的，另外一方是可以据此协议向人民法院起诉要求按协议履行的，此时的协议不含公私交易。并不是说交通事故的当事方达成了和解协议，违反交通法律法规的一方或者双方就不受行政处罚了，该扣分还得扣分，该罚款还得罚款。这其中没有基于公权的妥协，没有公权力的处分，为完全的平等主体之间关于权利、义务的约定，可以适应《中华人民共和国合同法》的规定，依据《中华人民共和国人民调解法》的规定形成的人民调解协议一样，可据此协议向人民法院起诉要求一方履行。

中国行政机关可以依法调解的种类很多。可以说，行政机关在行使行政管理职能过程中所遇到的纠纷，基本上都可以进行调解，但常见的行政调解有以下几类：第一，基层人民政府的调解。调解民事纠纷和轻微刑事案件一直是我国基层人民政府的一项职责，这项工作主要是由乡镇人民政府和街道办事处的司法助理员负责进行。第二，国家合同管理机关的调解[①]。第三，公安机关的调解[②]。第四，婚姻登记机关的调解[③]。 第五，行政仲裁中的调解。第六，行政裁决过程中的调解。后两种调解一般不是独立的行政行为，只是相关行政处理过程中的一种程序性行为。

行政调解制度的存在保证社会冲突解决机制体系的和谐。社会冲突激烈程度的不同决定了其解决机制必然分为层级不同的体系。《中华人民共和国治安管理处罚法》第九条规定，公安机关行政调解的对象是民间纠纷引起的打架斗殴或者损毁他人财物等违反治安管理并且情节较轻的行为。因此，将激烈程度相当轻微的社会冲突纳入行政调解范围之内，而将其他激烈的社会冲突纳入行政扣留乃至刑事制裁范畴之列，在实现节省公安机关的行政执法资源目的的同时，既保障了社会冲突的解决，也实现了社会冲突解决机制内在的协调。

行政调解应在查明事实、分清是非、明确责任的基础上，说服当事人互谅互让，依照法律、法规及有关政策的规定，让双方当事人自愿达成协议解决争端。因此，合法和自愿是行政调解必须遵守的原则。另外，行政调解还必须坚持保护当事人诉讼权利的原则，这与自愿原则是紧密相联的。如果当事人不愿经过调解，或者经过调解达不成协议，或者达成协议后又反悔的，一方或双方当事人都有权向人民法院起诉。这是法律赋予每个公民的诉讼权利。行政调解可以采取多种多样的方式，这与具体的调解人员的知识和经验有关。

三、行政仲裁

行政仲裁是行政仲裁机构依据法律授权，以中立第三方的身份对当事人之间的特定争议做出判断和裁决，以解决争议，维护当事人合法权益的一种活动。

---

① 《中华人民共和国合同法》规定，当事人对合同发生争议时，可以约定仲裁，也可以向人民法院起诉。国家规定的合同管理机关是国家和地方市场监督管理局。法人之间，个体工商户、公民与法人之间的经济纠纷，都可以向市场监督管理局申请调解。

② 《中华人民共和国治安管理处罚法》规定，对于因民间纠纷引起的打架斗殴或者损毁他人财物等违反治安管理的行为，情节轻微的，公安机关可以调解处理。

③ 《中华人民共和国婚姻法》规定，男、女一方提出离婚，可由有关部门进行调解或直接向人民法院提出离婚诉讼，男、女双方自愿离婚的，应同时到婚姻登记机关申请。

一般来说，由于仲裁具有时间短、程序较为简便、费用低等特点，已经成为诉讼外纠纷解决机制的一种，成为法治建设过程中不可或缺的纠纷解决方式之一。从理论上来看，仲裁可以分为行政仲裁和民商事(或者经济)仲裁两种类型。

(一) 行政仲裁与民商事(经济)仲裁的主要区别

(1) 行政仲裁与民商事(经济)仲裁所处理的纠纷类型有所不同。随着我国法律制度的不断完善和调整，民商事(经济)仲裁主要涉及民商事领域、经济领域的平等主体之间的合同纠纷和其他涉及财产权益的纠纷，根据当事人之间的合同或者约定采取仲裁方式解决纠纷的，就适用仲裁法规定进行仲裁，这种仲裁方式一般从理论上称之为民商事(经济)仲裁；而行政仲裁则是根据法律的明确授权，在民商事领域中涉及劳动、人事关系所产生的纠纷，由主管的国家劳动人事行政机关进行仲裁处理的纠纷，如劳动仲裁、人事仲裁等。

(2) 行政仲裁不是终局性的纠纷解决程序，对于行政仲裁裁决结果不服的，当事人可以按照法律规定的程序向人民法院提起诉讼，与人民法院审判程序之间的关系是"先裁后审"的关系；而民商事(经济)仲裁则采取"一裁终局"的裁决原则，与人民法院审判程序是"或裁或审"的关系。换言之，就行政仲裁而言，对于行政机关以仲裁方式解决纠纷的处理结果，当事人不服的，仍然可以通过选择法院进一步救济自己的权利。

(3) 行政仲裁如果不涉及国家秘密、商业秘密或者个人隐私，就应当公开，但民商事(经济)仲裁原则上是不公开的，以最大限度地保护商业秘密和个人隐私。

(二) 行政仲裁的特征

行政仲裁是指国家行政机关依照法律授权享有的，对平等主体之间发生的特定的民事纠纷进行仲裁审查，并做出相应裁决的具体行政行为。行政仲裁具有以下特征。

(1) 行政仲裁的主体是法律明确授权的特定的行政机关。例如，《中华人民共和国劳动争议调解仲裁法》《中华人民共和国公务员法》规定，劳动纠纷的仲裁主体就是劳动争议仲裁委员会，省、自治区人民政府可以决定在市、县设立；直辖市人民政府可以决定在区、县设立。直辖市、设区的市也可以设立一个或者若干个劳动争议仲裁委员会。劳动争议仲裁委员会不按行政区划层层设立。省、自治区、直辖市人民政府劳动行政部门对本行政区域的劳动争议仲裁工作进行指导。劳动争议仲裁委员会由劳动行政部门代表、工会代表和企业方面代表组成。

(2) 作为行政仲裁主体的行政机关只有经法律明确授权后，才拥有对特定民事纠纷的行政仲裁权，且授权的主体只能是国家行政机关。

(3) 行政仲裁的对象是特定的民事纠纷，这种类型的纠纷既非合同纠纷，也非一般的财产关系纠纷，而是涉及劳动人事关系、劳动争议等特殊类型的民事纠纷。《中华人民共和国劳动争议调解仲裁法》第二条规定："用人单位与劳动者发生的下列劳动争议，适用本法：①因确认劳动关系发生的争议；②因订立、履行、变更、解除和终止劳动合同发生的争议；③因除名、辞退和辞职、离职发生的争议；④因工作时间、休息休假、社会保险、福利、培训以及劳动保护发生的争议；⑤因劳动报酬、工伤医疗费、经济补偿或者赔偿金等发生的争议；⑥法律、法规规定的其他劳动争议。"

(4) 行政仲裁是一种准司法行为，具有鲜明的程序性特点，除了要成立专门的仲裁庭以外，也有法律规定的申请与受理、开庭和裁决等程序①。

(5) 行政仲裁的裁决结果不具有终局性，当事人对行政仲裁裁决结果不服的，可以依法向人民法院提起诉讼。《中华人民共和国劳动争议调解仲裁法》第五十条规定，当事人对仲裁裁决结果不服的，可以自收到仲裁裁决书之日起15日内向人民法院提起诉讼；期满不起诉的，裁决书发生法律效力。

四、行政裁决

(一) 行政裁决的概念和特点

行政裁决是指行政机关或法定授权的组织依照法律授权，对除了行政仲裁以外的、当事人之间发生的、与行政管理活动密切相关的、与合同无关的民事纠纷进行审查，并做出裁决的具体行政行为。

行政裁决是比行政仲裁更为宽泛和典型的一种行政司法行为，具有以下特点：一是行政裁决的主体是有法律授权的行政机关或法定授权的组织；二是行政裁决的对象是特定的民事、经济纠纷；三是行政裁决在形式上具有准司法性；四是行政裁决在效果上具有一定的行政强制性。

(二) 行政裁决的分类

根据我国有关法律的规定，行政裁决主要有以下几类：第一类是损害赔偿裁决，是指行政机关对平等主体之间发生的、因涉及与行政管理相关的合法权益受到侵害而引起的赔偿争议所做的裁决，例如在交通管理中发生的交通肇事中的损害赔偿，可以由公安机关交通管理部门对这种损害赔偿进行裁决；第二类是权属纠纷裁决，是指行政主体对平等主体之间，因涉及与行政管理相关的某一财产、资源的所有权、使用权的归属发生争议所做出的裁决；第三类是侵权纠纷裁决，是指在平等主体之间，一方当事人认为其行政法上的合法权益受到了另一方侵犯时，依法请求行政机关制止侵害，并责令侵权方对其侵害行为已造成的损失予以赔偿。

(三) 行政裁决与行政仲裁的区别

作为一种行政机关居间处理民事纠纷的活动，行政裁决与行政仲裁的主要区别是：行政仲裁主要是劳动人事争议以及在劳动关系中产生的各种具体争议，是由专门的行政仲裁机构，例如劳动争议仲裁委员会进行仲裁，仲裁的程序、效力等也是法律明确规定的，对行政仲裁结果不服的，要提起民事诉讼。行政裁决则根据不同的法律规定对不同类型的民事纠纷进行处理，是行政权先行处理民事纠纷的一种表现形式。在行政裁决过程中，当事人对裁决结果不服的，是可以提起不同类型的诉讼。如果就民事争议本身提起诉讼，一般是民事诉讼，如果是对相应关联的行政行为提起诉讼的，一般是行政诉讼或者行政附带民事诉讼。

(四) 行政裁决与行政复议的区别

行政裁决与行政复议的区别是：行政裁决的对象是民事纠纷，行政复议的对象是行政纠纷。两者的共同点是由行政机关解决争议，行政机关的作用类似法院。

---

① 《中华人民共和国劳动争议调解仲裁法》第三章专门规定了相关的程序制度。

(五) 行政裁决的程序

虽然涉及行政裁决制度的法律越来越多，但是对行政裁决的程序统一规定目前还没有形成，根据相关法律、法规以及我国行政裁决的有关实践，一般来说，行政裁决应遵循以下程序。

1. 申请

当争议发生后，当事人应首先向有关行政机关提出裁决申请。申请应符合下列条件：申请人必须是因民事权益发生争议的当事人或其法定代理人，也可以是当事人或其法定代理人的委托代理人；申请裁决的事项必须是依法可以由行政机关处理的事项；申请必须向有管辖权的行政机关提出；申请必须在法定时间内提出；申请裁决通常要递交申请书，并载明当事人的姓名或名称、住址、争议的事项、有关请求及其根据、理由等。

2. 受理

行政机关收到裁决申请后，要对申请书的内容进行初步审查，如果符合上述条件，行政机关应当受理。如果认为申请不符合法定条件，行政机关应及时做出附理由的不予受理决定。

3. 答辩

受理的行政机关将申请书副本送交对方当事人，对方当事人必须在法定期限内做出答辩。

4. 审查

行政裁决机构正式受理当事人的裁决申请后，开始对当事人之间纠纷的事实和证据等进行实质性审查。在审查过程中，除根据当事人双方提交的申请、答辩书及所附材料对双方的权利和义务进行分析外，还可根据案情需要进行有关调查、勘验或鉴定。调查、勘验、鉴定既可由具备条件的行政机关自行进行，也可由行政机关委托符合法定条件的其他机构和组织进行。

5. 裁决

行政机关通过审查，应及时做出相应裁决。裁决必须制作裁决书，裁决书应载明双方当事人的姓名或名称、住址、身份、争议纠纷的内容，以及裁决机构认定的事实、根据、理由、依法做出的裁决，并告知当事人对裁决不服的法律救济途径。如果是终局裁决，应告知当事人履行裁决的期限。

五、行政复议

(一) 行政复议的含义和特征

行政复议是指与行政行为具有法律上利害关系的人认为行政机关所做出的行政行为侵犯其合法权益，依法向具有法定权限的行政机关申请复议，由复议机关依法对被申请行政行为合法性和合理性进行审查并做出决定的活动和制度。行政复议是行政机关实施的被动行政行为，它兼具行政监督、行政救济和行政司法行为的特征与属性。行政复议对于监督和维护行政主体依法行使行政职权，保护相对人的合法权益等均具有重要的意义和作用。行政复议是具有一定司法性因素的行政行为。行政复议的司法性是指有行政复议权的行政机关借用法院审理案件的某些方式审查行政复议，即行政复议机关作为第三人对行政机关和行政相对人之间的行政争议进行审查并做出裁决。行政复议是行政机关内部的监督和纠错机制，是行政机关对下级或者政府对所属的行政机关做出的违法或者不当的具体行政行为实施的一种监督和纠错行为。行政复议是国家行政救济机制的重要环节。

行政复议的主要特征如下：①行政复议以行政争议和部分民事争议为处理对象；②行政复议直接以具体行政行为为审查对象；③行政复议以合法性和合理性为审查标准；④行政复议以书面审理为主要方式；⑤行政复议以行政相对人为申请人，以行政主体为被申请人；⑥行政复议以行政机关为处理机关。

(二) 行政复议的相关法律规定

行政复议管辖是指不同层级、不同职能的行政机关之间受理复议案件的分工。管辖的实质意义在于解决具体对某一个行政复议案件由哪个行政机关行使复议权。《中华人民共和国行政复议法》第12～15条对行政复议管辖做了集中规定。根据该规定，行政复议管辖按以下规则确立。

(1) 对人民政府工作部门具体行政行为不服的管辖。

(2) 对地方各级人民政府具体行政行为不服的管辖。

(3) 对特殊行政主体具体行政行为不服的管辖：第一，对派出机关、机构行为不服的管辖；第二，授权关系中的管辖；第三，对共同行政行为不服的管辖；第四，对被撤销行政机关行为不服的管辖。

行政复议申请人应自知道行政机关的具体行政行为侵犯其合法权益之日起60日内申请行政复议。因不可抗力或其他正当理由耽误法定申请期限的，申请期限自障碍消除之日起继续计算。相关行政复议机构在收到复议申请后，应在5个工作日内决定是否受理，对于决定受理的，收到复议申请书之日即为受理之日。相关行政复议机关应自受理复议申请之日起60日内做出行政复议决定，特殊情况下，经相关行政复议机关负责人批准，可延长30日。复议申请人如对行政复议机关做出的复议决定不服，可以自收到《行政复议决定书》之日起15日内向人民法院提起诉讼。

第六节　行政诉讼

依法行政是依法治国的核心，行政诉讼是依法行政的保障。改革开放以来，随着经济政治体制改革的不断深入推进，我国的行政诉讼制度开始有了新的发展。1989年4月4日，第七届全国人民代表大会第二次会议表决通过了《中华人民共和国行政诉讼法》(以下简称《行政诉讼法》)[①]，对行政诉讼程序做出了明确规定，从法律的高度为行政诉讼的正常开展提供了依据，行政诉讼开始独立开来，正式成为我国与刑事诉讼、民事诉讼平行的司法体制中的三大诉讼制

---

① 《全国人民代表大会常务委员会关于修改〈中华人民共和国行政诉讼法〉的决定》已由中华人民共和国第十二届全国人民代表大会常务委员会第十一次会议于2014年11月1日通过，自2015年5月1日起施行。根据2017年6月27日第十二届全国人民代表大会常务委员会第二十八次会议《关于修改〈中华人民共和国行政诉讼法〉的决定》第二次修正，于2017年6月27日发布，自2017年7月1日起施行。

度之一。公民、法人或其他组织可以请求人民法院通过诉讼程序审查行政机关做出的具体行政行为的合法性，以此解决民众与政府之间产生的行政争议，对保障公民合法权益和推进依法治国进程产生了重大而深远的影响。

一、行政诉讼的功能

行政诉讼的功能不同于行政诉讼的目的。行政诉讼的功能是指作为客观存在的行政诉讼，其具体的实践活动对相关事项所产生的实际影响。社会生活的复杂化趋势导致公民与国家管理活动之间的冲突增多，行政诉讼制度旨在使作为管理者的行政机关与作为被管理者的个人、组织之间的关系达到法律所期望的和谐。

行政诉讼的功能是多方位、多层次的，从行政法律关系的角度考察，可以做如下概括。

(一) 平衡功能

行政诉讼与民事诉讼一样具有平衡双方当事人权利义务的功能，只不过行政诉讼的这种平衡功能重在平衡政府的公共权力与公民的个人权利，既保障公民权，又维护和监督行政权。

(二) 人权保障功能

人权是每个人作为人所享有的最基本的权利。与西方人权天赋的思想不同，中国的法学界普遍认为人权在本源上具有历史性，生存权和发展权是人权最基本的内容。法院通过行政诉讼程序对行政机关的具体行政行为进行司法审查来保障公民的合法权益不受违法行政行为的侵害。这种通过司法权干预行政权以维护公民合法权益的模式正是行政诉讼又一重要功能的体现。

(三) 提供社会公正功能

行政诉讼提供的社会公正功能是通过行政诉讼程序本身公正和法院判决公正来实现的。法院有权撤销违法行政行为、对不当的行政行为予以变更、责令行政机关限期内重新做出行政行为和对违法行政行为给予相对人行政赔偿等，在整个行政诉讼过程中，法院始终处于居中裁判的地位，平等地对待行政机关及行政相对人。作为现代社会不可缺少、其他诉讼不可替代的纠纷解决方式，行政诉讼因其提供社会公正的功能，发挥着社会减压阀和平衡器的重要作用。

二、行政诉讼的价值

行政诉讼目的仅是行政诉讼最基本的目标追求，行政诉讼功能也只是行政诉讼作用的基本体现，而行政诉讼的价值则涉及行政诉讼对国家法治建设的意义这一深层次问题。

(一) 规范社会秩序

在人类面前存有两种秩序：自然秩序和社会秩序。人类就是在这两种秩序中生存和发展的。从广义上说，秩序是指自然界和人类社会发展和变化的规律性现象。法学上所言之秩序，主要是指社会秩序。在现代社会，法作为国家调整各种社会关系的最重要手段，对维护社会秩序起着不可替代的作用。法为了确保实现整个社会秩序的良好状态，要求一切组织和社会成员必须严格遵守其对调整各种社会关系的明确性规定，法的这种要求是为守法。守法是法的实施的一种基本形式。立法者制定法的目的就是要使法在社会生活中得到实施，如果法制定出来了，却不能在社会生活中得到遵守和执行，那必将失去立法的目的，也失去了法的权威和尊严。在行政诉讼中，行政机关和行政相对人同为守法主体，只是守法的形式不同。对于行政机关而言，依法行政就是其守法最重要的表现形式，而对于行政相对人来讲，其守法主要表现为依法行使法律权利和认真履行法律义务。行政诉讼制度的建立和行政诉讼的运行，正是展现了行政诉讼对规范包括权力运行在内的整个社会秩序的重要价值。

(二) 保障社会正义

行政机关的执法活动与司法机关的司法活动一样，都是以追求法的公正价值为目标来保障社会正义。无论是执法还是司法中的公正，均包括程序公正和实体公正两大内容。随着法治建设的不断推进，程序公正的价值越来越受到重视，程序公正已成为实体公正的基础和保证，没有程序的公正，实体的公正也就无从谈起。行政处罚、行政许可、行政复议等法律均对行政机关的行政执法活动的程序性问题做出了一系列明确规定，与三大诉讼法已成为司法活动中的基本程序法且日趋完备相比，足见司法活动对程序方面的要求比行政执法活动更为严格。行政诉讼中，司法机关严把程序关，始终坚持法律面前人人平等，从诉讼程序到裁判结果均对双方当事人予以公平对待，从而实现司法公正。司法机关正是通过司法活动不断追求司法公正这一永恒主题，以其严格的程序性和结果的公正性确保了法在适用中对社会正义的认同和保障。

(三) 树立司法权威

司法是国家司法机关依据法定职权和法定程序，以国家名义具体应用法律处理案件的专门活动。从理论上讲，司法以其权力的专属性、严格的程序性以及超强的专业性等特征决定其势必具有极大的权威性，这种权威性最直接的体现就是司法机关依法做出的具有法律效力的裁决，任何组织和个人都必须严格执行，非法定原因并经法定程序不得擅自变更。《宪法》规定，司法权是与立法权和行政权并行的国家权力，其独立行使是现代法治国家的基本特征。行政诉讼充分体现了司法权对行政权的监督和制约，与刑事诉讼和民事诉讼相比，行政诉讼是基于其对权限十分广泛的行政机关的行政权实施产生影响，通过行政诉讼扩大司法对包括行政机关在内的全社会的影响力就显得更为重要。在行政诉讼中，司法机关的司法裁决不仅对行政机关和行政相对人产生约束力，而且对整个社会具有重要的引领导向作用，对司法权威性的树立意义重大。

行政诉讼制度不是孤立的制度，它与随之建立起来的行政复议、行政赔偿等制度高度关联。强化行政诉讼在解决行政争议中的地位和作用，并非要确立"诉讼中心主义"。相反地，应当检讨和克服诉讼中心主义倾向，进一步加强行政诉讼制度与其他相关制度的衔接与互动，恰当定位法院在行政纠纷多元解决机制中的地位和角色，有效履行法院在缓解行政机关与行政相对人之间的权益冲突、缓和政府与民众矛盾中的功能，维护行政法律关系的稳定与和谐。

关键词

行政法治　行政立法　行政执法　行政司法

思考题

1. 简述行政法治原则的内容和意义。

2. 简述行政立法的特征。

3. 简述行政责任的构成要件。

4. 简述行政诉讼的功能与价值。

推荐阅读

[1] 杨建顺. 行政规制与权利保障[M]. 北京：中国人民大学出版社，2007.

[2] 杜飞进. 法治政府建构论[M]. 杭州：浙江人民出版社，2011.

[3] 韩春晖. 行政法治与国家形象[M]. 北京：中国法制出版社，2011.

[4] 汪庆华. 政治中的司法[M]. 北京：清华大学出版社，2011.

[5] 樊华辉. 行政复议制度新论[M]. 北京：法律出版社，2012.

[6] 胡建淼. 行政法学[M]. 北京：法律出版社，2015.

[7] 姜明安. 行政法与行政诉讼法[M]. 北京：北京大学出版社，高等教育出版社，2015.

第十二章　行政伦理

公共行政主体处于政治、法律、管理和道德相互交织的组织体系和社会环境之中，行政行为面临复杂的标准和要求。公共行政的政治性和专业性要求公共行政主体既要执行政治意志又要秉持专业标准，这其中的冲突往往需要调节，除了法律，伦理和道德也是调整行为的重要方式。同时，公共行政对公共性的承诺直接决定了公共行政主体的行动必须坚持某种标准和底线，这些标准和底线中必然有伦理和道德的地位。在现代社会，公共行政主体的决策和执行应该受到伦理和道德的制约，以促使行政行为产生良好的结果。法律法规和组织规章的制约也必须具备相应的伦理和道德基础，这样才能使国家、社会和组织都具备道德意义上的正当性。公共行政人员在实际工作中面临的选择往往承载相应的价值判断，因而难免涉及伦理和道德。行政伦理对现代公共行政的价值毋庸置疑。

第一节　行政伦理概述

一、行政伦理的概念

伦理和道德是人类文明的历史产物，是依靠舆论、习俗和信念等方式加以维系的心理、规范和行为方式的综合性意识形态。伦理和道德的主要社会功能是调整人的行为。学术界经常会探讨伦理和道德之间的区别，而且人们在日常生活中针对伦理和道德已经形成了约定俗成的规则，这些规则确实可以从客观和主观、外在和内在、社会性和个体性、普遍性和特殊性、风俗习惯和人格品质等角度对两者加以区分，不过在日常生活中对两者进行区分不便于学习和掌握行政伦理的相关知识，本章对此不做深入讨论。

对行政伦理概念的界定主要有如下三种学说：第一种是职业道德说，认为行政伦理是行政人员的职业道德，甚至在某些时候被用于特指公务员职业道德；第二种是主体规范说，认为行政伦理在包括行政人员职业伦理的同时，还包括行政组织在运行中所应遵循的伦理规范；第三种是应用伦理说，认为行政伦理就是公共行政领域内的伦理，是将伦理应用到公共行政的各方面和全过程，也就是说行政领导、行政决策、行政监督等活动中都存在行政伦理问题。

上述三种学说从不同角度阐述了行政伦理，也展现出行政伦理现象的复杂性。事实上，行政伦理同时展现出职业道德、主体规范和应用伦理三重面向。首先，伦理描述的毕竟是人际关系，因此行政伦理首先是行政人员的职业道德。但是这种职业道德不仅仅是道德规范，它往往与行政人员的美德产生关联，这种美德不是泛指个人道德品质，也不是其他职业的美德，而是行政人员在职业生涯中不断培育的美德，这也是公务员职业道德总是蕴含正直、廉洁、忠诚等美德的原因所在。其次，公共行政的行为主体当然不仅仅局限于行政人员，还应包括行政组织；行政伦理除了表现为个体的职业道德以外，必然还表现为行政组织所应遵循的道德规范，这是行政伦理不同于个人道德和群体道德的组织基础，它的主体必然是公共行政行为主体。最后，行政伦理必然有其领域边界，在这个边界之内，行政伦理渗透在公共行政的全过程之中，这就限定了行政伦理是应用于公共行政活动中的伦理，而不是关于医疗、教育、商业和其他社会活动，它也就不会是医疗伦理、教育伦理、商业伦理和其他伦理。

综上，行政伦理可以看作公共行政行为主体在公共行政活动中所应秉持的道德规范和所应具备的美德的总和。它既包括行政人员伦理，又包括行政组织伦理。对行政人员来说，它既是角色伦理又是职业伦理；对行政组织而言，它既是制度伦理又是政策伦理。

二、行政伦理的必要性

无论是立足于社会背景还是基于学科发展需要，行政伦理的必要性与公共行政实践的基本矛盾不可分割，这一基本矛盾根源于公共行政学得以独立的政治与行政、决策与执行的"二分法"之中。无论处在何种政体、何种组织形式之中，公共行政都面临如何确保按照政治决策本来的意图加以执行的拷问。如果按照"二分法"的理想构型分析公共行政实践，那么行政伦理是否存在就必须面临两种质疑：第一，政治中立的行政人员无须进行独立的道德判断，因而行政人员在伦理上也是中立的；第二，即便行政人员事实上有机会做出独立的道德判断，也不能让他为经过多数决定或者上级权威所做出的决策承担责任。这两种看法实际上抹杀了政治体系和组织层级制约下行政人员自由裁量权的客观存在。在产生现代公共行政的代议制民主政体内，行政人员具有实质的自由裁量权却并不承担政治责任的初始安排受到越来越多的冲击。而行政国家的不断膨胀使这一问题愈发严峻地摆在理论界和实务界面前。人们认识到，"二分法"并不完全符合现实，它唯一的逻辑结果只能是公共行政人员在执行的同时也进行决策，实质的自由裁量权更应该受到相应的制约，而不是把责任推给政治家了事。

行政人员拥有自由裁量权是行政伦理必要性的事实基础，因为只要自由裁量权存在，执行就必然伴随着决策；一旦行政主体做出决策，就必然会或多或少地改变原来的政治意志和公共政策；这种改变就意味着握有实质性的公共权力，而只要拥有公共权力就一定要承担相应的责任；这种责任就要求行政人员的行为要受到相应的调适、制约和控制，而伦理正是调整人际关系和个体行为的基本手段之一，它有效地补充着民主、法治、科层制和社会舆论等调试方式的不足，发挥着不可替代的作用。一旦自由裁量权制约不力，腐败和渎职等权力异化现象就可能凸显，这些现象会给公共利益、社会风气和政治合法性带来巨大冲击。在法治化程度不断提高、科层制管理水平不断提升、社会参与不断提质的情况下，腐败和渎职现象并未随之出现线性的减少，这种公共权力异化现象需要强化与以往不同的调节方式加以矫正。

罗森布鲁姆(D. Rosenbloom)与克拉夫丘克(R. Kravchuk)指出："公共行政官员必须承担责任，因为他们工作中的许多因素都可能导致对公共利益的曲解、引发腐败与颠覆破坏行为。"为了更好地让行政官员承担责任，行政伦理在囊括了民主的权威性、法治的强制性、科层制的严密性和社会舆论的道义性等外在调节方式优点的同时，也诉诸于行政人员内在于的认知、情感和意志，同时对行政人员的美德抱有一定的期望，并以组织氛围和共同体价值观为群体性依托。这种独特的作用机制着眼于长效性甚至根本性地纠正行政行为中的腐败和渎职问题。因此，行政伦理的必要性发端于行政自由裁量权所带来的责任问题，着眼于为克服现实中存在的权力异化现象，具体指向行政人员责任的实现路径和控制方式，最终在善、正当和美德的多维道德意义上促进行政人员负责任地行动，发挥价值引导、共识凝聚、行动规范和实践评价等功能。

三、行政伦理研究的兴起

研究行政伦理的学科称为行政伦理学。从学科的发展源流来看，当代中国对行政伦理的思考主要借鉴了美国行政伦理理论和实践的成果。在美国的宪政架构内，强调对行政活动进行政治控制是一个难以撼动的传统，这是美国行政伦理研究的事实前提和社会背景。当美国学者在质疑公共行政的合法性的同时，实际上也是在对美国的公共行政行为提出更高的伦理要求。因此，行政伦理研究在严格意义上并不是一个新议题。尽管美国的行政伦理研究的萌芽可以从20世纪30年代的著作中觅得踪迹，但它作为一个专门的研究领域还是应该以20世纪70年代作为开端。公共行政学创建和生长时期所面临的一系列社会问题，如政府中的利益输送、社会福利体系的不完善和行政权力行使的日渐专断等现象，实际上都与行政伦理有着或多或少的关系，但行政伦理的萌芽在当时并未得到重视。尽管伦理、道德的字眼出现在古德诺和后来的威洛比、高斯和迪默克(M. Dimock)等人的著作中，但对科学管理和行为主义的执着淹没了这种声音。受到新公共行政运动的鼓励和罗尔斯复兴政治哲学的影响，20世纪70年代，哈特(D. Hart)、哈蒙(M. Harmon)等人尝试将正义理论引入公共行政学，这是对行政伦理具体问题进行主流伦理学研究的可贵尝试。之所以会有这种理论的反馈，正是得益于当时美国先后经历的平权运动、越南战争和水门事件对社会问题的暴露和对社会大众的刺激。人们逐渐意识到，即便在民主法治的条件下，单凭现存的法律法规对行政主体的制约、行政组织的自律以及公共行政人员的自省难以确保负责任的行政行为，一系列伦理法律和法规的出台标志着这种控制方式愈发细密[①]，也标志着美国行政伦理建设的重大进展。

中国当代自觉的行政伦理研究发源于20世纪90年代中期，以分析行政决策的伦理道德问题和转型期的行政道德冲突为开端，以系列化的行政伦理论文为基础[②]，中国的行政伦理学作为一个独立研究领域得以确立。随着介绍美国行政伦理理论和实践的成果不断积累，中国学者编著的教材和撰写的论著也日益增多，行政伦理学也成为公共管理相关专业的必修课程。中国学者自觉的行政伦理研究之所以出现在这个时期主要有如下客观原因：第一，国家逐步迈入社会主义市场经济，然而公共行政与之相适的过程具有滞后性，社会舆论对政府官员廉洁程度和作风建设都提出了新的要求，这就使人们谋求从伦理维度实现对公共行政行为的制约；第二，中国共产党愈发重视德治在国家治理中的作用，以德治国的方针在当时的公共行政领域必然会产生相应的回响，这构成了政界和学界自觉重视行政伦理建设的政治诱因；第三，公共行政学对自身学科体系的完善和发展的要求，使得对行政责任的思考、行政人员伦理规范的制定、行

---

① 如1965年约翰逊总统签署的《联邦伦理总统令》(*Presidential Order on Federal Ethics*)以及1978年卡特总统签署的《政府伦理法案》。

② 1996—1997年，国家行政学院王伟教授的多篇论文从理论建构和外国经验的引入两个路径进行了行政伦理研究的尝试。

政人员德性的养成都必须加以理论化和系统化，这在学术共同体内部推动了行政伦理研究的进步。

四、行政伦理的实践来源

与行政法治一样，行政伦理的发展在本质上也是工具理性在特定时代背景下的进一步强化，而工具理性的背后则是"目的导向支撑的因果性形而上学预设"的现代性。在现代社会，行政伦理的内容和要求主要来自以下五个方面。

(一) 人民对行政行为的期望

在现代社会，人民主权是国家统治合法性的基础。在人民当家作主的中华人民共和国，社会成员更是牢固树立了一切权利属于人民的观念。只有人民同意并将权力赋予政府，政府才能建立机构管理国家和社会事务。人民之所以会同意政府的管理源于人民对政府的行为有所期望：政府应该保障社会成员的生命财产安全，保障公民的基本权利，为公民个人的全面发展创造条件，等等。政府及其组成人员不应该用人民赋予的公共权力谋取私利。行政伦理的内容和形式只有顺应人民对行政行为的期望才可以被称为行政伦理，人民对行政行为的期望是行政伦理的逻辑源头。

(二) 宪法对行政权力的制约

宪法是现代政治文明的重要产物和基本标志，它的基本功能是制约公共权力、保障公民权利。宪法对行政权力的制约正是人民意志集中而具体的体现，它从原则上规定了公民具有哪些权利和义务，公共权力要受到哪些制约。从根本上说，它确立了公共行政的活动范围和体系架构，是行政伦理在制度架构中的来源。

(三) 组织对行政程序的厘定

现代的公共行政必然是一种程序性的公共行政。组织对行政程序的厘定应该在最大限度上确保程序正义，以确保最后的实质正义。行政主体合乎伦理的行政行为在组织框架内必须遵循相应的程序，这也是现代官僚制对组织运行的基本要求，特别是层级分明的科层体系对行政行为产生了明确的伦理要求。因此，行政程序是行政伦理在运行过程中的来源。

(四) 专业对行政职业的要求

公共行政的专业化程度在不同国家有高有低，但这个趋势却为各国所共同追求。专业的行政人员意味着在其工作领域内拥有合格的知识和技能，这些知识和技能因其客观性和社会认可度而对行政主体的工作产生相应的要求，不应该违背。在专业化程度较高的职业中，如法律和财政工作，专业团体往往会将共同体的共识上升为明确的职业伦理。可见，专业对行政职业的要求正是行政伦理作为职业伦理所必须遵循的客观要求。

(五) 道德对行政人员的规范

道德的一般要求与特定的文化和社会背景紧密相关，并受到社会舆论的支持。道德是一种社会意识形态，同时又可以内化为个体道德。作为一种意识形态，道德对行政人员的规范最终要体现在行政人员的内在个体道德之中。个体道德是个人价值观在道德领域的集中反映，它往往体现为人的信念、良知和人格，是个人道德修养的结果，它往往意味着个人具备一定的道德操守，是个人在行动中自觉坚持且不能违犯的原则和不能触碰的底线。道德无疑也会制约、调节和规范行政人员的行政行为。因此，道德构成了行政伦理的主观来源。

尽管行政伦理是一种现代产物，但它在历史上仍然有迹可循，因为在某种程度上，行政伦理被视为政治伦理的次级领域，而政治伦理在历史上长期居于人类伦理思考的核心地位。无论是古希腊哲学对统治者美德的推崇，还是中国诸子百家对掌权者行动原则的争论，各个文明的先哲都自觉探讨了古代行政活动中的伦理问题。行政伦理所要直面的问题，正是在行政行为中如何实现善和正义。而获取关于善和正义的基础知识，则是人们对公共行政进行伦理思考的必要准备。

第二节　行政伦理知识

研究人类社会的道德行为主要有两种方法：第一种是描述方法，它以经验为依据描述人的行为和品行。心理学家往往采取这种视角，他们会归纳人的行动规律，但并不讨论人的行为和品性是否具有道德意义的正当性，也不要求人们如何合道德地行动。第二种是哲学方法，具体而言就是道德哲学或者伦理学。要获得行政伦理的相关知识，必须对伦理学具备初步了解。行政伦理知识的应用是与生活经历和日常实践紧密相关的。

一、伦理学知识准备

伦理学是判断道德意义上好(善)、坏(恶)、对(正当)、错(不正当)的学问。伦理学绝对不是空谈道德，它与人的行动息息相关。在多数情况下，伦理学要求人们践行他们所认可的道德标准。

(一) 伦理学的体系

针对人的行动这一复合现象，伦理学提供的是如何做人与如何做事的学问。侧重"人"的美德伦理学与侧重"行动"的规范伦理学是伦理学体系的重要组成部分。

美德伦理学又称德性伦理学，虽然是近几十年来复兴的学说，但是它实际上是东西方最古老的系统化伦理思考之一。美德是使一个人能够为实现特殊目的而行动的品质。在西方，它可以明确上溯至亚里士多德的《尼各马可伦理学》。亚里士多德认为，美德是一种恰到好处，或者说是"中道"。而东方占据主流的儒家学说也是以个人德性作为理论基础，社会生活的方方面面都应该致力于培养人优秀的内在品质，将人造就为君子。美德伦理学的要义在于强调人本身的善良和正义的品质，要求通过实践来获得美德，而非单纯评价行为的结果和行为所遵循的规则。

对行为的结果或者行为所应遵循规则的重视实际上是规范伦理学所关注的重点。规范伦理学提供了最为人熟知的伦理知识，它在很长一段时期以内一直是西方伦理学的主流范式。规范涉及人们"应该"做什么，这既要求价值判断又要求客观行动。最有影响力的对规范的思考可以分别纳入结果论和义务论的范畴之中。

除了美德伦理学和规范伦理学这两种历史悠久的伦理学之外，在哲学语言学形成的过程中，伦理学也经历了新的洗礼并出现了元伦理学这一分析哲学时代的产物，它关注人们所使用的道德语言的含义，阐明道德概念相互联系的规则，力图实现道德语言使用的规范化，同时元伦理学也着力于对各种道德学说的论证逻辑进行分析和评价。也就是说，元伦理学不直接关心人们应该成为怎样的人和人们应该怎样行动。元伦理学提供给我们的是对道德理论的深层次思考。对行政伦理而言，元伦理学启迪人们反思在复杂的行政环境和具体的行政过程中善究竟意味着什么，特别是在后现代社会打破了原有的统一性之后，什么样的行政行为才具有可辩护的道德正当性。

(二) 道德行为的判断标准：规范伦理学内部结果论与义务论的分歧

人们对于"何种行为是道德"这一基本问题有着多种多样的答案，这些答案可以归纳为两类：一类以行为的结果为基础进行评判，称为结果论；另一类以行为本身具有的特征为基础进行评判，称为义务论。

结果论主要有利己主义和功利主义两种形式。在当代，人们在谈及结果论时主要是指功利主义。功利主义认为，实现最大多数人的最大利益的行为是善的。单纯的结果论所面临的最直接问题在于：如果最大多数人的最大利益伤害了最小部分人的利益，那么这种行为是否能够得到道德意义上的辩护？同时，这种伤害对判断结果的道德性质产生了何种影响也值得考虑。此外，如何判断什么对最大多数人有利也是一个不容忽视的挑战。

义务论主要有两种形式，分别是行为义务论和规则义务论。行为义务论认为，人的决策是基于直觉的，这种直觉主义观点意味着道德规范不可能是普遍的，只存在具体的行动、情境和个人。因此，行为的善与恶取决于人们决策时的直觉。规则义务论认为，普遍的道德规则是存在的，是人人都能理解、认同和接受的，善的行为的唯一特征就是遵循这些规则，而并非考虑相应的结果。单纯的义务论所面临的最直接问题在于：当遵守规则会给人们带来不利结果时，遵守这种规则是否具有道德上的理由？同时，规则之间可能相互冲突，绝无例外的道德规则是否存在也值得怀疑。

在罗尔斯看来，结果论和义务论实际上围绕善和正当两个价值安排各自的论证。也就是说，或许在某些结果论者和义务论者那里善和正当的区别并不明显，但实际上结果论的观点是善优先于正当(好优先于对)，义务论是正当优先于善(对优先于好)。这是把"善"局限于结果并且把"正当"局限于过程的必然结论。也就是说，善用来评价好坏，正当用来评价对错。从理想状态出发，对行为的价值判断应该把两者结合起来进行综合考虑。

(三) 道德实践的宗旨：规范伦理学与美德伦理学的分歧

与规范伦理学侧重于关注行为本身的善或正义不同，美德伦理学更关注行为是否有助于实现人性的善，或者称之为人本身所具有的善良和公正的品质。美德伦理学中的行动者虽然也有目标，但这种目标是在具体情境中才能得以清晰界定的特殊目标，而不是结果论所说的在何种行动中才能得以最佳实现的那个目标；美德伦理学与义务论都认为在情境中人应该进行适当的思考和决策，但义务论认为这种思考和决策必须依赖于普遍适用的规则，美德伦理学则认为行动者的思考和决策不能在脱离情境的基础上无条件地依赖某种规则。因此，美德并不是源于外部奖励或者结果基础上的行为，而是因为美德对"人"具有内在价值。美德不仅仅是使生活变得更美好，它本身就是美好生活的一部分。道德尽管可以用来评判和调节人的行为，但人是通过行好人之所行发展人的内在道德品质即美德的。这样一来，道德的宗旨就不是为了调节人的行为，而是在更深层的意义上构成了人之所以为人的基本要素，成了人的全面发展的题中应有之义。美德伦理学也就意味着造就具有善良品质之人的伦理学。

二、在行政活动中实现善

在行政活动中实现善意味着行政人员应该按照效用最大化的要求行事，具有鲜明的功利主义特征。在公共行政学说史上，传统公共行政和新公共管理都持有这种立场。

公共行政学说史对公共行政活动中如何实现善有着明确的回答。传统公共行政的拥护者认为，效率是根本性的价值，而实现效率的过程是控制成本的过程。行政组织应该在不断提高效率的过程中实现对善的追求，这是对行政组织在整个社会结构中发挥功能的客观要求。只有高效率才意味着行政组织目标的良好实现，也才能更好地实现行政组织对社会的贡献。为了实现高效率，行政人员所需要做的，就是在相应的体制机制设计和管理方式方法中尽可能地提高个人的工作效率。而提高工作效率的办法都已经被设计好了，他们只需要在履职时遵循组织和上级为他们制定的标准、规则和程序，组织将根据遵循的程度分别施以奖励和惩罚。从逻辑上看，行政人员所面临的问题不是如何恰当且负责地行使自由裁量权，而是在严格控制之下如何避免行使自由裁量权的问题。实际上，尽管善从表现上看就是效率的实现，但传统公共行政对如何在行政活动中实现善的要求是一种与行政人员自主选择和道德判断无涉的过程，行政人员不需要也不应该思考超越自己执行范围的善。因此，负责任的行政行为建立在"价值中立"的原则基础上，善不是行政人员需要考虑的问题，而是政治家的事情。

新公共管理运动的拥趸者则认为，传统公共行政对层级控制的执着带来了行政组织的僵化，进而难以实现传统公共行政宣称所要实现的效率，也无法实现行政活动应有的社会价值。因此，新公共管理的"3E"(economy、efficiency、effectiveness)标准正是对传统公共行政的重要修正。传统公共行政的单纯效率标准仅仅考虑到组织成本问题，独断地将效率与社会价值和公共利益联系起来，没有兼顾组织的产出和对社会价值的战略判断。新公共管理正是在这个意义上对传统行政进行了修正。想要在公共行政活动中实现善，首先，应该重新定位行政组织与社会其他部门之间的关系，主要是突破公共物品直接生产者的地位而采用多样化的供给方式。其次，为了实现这种调整，行政组织也应该进行相应的变革，突破传统科层制的桎梏，实现扁平化管理和组织流程再造。最后，为了实现上述调整和变革，必须改变行政人员的角色和功能，要让行政人员具有企业家精神，逐渐让行政人员从传统的科层制责任链条中的执行者过渡到公共项目的经营者。行政人员的决策不再是结构性和体系性的价值中立，而是被鼓励主动追求"善"。

三、在行政活动中实现正义

新公共行政是公共行政学说史上关注社会公平的重要运动，在政治哲学复兴的理论背景下，这种对社会公平的关注必然与罗尔斯提出的"作为公平的正义"结合起来。事实也正是如此，前文曾提及的哈特和哈蒙等人对罗尔斯理论与公共行政和组织理论相结合的探讨就是明证。尽管新公共行政运动的观点和主张颇为庞杂，但其参与者后来却对社会公平问题着墨颇多，公平与效率同等地被视为公共行政的基本价值。有很多正义理论值得公共行政活动借鉴，此处仅以最为公共行政学者所接受的罗尔斯正义原则为例启发大家进行思考。

罗尔斯正义原则最终表述的内容如下。

第一正义原则：每个人对所有人所拥有的最广泛平等的基本自由体系相容的类似自由体系都应有一种平等的权利。

第二正义原则：社会和经济的不平等应这样安排，使得：这两种不平等都能够最大限度地增进最不利者的最大利益；这两种不平等所依系的职务和地位，应该基于机会的公平平等条件向所有人开放。

第一优先原则(自由的优先性)：两个正义原则应以词典式次序排列，因此，自由职能由于自由的缘故而被限制。这有两种情况：一是一种不够广泛的自由必须加强由所有人分享的完整自由体系；二是一种不够平等的自由必须可以为那些拥有较少自由的公民所接受。

第二优先原则(正义对效率和福利的优先性)：第二个正义原则以一种词典式次序优先于效率原则和最大限度追求利益总额的原则，公平的机会优先于差别原则。这有两种情况：一是一种机会的不平等必须扩展那些机会较少者的机会；二是一种过高的储存率必须最终减轻承受这一重负的人们的负担。

在公共行政活动中，无论是政策制定还是政策执行都可以通过贯彻正义原则来实现正义。也就是说，将正义原则置于对结果的功利主义考量之前，两个正义原则之间也是第一正义原则优先于第二正义原则，第二正义原则之中公平的机会平等优先于最不利者境况的改善。尽管词典式优先的原则是清晰的，但在每一个范围内，罗尔斯的观念都是简明的：只有当某一种不平等有利于最不利者时，这种不平等才可被接受。因此，行政人员完全可以根据正义原则判断自己的决策和执行是否能够完全平等地对待自己的行政对象，如果不能的话，这种不平等就应该尽力实现正义原则所规定的那种安排，着力实现最不利者利益的最大化。而让行政人员秉持正义原则行动，意味着新公共行政实际上在完成正义理论家们的未尽事业：当正义理论家们忙于设计一个正义的制度之时，新公共行政实际上又与公共行政学兴起伊始那样关注到这一制度的落实，制度甚至政体的正义有赖于行政活动中正义的实现程度。

四、造就有德性的行政人员

美德伦理学认为，道德不应当只强调遵守规则或是追求好的结果，也应该重视对个人善良品质的培养；与康德式的义务论不同，合乎道德的行动并非对意向的背离，而是按照在美德培育中确立起来的意向去行动。对一个人而言，道德意义上的善实际上意味着他拥有一个完美状态的人生，美德的实践则是这种人生的核心部分。对行政人员而言，合乎道德的行动不应该仅仅是受到组织控制才得以保持的，他们应该培养自己内在的善良情感和意向。行政人员的美德超越了个人美德中的忍耐、谦逊和节俭等个体德性的规定，他应该将自我的美德融入公共生活之中，这是"公民"古典定义的要求。因此，行政人员的美德是一种公民美德基础上的职业美德，行政人员应该仿效公认的道德典范的行为，并力争使自己成为公民的道德表率。

弗雷德里克森对公共行政精神的论述，系统阐释了行政人员的品质和价值观，他在更为宏大的理论视野中整合了行政伦理理论和实践中的美德要素。他认为，公共行政精神的道德基础是对所有公民的乐善好施。乐善好施意味着一种对公民广泛的和问心无愧的热爱，以及服务于更大的公共利益、公平地照顾公民需要的承诺。爱国主义则是出于对政体价值的拥护而承担起的对本国民众的责任，并力图将其转化为具体的行动。公共行政在这个意义上超越了做好事的客观评价范畴，而成为行政人员自我尊重乃至自我实现的过程。

新公共服务理论认为，公共服务就是民主政体中所有公民所期待的美德的一个扩大部分。行政人员的服务对象是公民，同时他们也是承诺进行公共服务的公民。在古希腊时代，公民之所以参与城邦的工作是因为公民在这种公共服务中可以实现最完备的品格。因此，做一个积极、主动的公民本身就是一种目的，而承担公共责任正是实现这一目的的过程，公民角色是行政人员角色的基础。尽管经过现代化的洗礼，这种传统仍然被公共行政继承。按照这种观点，行政人员就不仅仅是技术专家或者政府雇员，而是将公民的责任延伸到其个人生涯中的人。一旦这样，就意味着行政人员承认公共服务在道德意义上居于优先地位，这时候他们应该在博爱的基础上锻造乐观主义、勇气和公正等美德。

实际上，造就有德性的行政人员无非意味着两个方面：一是选拔有德性的公民进入公共行政组织承担公共服务工作，二是让组织成员保持并不断完善他们的美德。这既需要在全社会激发积极的道德氛围，又需要为公民美德的生长和维系创造相应的条件，更需要设计相应的体制机制优化行政组织的选人、用人和培育方式。因此，培养行政人员的美德首先应该激发行政人员的公民美德，这是他们投身公共行政事业的志向基础。其次是激发他们的个人美德在公共服务中的作用，使他们的正直和德行得以施展。最后要通过具体实践培育他们的职业美德，将公民美德和个人美德应用到对待服务对象的实际工作中去。培育行政人员美德的常用办法就是通过树立和学习道德模范以促进行政人员美德的形成。这一点在我国的行政实践中有许多具体实例。

第三节　行政伦理实践

人们践行行政伦理知识以实现合乎道德的行政行为时，总会遇到一些难以克服的问题，比如对善的标准的斟酌、对道德原则优先性的分歧、对美德内涵的争论等。伦理学知识本身的复杂性使行政伦理在理论上难以全然融贯，而在实践上则面临来自方方面面的掣肘。每一种行政伦理主张都有其内在的局限性，无法全然避免实践中的不确定性。任何路径的单独使用所导致的问题告诉我们，公共行政人员必须使用一种全面的路径，把责任放在中心位置，同时将美德、原则和结果纳入其中。也就是说，行政伦理并不意味着追求行政活动中的"至善"，也难以确立通行的正义原则，行政伦理对行政人员更为现实的意义在于，如何运用它引导并规范行政人员和行政组织负起相应的责任。

获取了相应的伦理学知识之后就会发现，作为个体的行政人员因其在行政组织中的特定角色而必须负有责任，身居行政组织中的行政人员个体必须受到控制以适应相应的角色要求。负责任的行政人员必须具备丰富、系统的伦理知识，以便能够清醒、理性地告诉其他人，自己的行为是如何为公共利益服务的；也才能够非常明确地告诉他人，自己的职业伦理使命就是维护道德准则和自尊感。负责任的行政人员在组织中要发挥特定功能，因而必然面临组织的相应控制，这种双向的关系实际上意味着行政伦理至少在对象上包含行政人员伦理和行政组织伦理两个领域。

一、以责任为核心的行政人员伦理

责任是建构行政伦理学的关键概念。责任将行政人员个体与行政组织直接联系起来，进而与人民、社会和国家等宏观政治现象紧密衔接。行政人员的决策是否道德也必须基于责任的概念加以理解。哈蒙和麦克斯怀特甚至认为就考察行政人员的决策结果来说，与其说它是符合伦理的不如说它是负责任的，因为责任提供了一个更具实践规范意义的图景。正是在责任论域内，行政人员伦理才得以获得其具体的面貌。

(一) 责任的含义

在道义和法律意义上，责任意味着人们应当对自己的行为负责；如果我们本可以采取其他行动而并未那样做，就说明我们负有某种责任，也会因此受到相应的奖励或惩罚，这被称为义务责任。在政治活动和公共管理中，责任最通常、最直接的含义是指与某个特定的职位或机构相连的职责，这种责任意味着那些公职人员由于自己所担任的职务而必须履行一定的工作和职能，这可以被称为角色责任。同时，责任还意味着公职人员应当向其他人员或机构承担履行一定职责的责任或义务，这些人可以要求他们做出解释，这体现在科层制的责任链之中。现代汉语中的责任通常有两层含义：其一是指分内应做的事；其二是指没有做好分内应做的事而应承担的过失。因此，无论是英语还是汉语，现代语境下的责任有两方面含义：一是分内应做之事；二是未能做好分内之事而应承担的过失。而对分内应做之事又可细分为两重含义：义务和职责。责任实际上最初仅包含义务的含义，19世纪的专业分工和社会变迁逐渐赋予其职责的内涵。实际上，职责在这里又蕴含一种使自己的行动为特定对象所理解的意思，因此问责或课责的意思也涵盖在其中。哈蒙归纳了责任在当代的三种含义：职责、义务和承担不利结果，这一归纳借鉴了迈克科恩对 "responsibility" 在英文中的词源学考察所得出的结论。库珀对职责和义务做了区分，认为职责包括对某人或某集体负责，义务是对某一任务或目标负责。综上，责任意味责任主体对某事的义务、对个人和群体的职责，以及未能尽责的情况下应承担不利结果的现象。

(二) 责任的分类

行政人员在公共行政活动中所应承担的责任并不是抽象的存在。站在行政人员的角度，他所承担的责任有两种：一种是来自外部因素的责任，称为客观责任；另一种是来自内在意识的责任，称为主观责任。

1. 客观责任

行政人员的客观责任来自行政人员的外部，具体来说，就是不以行政人员个人意志为转移的责任。公共行政所处的不同维度和层次的行政环境使行政人员承担着不同的客观责任。

(1) 政治责任。政治责任在抽象意义上意味着行政人员的行动对政治权威规定的目标或操作标准负责或者说与它们一致。政治责任在具体的国情和社会背景中有所差异。在英、美等国，行政人员的政治责任首先是指行政人员对民选政府的责任，直接体现为对经选举产生的政治官员的责任。其次是对代议机关的责任，尽管有时这一责任是间接的，但它体现了人民主权原则。在中国，政治责任首先是行政人员执行中国共产党的路线方针政策的责任，其次是对国家权力机关(人民代表大会)的责任，最后也是最基本的就是对人民群众的责任。我国行政人员的政治责任是由我国的国体和政体所决定的，在党纪国法中规定了它们得以实现的机制。

(2) 组织责任。组织责任也称狭义的行政责任，它意味着在行政系统内行政人员对科层制意义上的层级责任和组织目标、组织任务的责任。其中，行政人员要向上级负责，这意味着职责；要对组织的各项规章制度负责，这意味着义务。一旦因自己的原因导致组织目标无法如期实现，还要受到相应的惩处，这意味着承担不利结果。如果行政人员有下属的话，在具体情境中还可能需要对下属的行为负责。行政责任是行政人员日常工作中最直接的客观责任。

(3) 社会责任。行政人员的社会责任看起来类似于政治责任中对人民群众的责任，但差别在于，政治责任中强调的是对人民作为主权拥有者的责任，是对其主权地位的承认和拥护，将人民作为行政权力的终极来源。行政人员的社会责任就更为具体地将人民视为社会成员意义上的"公共"，是对公共利益和社会福祉的责任，它既指向公民的经济社会文化权利，也意在促进社会的繁荣和持续发展。

(4) 法律责任。法律和伦理是相互区别却又各自独立的概念，因此法律责任看起来似乎并不应该放在行政伦理的客观责任之中。其实这种非此即彼的思维过于简单化，因为根据责任的含义，行政人员的法律责任既包括对法律的义务，也包括对司法机关的职责，还包括违背义务和职责所应承担的法律后果，但这种服从除了法律规定所必须之外，还因法律构成了最低限度的道德和维护公序良俗的宗旨而使这种"负责"具有了道德属性，因而行政人员向法律负责、对法律负责和承担法律后果是行政伦理的内在要求。行政人员除了执行法律之外，还应该尊重法律、服从法律和忠于法律。

2. 主观责任

对行政人员主观责任的争论在20世纪三四十年代达到了白热化程度，进而催生了主观责任概念的正式确立，其中最为著名的就是弗雷德里克与芬纳之争。芬纳指责弗雷德里克抹杀了客观责任，仅仅重视主观责任成了弗雷德里克放弃民主的政治责任的"罪名"。主观责任意味着行政人员不可能也不应该完全依照客观责任所规定的模式从事行政活动，必须有一些个人内在的因素来产生、掌控和调节负责任的行政行为。主观责任的支持者认为，在根源上，如何负任地行动必须依赖主观判断，只有这种主观判断会促进客观责任的落实。这种主观判断在认知、情感和行为的共同作用下，凝结在行政人员的行政价值观之中。行政价值观原本关乎技术责任，而技术责任似乎应该是客观的，正是它的批评者赋予了行政价值观现有的主观责任内涵，认为它会产生一种对行为有着持久影响的内心的责任感，是行为主体对其自身行动所负有职责、义务和相应过失的自我规定。行政人员的主观责任实际上是行政价值观的特殊体现。一般而言，主观责任的形式有如下几种。

(1) 行政信念所造就的责任。信念实际上是一种人们确信某事的思想状态。行政信念就是行政人员对行政体制、机制、目标和行为规范形成自己确定看法的思想状态。行政信念主要包括对公共行政的公共性的信仰以及对行政活动会促进这种公共性的信心。这种行政信念会促进行政人员坚持为促进公共利益而行动，会促进行政人员满腔热情地投入公共行政事业之中，倾注行政人员个人的智慧和力量，从内心深处升腾起全心全意为人民服务的责任感。在当代中国，行政信念反映了爱国主义、集体主义和社会主义的传统美德和时代精神。

(2) 行政良知所造就的责任。虽然良知本身是一种先天的道德观念，比如孟子所说的"不虑而知"，王阳明所说的"不假外求"，然而行政良知却必然是行政人员在公共行政实践中形成的。所谓"先天"，实际上是指先于某一次具体的行政活动。因此，行政良知是指行政人员在公共行政实践中形成的与公共行政有关的道德情感、道德心理和美德的总和。行政良知在积极的方面使行政人员产生弗雷德里克森所说的乐善好施的行动，而在消极方面则使行政人员持有行动的底线性思维。以某种规范为行动底线是规范义务论在个体道德意识中的体现，这也是义务论伦理学对塑造行政良知的重要作用。行政良知是行政人员有所必为和有所不为的基础，是行政人员负责任行动的重要保障。

(3) 行政人格所造就的责任。与心理学上的人格不同，在道德范畴内所说的人格是一种体现个人的尊严、价值、品格的伦理存在。行政人格意味着行政人员在行政活动中进行道德选择积累而成的道德主体形态。行政人格既包含了价值实现的过程，也包含了自我价值选择和评价的过程，它是行政人员在行政伦理层面的自我实现，包括理性和感性两个方面，其外在表现为行政人员在公共行政活动中的风格和习惯。行政人员如果建立起健康而完善的行政人格，就会在日常行动中展现出行政人员应有的美德，行政人格润物无声地直接决定了行政人员负责任的行政行为。

总之，人们会在行政信念、行政良知和行政人格中体察到自己的义务，决策和行动也必须能够在信念中得以解释，一旦违背了自己的行政信念、行政良知和行政人格，行政人员会产生不安、惭愧和悔恨的情绪，这种主观负面情绪正是行政人员未能履行主观责任所必须承担的不利结果。

(三) 责任的冲突

对行政伦理困境的经典比喻"做了你要下地狱，不做你也要下地狱"说明行政人员面对价值重大和理由充分的选项，如何行动都会有所偏颇，因而处于两难境地。有的时候，行政人员的职责与义务相冲突，行政人员在自身承担不利结果与对组织、公民和社会造成损害之间也面临困难的抉择。在行政活动中，当责任产生冲突时，往往来源于如下三种冲突形式。

1. 权威冲突

法律法规、人民群众和组织上级都是行政人员的权力来源，所以行政人员要对其负责，但现实中不可避免的是这些权威对具体事件的态度并不总是完全一致。同样都是权力来源，行政人员选择服从谁都有充足的理由，而违背任何一方的意愿都会面临相应的后果。尽管从政治逻辑上看，人民是公共权力的终极所有者，但从行政人员的日常工作出发，对他而言越具体的权力主体越有现实的权威，越抽象的权力主体，其权威也就越缥缈。因此，这些权威之间的冲突并不能够简单化为谁是主权者就能够加以解决，行政人员在其中面临现实困境。

2.角色冲突

行政人员的两个基本角色是作为公民的个人和公民代理人，代理人身份是以行政组织成员的身份存在的。角色冲突包括：第一，角色间冲突，如作为行政人员与作为某专业团体会员之间的冲突；第二，角色内冲突，作为行政人员可能既是别人的上级，同时又是别人的下级。行政伦理可以视作角色伦理，每种角色对应相应的要求，这些不兼容的要求为冲突埋下了伏笔。除此之外，角色冲突的内在问题是：角色扮演是否可以有固定、清晰的边界？人能否被割裂为具体的不同的角色？行政人员自己和其他社会成员是否能够正确分辨行政人员的角色？这样一来，即便人们知晓每种角色的要求，但也很难在行政决策情境中清晰地分辨和界定自己的角色，遑论对角色的优先性进行排序。

3.利益冲突

行政人员面对的利益主要有公共利益、组织利益及个人利益，这些概念还可以衍生出很多具体的利益诉求。在哲学层面上，三者在长期具有根本一致性是可能的，但现实中三者的冲突也是完全可以想象的。资源相对稀缺是一个有效的前提，公共权力分配资源理应追求公正，学术界对公正原则的理解一直众说纷纭。一旦掌握公共权力的行政组织本身也是利益相关方，那么本位主义的需要很容易掩盖在普遍福利中，甚至可能打着公共利益的旗号中饱私囊。如此一来，人们难免会忧虑公众和个人利益无法得到切实保障，利益冲突的现实性毋庸置疑。

尽管人们承认行政伦理困境的现实性，但绝不能以此为借口推卸责任。做出何种选择背后对应的是行政人员的价值排序，而行政伦理困境给价值排序增添了迷惑性因素：貌似都是正确的，都有合理的价值基础。这时，行政伦理知识就不能再抽象地进行推理和论证，而只能在应用的过程中对具体问题进行具体分析。

二、以控制为基础的行政组织伦理

伦理问题是人与人的关系问题，因此行政组织伦理必定产生于其内部的具体道德主体的关系之中。因此，行政组织伦理很难以一种"组织自主性"的意义得以整体存在，它主要是在组织现有的结构和机制基础上让行政人员更好地负责任地行动，以便实现组织的目标和任务。也就是说，行政组织伦理的关键在于如何确保行政人员伦理的良好状态，即确保行政人员成为负责任的行政人员，这就意味着控制成为行政组织伦理的主题，而行政人员对这种控制也有反控制的心理倾向和操作空间。由于责任冲突的存在，当人们认为这种控制有悖于行政伦理时，行政人员拥有必要的反控制自主便显得极为必要。

(一) 外部控制

简单来说，外部控制就是通过一系列的体制机制设计来规范、调节和引导行政人员的行为以促使行政人员负责任地行动。进行外部控制在根源上是基于对人性的不信任，人们不相信行政人员的价值观、信念、良知和人格能够真正保证他们承担行政责任。也就是说，由于主观责任可能无法敦促行政人员实现其客观责任，外部控制所要克服的是行政人员承担主观责任的动力不足。

常见的外部控制手段包括伦理立法和伦理法规，可以把它们统称为伦理法治化现象。一些国家尽管未进行专门的伦理立法，但法律中与行政组织和行政人员相关的条款成为外部控制的重要手段，比如监察、审计等措施都于法有据，它们客观上构成了伦理法治化的重要体现。而在专门的伦理立法方面，美国进行了广泛而深入的实践，特别是1978年10月26日，时任美国总统卡特签署了《政府伦理法案》(*Ethics in Government Act*)，这是美国伦理立法的里程碑事件。该法案对财务公开制度和离职后管理条例都做了明确规定，同时设立了政府伦理办公室作为法案的执行机构和修改法案的咨议机构。《政府伦理法案》之后又几经修订，每次修订都提高了政府伦理办公室的地位、强化了它的职权。《政府伦理法案》所具有的导向和引领作用是巨大的，美国多数的州都进行了伦理立法，尽管它们内容各异，但限制利益冲突、强化财务公开、细化离职后的职业要求是共同关注的焦点。

在美国，伦理法规在美国主要涵盖了职业协会对职业从业者要求的条文化规定内容，比如美国公共行政学会(ASPA)也曾制定了伦理法规和相应的指导原则。作为职业行为准则的伦理法规囊括了职业行为诸多方面的内容，甚至会对会员违反伦理之后的调查取证、处理程序和制裁措施予以规定。

在我国，通过伦理立法进行外部控制的现象并不多见，结合我国具体国情的外部控制虽然散见于国法之中，但它们系统化地存在于党规和党纪之内。《中国共产党纪律处分条例》《中国共产党问责条例》《中国共产党党内监督条例》和《中国共产党廉洁自律准则》等一系列党内条例和准则是当前我国行政伦理建设中外部控制的核心组成部分，集中反映了我国行政伦理建设的顶层设计思路，同时兼顾了制度体系的宏观安排及制度执行的具体落实，体现出鲜明的中国特色。这些党内条例和准则紧扣廉洁自律主题，重申党的理想信念宗旨、优良传统作风，重在立德，是对党章规定的具体化，是全面从严治党实践经验的结晶，为党员和党员领导干部树立了一个看得见、够得着的高标准，对于深入推进党风廉政建设和反腐败斗争、加强党内监督、永葆党的先进性和纯洁性具有十分重要的意义。这些党内条例和准则充分体现依规治党与以德治党的有机结合，并通过党对政府工作的领导而成为政府中发挥骨干和领导作用的行政人员所必须遵守的规定。

与世界先进经验相比，我国的伦理法规建设水平仍有待提高，不过这种状况与我国职业化的发展水平总体相当，仍处于稳步提升的过程中。在职业化发展水平较高的行业，相应的伦理法规也已经出现，如《中国新闻工作者职业道德准则》《律师职业道德和执业纪律规范》。已有的伦理法规对各自所规范职业的道德准则进行了系统阐述，条文的内容主要是积极引导职业共同体成员按照理想的道德标准行事，即鼓励从业者应当按照职业所应遵循的道德要求行动。凡是已经形成伦理法规的职业往往出现在职业化发展水平较高、职业化建设历史较长、职业共同体受社会认可的职业之中。可以说，伦理法规的建设及其作用的发挥，离不开职业化这一基本条件。因此，直面我国公共行政的职业化建设仍然面临的一系列瓶颈和难题，如何让伦理法规在行政伦理领域发挥作用，还有待顶层设计整体把控与实务部门主动创新的共同推进。

伦理立法的价值主要有三个方面：第一，为公共行政人员解决伦理冲突和摆脱伦理困境提供底线性标准，这是行政伦理最低标准的来源；第二，伦理立法可以对违反行政伦理的行为进行实质性制裁；第三，伦理立法从反面为行政人员树立了"恶德"和"恶行"的抽象典范，有助于防止行政人员个人德性的丧失。当然，伦理立法也有一定的弊端，主要体现在三个方面：第一，伦理立法的一般性和滞后性使它难以指导具体问题；第二，伦理立法通常难以得到贯彻，它往往囿于立法漏洞、举证困难及组织压力等方面难以连续而有效地实施，这反而损害了伦理立法甚至整个法律和道德体系的权威性；第三，严格落实伦理立法的意图和行为会影响组织士气和组织成员之间的关系。

伦理法规的价值主要体现在以下三个方面：第一，伦理法规比伦理立法更加具体而生动，它可以直接陈述职业共同体的理想、规范和义务，这就使得它对特定职业群体而言更具可操作性；第二，与伦理立法的制裁性和惩戒性措施不同，伦理法规以激励性的话语塑造行政人员的价值观；第三，与伦理立法的底线性要求不同，伦理法规更为积极地规定了行政人员应该如何行动，并从树立正面典范的角度出发为行政人员美德标定了道德高地。伦理法规也具有相应的弊端：第一，尽管伦理法规较之伦理立法更为具体，但在指导具体问题时仍旧显得过于笼统，且由于其更为高尚的要求反而更容易沦为空谈的标语和口号；第二，伦理法规的强制性较弱，惩戒措施相对乏力，往往难以对行政人员形成有效震慑；第三，伦理法规有可能压制行政人员的自由裁量权和日常工作中的惯例模式，进而挫伤行政人员从事公共服务工作的热情。

(二) 内部控制

与外部控制相对，内部控制主要是以一种自律的方式实现行政人员负责任的行动，其中的关键过程是内化。内化是指对一个具有表达意义的客观事物的直接理解或诠释，作为另一个主观过程的展现，由此变得对我自己具有主观意义。简言之，内化就是让客观现实转变为主观现实的过程。内部控制正是在改造价值观的基础上，将外部的控制所承载的理念内化为行政人员的行为模式，这是一个复杂的过程，既需要组织的直接影响，也需要社会的舆论氛围和个人的道德修养。内部控制实际上是组织力图通过培训、引导和激励个人产生一种内生的控制力量。内部控制除了在上级不在场和规章制度缺位的情况下仍然能让行政人员不逾矩地行动之外，更能够让行政人员主动确立起高尚的道德要求，使他们无论身处道德顺境还是道德逆境都能够负责任地行动，而不仅仅是出于自利的理由谨小慎微地行动。内部控制是行政人员主动作为的重要内在保障机制，它使行政人员的伦理意识不仅仅意味着奖惩、被动和外在制约，而且意味着自我实现、主动和内在驱动。在以制度化和法治化为潮流的现代社会里，内部控制的价值往往被视为让行政人员确立一种主观责任，最终的价值却仍旧着眼于让行政人员更好地承担客观责任。

对行政人员而言，实现内部控制的方式实际上也就是公共行政价值实现内化的方式。在当代，尽管价值多元主义的冲击使价值观共识更加难以实现，但通过论辩和反思还是能够逐渐在行政价值观上取得一定的共识。为了提供这种论辩和反思的机会，组织会通过各种宣传手段、组织文化塑造和培训活动引导行政价值观。例如，美国公共行政学会就曾制定过自问自答的手册以帮助行政人员厘清利益冲突，以及责任与职责背后蕴含的职业价值选择和道德水平要求。

内部控制有诸多局限使它难以成为组织控制的主流。首先，价值观的个体性会衍生出不确定性，这与控制所追求的确定性相违背。价值观往往是隐秘的，人们内心深处的想法并不一定能够充分展露出来。其次，何种价值观能够且应该成为主导性价值观是难以确定的。最后，多种价值观在公共行政活动中可以并行不悖，但难免在某些情境下发生冲突，这时内部控制的基础会发生动摇，行政人员会更加无所适从。

(三) 必要的反控制：伦理自主[①]

行政人员伦理自主意味着行政人员在行政伦理价值选择空间中自主做出选择并承担相应的道德责任。现代性的伦理话语强调系统性地控制人的行为，这种控制以人的道德义务为基础，以相应的原则为工具，以确保输出可欲的道德行为。因此，控制在本质上是现代性语境下伦理决策的保障性手段，它的作用机制其实就是让行政人员接受原则(无论是源于外部控制还是内部控制)，培养他们按照原则在行政活动中对价值进行排序的能力。控制路径在塑造和规训行政人员合乎伦理地决策和行动的同时，也会压制人的伦理自主。一旦组织的控制路径的方向和价值出现问题，行政组织滥用职权或消极怠政、组织成员忽视甚至损害公共利益、不道德的上级无法得到制约等现象的出现也并非难以想象。更危险的是，行政人员在体制局限下对这些问题难以进行实质抗争。行政人员伦理自主之所以必要，不是为行政人员进行伦理妥协甚至主动作恶留下余地，而是要尽量纾解科层制自身对伦理自主的压制，鼓励行政人员在行政行为中做出合乎道德的选择，引导行政人员避免做出违背伦理的决策。

1. 行政人员伦理自主的来源

(1) 行政自由裁量权的内在要求。行政人员并不是机械的工具而是能动的个体，行政自由裁量权意味着行政人员可以而且应该自主地决定一些事情，在工作中能够做出合乎伦理的决策是题中之义。自由裁量权的存在是为了使行政人员更好地服务公众，因而内在地要求行政人员要在伦理自主的基础上做出有利于公共利益的选择。

(2) 人的发展的基本要求。自人际关系学派的观点受到重视以来，现代管理已经不再将人视为会说话的机器，压制其能动性的发挥，古典管理理论关于人的认识有所偏颇已成公认的事实。现代管理强调尊重人、关心人、发挥人的主动性和创造力，实现个人发展、组织发展和社会发展的协同。在组织中给予行政人员伦理自主空间，正是激发其道德自觉、培育健全人格的重要条件，也是人全面发展的基本要求。

2. 行政人员伦理自主的构成要素

(1) 行政伦理思考。如果行政人员没有对行政伦理进行独立而系统的思考，那么伦理自主只能是一种自发的自主而难以成为自觉的自主。行政人员应该具备在系统的伦理知识基础上对自己的行为进行伦理反思的能力，这样才能明确自己的角色责任，坚定自己应有的价值取向，树立起积极的行政良知和行政信念，确立自己的行政人格。

(2) 超越性身份认同。超越性身份认同是限制官僚制控制消极影响的重要手段，这种多元化不是不确定性的表现，而是要在一定情境中认识到自己身份的复杂性。例如，如果发现组织对行政人员的要求与公众期望存在分歧，那么行政人员就有必要将组织成员身份和公民代理人身份同时"摆到桌面"上来审视一番，而不是不假思索地坚守自己的组织成员身份。这样即便

[①]　进一步论证参见董伟玮，李靖. 论行政行为伦理妥协——批评与建设性的视角[J]. 北京科技大学学报(社会科学版)，2012，28(02)：150-155.

行政人员面临官僚制的规训，也能够尽量克服它对伦理自主的压制，降低"代理转换"^①的消极影响。行政人员可能不经意间在不道德的组织中扮演了恶的角色，但他们需要牢记即便是执行命令所带来的平庸恶也要受到惩罚。而这种平庸恶之所以出现，最直接的原因就是行政人员多元化身份认同的缺失，进而丧失了伦理自主。

3. 行政人员伦理自主的阻碍

行政人员在组织中一般都有上级和同事。因此，行政人员即便跳出了伦理困境的纠结也不一定能够规避行政组织的"熏染"，各种制约因素会使行政人员的伦理自主面临十分现实的挑战。

(1) 等级位差的客观存在。在科层制组织中，等级之间有一道不可逾越的鸿沟，这就是等级位差，它意味着权力和利益分配根本的不平衡。首先，等级位差的存在决定了上级对下级的影响是全方位的。俗话讲"官大一级压死人"，上级影响着行政人员在组织中的权力和地位，并由此延伸到他们生活中的方方面面，薪酬待遇、职位晋升、职称评定等诸多因素使行政人员在与上级发生冲突时不得不思前想后、权衡利弊。不道德的上级因为等级位差获得了保护，行政人员则要独自承担成为帮凶或者主动反抗的风险。其次，组织救济制度的不健全加剧了这种位差给下级行政人员带来的劣势。因检举不道德的上级而遭到打击报复的例子屡见不鲜，究其原因是救济制度不健全以及难以落实。一般而言，法律都明确要求对举报人员进行保护，但检举的风险确实让很多行政人员止步不前。上级通过自己手中的公共权力直接进行打压尚且不能制止，一些隐性的报复更是无法救济。这种情况绝非臆想，对隐性报复的无奈更突显了组织救济的盲点。

(2) 团队合作伦理的制约。在某种情况下维护组织利益成了忽视公众和个人利益的重要借口。如果有人试图实施伦理自主性，将公众的利益置于自己组织利益之上，就会被视为对组织的威胁，并会遭受严厉处置。组织的其他成员会认为此人是异类，对组织的危害多少都会对他们自己的利益产生影响。因而在组织中，一个力图实现伦理自主的人不仅不受上级欣赏，身边的同事也极有可能对他投以异样的目光。人都有交往需要，被集体孤立的人生存成本是很高的，幸福感也会因此大大降低。很多领导者和行政人员认为使组织"看上去不错"是重要的生存之道，为了实现这一目标去要求组织成员为保持组织形象而保守组织秘密，这成了组织的重要道德规范。皮亚杰的著名实验曾证实某个儿童如果向大人告密以博取长辈欢心的话，他就会被"罪有应得"地驱逐出同辈团体，行政组织中的情况很大程度上与此类似。最终上级和组织的力量共同地凝结为一种官僚制道德准则并不断地塑造行政人员，使他们作为代理人服从最直接的委托人——组织(多数情况下就是上级)，而更重要的委托人——法律和公众的地位则被虚化。

(3) 个人的伦理决策水平不同。在伦理决策过程中，个人道德修养和伦理知识的关键性地位不言而喻。只有在对道德修养有所追求的前提下，人们才能自觉获取伦理决策知识，进而才能产生系统而稳定的伦理决策。一旦行政人员的伦理知识无法在复杂情况下通过合理价值排序

---

① 米尔格莱姆在解释他设计的电击惩罚实验中出现的结果时，把最主要的原因归结为官僚制度的本性。他将从自治功能向组织功能转化称为代理转换，意味着人从为自己的目的行动转向为他人的目的行动，这种转换的最可能后果是一个人感觉应对权威的指示负责，但却不对权威所规定的行为内容负责，道德行为的定义蜕变为对权威的服从。

带来稳定的后果预期，那么他们丧失伦理自主的可能性也会随之增大。在直觉上，伦理妥协和同流合污能够规避很多风险，因为他们损害的常常并不是行政人员自身的利益，恰恰相反，行政人员因其对自己所代理的公众利益的放弃而获得了自己利益的保全，承受后果的往往是公众而非行政人员个人。在这种意义上，伦理妥协和同流合污反而成了一种"理性选择"。

4. 行政人员实现伦理自主的条件

如同伦理妥协的出现有着多层次、多角度的原因，实现伦理自主的条件也必然从这些克服伦理妥协成因的方面加以考虑。

(1) 道德原则性思考能力。道德原则性思考能力指行政人员能够静下心来认真思考其行为背后的原则、决策后果的能力和甘愿承担责任的态度。与那些迫于种种压力和诱惑而草率行事的行政人员相比，充分进行道德思考的人无疑具有更强的伦理自主。我国在这方面的教育和培训有待改进，它被简单地纳入思想政治教育，两者虽有根本一致之处，但方法不尽相同。思想政治教育以灌输为主，而道德原则性思考能力培养则应以案例分析和实验的方式进行。通过设身处地的场景感受，行政人员不得不处理的具有典型意义的道德原则问题越多，他建立关于该类问题的道德原则性思考的持续方式的可能性就越大。同时，通过道德原则性思考，有助于行政人员形成多元身份认同，产生合理的价值排序。

(2) 公共行政制度的道德化。制度对行政人员伦理自主是提供动力还是阻力，取决于其道德化程度的高低。公共行政制度道德化是一个系统工程，涵盖法律制度、权力体系、组织结构、政策执行等方面的内容。提高制度的道德化程度首先要确立适当的道德规范，标准过高显得空泛且缺乏实效，标准过低则无法满足公共行政特有的道德要求，需要结合我国历史传统和具体行政实践，分别制定最低标准和理想标准。其次，要营造鼓励行政人员提高道德修养的氛围，以利于伦理自主因素成长，压制伦理妥协和主动作恶。再次，要加强对行政行为在道德层面的监督，加强对社会监督的回应性，同时设立专门的行政伦理咨询评议机构。最后，要以行政法治的方式促进优良道德的生成，建立明晰的奖惩机制，尤其要强调惩罚措施，10个奖励善的案例往往会因为一次包容恶的行为而导致效果功亏一篑。从规范上引导，创造伦理自主空间，结合外部监督，通过奖惩机制来强化，这就是道德的公共行政制度为伦理自主提供的条件。

(3) 系统、有效的救济手段。对付不道德的组织和上级，个体的力量显得单薄，在制度上给予其助力莫过于系统、有效的救济手段。行政人员面对不道德的组织或上级之所以选择伦理妥协，很大程度上是因为他们惧怕伦理自主所带来的一系列现实后果，而救济手段的低效甚至无效是重要原因。当今我国救济制度的问题主要是落实不到位，对举报人的保护有较大疏漏。显性报复尚且如此，对隐性报复更是鞭长莫及。当前救济制度的完善应主要以加强部门协同和上级机关干预为主，这样才可能冲破事发地对救济行动的阻碍。同时，应建立异地调动机制，对确实难以在原单位甚至原居住地继续生活下去的选择伦理自主的行政人员给予异地安置。虽然成本稍高，行政人员个人也并不会因此完全恢复先前的正常生活，但让他们在某种程度上远离报复终究是对伦理自主的一种支持。

(4) 认同公共价值的道德氛围。公共价值的认同包含两方面的内容：一是行政人员对公共价值的认同，这就需要激发他们的道德追求和美德意识，激活他们内在的道德品质，使伦理自主的实现有一个积极的个人意识基础；二是整个社会对公共价值的认同，这就需要在价值多元的环境中努力做到尊重自由个性同时又使社会成员具备公共精神。这样，通过个体和公众两方面的努力来营造一种积极的道德氛围，为伦理自主提供一个坚实的社会意识基础。这种个体和社会的互动，既是公共信仰的来源，也是践行优良道德的保障。

第四节　行政伦理决策

一、行政伦理决策的重要意义

行政伦理决策既反映出行政决策的伦理维度，又意味着伦理决策发生在行政场域之中。在一般意义上，从最直观的场景出发，当人们面临关于伦理问题的选择时，伦理决策就出现了，其中的伦理问题通常被视为伦理困境或者重要伦理价值冲突的情景。具体到公共行政情境之中，当被选择的行动和决定实质影响他人时，行政决策就具有伦理决策的属性。事实上，无论对行政决策做出何种理解，这一活动本身所涉及的政治价值和社会价值选择都使它们不可避免地带有伦理决策的色彩。因此，在科学决策、民主决策和依法决策之外，行政决策主体能否合乎伦理地决策，以及如何进行伦理决策也具有相应的理论价值和现实意义。也就是说，行政伦理研究最终必须能够指导行政人员的行政伦理决策，行政伦理的实践价值也存在于具体的行政伦理决策之中。

探讨行政人员应该承担的政治责任、专业责任等其他责任形式时，行政人员个体仅仅在派生的意义上负责任，即他们的决策是否产生可欲的结果或符合优先的原则。对于真正负责任的行政人员来说，除了他的组织行为以外，必须将个人德行和社会规范相统一，这意味着个人责任必然内在于道德行动者的地位中，责任终究不能外在于行动者。可以说，决策发生之时即刻产生相应的责任。命令也好，原则也罢，无论它们在决策中发挥多大作用，都无法完整规定个人责任，也无法造就负责任的行政人员。负责任的行政人员必须以承担个人责任为基础。只有个人责任最为鲜明地兼容了责任语义的双关性——职责、义务和承担不利结果，特别是"承担不利结果"明确了责任的主体必定是个人。社会存在相应的机构或制度供人们追究个人责任，此时所有对抽象本性的辩护均无效力，被判断的不是体系、潮流和原罪，而是有血有肉的人。因此，负责任的行政人员意味着主动承担个人义务和职责，且不良结果在履责不利的情况下能够精确追究到个体的行政人员。

尽管责任体系十分复杂甚至蕴含着冲突，但行政人员应该明白自己权力的终极来源是人民，人民的意志凝结为稳定的法律，权威之间也是有层次、有顺序的。行政人员从进入行政组织那天起，就意味着他理解并认同为公众服务的价值目标，他在行政行为中的角色就应该是公民代理人。获得行政人员身份同时意味着他已经让渡了部分权利(当然这是以他获得相应的利益、地位和荣誉为补偿的)，并且接受了公共利益优先于组织利益和个人利益的价值判断。这些貌似十分理想化的规定正是公共行政存在的根本基础。如果不接受这些判断，公共行政活动对公共利益的承诺就成了空中楼阁。而行政人员如果不能承担起个人责任，公共行政活动也就丧失了赖以存在的正当性。在这个基础上，行政人员伦理决策的根本价值不能动摇。

二、行政伦理决策过程

为了引导行政人员做出合乎伦理的决策，学者们提出了各种伦理决策模型，其中库珀的伦理决策模型比较具有代表性。库珀的伦理决策模型更侧重对决策过程的形式化概括，这一模型并不过分强调行政人员决策的依据，而是归纳出决策过程中"描述"和"建议"这两个关键部分。描述意味着向自己或他人描述客观的伦理决策所面临的事实和环境，建议意味着针对这一事实和环境提出解决问题的方案。整合描述和建议的决策过程应该按照一定的步骤展开：当行政人员意识到自己可能面临伦理问题之时，他要通过描述情形来准确定义伦理问题；行政人员应该围绕伦理问题的解决提出数种解决问题的备选方案并设想它们分别可能造成的结果；为了对这些结果进行评估，行政人员首先要思考最常见的道德规则，当道德规则无法给予行政人员充分指导之时则诉诸更具普遍指导意义的伦理准则；行政人员借助道德规则和伦理准则，采取自问自答的方式进行答辩彩排，这种答辩既意味着思考职责、规则和结果之间的平衡，又意味着行动能够得到现实而又合理的解释，且最终要合乎行政人员对自我形象的期望和评价，要能经受自我价值观、良知和人格的审视；在综合考虑这些因素并不断进行尝试的基础上，行政人员将在备选方案中选择具体的行动策略，这意味着行政伦理决策任务的完成。行政伦理决策模型如图12-1所示。

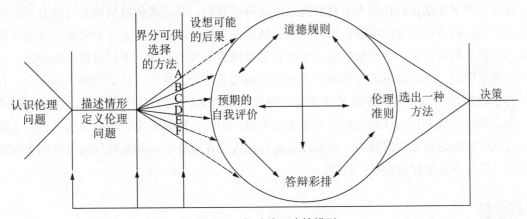

图12-1　行政伦理决策模型

行政伦理决策是一个不断调适的过程，僵化地履行职责和义务，或者单独秉持结果论、义务论或者坚持美德伦理并不能够带来负责任的行政行为。因此，如何进行一种平衡但有所侧重，并且具有特定顺序的伦理思考就成为伦理决策的关键。伦理决策是一个动态过程，伦理决策通常开端于伦理问题意识，从伦理的角度意识到问题才有可能对它进行伦理思考，在相关理论体系内找到依据之后便是决策和执行。但这个线性过程往往伴随着反复，在其中的任意一个环节可能都会出现不同的说明和阐释，因而在掌握行政伦理决策线性思维的基础上必须使行政人员保持一种时刻进行反思的批判精神。

行政伦理决策受到诸多因素影响，组织的限制自不待言，上文已有论述。现代异质性社会的价值体系多元化、生活方式多元化和社会角色多元化都对个人伦理决策水平产生了结构性的影响。正如改革开放以来的中国，从社会存在到社会意识的全面变革，使原有的一元道德标准受到了严重冲击，而在转型时期纷纷登场的各种价值观缺乏内在融合的理论基础和历史条件，使解构之后的社会价值观难以实现替代性的重构，这种宏大背景层面上的问题不可避免地投射到个人伦理决策这一微观层面。而哲学的语言学转向以及后现代主义甚至将传统伦理学"证成"①思路的知识论依据都消解殆尽了，从这个意义上讲，似乎"真"和"善"都已经成为无从知晓的形而上学残迹，而留给人们的只是不安和焦虑。行政人员在进行伦理决策时，也无法回避这些变革的影响。

三、行政伦理决策要面向实践中的真问题

在进行伦理决策的初期，行政人员应该具备将规则进行排序的能力。但随着伦理问题困难程度的增大，这种价值排序的合理性会受到质疑，其现实可行性更使这种决策方式的效力大打折扣。伦理学在人们心中往往意味着是一部抽象评价原则和规范的理论体系，制定出抽象而又绝对的道德规范。实际上，将伦理学的理论抽象视为独立于实践之外的实在并没有现实依据。无论是目的论还是义务论，主流伦理思想预设了一个大写的"善"(尽管它有多种名字)，道德行为的标准都趋近于这个预设，而伦理决策就必须依靠一系列的原则、规则和法则。伦理决策必须超越"至善"的形而上学预设，实现从"为人类行动立法"到"解决现实道德问题"的宗旨转变。基于这一转变，伦理法则和规则体系的价值并没有被否定，而是提醒行政人员重新思考它们的地位和作用，不要被原则迷住双眼，而是要紧盯需要解决的实际问题。

行政伦理学无法告诉行政人员何时何地应该遵循规则，又或者何时何地才可能有好的理由去打破它们，因为规则的应用取决于行政人员所处的情境，因而这里充斥着实用主义伦理学所强调的习惯、道德直觉、道德想象力、道德智慧等概念的作用空间。不过可以确定的是，行政人员在关系中自主、能动地进行判断和选择首先承担的是个人责任。只要明确了这一点，行政人员在进行伦理决策时就能够清楚地知道，他并不是在为外在于自己的体系、规则和信条服务，而是必须着眼于自己身处的情境和手头的难题。因此，任何理论著述都无法逃脱"实践问题没有纯粹的理论解答"的批判，而实践正是行政人员在充分学习和掌握行政伦理相关知识的基础上自觉负责任地行动的唯一归宿。

 关键词

行政伦理　客观责任　主观责任　外部控制　内部控制　伦理决策

 思考题

1. 行政伦理困境的具体表现是什么？
2. 如何理解行政人员的主观责任？
3. 外部控制的主要形式有哪些？
4. 行政伦理决策的过程是怎样的？

---

① "证成"是现代性语境内追求知识和真理的一种合法手段，原则自然也可视为证成的结果。"证成"的思路实际上将道德论证置于知识论证的基础之上，只有知道了什么是大写的实在(善)，才能知道什么是道德的生活。

推荐阅读

[1] HARMON M M. Responsibility as paradox：A critique of rational discourse on government[M]. Thousand Oaks，CA： Sage Publications，1995.

[2] COOPER T L. Handbook of administrative ethics[M]. New York，NY： Marcel Dekker，Inc，2001.

[3] [美]雅克·蒂洛，基思·克拉斯曼. 伦理学与生活[M]. 北京：世界图书出版公司，2008.

[4] [美]特里·库珀. 行政伦理学：实现行政责任的途径[M]. 5版. 北京：中国人民大学出版社，2010.

[5] [美]乔治·弗雷德里克森. 公共行政的精神(中文修订版)[M]. 北京：中国人民大学出版社，2013.

[6] [荷]米歇尔 S 德·弗里斯，等. 公共行政中的价值观与美德：比较研究视角[M]. 北京：中国人民大学出版社，2014.

[7] [美]珍妮特·登哈特，罗伯特·登哈特. 新公共服务[M]. 3版. 北京：中国人民大学出版社，2016.

第十三章 政府绩效管理

政府绩效管理在现代公共行政学中占有重要的地位，是行政管理活动不可缺少的一个环节。绩效理念最早起源于私营部门的管理，20世纪初由美国引入公共部门。20世纪80年代初，欧美国家掀起了以提高公共绩效为核心取向的新公共管理运动，从美国商务"重塑实验室"、德国"日落法案"到英国"公民宪章运动"等，这些政府部门改革都是围绕政府部门的组织绩效管理而展开。政府绩效管理逐渐引起各国政府的重视，并被广泛应用和推广。

第一节　政府绩效管理概述

政府绩效管理是公共行政管理活动的重要环节，它是评估政府行政水平和运作效率的重要依据，也是从整体上提升公共行政活动绩效的重要保障，在吸引政治资源、落实责任、计划辅助、监控支持、民主教育方面具有重要意义。

一、政府绩效管理的相关概念

(一) 政府绩效的概念

政府绩效一般用于衡量行政业绩做出的情况，意指扣除政府成本后的盈余。政府绩效在体现绩效含义的同时，还包括政府成本、政府效率、政治稳定、发展预期等含义在内。政府绩效主要包含以下三方面的具体内容。

(1) 经济绩效。经济绩效是政府绩效的主要内涵和外在表现。良好的经济绩效表现为国民经济不仅有量的扩张，而且有质的提升，还包括经济可持续发展程度较高、政府的宏观经济政策与社会协调发展程度较好等。经济绩效可以通过经济增长率、通货膨胀率、就业率、利率等指标来评估。

(2) 政治绩效。政治绩效是政府决策和政府行政的直接结果。它是政府绩效的中枢和核心，通常表现为制度安排和制度创新。政府的制度安排、制度创新能力越强，政府的政治绩效就越容易凸显。

(3) 社会绩效。社会绩效是政府绩效体系的价值目标，是经济发展基础上的社会全面进步，通常表现在以下几个方面：人民的生活水平和生活质量普遍改善和提高；社会公共产品供应到位，社会治安良好，人民安居乐业；社会和谐有序，没有明显的对抗和尖锐的冲突等内容。

(二) 绩效管理的概念

绩效管理作为一种管理环节，渗透在政府组织管理活动的各个环节之中，涉及战略、计划、组织、人力资源、领导、激励等各个方面。美国国家绩效评估中的绩效衡量小组认为，绩效管理是利用绩效信息协助设定统一的绩效目标，进行资源配置与优先顺序的安排，以告知管理者维持或改变既定目标计划，并且报告成功达成目标的管理过程。本书认为，绩效管理是指各级管理者和员工为了达到组织目标共同参与的绩效计划制定、绩效辅导沟通、绩效考核评价、绩效结果应用、绩效目标提升的持续循环过程。绩效管理的目的是持续提升个人、部门和组织的绩效。目前，学术界尚未对绩效管理形成准确、统一的定义，但大体上可以从广义和狭义两个方面来理解绩效管理的概念。

从广义上理解，绩效管理是一项系统工程，可以指围绕提高绩效这一目标而实施的一整套的管理活动和管理技术。从狭义上理解，绩效管理则是一个过程，可以指组织绩效管理的一套具体操作程序，其中的各个环节相互联系，形成一个有机的链条。一般来说，作为一个过程的绩效管理应包括以下几个步骤，如图13-1所示。

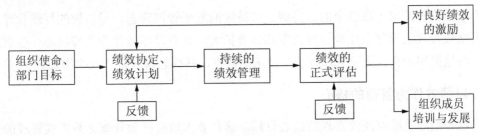

图13-1　绩效管理过程图

(1) 明确制定组织的战略、使命和部门目标。

(2) 制定绩效协定。绩效协定即管理者和组织成员之间就绩效目标和实现的条件达成的协定或契约。

(3) 制订绩效计划。绩效计划的内容包括工作计划、组织成员的个人发展计划、绩效改进的行动计划等。

(4) 持续性的绩效管理，包括组织绩效状况持续性的监测和反馈，以及组织改进绩效成就的阶段性评估。

(5) 组织绩效的正式评估。绩效管理的周期(一般为一年)结束后，应对组织绩效状况和绩效改进成就进行总结性评估，在评估的基础上形成新的绩效协定和计划，作为绩效管理新周期的起点。

(6) 奖惩和组织成员培训发展。

(三) 政府绩效管理的概念

政府绩效管理是指政府在积极履行公共责任的过程中，在讲求内部管理与外部效应、数量与质量、经济因素与伦理政治因素、刚性规范与柔性机制相统一的基础上，获得公共产出最大化。政府绩效管理是促进各部门科学合理、及时、有效地运用财政资金，努力提高政府重大投资建设项目效率、财政资金使用效益和行政机关工作效能，保障政府重点工作和重大建设项目的落实，实现政府工作的最佳绩效的管理过程。

具体来说，可以从以下三个方面来理解政府绩效管理的内涵。

(1) 强调绩效管理是公共管理者的主要职责。对公共部门的个人和组织进行绩效管理是公共管理者的主要职责。传统的公共部门管理把公共管理者界定为对社会公共事务进行管理、管制的角色，而忽视了公共管理者作为管理者也有提高个人和组织绩效的职责。然而作为公共组织，原则上必须对公民负责，因此无论是组织还是个人，都需要进行绩效评估和管理，这是对公民负责的要求，也是公共部门赢得更多支持的基础。

(2) 强调公共部门的高效率。绩效管理是一种注重结果的管理，将个人绩效和组织绩效整合在一起，能使整个公共组织处于高激励、高效率的状态，并通过绩效管理全方位的监测、控制和管理，不断改进个人和整体绩效。

(3) 强调公共部门服务的高质量。公共部门也处于一定的市场竞争环境中，随着公共部门服务内容的扩张和资源压力的增大，必须注重提高服务质量和产出水平。

二、政府绩效管理的特点

政府绩效管理突出了政府全面、协调、可持续的发展管理理念。与传统的行政管理方法相比，政府绩效管理的管理主体及管理范围都显著扩大，具有以绩效作为管理核心、强调多元服务主体、凸显机制创新、重视管理方法与技术的特点，具体表现在以下几个方面。

(一) 以绩效作为管理的核心

提升政府绩效是政府绩效管理的核心目标，这就要求政府绩效管理必须重视管理的价值取向和社会效应，关注管理过程的环境因素和心理因素，力求在评估中把定量分析与定性分析结合起来。政府绩效管理理论认为，重视绩效能够激发管理者的使命感和责任感，能够促进评估的公正性和客观性，获得更多社会支持。

(二) 强调多元服务主体

政府绩效管理主体呈现出多元化特点。政府是社会公共产品的提供者，但不一定都是直接生产者，对于那些技术性、具体性的社会事务，应尽可能地交给社会组织承担。政府绩效管理的目的与功能决定了其他社会组织及社会公众都可以成为政府绩效管理的主体，这可以保证绩效评估的结果更加真实和公正，保证绩效管理更好地满足不同利益群体的相关需求。

(三) 突显机制创新

传统的行政管理虽然也在不断地谋求发展、追求创新，但总体来说都局限于体制性的改革，行政机构改革、公务员制度改革、领导体制改革等都属于这个范畴。政府绩效管理则以政府应该管什么和怎么管作为中心，致力于寻求一个新的治理模式，创造一种新的管理机制，使政府能够更好地配置资源，以提供公共服务作为职责使命，以提高绩效作为目标指向，全面理顺政府与社会、上级政府与下级政府、领导与部属、决策机构与执行机构的关系，把不该管的和管不好的公共事务移交出去，政府集中精力抓好宏观调控、市场监管和公共服务等工作。

(四) 政府绩效管理重视管理方法与技术

管理方法和管理技术在公共管理中的地位越来越重要。传统行政管理偏重于体制的架构，重视组织体制、领导体制和人员体制建设，因此传统的行政管理方法大多仍停留在研究层面，往往孤立地研究和运用行政手段、法律手段、经济手段和思想教育手段，缺乏实践应用。而以政府绩效管理为代表的新公共管理则更加重视机制的运作，讲求方法与目标的统一，并积极寻求和开发具有可操作性的管理方法，提高绩效管理水平。

三、政府绩效管理的意义

政府绩效管理是治理理论发展过程中的产物，它体现了公共管理的新思维，代表了行政管理发展的新方向。它通过借用企业绩效管理的手段，在一定程度上提高政府的政治合法性，并在提升政府绩效、改善公共组织与公众的关系、促进政府部门制度创新等方面具有十分重要的意义。

(一) 有助于提升政府绩效

政府绩效管理具有计划辅助、监控支持、报告、政策评估和激励等多项功能，通过评估，可以反映公共组织运行中的缺陷与不足，进而作为政府改善工作的指南。同时，在政府部门内，绩效考核以及在此基础上的绩效改进有利于形成竞争氛围和诱因机制，激发人的工作热情和动力。此外，绩效评估结果可以作为组织的激励约束机制的依据。建立在绩效评估基础上的奖惩，强化了组织的激励机制，有助于组织绩效的提升。

(二) 有助于改善公共组织与公众的关系

政府绩效管理强调公民和组织参与公共行政的决策和执行过程，注重建立信息收集、传递与反馈机制，能够对政府服务做出全面、科学的描述并进行公开。可以说，政府绩效管理的实质是一种信息活动，它强调评估过程的透明和信息的公开，因此，评估和公布绩效状况是公众"体验服务"的一种方式，有助于广大群众了解、监督和参与公共组织的工作。

(三) 有助于促进政府部门制度创新

政府绩效管理水平是否提高是检验组织变革和制度创新成功与否的重要标准。通过绩效评估，可以横向比较同类型部门之间的绩效，开拓组织变革和制度创新的视野，扩大比较、分析的范围，使政府看到实际绩效水平，以及与其他政府部门之间的差距，从而促进政府进行自身变革和制度创新。

任何工具都是一把"双刃剑"，政府绩效管理在给人们带来便利、提高效率、节省成本的同时，也可能给人们带来伤害和损失。政府绩效管理可能造成公共物品的过度供给，从而使成本上升，形成浪费。同时，它也有鼓励官僚预算最大化的倾向，可能导致公共机构迷失公共性。

第二节 政府绩效评估

政府绩效评估是政府绩效管理最重要的内容和实现形式，它是树立科学的发展观和政绩观的基础，也是推进国家治理体系和治理能力现代化的必然要求。作为行政管理与政府改革研究的新兴领域，它是西方发达国家在行政体制改革过程中逐渐形成和发展起来的，涉及政府管理的各个方面，并经历了一个较长的发展时期。以效率政府、顾客至上、追求公共责任为核心的政府绩效评估正在从多个方面影响世界各国的政府体制改革进程。

一、政府绩效评估的概念

从一般性内涵来看，政府绩效评估是根据统一的评估指标和标准，按照一定的程序，通过定量或定性对比分析，对评估对象一定时期的业绩做出客观、公正和准确的综合判断的过程，它主要关心行政管理活动的产出、效率和质量。政府绩效评估是一个综合性的概念，它既可以关注组织绩效，也可以关注个人绩效；既可以关注经济绩效，也可以关注政治和社会绩效；既可以贯穿整个行政活动，也可以在行政活动的任何一个阶段进行。具体地说，政府绩效评估的内涵包括以下两个方面。

(一) 对结果本身的评估

绩效评估作为改革与完善政府公共部门内部管理的措施，体现了放松规制与市场化的改革趋势，是一种以结果为本的控制，即绩效评估注重的是谋求实际结果的过程。作为公共服务的提供者，根据社会发展要求和公众需要提供有效的公共服务是政府最重要的职能。因而在对政府绩效管理结果本身的评估中，要求体现政府公共责任的管理理念，努力通过市场化运作，如政府购买、招标等多种方式，降低服务成本，提升工作效率。

(二) 对政府与公众关系的评价

随着政府角色和职能的重新界定，当前的政府治理更多地表现为公共服务的供应者与顾客(公众)之间的关系。政府公共部门行使公共权力主要是为了公共利益，提供公共服务，而公众是公共服务的消费者和顾客。因此，政府管理活动必须坚持服务和顾客至上的管理理念，体现对公众需求的回应力，并重视管理活动的产出、效率和质量。从这个层面来讲，政府绩效评估可以改善政府公共部门与公众的关系，加强公众对政府的信任。

二、政府绩效评估的类型与方式

新公共行政运动以来，随着政府管理体制创新的推进，政府绩效评估理论逐渐兴起，从中央政府到地方政府的绩效评估实践呈现出多样化的特征，并形成了许多具有特色的绩效评估模式。

(一) 政府绩效评估的类型

由于政府部门活动具有复杂性和多样性特征，因而政府绩效评估的类型也是多种多样。可以从不同的角度对其进行划分。

1. 根据评估对象划分

根据评估对象划分，可以将政府绩效评估划分为组织绩效评估、政策绩效评估和个人绩效评估三类。组织绩效评估是将政府组织部门作为评估对象进行评估，是政府绩效评估最常见且首要的类型；政策绩效评估是针对特定政策或计划的绩效进行评估；个人绩效评估是面向政府部门中个人的绩效进行的评估。

2. 根据评估的组织活动形式划分

根据评估的组织活动形式划分，可以将政府绩效评估分为正式评估与非正式评估。正式评估是指事先制定完整的评估方案，严格按规定的程序和内容来执行，并由确定的评估者进行评估。正式评估在政府绩效评估中占有主导地位，其结论往往是考察政府绩效的主要依据。非正式评估是指对评估者、评估程序和评估内容没有严格规定，对评估最后的结论也不做严格要求，人们根据自己掌握的情况对政府绩效管理进行评估。这种评估的形式灵活、简便，但随意性较大，且由于缺乏科学的评估程序，往往会导致结论较为粗糙，可靠性降低。

3. 根据评估组织划分

根据评估组织划分，可以将政府绩效评估分为内部评估和外部评估。内部评估是指由政府部门内部的评估者所完成的绩效评估；外部评估是指由政府部门自身以外的评估者所完成的评估，可以由政府部门委托营利性或非营利性的研究机构、学术团体、专业性的咨询公司，乃至大专院校的专家、学者进行，也可以由立法组织或由新闻媒体、民间团体等其他外部评估组织来执行。与内部评估相比，外部评估通常更为客观，但相对地，其获取资料会较为困难，评估也缺乏权威性，结论不易受到重视。

4. 根据评估期限划分

根据评估期限划分，可以将政府绩效评估分为短期评估、中期评估和长期评估。短期评估是对政府部门在过去较短时间内行为与绩效的评估，一般以1年为限，适用于一些短时间内便可充分展现结果的项目；中期评估是对一定时期内政府部门工作的评估，一般为1～5年；长期评估是对一定历史时期内政府部门行为的评估，适用于一些需要很长时间才能展现出效果的政府政策及行为。

(二) 政府绩效评估的方式

就我国政府绩效评估实践而言，各地政府的绩效评估工作仍处于探索阶段，所采取的绩效管理和评估的具体方法也不尽一致，主要有以下4种。

1. 目标责任制的绩效评估

美国学者简·埃里克·莱恩提出，政府改革的组织与实施目标要么是公共资源配置，要么是公共部门资源再分配。就目前公共部门改革的动力而言，政府部门改革主要包含4个基本目标：责任、合法性、效率和公正。政府绩效评估通过制度设计来构建一整套包括责任、合法性、效率和公正在内的综合目标体系，以提升公共服务质量和政府工作效率。

当前，随着政府经济管理方式的改变，基于目标责任制的绩效评估呈现新特点，表现在：绩效评估目标和内容得到扩展；绩效目标制定过程更加科学化和民主化；建立了严密的目标层次体系和目标网络；重视评估结果的利用等。

2. 社会服务承诺制度绩效评估

社会服务承诺制度兴起于20世纪90年代，源于1991年英国的"公民宪章"运动。它以提高公共服务水平和公众满意度为目标，以公众的广泛介入和监督为实现目标的主要手段。社会服务承诺制度的基本内容是：公开办事内容、办事标准和办事程序，确定办事时限，设立监督机构和举报电话，明确赔偿标准，未实现承诺的责任单位和责任人要按规定给当事人以赔偿。

作为一种公共服务的质量改进机制，社会服务承诺制实际上包括三个核心内容：第一，顾客协商和顾客真实需求的确认；第二，设立和公开服务标准并根据这些标准评价实际工作结果；第三，在未达标准时承担责任并采取有效的改进措施。

3. 效能监察的绩效评估

效能监察是纪检监察机关以及受纪检监察机关委托的组织，在政府的领导下有计划、有目的地针对行政管理的效率、效能，以及国有企业生产经营管理的质量、效果、效率、效益等情况开展的监察监督活动。效能监察的主体是党和政府的纪检与监察部门，监察的对象是党政机关和国有企事业单位，监察的内容是管理和经营中的效率、效果、效益、质量等。从效能监察入手，实现监督的关口前移，加强事前、事中监督，做到防范在先，以使纪检监察工作紧贴改革和经济建设中心，能更好地为经济建设服务。

4. 效能建设的绩效评估

效能建设是在拓展效能监察活动的基础上形成新的思路和新的运作机制。机关效能建设是指在党委、政府统一领导下，强化各级机关的效能意识，以提高工作效率、管理效益和社会效果为目标，以加强思想、作风、制度、业务和廉政建设为内容，科学配置机关管理资源，优化机关管理要素，改善机关运作方式，改进机关工作作风，按照廉洁、勤政、务实、高效的要求，构筑机关效能保障体系的综合性工作。

三、政府绩效评估的原则

政府绩效评估应遵循"4E"原则，即经济(economic)、效率(efficiency)、效果(effectiveness)和公平(equity)，具体内容如下。

(1) 经济。经济指标关心的是投入与过程之间的比例关系，要求以尽可能低的行政投入或成本，提供与维持既定数量和质量的公共产品或服务，以实现行政职能。

(2) 效率。效率指标反映的是行政投入与产出之间的比例关系。

(3) 效果。效果指标反映公共服务符合和实现行政目标或者行政职能的程度，以及对于组织状态和行为的影响程度。

(4) 公平。公平指标反映接受公共服务的对象的公正性。

四、政府绩效评估在政府绩效管理中的作用

政府绩效评估通过测量行政行为的效果，可以明确公共行为的经验和教训，从而在今后的行政活动中得以避免失误，并且通过激励手段引导和控制公务人员的行为。政府绩效评估可以在宏观上为政府部门树立以结果为导向，以顾客为导向的管理理念，并最终提升政策绩效。具体来说，政府绩效评估主要有责任落实作用、对比作用、计划辅助作用、监控支持作用、民主和教育作用，以及吸引政治资源方面的作用。

第三节　政府绩效评估的过程与实施管理

一、政府绩效评估指标体系构建

西方新公共管理运动兴起以来，传统的以专家为主体，以理论推演为主要方法，以自上而下的分解为过程特征，以成本—效益为核心内容的政府绩效评估体系，被以民众为主体，以调查为主要方法，以自下而上的综合为过程特性，以服务质量为核心内容的体系所替代。健全完善的绩效评估指标体系不仅可以明确政府需要完成的工作内容，而且还可以表明政府完成工作的目的和过程。

(一) 政府绩效评估指标体系的构成

政府绩效考核指标体系应包括以下内容：

(1) 考评要素，指考评对象的基本单位，根据被考评者在工作中的各项要求来设定；

(2) 考评标志，揭示考评要素的关键可辨特征，有不同的分类方式；

(3) 考评标度，指考评要素或要素标志的程度差异与状态的顺序和刻度。

(二) 政府绩效评估指标体系设计原则

不同的评估对象和标准会有不同的指标体系，但在构建地方政府绩效评估指标体系时，应遵循以下基本原则。

1. 系统性原则

政府绩效评估体系是一个复杂的系统工程，要设计科学、合理的指标体系，必须要充分体现系统性的原则，发挥系统性的整体效应。考虑系统性原则要求抓住主要因素来设计指标，不能遗漏反映目标实质性的指标。同时，必须保持目标、维度、指标的一致性和契合性，维度体现目标，指标反映维度，且指标与指标之间也要保持一致性，不能将相互冲突的指标放在同一目标或维度之中。

2. 科学性原则

政府绩效评估指标体系的设计要做到公平公正、系统全面、可靠客观和连续稳定，体现指标体系的科学性。为此，在设计指标体系时要做到两个结合：一是近期与远期相结合。绩效指标体系在指标的内涵、数量及体系的构成上要保持相对稳定性，同时也要对未来的发展有所预见，注重其连续性，适应形势的变化和发展需要。二是定性指标与定量指标相结合。定性指标尽量量化以便考核，定量指标也要以定性指标为前提和基础，做到两者的有机结合，使绩效评估结果更加科学、真实。

3. 层次性原则

层次性原则是指根据职权大小与活动范围大小，依据现有地方政府层级进行划分和评估，如划分为市、县、乡(镇)等层级，在设置地方政府绩效评估指标体系的过程中，根据政府行政行为不同的性质、特点和管理需要，按照一定的类别来衡量所应遵守的基本要求。

4. 重点性原则

政府绩效评估指标体系必须突出一些重点领域和关键性工作，指标体系设计中必须有一些关键性指标来综合反映政府的绩效水平。

(三) 政府绩效评估指标的设计程序

政府绩效评估指标的设计一般遵循以下程序：第一，确定工作逻辑模型；第二，根据绩效评估目标及工作内容进行工作(岗位)分析和工作流分析；第三，在工作(岗位)分析的基础上，进行相关的问卷调查、访谈和经验总结等；第四，结合专家意见和前期的工作(岗位)分析、工作流分析、问卷调查等，初步确定绩效考核项目，即考评要素；第五，根据前期的调查分析等对初步确定的绩效考核项目进行修订，直至最终确定绩效评估指标体系。政府绩效评估指标的设计程序如图13-2所示。

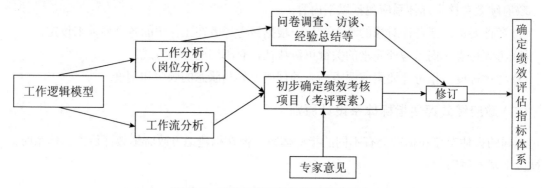

图13-2　政府绩效评估指标的设计程序

(四) 良好的政府绩效评估指标的标志

良好的政府绩效评估指标具有以下特点。

(1) 可衡量性。一个好的绩效指标应该是可以度量的、有形的。

(2) 全面性。绩效指标应确保可以综合反映被考核者的工作全貌，包括个人品质和工作态度等。

(3) 独立性。从保证绩效指标的科学性的角度来讲，政府绩效评估指标应具有独立性的特点。

(4) 民主性。绩效管理以民主参与为主要特点，因此，绩效指标制定也应充分体现民主性的特点。

(5) 绩效指标的对象是工作。

(6) 变动性。绩效指标的合理性建立在民主参与制定和不断变动的前提和基础上。

二、 政府绩效评估的一般程序

政府绩效评估程序的设计应符合简单合理化、明确具体化、弹性化和协调系统化的原则。科学、规范、公正的政府绩效评估程序可以有效减少公共资源的浪费，降低行政成本，约束政府组织及其工作人员的行为，并保障公民的权利。一般而言，政府绩效评估的程序包括以下五个步骤。

(一) 制订计划

政府绩效管理应当具有科学性、稳定性和持续性，因此计划是政府绩效管理中的重要组成部分。在具体项目或机构整体进行绩效管理之前，应对绩效的内容、时间跨度、实施步骤等有相应的规划。

(二) 初步调查

计划的制订一般是事前的，往往与实际的政府管理情境还存在不小的差距，因此，在政府绩效评估计划实施之前，需要通过前期初步的调查，对计划进行修正，使计划更加符合实际情况。

(三) 管理控制评估

当初步调查结束后，评估人员应进一步了解、测试与评估事项有关的管理控制。当管理控制对评估目标十分重要时，评估人员应该获取充分的信息来支持他们对那些控制因素所做的判断。对管理控制进行评价的主要目的是使暂定评估目标发展成确定的目标，以便继续对特定的活动或规划进行审查。

(四) 详细评估

在初步调查和管理控制评估阶段，就已经明确了详细评估的目标、范围和方法。具体地说，详细评估阶段的审查目的不仅是验证以前所获取信息的有效性，还包括为证实评估目标而收集充分、可靠和相关的信息，从而为评估成果和评估结论提供一个合理的基础。

(五) 撰写评估报告

详细评估以后，评估人员应该拟定书面报告，传达每一项评估结果。撰写评估报告的目的是将评估结果变成第三方可以接受和理解的形式，以及减少结果被误解的可能，并使结果可以接受公众的检查。

三、政府绩效评估的实施

(一) 政府绩效评估的模式

构建绩效评估模式是政府绩效评估工作的核心内容，评估工作顺利、有效的关键在于绩效评估的模式。政府绩效评估模式是指为实现评估目的，按照系统方法构建的一系列反映评估对象各个侧面的相关指标组成的系统结构。根据价值尺度衡量方式的不同，可以分为以下几种。

1. 伪评估模式

伪评估模式假设价值尺度是不证自明的或者是不容置疑的，主要采取标杆比较法，以一种描述性方法获得绩效运行结果方面的有效信息。

2. 正式评估模式

正式评估模式假设价值是可以恰当衡量的，主要采用描述性方法，但是这些运行结果已经被正式宣布为计划目标。

3.决策理论评估模式

决策理论评估模式也采用描述性方法获取绩效结果方面的信息，考虑到了利益相关者对绩效做出的主观判断。

(二) 政府绩效评估的步骤

美国公共生产力研究中心于1977年发布的《地方政府绩效评估简要指南》提出了政府绩效评估的七大环节：鉴别要评估的项目、陈述目的并界定所期望的结果、选择衡量的标准或指标、设置业绩和结果的标准、监督结果、业绩报告、使用结果和业绩信息。政府绩效评估是一个由多环节组成的循环往复的过程，在上述环节的基础上，可以总结出政府绩效评估的步骤，具体介绍如下。

1.成立政府绩效评估组织

政府绩效评估组织是政府绩效评估的负责机构，主要职责为制定评估方案、设计评估指标体系、拟定评估计划、组织人力物力实施绩效评估、对评估工作进行监督和指导，甚至对评估本身进行反思和改进。

2.选择评估主体

评估主体是对政府绩效进行判断的群体或者个人。不同的评估主体自身具有不同的知识结构，对公共事务的熟知程度也不一样，这将对政府绩效评估的结果造成极大影响。为了保证政府绩效评估的科学性和真实性，必须选择具有评估能力的评估主体，必要时还要对评估主体进行培训。由于单独个体对于一项公共事务都有自身特别的感知和理解，针对不同的评估维度将得出各自的评估结论，因此在政府绩效评估的实践中，必须采取多元主体的评价方法，从不同角度对行政组织进行评价。例如，可以引入企业管理中的360度反馈评价法，以综合评估组织(上级、党的组织部门和权力机关、专家)、中介组织、社会公众服务对象、评估对象自身为主体进行评估。通过全面评估会获得被考评人的全面意见，能够对被考评人做出客观、公正的评价，为行政人员自我价值的实现和发展创造条件，有助于形成团队精神和良好的组织文化，另外也相应地减轻了管理者考评的负担。

3.进行评估操作

在进行具体评估操作时，应分为六个步骤：一是明确评估目的，确定评估的时机；二是确定评估对象，制定具体的评估方案；三是设计评估调查内容和名目；四是收集基础资料，确定评估计分标准；五是对评估资料进行整理和分析，形成评估结果，撰写评估报告；六是对评估报告所呈现出来的结果进行总结和反思，对暴露出来的问题进行原因分析和改善，对低绩效的员工进行处理。

四、国内外政府绩效评估的实践

(一) 我国政府绩效评估的实践

我国政府绩效评估主要分为三类：普适性的政府机关绩效评估、具体行业的组织绩效评估和专项绩效评估。我国政府绩效评估实践主要集中于地方政府评价方面。1990年起，青岛市开展督查考核工作，采用了目标绩效管理的方法，将督促检察和政绩考核结合起来。1999年10月，珠海开始"万人评政府"活动，采用无记名方式对被评估单位进行评价，本质上是政府主导的民意评估。从2001年起，厦门市思明区进行公共管理体制的多方面创新，对政府部门进行内部评价。从2002年开始，上海市开展了对政府工作的网上评议工作。2003年，北京市政府建立了区县经济社会协调发展绩效综合评估小组，确定了经济运行、社会发展、可持续发展和综合评价四大方面13项具体评价指标。2004年1月，针对甘肃省非公有制经济发展缓慢、落后的情况，甘肃省政府决定让非公有制企业评价政府绩效。

(二) 英国政府绩效评估的实践

20世纪70年代以前，英国的公共行政体制仍保持传统行政模式的主要特征：坚持议会主权、部长责任制和政治中立的三大政治信条。政府组织的内部结构呈现韦伯式官僚体制结构的特征，公务员不受党派政治的影响，责任体现在自上而下的严格等级制之中。

1979年，撒切尔夫人执政伊始即对传统公共行政体制进行了一系列以新公共管理为主题的改革运动。为了克服政府管理中的官僚主义，提高政府威信，20世纪80年代初，英国成立了以雷纳为负责人的支出评估小组，开始对公共卫生支出评价工作，对政府的支出与效果进行效率评审，又称"雷纳评审"；1980年，英国建立了部长管理信息系统；1981年，由于改革结果良好，不仅节省了政府支出，而且市民也十分满意，该支出评估小组升格为财政部的经常性机构，并每年向内阁和议会报告公共支出评估结果，受到社会的极大关注；1983年，英国卫生和社会保险部第一次提出了较为系统的绩效评估方案；1986年，英国政府发表了《改善政府管理下一步行动》报告；1997年，英国政府开始进行基本支出评审，到1997年发展为全面支出评审。

从上述改革的过程可以看出，英国当代行政改革具有较强的延续性，虽然期间经历两届不同党派的政府，但改革始终是在原有的轨道上不断推进。英国政府绩效评估的主要特点是实践初期主要采取以信任为基础的绩效评估机制，且有实用的绩效评估理论指导，以质量为本，以顾客满意为评估标准，呈现出明显的管理主义倾向。之后，英国的政府改革经验迅速在英联邦国家推广，澳大利亚、新西兰等国家相继开始了以绩效管理为中心的政府改革。

(三) 美国政府绩效评估的实践

美国历来较为重视在公共部门中引入管理工具，以改善政府的绩效。具体到政府追求绩效的努力，其探索历程贯穿整个公共行政的发展进程。尼古拉斯·亨利将这一探索历程归结为五个发展阶段，这五个阶段所强调的重点各不相同，依次分别为效率、预算、管理、民营化及政府再造。

美国对公共部门绩效评估的实践最早开始于第二次世界大战之前，大规模地进行政府绩效评估则是在20世纪70年代初期。1973年，美国政府颁布了"联邦政府生产率测定方案"。借鉴英国改革的经验，克林顿就任总统后，美国联邦政府于1993年对公共支出进行了重大改革。1993年3月，美国政府成立了由副总统戈尔为领导的全国绩效评估委员会(NPR)，戈尔在副总统任期中领导NPR进行了大量调查，形成了著名的报告《从繁文缛节到以结果为本——创造一个工作更好并且花费更少的政府》。该报告列举了联邦政府管理中存在的官僚主义、浪费等问题，并提出了政府改革的四项原则及一系列改革建议。这四项原则包括：第一，删减法规，简化程序；第二，顾客至上，民众优先；第三，授权员工，追求效果；第四，提高效能，降低成本。同年7月，美国国会通过了《政府绩效与结果法案》，该法案主要通过战略规划、年度绩效计划和年度绩效报告来实现对政府机构的绩效评估，要求对联邦支出进行全面的绩效拨款和绩效评价，要求各部委必须向总统和联邦政府提交可测定的绩效指标。

美国政府绩效管理呈现的特点是法律化、法治化，建立了比较完备的绩效评估指标体系和灵活的评估标准，并设立了专门机构对公共部门绩效评估进行研究。总体而言，美国政府绩效管理改革的效果是明显的。改革提高了美国政府的工作效率，一改以往办事拖沓的风气；同时，实现了政府拨款与绩效的配比，并节省了经费，财政支出也大大节省。1997—1999年度，联邦预算出现了连续盈余，结束了长达近40年财政赤字的历史。

第四节　政府绩效管理改善

一、政府绩效管理面临的困难

与企业绩效管理不同，政府等公共部门在实施绩效管理的过程中存在一个普遍的问题就是绩效不易衡量，这使政府绩效管理在实践中受到多种限制，存在重重困难。具体来讲，政府绩效管理主要存在下述困难。

(一) 政府绩效管理理论支撑薄弱

在工商企业管理中，绩效管理最早可追溯到20世纪初期泰勒所著《科学管理原理》中的时间研究、动作研究及差异工资制。随后，法约尔在《工业管理与一般管理》一书中通过更宏观的研究把绩效管理从工商企业推广到各种人类组织。经过100多年的发展，企业绩效管理评估不断进步，相关理论也不断完善和丰富。与企业绩效管理相比，公共部门绩效管理起步相对较晚。20世纪50年代，美国开始实施绩效预算制度，绩效评估与绩效管理才真正开始运用到政府中。70年代以来，西方国家普遍开展政府改革，绩效评估开始在政府管理中得到广泛应用。因此，政府绩效管理发展时间尚短，相关的理论还十分缺乏。目前，学术界对于政府绩效管理的概念、程序等问题仍然存在分歧，政府绩效指标体系设置也缺乏比较充分的理论支持，影响其科学性和系统性，这都将制约政府绩效管理实践的发展。

(二) 公共部门目标的多元性和内在冲突

公共部门，尤其是政府组织，其最终目标通常被设定为实现公共利益的最优化，但尽管法律、法规等可能会赋予特定公共组织数个目标，却并未规定各目标之间的权重和替代关系，而且组织内外的人及组织成员对目标的理解和处理也是不同的，使得政府绩效管理目标定位非常困难，缺少一个可以统帅各项具体目标的总目标，呈现目标多元化的特点。此外，当今社会是一个多元化的变革性社会，社会利益和价值都是多元的，因此政府往往需要在多元的，甚至是相互冲突的利益和价值之间做出平衡和抉择。政府在多元理性的平衡和矛盾中，往往会存在多元化的目标，而且多元化目标之间会产生内在的冲突。

(三) 政府部门的产出难以量化

与私营部门相比，多数公共组织的产出都是服务，是一些非商品性的产出，这使它们进入市场的交易体系后很难形成一个反映其生产成本的货币价格，难以对其量化，以至于难以对提供服务的组织进行绩效评估。同时，由于公共产品具有中间性质，充其量是最终产品的替代产品，而间接的非市场产品对最终产品的贡献程度也是难以度量的，这也使得对组织绩效的评估变得十分困难。此外，与私营部门相比，政府提供公共物品或服务一般都具有垄断性，这样也不太容易通过横向比较来测度政府部门的绩效。

(四) 政府绩效评估指标难以确定

评估指标是政府绩效评估的基础，然而在现实政府绩效评估实践中，政府绩效评估指标的架构与应用仍面临诸多困难，主要表现在：首先，政府提供的产品或服务大多不易量化，很难用具体明确的指标来度量；其次，由于评估指标体系的设置缺乏比较充分的理论参照与支持，在评估指标的设计过程中主观随意性较大，指标设置难以体现公共精神要求；最后，受指标设计者自身专业偏好和知识背景的影响，在指标设计过程中往往会出现沟通的困难和意见分歧，难以形成科学的指标体系。

二、现代政府绩效管理的方法

政府绩效评估需要运用科学的方法来检查和评定政府组织的工作成绩，实现管理方法与评估价值、评估目标的匹配。在绩效管理的实践中，已经总结形成了许多科学、有效的绩效管理方法，本节将重点介绍3E评价法、标杆管理方法、平衡积分卡法和360度反馈评价法这4种绩效管理方法。

(一) 3E评价法

随着行政权力的不断膨胀，政府财政支出逐渐增加，政府面临日益加剧的财政危机。为了更好地控制政府财政支出、节约成本，在20世纪60年代，美国会计总署率先把对政府工作的审计重心从经济性审计转向经济性(economy)、效率性(efficiency)、效果性(effectiveness)并重的审计，从单一指标扩展到多重指标，这就是政府施政绩效评估的雏形，俗称3E评价法。

(1) 经济指标，反映投入成本的降低程度，这是评估组织绩效的首要指标，要求以尽可能低的投入或成本，提供与维持既定数量和质量的公共产品或服务。

(2) 效率指标，反映所获得的工作成果与工作过程中的资源消耗之间的对比关系。效率指标通常包括服务水准的提供、活动的执行、服务与产品的数量，以及每项服务的单位成本等。

(3) 效果指标，通常用来描述政府所进行的工作或提供的服务在多大程度上达到了政府的目标，并满足了公众的需求，可以用产出与结果之间的关系加以衡量。

由于政府在社会中所追求的价值理念如平等、公益、民主等与3E评价法单纯强调经济性之间存在矛盾和冲突，3E评价法暴露出一系列的不足，因此后来又加入了公平(equity)指标，发展为4E评价法。

(二) 标杆管理法

标杆管理法由美国施乐公司于1979年首创，是现代西方发达国家企业管理活动中支持企业不断改进和获得竞争优势的最重要的管理方法之一。从20世纪90年代起，标杆管理法就被引入公共管理领域，成为推动政府等公共组织绩效管理的一个重要管理工具。

所谓标杆管理，是指一种追求卓越的管理模式，并将之学习转化，以提高组织绩效的管理工具。对于组织来讲，其绩效的高低与卓越与否通常是相较于其他组织而言的。因此，为改善组织绩效，就必须寻找所要比较的对象，即标杆。通过了解标杆组织优于其他组织的管理方法和程序，促进组织变革，不断提高组织的绩效水平。所以，标杆管理法的实施过程实质上就是一个不断认识和引进最佳实践，学习他人，改进自己，增强企业的竞争力，以提高组织绩效的过程。

1. 标杆管理的要素

标杆管理的要素是界定标杆管理定义、分类和程序的基础，主要有以下3个。

(1) 标杆管理实施者，即发起和实施标杆管理的组织。

(2) 标杆对象，即定为"标杆"而被学习借鉴的组织。它可以是任何乐于通过与标准管理实施者进行信息和资料交换而开展合作的内外部组织或单位。

(3) 标杆管理内容，即存在不足，通过标杆管理向他人学习、借鉴以谋求提高的领域。

2. 标杆管理在政府绩效管理中的运用

标杆管理的实施一般包括4个基本步骤：找出关键绩效指标、确定绩效管理标杆、优化关键绩效指标、实现绩效，超越目标。具体运用到政府绩效管理中，一般按照如下步骤进行。

(1) 确定标杆。即选择学习的对象，这是标杆管理评估的第一步。在这一环节，需要明确标杆管理的主题以及标杆管理的对象和内容。应该一个指标选择一个最好的对象，还是应该找出一个整体表现最好的组织，就所有指标逐一进行比较，是确定标杆时所必须考虑的问题。

(2) 学习标杆。在确立了标杆之后，要组成工作小组，制订工作计划和学习方案，并进行资料的收集和调查。收集前，首先，必须确定要收集哪些方面的信息以及所需信息的具体程度。其次，必须确定信息源，以便快速、有效地收集所需数据。最后，根据具体情况确定收集数据的途径。收集数据的工作完成之后，需要对数据进行处理和分析，找出差距，明确差距形成的原因和过程，确定最佳做法。在明确最佳做法的基础上，找出弥补自己和标杆之间差距的具体途径或改进机会，设计具体的实施方案，并进行实施方案的经济效益分析。通过比较、分析找出适合本部门绩效改善的方案，是实施标杆管理的关键所在。

(3) 改善工作绩效。将方案付诸实施的过程中，政府部门全体成员要保持目标一致、行动一致，减少计划实施的阻力。在实施过程中要坚持对实施情况进行监督和评估，并不断与最佳做法进行比较，监督偏差的出现并采取有效的校正措施，对学习方案进行必要的调整，以努力达到最佳实践水平，实现政府部门绩效的改进，且努力超过标杆对象。

(4) 发掘新标杆。标杆管理法将引进最佳实践后产生的工作效果与预期达到的目标进行对比，找出不足之处，从而实现工作的改进，但这只是整个绩效评估流程中一个阶段的结束。要在前一次标杆管理经验总结的基础上，针对环境的新变化或新的管理需求，持续进行标杆管理活动，继续寻找那些表现优于自己或在某方面优于自己的组织作为绩效比较的对象，确保对"最佳实践"的"跟踪"，即"再标杆"阶段。

需要注意的是，若仅仅依赖标杆管理，单纯为赶超先进而继续推行标杆管理，很容易陷入"落后—标杆—又落后—又标杆"的"标杆管理陷阱"。因此，在实施标杆管理的过程中，要勇于超越标杆，寻找部门的最优战略选择和价值创造，突破标杆管理的局限性。

(三) 平衡积分卡法

20世纪80年代末90年代初，人们逐渐发现传统的以财务为单一衡量指标考核组织经营绩效的考核指标体系和方法已经难以全面衡量企业能力，西方学者们以及实务界兴起了对平衡财务指标与非财务指标的综合绩效考核方法研究，平衡积分卡法应运而生。1992年，哈佛商学院教授罗伯特·卡普兰和复兴方案公司(Renaissance Solution，Inc.，RSI)总裁大卫·诺顿提出了一种战略绩效评估方法——平衡积分卡法。

平衡积分卡法把企业的使命和战略转化为一套全方位的运作目标和绩效指标，将组织发展战略落实到具体行动上，最终达到财务回报。作为执行战略和监控的工具，它能够有效推动组织变革和实现有效激励，从而达到执行战略、监控战略，最终协助组织实现战略的目的。该方法改变了以往财务指标一统天下、绩效测评指标极端失衡的状况，但它并没有抛弃财务指标，而是在仍然注重财务指标的情况下，同时兼顾促进财务指标实现的驱动因素，从顾客、财务、内部流程运作、学习与发展四个角度对组织的整体绩效进行评价，并要求彼此之间保持适度的平衡，体现出整合短期行为和长期战略、组织目标和个人目标的功能。

平衡积分卡法被私营组织广泛采用后，开始引入公共部门。1996年，美国交通运输部的采购部及北卡罗来纳州的夏洛特市率先引入平衡积分卡管理方法，取得了巨大的成功。之后，英国布莱尔政府在推行地方政府最佳价值革新运动的绩效评价指标中，也采用了平衡积分卡的设计理念。平衡积分卡在澳大利亚、新加坡等国家的政府部门中也得到了认可和应用。

与私营组织不同，具体应用到公共部门绩效管理中，平衡积分卡指标体系可以从客户维度(公民)、学习与成长维度(学习创新)、内部流程维度和财务维度(成本)四个维度来建立。政府组织的平衡积分卡结构如图13-3所示。

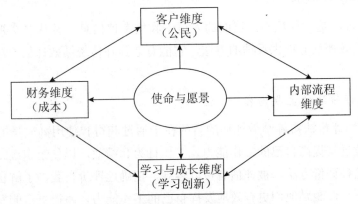

图13-3　政府组织的平衡积分卡结构

1. 客户维度(公民)

公共部门的服务对象或者顾客是公民。与私营组织相比，客户维度才是政府绩效管理的首要维度。这是因为客户维度是其他三个维度的价值所在，无论是内部流程的优化，注重学习创新，还是控制行政成本，最终都是为了追求公共服务的不断完善，为公众提供良好的公共服务。政府是否做到了最大限度地满足了人民的需要、维护人民的利益，就是公共服务维度要评估的绩效。

2. 学习与成长维度(学习创新)

政府通过学习创新可以提高政府工作效能，为公众提供更好的服务，创建优质、高效的政府组织。因此，必须打造学习型政府，使政府更好地适应时代的变化和满足公众需求。

3. 内部流程维度

绩效管理的重要任务之一就是对政府组织结构和政务流程进行持续不断的创新和优化，以适应不断变化的组织环境。政府部门的内部业务流程不仅在于选择、评价那些能够满足公众需求并最终实现绩效目标的流程，更在于要建立良好的政府管理流程，以保证政府绩效水平的优良。

4. 财务维度(成本)

从财务维度来看，运行资金是指用于提供公共物品和公共服务的经费，以及部门内部的管理费用，从原则上讲，主要来源于公共财政。公共财政转变为政府部门费用必须经过公共预算。因此，从财务维度来评估政府绩效，就是要加强对政府预算的审定和监督，努力构建完善的基于绩效的公共预算体制，以更少的成本提供更多的社会服务。

平衡积分卡法之所以称为"平衡"，是因为它以追求平衡为诉求，寻求财务指标与非财务指标、短期目标与长期目标、结果性指标与动机性指标、滞后指标与促进指标、组织内部群体与组织外部群体、成本与质量、定量与定性之间的平衡。平衡积分卡法因其指标的涉及面广而全，不失为改善组织绩效之良方，但也因此而庞大、复杂，这注定了无论从理论层面还是从实践层面上来说，在中国政府部门引入平衡积分卡法还任重道远。

(四) 360度反馈评价法

360度反馈评价法是一种从不同层面的人员中收集考评信息，并从多个视角对被评估对象进行全方位综合绩效评估并提供反馈的方法，它能有效弥补传统绩效评估方法中缺少组织内其他人员要素的缺陷。

1. 360度反馈评价法的主要内容

采用360度反馈评价法实施绩效评估的目的在于通过获得和使用高质量的反馈信息，支持与鼓励员工不断改进与提高自己的工作能力、工作行为和绩效，以使组织最终达到管理目标或获得发展。通过这种评价方法，被评估者可以客观、正确地评价自我，了解自己在职业发展中所存在的优势与不足，激励他们更有效地发挥自己的工作能力，赢得更多的发展机会；同时，它还可以帮助管理者改进管理工作行为，提高管理效果，发现和解决组织成员之间的矛盾与冲突。此外，通过评价反馈可以加强管理者与组织员工的双向交流，提高组织成员的参与性，营造良好的组织氛围，激发组织成员的创新性和工作动机，帮助企业或组织进行团队建设，在客观分析和使用反馈信息的基础上做出正确的评价与决策。

360度反馈评价法的优点是：信息来源多元，能够比较全面地进行评估；由于评价标准个性化，易于做出比较公正的评价；评估主体的多样性会使被评估者容易接受评估结果尤其是评估中的负面反馈，进而提高工作能力。它的缺点是：因为有来自各方面的评估，所以工作量比较大，加之评价来自不同的方面，很有可能形成不同的评价甚至是完全相反的评价，这都会造成信息处理困难；容易形成非正式组织，触及非正式组织内部的利益等，影响评价的公正性；如果培训和运作不当，可能会在组织内造成紧张气氛，影响组织成员的工作士气。

2. 360度反馈评价法的反馈和实施过程

在360度反馈评价法的实施过程中，每一个步骤都会影响考评结果的有效性。

1) 准备阶段

(1) 界定目标。每个评估人首先要知道考评的目的是什么，例如，是了解整个单位(部门)绩效发展情况还是了解中高层领导者的表现等。不同的目的会产生不同的问卷，所考评的内容及对象亦会不同。要正确理解组织实施360度反馈评价法的目的和作用，进而建立对这种绩效评估方法的信任。

(2) 发展职能标准及主要行为。根据考评的目的来决定考评的职能标准及主要行为，等职能确定后，再根据每项职能确定主要行为。

(3) 根据职能标准发展问卷。确定职能及主要行为后，即可着手进行问卷发展。问卷题目要根据职能的主要行为来设计。

2) 实施阶段

(1) 选定被评估人及评估人。发展问卷的同时，可选定此次被评估的主角以及给予每位主角评分的评估人。选择评估人的考量是必须与被评估人有充分的互动，有机会观察其行为。

(2) 宣传及教育。这是整个流程的核心步骤，沟通及教育深深影响被评估人的心态及评估结果的正确性。沟通的主要原则是必须清楚地告之评估的目的，让参与者知道这一绩效评价方法对他们的好处是什么，以及运作的细节及作答的标准，让他们对绩效评价的公平、公正、保密树立信心。

(3) 执行考评。问卷的形式有很多种，有纸质问卷、磁盘档案，网络直接作答等方式，可根据实际设备、预算及人力情况进行选择。此时，必须给被评估人充足的时间来完成所有的问卷，并将问卷传送及回收的时间计算进去。

(4) 资料回收及分析。当所有的问卷都回收后即可进行资料输入及分析，此时的保密性非常重要，因为执行这一步骤的人会看到问卷的内容，这也是为什么很多单位会借助第三者公司来执行这一步骤的原因。

3) 反馈阶段

这一阶段主要是提供反馈并制订行动计划。给予反馈是一门很重要的技术与艺术，具体到该让什么人知道考评的结果，与当事人讨论结果时如何处理其情绪、达成共识、拟定行动计划等。

在第一次实施360度反馈评价法时，最好请专家开展反馈辅导谈话，以指导被评估者阅读、解释以及充分利用反馈报告。行动计划是指基于360度反馈评价的结果，为满足被评估者的发展需要而制订的有针对性的个人发展或单位(部门)发展行动计划。行动计划的元素包括发展的目标、发展策略、所需资源、完成时间、行动步骤、期望的结果(测量所设立的目标)。

 关键词

政府绩效　政府绩效管理　政府绩效评估　3E评价法　标杆管理法　层次分析法
平衡积分卡法　360度反馈管理

 思考题

1. 简述政府绩效管理的概念。

2. 什么是政府绩效评估？有哪些类型和方式？

3. 简述政府绩效评估的原则。

4. 如何构建政府绩效评估指标体系？

5. 简述政府绩效评估的一般程序。

推荐阅读

[1] 卓越. 政府绩效管理导论[M]. 北京：清华大学出版社，2006.

[2] 胡宁生. 中国政府形象战略(下)[M]. 北京：中共中央党校出版社，1998.

[3] 胡税根. 公共部门绩效管理[M]. 杭州：浙江大学出版社，2005.

[4] 范柏乃，段忠贤. 政府绩效评估[M]. 北京：中国人民大学出版社，2012.

[5] 马国贤. 政府绩效管理[M]. 上海：复旦大学出版社，2005.

[6] 付亚和，许玉林. 绩效管理[M]. 上海：复旦大学出版社，2008.

第十四章　电子政务

　　信息技术的飞速发展给社会生活的各个领域带来了巨大变化，公共行政也处于这样的时代浪潮之中。电子政务是信息技术在政务部门应用的结果，即信息技术与政务活动有机结合的产物。电子政务的发展源自信息时代政府职能履行和功能发挥的新要求，科学技术的支撑是电子政务飞速发展的客观基础。电子政务对于提高政府工作的公开化、程序化和集约化程度发挥着重要作用，能够有力促进政府为公众提供便捷、高效和精准的公共服务。

第一节　电子政务概述

一、电子政务的内涵

　　中国的电子政务与英文的electronic administration或digital administration虽有所不同，但两者互译比较适当，原因是它们之间并无实质性差异，而且它们在电子政府的各个发展阶段的内涵和外延大致趋同，发展趋向也基本一致。英文文献常将electronic administration简写为e-administration、eAdministration或e-Administration，也有学者使用electronic public administration或e-public administration，表14-1中列举了国外电子政务的用词及其定义。

表14-1　国外电子政务的用词及其定义

用词	定义
electronic administration (e-administration)	在公共行政中实施信息通信技术，这与公共服务引发的必要的组织变革和获得的新技能紧密相关，目的是改善公共行政服务的质量，并使执行政策过程更有效率
electronic administration	可以看作官僚机构的改良和改革，或以自由市场思想看待它
electronic administration	得益于在线执行行政管理操作的可能性，为公众提供快速、更易得的服务
e-administration	角色是改进公共管理执行和加强服务质量
electronic administration (e-government)，e-administration，Digital Public Services	重点不是信息通信技术本身，而是信息通信技术与组织变革的组合应用，同时也应注重改善公共服务、民主程序和公共政策
electronic administration，digital administration	旨在简化和改进公共组织与其用户和公民之间的关系及交易

　　2010年以前，很多国家的电子政务都主要指向政府的电子政务，相对狭义，指代明确，所以，那时并不需要用public来做特殊限定。我国在政府实施电子政务初期也是如此，电子政务主要指政府政务活动的电子化、网络化。但发展到现在，在中国电子政务建设已然全面覆盖所有政务部门的情况下，电子政务应采用广义的概念，使用electronic government(电子政府)对译似有不妥。另外，国内很多专注于政府部门电子政务研究的成果多采用electronic government(al) affair(s)的译法，也有人使用electronic government administration(简称E-Government administration)的译法，但若将其他政务部门的电子政务或将所有的电子政务都一律做此翻译却不确切了。虽然公共行政学者重点关注政府的电子政务或电子政府的政务，但这并不等同于对所有政务部门的电子政务采取狭义的译法。比较而言，虽然这种用法似乎更符合国外的狭义的电子政务界定，但实际上英文文献中却极少看到这种译法，而且国外的电子政务研究和实践范畴早已超越政府界限，更多地涵盖了各类组织或领域的电子行政管理活动，如美国的税务管理、员工福利计划、药物管理、临床试验数据；西班牙的国家政务、地方政务、卫生服务、教育和司法、城市。因此，本书认为，政府电子政务应是电子政府与电子政务的交集，如图14-1所示。中国电子政务的实践范畴除了包括政府电子政务之外，还涉及其他政务部门的电子政务建设。

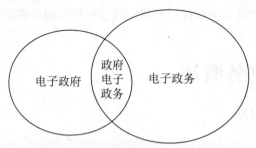

图14-1 电子政府与电子政务的交集

电子政务概念的内涵应主要考虑并取决于两点：一是如何给信息技术和政务活动下定义，二是信息技术和政务活动如何互相结合。

下面来看信息技术和政务活动的定义。首先，信息技术是能够扩展人的信息器官功能的一类技术。根据这个基本定义得出的两个导出性定义被人们广泛使用：一是信息技术是指完成信息的获取、传递、加工、再生和施用等功能的一类技术；二是信息技术是指感测、通信、智能(包括计算机硬件、软件、人工智能)和控制等技术的整体。其次，政务活动是指所有政务部门的管理和服务活动。电子和政务两者相互依存，缺一不可，但关系有主从之别，即政务是核心，其属性要得到保留，电子是手段，是为政务服务的。正是因为信息技术手段的应用，才导致了政务电子化和网络化的结果。由此，可以把电子政务初步定义为政务部门使用信息技术手段实现政务处理的电子化和网络化。

这一定义仍不完整，因为它虽然明确描述了电子政务的关键成因、操作对象和主要结果，却没有说明信息技术和政务活动相互结合的前提条件。而对于电子政务这样涉及整个国家所有政务部门的庞大的社会化系统工程来说，由于最终是要在统一的信息平台上为社会公众提供整合的信息和服务，还必须保证信息可靠和服务有效，所以这种开放的、统一的、需要共享合作的管理环境必然要求所有政务部门的组织结构、流程、内容和工作模式等适应环境进行变革并率先实现规范化、标准化和一体化(以下简称"三化")。而变革和"三化"的达成，涉及复杂的组织变革和利益关系，关乎政治、权力和风险。因此，将遭遇来自体制内外的诸多顽固性障碍阻挠是不可避免的，如果没有强有力的政治和行政手段推动政务部门职能、组织结构、业务流程等行政体系要素做出相应转变来加以配合，是无法克服这些障碍的。可见，这些行政要素的相应转变实际上是电子和政务两者相互结合的必要的促发条件。

之所以有必要在定义中明确描述电子政务的发生过程和必要的促发条件，还缘于以往信息化建设实践给予的教训。以往，由于电子政务重要的战略地位加之国家信息政策的全力推动，人们总以为各个地方当局有独立的责任和义务来发展自己的行动，并会为电子政务建设预备好所需的基础条件。然而，严峻的现实是已经建立起来的政务部门的强大的制度化和职业化的秩序很难改变。以政府为例，只要有可能，无论是否创新，决策者在使用信息技术的时候，绝不触动那些更深层面的结构和程序，比如说权力关系、政治关系和监督程序。政府组织倾向以一种提高效率和能力同时维持现状的方式，将信息系统纳入现行的轨道，而其结果只能是导致现存制度结构的再生产。在大多数案例中，在缺乏真正的结构性改革的情况下，现有的结构已经被数字化，这导致了现存制度结构的固化，直接影响电子和政务结合的范围与程度，严重损害了电子政务的功能发挥和绩效提升，甚至增加了继续改革的阻力和风险。由此可见，为电子政务建设过程提供明确的指导和有力的保障是非常必要的。

在许多具有行政要素转变内容的电子政务定义中，都或多或少地提出了电子和政务两者相互结合的促发条件，其中有一个定义集成了其他定义的内容，比较全面地揭示了电子政务的属性和特征，同时，也较好地揭示了信息技术和政务活动相互结合的发生条件。也就是说，电子政务就是各级政府部门以信息网络为平台，综合运用信息技术，在对传统政务进行持续不断的革新和改善的基础上，实现政府组织结构和工作流程的重组优化，将政府的管理和服务职能进行集成，超越时间、空间的界限，打破部门分隔的制约，全方位地向社会提供优质、规范、透明、符合国际标准的管理和服务，实现公务、政务、商务、事务的一体化管理和运行。只是它定义的主体限于政府部门，需要将之扩展到所有政务部门。因此，本书认为，电子政务中国化是指各级政务部门以信息网络为平台，综合运用信息技术，在对传统政务进行持续不断的革新和改善的基础上，实现组织结构和工作流程的重组优化，将其管理和服务职能进行集成，超越时间、空间的界限，打破部门分隔的制约，全方位地向社会提供优质、规范、透明、符合国际标准的管理和服务，实现公务、政务、商务、事务的电子化、网络化和一体化管理与运行。

人们所希望的或理想中的政务处理的电子化和网络化，绝不是简单地仿真或直接地平移，而应该是由一连串的政治行为和行政干预促发的彻底的行政体系要素转变之后形成的结果，而这种结果到底怎样，取决于政务部门能否为电子政务建设创设必备的促发条件并进而使其合法地发挥作用。如果不能提供适合的促发条件的话，不仅组织变革不能发生，利益关系难以调整，而且会增加对未来政府组织和管理进行变革与创新的难度。

二、电子政务的外延

下面从电子政务的组成部分、实现内容、建设主体、服务对象和应用形式等方面对电子政务的内容和范围进行分类。

1. 从电子政务的组成部分来看

从电子政务的组成部分来看，围绕政务部门内部、部门之间和部门与公众之间这三条主线，电子政务主要包括政务部门内部核心政务的电子化和网络化、政务部门之间通过网络实现信息共享和实时通信达成的信息传递与交换电子化、政务部门通过网络与公众之间进行双向信息交流实现的信息发布与公众服务电子化三个部分。由此，也把一级政务部门的电子政务系统分为政务部门内部的办公自动化系统，政务部门之间的资源共享和协同办公系统，政务部门面向公众提供信息服务、网上办事与互动交流的信息系统等三个部分。一个完整的电子政务系统就是由这三个组成部分有机结合而成。

(1) 政务部门内部的办公自动化系统。这部分是电子政务的基础，但绝不是简单地将传统的办公模式照搬到网上，即既不是传统政务模式与信息技术的简单叠加，也不是用信息技术适应封闭、僵化、落后的传统行政体制，而是要以政务流程优化等需求为导向，引导政府管理模式改革，这将带来行政观念与办公模式革命。目前各级政务部门广泛建设和使用的办公自动化系统即属此类，它使各级领导可以在网上及时了解、指导和监督各部门的工作，并向各部门做出相应指示。

(2) 政务部门之间的资源共享和协同办公系统。各级政务部门要在资源共建、共享的基础上实现部门内部、上下层级之间，以及跨机构、跨部门之间的协同办公。国家建设的"三金"工程和电子口岸执法系统等就是这类电子政务系统的典型例子。这类系统既可使政务部门提高办事效率、质量和标准，实现"7天×24小时"式的信息和服务提供，又能节省行政开支，起到监督反腐的作用。

(3) 政务部门面向公众提供信息服务、网上办事与互动交流的信息系统。各级政务部门通过建设具有信息服务、网上办事与互动交流功能的信息系统来发布公共信息，进行网上招标，开展网上招聘，提供网上服务，接受网上投诉等。

2. 从电子政务的实现内容来看

从电子政务的实现内容来看，电子政务主要包括以下内容。

(1) 部门上网。政务部门的名称、组成、职能、办事章程、时限及各项政策法规等，凡是可以公开的都必须在网上公开。

(2) 信息上网。在网上适时公布政务部门的各种数据、文件、资料、档案等信息，并保证及时更新。

(3) 日常活动上网。网上公开政务部门的各项活动，在方便公众有序参与政府决策过程和行使民主监督权利的同时，适时展开社情民意调查，并针对公众意见和建议做出快速反应和有效处理。

(4) 办公活动上网。网上开展审批、申报备案、年检、注册和无纸化办公等，在政务部门实现互联互通和资源共享的同时，各级领导可以在电子政务网络上指导工作，公众可以在互联网上完成项目审批、申请护照、交税、投诉、更新车辆牌照等业务活动。

(5) 监管上网。通过网上电子公示系统、电子监察系统等提供信息查询、过程跟踪、结果披露、投诉举报、意见反馈等服务，为公众和各方监督机构实时监管政务部门权力运作情况提供渠道和工具，以查处和打击违纪违法问题。

电子政务除了可以实现上述相关职能和内容上网以外，还可以建立与各个部门相应的专业交易市场、人才市场、网上展销会等。这些电子政务内容由于大多是由国家部委等主管部门牵头组建的，故具有极高的权威性，不仅可以吸引更多的企业和公众参与，逐渐形成规模和气候，还可以避免信息系统和设施重复建设，提高社会和经济效益。

3. 从电子政务的建设主体来看

从电子政务的建设主体来看，电子政务主要分为政府的电子政务、党委的电子政务(也称电子党务)、人大的电子政务、政协的电子政务、法院的电子政务、检察院的电子政务等。需要说明的是，本章所讲的电子政务，除非特殊说明，一般指的是政府的电子政务(e-Government affair)。

4. 从电子政务的服务对象来看

从电子政务的服务对象来看，电子政务主要包括以下四个方面的内容。

(1) 政府对公众(government to citizen，G2C)的电子政务。G2C致力于网络系统、信息渠道以及线上服务的建设，不仅通过网络向公众公开政务信息，还为公众提供更加便捷、更高品质、更多元化的服务，以及快捷、方便的服务获取渠道和参政议政平台。G2C业务应用是电子政务的重要内容，主要包括教育培训服务、电子人才中介服务、电子民主管理系统、电子身份认证、电子化社会保障服务、电子医疗保险服务、电子证件服务、电子就业服务、公众信息服务、公民报税服务、交通管理服务等。

(2) 政府对企业(government to business，G2B)的电子政务。G2B致力于为企业提供各种信息服务，通过电子网络系统进行电子采购与招标，在打破各政府部门之间的界限、精简管理业务流程、简化行政审批手续等基础上，使电子商务和电子政务能够一体化运行，以实现政府相关业务部门在资源共享基础上的高效率服务，为企业营造安全、有序、合理的电子商务环境，并引导和促进电子商务发展。G2B业务应用主要包括政府电子商务、电子采购与招标、电子税务、电子工商行政管理系统、综合信息服务系统、电子证照办理、信息咨询服务等。

(3) 政府与政府(government to government，G2G)之间的事务。G2G是上下级政府、不同政府部门之间的电子政务，致力于政府办公自动化系统建设，主要通过网络连接对政府部门进行横向或纵向的跨功能整合，实现部门间的信息交换、信息共享和业务协同，以提高行政效率和降低工作成本。G2G业务应用主要包括电子办公系统、电子公文系统、电子法规政策系统、电子财政管理系统、电子邮政系统、绩效评估系统、电子司法档案系统等。

(4) 政府与政府工作人员(government to employee，G2E)之间的事务。G2E致力于实现政府机构内部的电子化管理，主要是利用Intranet建立起有效的行政办公和员工管理体系，内容既包括管理部门利用信息化手段对工作人员进行管理，也包括工作人员通过信息技术实现网络办公、接受管理部门的管理并进行反馈等，主要目的是提高政府工作效率和工作人员管理水平。G2E是G2G、G2B和G2C电子政务模式的基础。G2E业务应用主要包括工作人员日常管理系统、电子人事管理系统、电子培训系统等。

5. 从电子政务的应用形式来看

从电子政务的应用形式来看，当前建设的电子政务系统主要包括电子办公系统、电子法规政策系统、电子公文系统、电子财政管理系统、电子邮递系统、横向网络协调管理系统、垂直网络管理系统、绩效评估系统、政府电子商务系统、政府电子采购及招投标系统、电子税务系统、电子工商行政管理系统、综合信息服务系统、中小企业电子服务系统、教育和培训服务系统、电子民主管理系统、电子身份认证系统、电子化社会保障服务系统、电子医疗服务系统、电子就业服务系统、公众信息服务系统、工作人员日常管理系统、电子人事管理系统、电子培训系统等。

电子政务不是一个相对固定的单一事物，而是一个包罗万象的范畴，其外延建设不可能一步到位，需要经历一个渐进的发展过程。需要说明的是，电子政务外延建设的主要途径是电子政务系统建设。电子政务系统从本质上讲是程序系统。狭义的电子政务系统仅指程序系统本身。广义的电子政务系统则包括网络平台、存储平台、应用平台、硬件设备、程序系统和组织建设等诸多要素，是一个关系复杂的、网状立体的、交叉结构的系统。本书研究的电子政务系统虽然取其狭义，但其内容的范围却延伸至系统所依托的平台和所依靠的管理人员与操作人员。可见，电子政务与电子政务系统之间，是业务与载体的关系，是处理对象与工具手段的关系，也是操作对象与操作主体的关系。一般来讲，实现电子政务就是实现政务的电子化、网络化和一体化，即建设电子政务系统。

三、电子政务的特点

关于电子政务的特点，可从传统政务与电子政务的对比中窥到端倪，如表14-2所示。

表14-2　传统政务和电子政务的对比

对比项目	传统政务	电子政务
办公手段	纸质文件和传媒作为信息传递的介质	利用计算机和互联网传输与交换信息
存在方式	实体性	虚拟性
空间属性	地域性	超地域性
管理方式	集中管理	分权管理
运行环境	传统经济环境	以知识为基础的数字经济环境
组织结构	金字塔形垂直化分层结构	网络型扁平化辐射结构
运行方式	实体性管理	系统程序式管理
工作中心	以部门和职能为中心	以公众需求为中心
工作重心	以管理、审批为重心	以服务、指导为重心
业务处理流程	复杂，前后串行作业	标准化、规范化、一体化，协同并行作业
决策参与范围	主要集中在部门内部	内部与外部共同参与
主要议事方式	会议	网络会议
办事时间和方式	8小时工作时间，面对面	7天×24小时，跨越时空限制
办事要求和过程	必须事先了解各部门的职能、权限和分工，然后按照先后顺序分别到不同部门去办理	无须了解办理部门及流程，在政务服务中心窗口统一受理，或在互联网上提供单一窗口，实现一站式办公和一条龙服务
管理成本效益	边际成本递增而收益递减	边际成本递减而收益递增
生效标志	公章等	数字签名

第二节　电子政务的基础条件

基于政府的职责范围，为保障电子政务建设和应用的有序实施和健康发展，政府需要为全社会提供包括信息基础设施、应用系统、数据库等要素在内的基础条件。网络、系统和信息的重要支撑效用，以及2006年《关于印发〈国家电子政务总体框架〉的通知(国信〔2006〕2号)》提出的"服务与应用系统、信息资源、基础设施、法律法规与标准化体系、管理体制"等构成要素，它们共同为电子政务项目付诸现实创设了可行的技术环境和先进的技术手段。其中，基础设施包括国家电子政务网络、政务信息资源目录体系与交换体系、信息安全基础设施等内容，体现了基础网络、数据资源、信息安全在电子政务建设和发展过程中的作用和价值。

一、信息基础设施

1. 国家电子政务网络基础设施

国家电子政务网络基础设施建设起步于"金字工程"。自我国1993年12月正式启动"三金"工程计划，建立了一个覆盖全国并与国务院各部委专用网连接的国家共用经济信息网以来，国家电子政务网络基础设施历经了从内网、专网、外网到国家电子政务网络由基于国家电子政务传输网的政务内网和政务外网组成的网络规划格局转变，确立了内外网物理隔离、外网与互联网逻辑隔离的网络建设原则，并于2006年着手建设统一的国家电子政务传输骨干网，自此构建起由电子政务内网、电子政务外网、电子政务传输骨干网组成的国家电子政务网络基础设施体系，如图14-2所示。

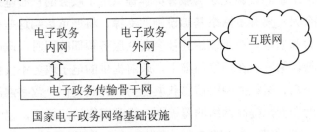

图14-2 国家电子政务网络基础设施体系框架

电子政务传输骨干网由连接中央机关的横向网络和连接至47个副省级以上城市的纵向网络共同组成，包括电子政务内网传输网骨干网和电子政务外网传输骨干网两部分，由中国联通和中国电信两大电信运营商负责建设并参与运营。国家电子政务内网(以下简称"政务内网")属涉密网，是副省级以上政务部门的办公网，与副省级以下的办公网物理隔离，涉及政府、党委、人大、政协、法院、检察院等多个政务部门业务网络，主要满足部门内部办公、管理、协调、监督及决策需要，所涉及的网络设备、联网标准必须符合涉密系统的要求。国家电子政务外网(以下简称"政务外网")与政务内网物理隔离，与互联网逻辑隔离，由广域骨干网和城域网共同组成。政务外网纵向连接中央、省、市、县四级网络，从2010年10月开始，由国家信息中心全面负责政务外网的规划、建设、运维及外网的各方面服务和管理工作，并对地方政务外网的建设和管理进行指导。

由于政务外网承载各级政府机构绝大多数业务，数量远大于政务内网，除需要支持大量跨地区、跨部门业务应用之外，还需要面向整个社会提供大量在线、实时的信息服务，尤其是随着无线用户数量的飞速增长以及"互联网+公共服务"计划的启动，政务外网的信息访问量会呈几何级数增长，如何有效提升政务外网的信息承载能力和信息服务能力成为政府必须积极面对并且需要马上着手解决的战略性问题。为此，中共中央办公厅和国务院办公厅提出"基于国家电子政务传输骨干网，建好内网，扩展外网，整合优化已有业务专网，构建完整、统一的国家电子政务网络"的任务目标，明确要大力发展政务外网，严控部门内网的建设发展原则。《关于加强和完善国家电子政务工程建设管理的意见》(发改高技〔2013〕266号)强调"国家原则上不再审批新建部门专网"，从源头解决"信息孤岛"难题，力争达到电子政务外网"纵向到底、横向到边"全覆盖，真正实现建设统一电子政务网络的目标。至今，国家电子政务网络基础设施已经形成了良好的基础，绝大多数部委和副省级以上的政府和相关部门与国家电子政务内网实现了连通，国家电子政务外网横向连接了118个中央单位和14.4万个地方单位，纵向基本覆盖了中央、省、地、县四级，承载了47个全国性业务系统和5000余项地方业务系统。

此外，在信息基础设施规划和建设过程中，除关注政府电子政务自身的需求外，更应该关注相关联的社会基础设施的规划和建设，因为电子政务系统并不是封闭的系统，它以电子的手段为社会提供公共服务，离不开社会信息化基础设施的支撑和保证，与社会网络的高效互联是其有效提供信息和服务的基础与条件。第一，国家电子政务网络就是利用电信运营商现有网络资源构建起来的，电信运营商的网络基础设施承载能力，运行、服务、管理和技术保障能力与水平在不同程度上决定了国家电子政务网络的能力和水平，也对政府提供电子政务产生直接的影响。第二，随着政府公共服务改革的逐渐深入，越来越多社会组织、团体、企业将成为电子政务的提供者，社会网络基础设施是这类服务群体提供电子政务的核心基础，尤其是在社会信息化程度高度发展的今天，离开了网络基础设施的支撑，将严重影响这些社会组织、团体、企业公共服务供给的能力和质量，在难以达到社会公众服务预期的同时，政府委托公共服务的价值和意义也会大大降低。第三，在网络环境下，政府提供的电子政务不仅仅取决于服务的供给能力，更取决于社会公众、组织的网络信息获取能力，尤其是在"数字鸿沟"进一步扩大，网络弱势群体愈加明显的今天，提高网络的覆盖面、提升网络访问能力，已经成为解决政府公共服务公平、可达、普惠的关键。2016年7月，中共中央办公厅和国务院办公厅联合印发了《关于印发〈国家信息化发展战略纲要〉的通知》(中办发〔2016〕48号)，对未来10年国家网络基础设施建设做了整体布局，第一次将覆盖城乡的网络基础设施建设、宽带接入的量化指标提升到战略目标的高度，尤其强调边远地区、林牧区、海岛等区域根据条件采用移动蜂窝、卫星通信等多种方式实现覆盖，并且提出完善电信普遍服务补偿机制，建立支持农村和中西部地区宽带网络发展长效机制，推进网络提速降费，为社会困难群体运用网络创造条件。可见，除国家电子政务网络基础设施的支撑作用之外，电子政务建设也离不开社会网络基础设施的支撑和保障。

2. 政务信息资源目录体系与交换体系

政务信息资源的共享、开发、利用既是政府各部门信息共享、业务协同的基础和关键，也是电子政务建设的重要内容。2002年，《关于转发〈国家信息化领导小组关于我国电子政务建设指导意见〉的通知》(中办发〔2002〕17号)明确提出，国家要组织编制政务信息资源建设专项规划，设计电子政务信息资源目录体系与交换体系，以满足跨地区信息共享及部门间特定信息横向交换和共享的双重需求，并于2005年成立了体系标准工作组。2006年，《关于印发〈国家电子政务总体框架〉的通知》(国信〔2006〕2号)明确了建立国家电子政务目录体系和交换体系的时间表与路线图，确定了到2010年形成覆盖全国的统一目录体系与交换体系的目标。2007年，《政务信息资源目录体系》(GB/T 21063)和《政务信息资源交换体系》(GB/T 21062)两个国家标准的发布，为信息资源的全面开发、利用、社会化服务奠定了坚实的基础。此外，为进一步加强新形势下的政府信息资源最大限度的开放、共享与交换，充分发挥信息资源的战略作用，2015年颁布的《国务院关于印发促进大数据发展行动纲要的通知》(国发〔2015〕50号)中又明确提出，要建立政府和社会互动的大数据采集形成机制，制定政府数据共享开放目录的要求，战略性地提出通过政务数据公开共享，引导企业、行业协会、科研机构、社会组织等主动采集并开放数据，并以此为基础，在政府信息资源共享、开放的引领下，开始进行整个社会的资源整合，构建充分共享整个社会的信息资源的新型的"信息生态"。

3. 电子政务信息安全基础设施

电子政务信息安全基础设施是保证电子政务系统有序、高效、安全运行的重要保障。构建安全的电子政务信息基础设施，用于满足信息安全身份鉴别、信息保密、信息可用、信息完整，以及信息的不可抵赖性需求。

《关于印发〈国家电子政务总体框架〉的通知》(国信〔2006〕2号)中提到，信息安全基础设施涉及信息安全机制、信息安全责任、网络安全域的划分、信息安全等级保护、信息安全保障体系等多个方面。目前，被国际社会普遍接受的信息安全基础设施有两个：公钥基础设施(public key infrastructure，PKI)和授权管理基础设施(privilege management infrastructure，PMI)，其核心是公开密钥体系。其中，PKI主要解决身份认证的问题，PMI是在PKI基础上建立起来，侧重解决用户的访问控制权限问题，即通过为用户签发属性证书，来解决统一和标准授权的问题。

信息安全基础设施的核心任务是建立证书授权中心(certificate authority，CA)认证体系，通过CA认证体系的核心要素CA认证中心，实现对数字证书[1]的全生命周期管理。从结构来看，CA认证体系支持多级或多层的树状结构，各分支CA之间可以通过共同的根节点(根CA)或虚拟的桥接节点(桥CA)来实现互认证。我国电子政务网络内外网中分别建立了内外网认证体系，内外网CA的根节点分别由国家密码管理局、国家信息中心两家机构负责建设、管理和运营，同时，各省、市、自治区按照国家统一的体系要求建设、管理向下的认证体系，与国家的根节点一起构成全国统一电子政务内外网认证体系，形成面向电子政务内网/外网的，为内网/外网提供信息安全服务的电子政务内网/外网信息安全基础设施。从管理体制来看，我国电子认证服务实行许可制，《电子签名法》明确提出，电子签名需要第三方认证的，由依法设立的电子认证服务提供者提供认证服务。国务院信息产业主管部门负责电子认证服务的相关管理工作，负责对提出从事电子认证服务并予以许可的机构颁发电子认证许可证书。

信息基础设施是支撑国家信息化的物质条件，也是保证电子政务系统正常运行的底层支撑系统，其基础性地位和共享性特质决定了国家信息基础设施的全局性和泛在性要求，必须坚持统筹规划、共建共享的原则建设，以避免重复建设、盲目冒进造成的浪费和失误。

二、电子政务应用系统

应用系统建设是实现电子政务的主要手段，要分别满足国民经济和社会信息发展基础要

---

① 数字证书的核心是管理主体(个人、机构、设备等)的公钥，将证书拥有主体与主体的公钥进行绑定，证明主体与公钥的所属关系，以数字证书的形式进行封装，通过证书签发机构的电子签名以保证证书的权威性和合法性。

求、公共服务均等化总体需求、社会公众和企业生存周期各阶段的个性化需求三个方面的需求。从我国电子政务实践发展来看,自2001年"网上审批"概念的提出到企业网上工商年检、社保缴存、组织机构代码证年检等一系列行业的网上在线服务应用项目纷纷上线,自各地政府网上政务大厅纷纷建立到深圳、上海等地政府率先推出了电子化的政府公共服务、行政审批项目目录和流程导引,电子政务的应用内容日益丰富,网上业务的关联性应用开始出现,各级政务部门信息服务观念逐步增强,网站信息服务的综合服务质量和能力同步提升。虽然目前电子政务服务还远未达到"一窗式"、全流程的程度,部门之间网上业务协同、信息交换能力还不够强,但某些行业、某些地区的政府信息资源目录体系和交换体系已经开始建立,并逐步面向社会进行有条件开放,政府信息资源整体性服务能力也在同步增强。

与此同时,国家深入开展行政审批制度及商事制度改革,加强公共资源交易平台及政府网站建设,在2015—2017年相继发布了《国务院关于规范国务院部门行政审批行为改进行政审批有关工作的通知》(国发〔2015〕6号)、《国务院办公厅关于加快推进"三证合一"登记制度改革的意见》(国办发〔2015〕50号)、《国务院办公厅关于印发整合建立统一的公共资源交易平台工作方案的通知》(国办发〔2015〕63号)、《国务院办公厅关于加快推进"五证合一、一照一码"登记制度改革的通知》(国办发〔2016〕53号)、《国务院办公厅关于印发政府网站发展指引的通知》(国办发〔2017〕47号)等政策文件,从全面推行行政审批全流程电子化,实行"一个窗"受理、"一站式"审批;建立统一电子证照库,全面实现各类证照电子化共享;推进公共资源交易法治化、规范化、透明化,提高公共资源配置的效率和效益;规范政府服务网站建设,统一政府服务网站建设的技术性规范等多个方面提出了指向性建议和要求。

三、电子政务信息资源

《关于印发〈国家电子政务总体框架〉的通知》(国信〔2006〕2号)提出,政务信息资源开发利用是推进电子政务建设的主线,是深化电子政务应用取得实效的关键。电子政务的根本目标是实现信息服务,决定了信息资源的基础性和全局性定位,通过信息的采集、分析、处理、存储、传递、交换、应用等过程,有助于提高整个政府行政、政府服务等物化过程的高效、快速、无缝处理能力和水平。

在电子政务信息资源战略部署方面,2002年发布的《关于转发〈国家信息化领导小组关于我国电子政务建设指导意见〉的通知》(中办发〔2002〕17号)提出,启动人口基础信息库、法人单位基础信息库、自然资源和空间地理基础信息库、宏观经济数据库的建设;2012年发布的《国家发展改革委关于印发"十二五"国家政务信息化工程建设规划的通知》(发改高技〔2012〕1202号)提出了进行文化信息资源库建设,确定了推动文化信息资源共享和开发利用,促进中华文化的传承和传播,提升国家文化软实力的建设目标;2004年发布的《关于加强信息资源开发利用工作的若干意见》(中办发〔2004〕34号)提出,明确信息采集工作的分工,加强协作,避免重复,降低成本,减轻社会负担;2006年发布的《关于加强信息资源开发利用工作任务分工的通知》(国信办〔2006〕10号)详细部署了信息资源建设工作。经过10多年的发展,通过基础信息库和管理系统建设、整合各地区各部门相关数据库信息资源、建立相关数据标准及交换标准体系、建设统一应用平台等工作,5个基础信息资源库建设逐渐趋于完善。为更加有效地利用政府丰富的信息资源，发挥其在社会发展、经济建设中的重要作用，2015年8月31日发布的《国务院关于印发促进大数据发展行动纲要的通知》(国发〔2015〕50号)对政府数据资源共享开放工程、国家大数据资源统筹发展工程、政府治理大数据工程、公共服务大数据工程等10大重点工程做出充分部署。这一系列政策设计和战略部署为电子政务建设奠定了技术基础和条件。

电子政务的本质是政府的重大创新和改革，它虽然依托技术系统并外在表现为技术形式，但它的建设发展除涉及技术性问题之外，还涉及政治性、社会性、文化性等多种问题，需要技术、公众、政府等各方面的基础支撑，尤其是政府方面的基础条件支持。政府应该为电子政务建设提供与现代政府治理理念、信息技术应用和信息社会生产生活方式相适应的行政体系要素，包括行政职能、工作流程、组织结构、责权体系、人员构成等，作为电子政府必备的实践基础和前提条件，称为政府基础。

政府基础相当复杂，包括网络化的组织结构和分散化的权力结构、参与协作的组织管理方式、公民导向的政务流程设计、目标管理和过程控制相结合的绩效管理机制、广泛监督下的行政问责制度、全程可追踪式的信息管理制度、知识型的公务人员、崇尚服务精神的行政价值导向等基本要素。各个基本要素之间不完全是平行对应的关系，而是具有特定的层次性和关联性，可分为结构、流程、制度和文化四个层次。其中，组织结构、权力结构和组织管理方式属于政府管理的核心结构，是政府管理最为明显的表征，处于政府基础的顶层；流程决定了组织的内在机理，是结构的基础，也影响制度的设计，居于结构与制度之间；绩效管理机制、行政问责制度、信息管理制度是制度的内容，是电子政务建设对于制度架构最为直接的诉求，用于支撑结构，固化流程；人的因素，关键在于观念，个人的观念和组织的行政价值导向构成了行政文化，成为政府管理的结构、流程、制度及其他一切行为的基础。在这四个层次中，任何两者之间都存在真实的双向互动的关系，同时亦因为本质属性的差别，以及作用发挥途径的不同，相应地表现为直接或相对间接，在宏观上构成了一个多向互动的网络结构。

第三节 电子政务的理想愿景

从信息观点来看，电子政务运行的内容、中间成果和最终结果都是政务信息，其中的面向社会公众提供的政务信息是公共信息。从服务视角来看，电子政务运行的内容、中间成果和最终结果都是政务服务，其中的面向社会公众提供的政务服务是公共服务，核心内容是基本公共服务。进入"互联网+政务服务"阶段，面对党的十九大提出的到2035年"基本公共服务化均等化基本实现"和"提高保障和改善民生水平"的原则要求，基于信息的观点和服务的视角，以政府基本公共服务目标为核心使命，政府电子政务应该以优质、高效地提供公共服务为目标，从理想愿景筹划起步，进而针对其各个基本要素的供给策略做出相应的战略与战术安排。

一、服务对象和手段的包容性

包容性是指在一个给定的社会结构中，多数情况下，在整个社会中，事实上的和/或法律上的，把人们纳入的一个过程。表现在公正性的追求方面，包容性涉及所有的人，所有人过完整的生活、所有人一起生活、拥有完整的人生。保障"一起"和"完整"，意味着所有人，作为社会整体中的一员，均应有其个性化的需求，有多维度的平等性权利，旨在使所有组织和个人构成一个整体性社会，以更好地实现他们的全部潜能。可见，包容性与基本公共服务均等化的基本思想是一致的。

政府电子政务致力于为公共利益服务，其公共责任不仅在于要追求高效率的运作方式，也要兼顾正义、平等、公平等民主原则，使公众能够有选择地、平等地获取和享用所需要的公共服务。也就是说，在不同的服务对象群体之间，无论其年龄、种族、性别、收入、教育背景、社会层级、所处地理区域有何差异，均应普惠共享无差别的基本公共服务，或者更进一步，相对最终结果的公正，力求使所有具有类似需求的公民均能享有获取平等、充分的基本服务的机会，实现普遍的社会公正。

针对不同服务对象(个体或群体)之间获取和利用政府电子政务的差异性，以及信息富有者和信息贫困者之间拉大的"数字鸿沟"亟待弥合等问题，联合国在2005年《全球电子政府准备程度报告》中首次提出了电子包容的概念，将其定义为"包括所有"，进一步地解释为电子服务在多大程度上减少而非增加最富有的、技术文明的公民与最贫困的、电子文盲的公民之间的"数字鸿沟"，希望通过加强准备度来提高接受(纳)度，通过改善电信基础设施和人力资本状况来解决不同服务对象之间信息交流问题。我国政府电子政务追求电子包容，就是要实现服务对象的平等化(保证享用服务的无差别性)和服务手段的多样化(满足服务需求的个性化)。服务对象的平等化强调无论服务对象属于何种用户群体、具有何种属性特征，均可平等地获取基本公共服务，享有基本公共服务权利，且普惠共享无差别性的公共服务。服务手段的多样化强调提供多元化手段而非单种化手段，使经济落后的、偏远地区的居民，以及教育水平较低人群、弱势群体、少数民族、非专业人士、外籍人士或旅游者等用户群体可以选择更好、更多、便利取用的服务，以实现信息惠民均等化的目的和以普遍、平等的方式满足公众的最基本和最迫切的需要的目标。总之，包容性强调最大限度地丰富服务方式，增加服务渠道，尽可能全面地满足各类服务对象对服务手段的个性化需求，特别是弱势群体或信息穷人等处于不利条件的人们的特殊性需求，以避免单种化手段带来的弊端或劣势。只有实现服务手段的多样化，方能确保公众能普遍享受到公平、无差别、均等的基本公共服务。

包容性与艰难性总是相伴而生的。一方面，我国需要包容的人口数字庞大，而目前我国大陆网民数量虽已达7.51亿，绝对数量不小，却仅覆盖了大陆半数人口，仍有绝大部分弱势群体不能上网享受政府电子政务，且普遍缺乏享受服务的手段和参与服务的意识，这些都会妨碍政府电子政务经济效益和社会效益的发挥。另一方面，人类社会最突出的方面是个体处理社会义务的方式以及由这些义务带来的难以避免的怨恨和挫折。消除这些怨恨和挫折需要艰难的过程。好在信息技术和互联网能赋予普通公众以更多的能力和可能性，政府电子政务能够低成本、高质量、全天候地提供统一的平台、规范化的内容和标准化的手段，能够更多地利用电子化的方式实现多维度、多层面的包容，形成巨大的包容能量，从而在更大程度上拓展包容的可行范畴，在满足各类服务对象的个性化需求的同时，也使正义延伸至网络空间。

二、服务功能和内容的彻底性

彻底性可以理解为完全在线可获得性，即所提供的在线服务是否能够完全采用电子化方式进行处理。彻底性的服务供给意味着已知的"一站式""一条龙"服务模式的完整呈现，要求公共服务的所有功能和内容、整个过程和结果都必须在线完成并在线提供，即要求实现服务供给全流程自输入至输出所涉及的各个环节中的业务处理均可在网上全面实现并可在网上完整提供，公民无须事先上网打印申请表格再邮寄或提交到政府部门，无须依赖线下实体政务服务中心工作人员推进服务办理工作，无须亲自往返于线上线下和跨越多个部门业务平台与服务窗口辛苦奔波，只需一次性进入一个窗口，点击公共服务平台页面上的某个功能栏目并拥有相应的使用权限，就能够在线享受该模块提供的相应服务，实现全程式业务办理。

我国政府电子政务已经开始全面推动公共服务事项目录和办事指南公开，推行服务方式创新，构建实体政务大厅、网上办事大厅、移动客户端、自助终端等，也在以公共服务为核心推动政府电子政务平台功能设置、内容建设及其整合与一体化方面取得了一系列进展，在一定程度上有效支撑了并有助于坚定追求服务功能和内容的彻底性这一目标愿景的信念。但要看到，在服务功能和内容上，我国的在线服务仍局限于政府信息公开、便民服务信息查询与行政审批办事服务的办理指南查询、在线预约申请、结果查询等方面，无论是服务的广度和深度都距服务功能和内容的彻底性目标还有相当长的距离。

三、服务过程及其成果的可及性

服务过程及其成果的可及性是为强调保证服务供给整个流程视野的透明度，以实现整个办事过程的各个环节中、各个节点处的业务流、数据流状态的可视、可跟踪、可回溯，进而达成可控、问责和监督。自2015年以来，国家就陆续出台了多个文件，其中2015年《国务院办公厅关于简化优化公共服务流程方便基层群众办事创业的通知》(国办发〔2015〕86号)提出，"简化办事环节和手续，优化公共服务流程……全面公开公共服务事项，实现办事全过程公开透明、可追溯、可核查"，表明服务过程及其成果的可及性是完善我国公共服务监督体系的应有之义，只有有效保障公众知情权、参与权、信息自由权、民主权利，才能达成监督政府和防治腐败的效果。

服务过程及其成果的可及性是政府电子政务供给必须解决的关键性问题。它实际上是实现内部监督和外部监督的结合、过程监督与结果监督的结合、传统监督方式与现代监督方式的结合的一种可及的途径，无论是对政府监督自身还是对公众监督政府都是有益的，也将大大提高政府电子政务的社会价值和经济价值，并相应增加过程信息的附加价值以及政府的责任性。

现实中，政府电子政务过程的不可及，说明服务过程透明度不够、公开度有限。如果政府电子政务过程可及，虽然在帮助政府了解工作人员绩效和政府电子政务系统绩效并及时纠正工作偏差方面效用巨大，却令服务流程置于群众的广泛监督之下，政府的行政效率、效益与质量情况会尽人皆知，政府内外部关系的运行状况和相关行政体系要素的匹配程度也将一览无余，来自政府内部的畏难情绪以及诸多阻力是可以理解的。当然，这也产生了对安全的要求。对此，安全问题亦需同步解决。

追求服务的过程及其成果的可及性会直接导致不允许私人空间的存在，至少不允许不透明的私人空间、不受监视的私人空间或更糟的无法监视的空间的存在。要求有专业监视人员，要求重组空间，使监视人员能开展工作，使被监视的人明白在任何时候都可以监视他们，任何时候都有人在监视他们，说明可及性既可行、诱人又充满挑战，需要政府构建有力的保障体系谨慎解决。

四、服务产出及其形式的有效性

服务产出及其形式的有效性，意味着要使用户获得又好又快的信息和服务，主要涉及服务产出的可用性与服务形式的用户体验性两个方面。前者强调服务产出的绩效和质量可以满足服务对象需求，使其能在网上获取和利用符合预期目的的信息与服务；后者强调所有服务形式的用户友好性，保证用户获得良好的应用体验。近年来，国家开展的政府网站抽查中将网站的可用性、内容更新、互动回应和服务实用性等作为主要评测内容，显示出政府和公众对服务产出及其形式的有效性的追求。

本质上，服务产出及其形式的有效性强调调用数据、物理环境、网络设备、管理变量等多方面资源的可用性与可获得性。它要求所有的跨部门、跨系统、跨平台的业务衔接工作均由系统后台集成、管理和提供，所有服务结果均可在线有效获得。服务产出及其形式的有效性的前提是供给主体在公共服务平台上建设和运行的所有功能都是能正常运转和安全可靠的。作为它们的有效支撑，所有数据均彼此共享、顺畅流动，所有信息基础设施都具有综合业务承载能力和极高的服务效率，涉及的所有服务供给主体都是以合作来梳理分工，以合作来界定分工。当然，还要保证所有供给主体能在线采集公众需求，在线实现组织内部各职能部门的协同，在线与相关组织开展竞合，以实现业务无缝对接和主体有序合作。

作为各级政府推进"互联网+政务服务"的重要平台，我国政府网站在公共服务功能实现上已呈现出信息内容由单一形式向多种形式集成化方向发展的态势，信息形式也由仅提供文字类信息向提供综合信息的方向发展，其内容和形式的在线化、集约化程度在逐步增加。但由于政府电子政务平台系统众多、建设分散，政府信息共享与交换平台还没有完全统一，支持政府电子政务一体化的政务信息资源目录体系和人口、法人、空间地理、电子证照、社会信用等基础信息库与业务系统还没有完全连通，造成政府电子政务系统信息共享与交换不畅，跨部门业务协同困难，真正意义上的部门联审、联办还难以实现，其结果使政府电子政务产出还难以达到理想预期，短时间内还难以为公众提供多样化、个性化、品质化的服务。因此，在加强政府电子政务系统、设备、环境建设以保证系统可靠、稳定、连续运行的同时，加强政府信息资源开发利用，实现真正意义上的信息交换与共享，保证相关业务系统的无缝对接是解决服务产出及其形式的有效性的根本出路，而这一切需要创建电子政府构建和运行的保障体系来提供保证。

 关键词

电子政府　电子政务　基础条件　理想愿景　办公自动化　资源共享　协同办公
基础网络　数据资源　信息安全　政府基础　包容性

 思考题

1.简述电子政务的概念，谈谈电子与政务两者的关系，以及如何更好地将两者有机结合。

2. 简述电子政务与电子政府概念的联系和区别。

3. 简述电子政务的内容和范围。

4. 与传统政务相比，电子政务的突出特点是什么？

5. 简述电子政务的技术条件基础构成。

6. 如何理解电子政务需要实现服务对象和手段的包容性？

7. 简述电子政务的政府基础，以及政府在其中的角色定位。

推荐阅读

[1] [美]简 E 芳汀. 构建虚拟政府——信息技术与制度创新[M]. 邵国松，译. 北京：中国人民大学出版社，2004.

[2] [美]B 盖伊·彼得斯. 政府未来的治理模式[M].吴爱明，等，译. 北京：中国人民大学出版社，2001.

[3] United Nations.UN Global E-government Readiness Report 2005：From E-government to E-inclusion[M]. New York：United Nations，2006.

[4] [英]安德鲁·查德威克. 互联网政治学：国家、公民和新传播技术[M]. 任孟山，译. 北京：华夏出版社，2010.

[5] 张锐昕.电子政府与电子政务[M]. 2版. 北京：中国人民大学出版社，2019.

第十五章　行政改革与行政发展

公共行政实践的展开与其所处的环境息息相关，公共行政必须适时对自身展开调整，以应对环境变迁带来的挑战。从宏观视角来审视，行政发展与社会发展之间相互影响，呈现一种有序的互动态势。

第一节　行政改革概述

行政改革是行政发展与社会发展实现互动的具体途径。本节将对行政改革的概念、任务、动因和趋势展开较为系统的学理阐释。

一、行政改革的概念

要理解行政改革的内涵，首先应了解行政改革与行政发展之间的关系。学术界主流观点认为，行政发展是指行政系统为适应环境变化，综合运用科学方法，健全行政体系，改善行政方式与关系，提高行政效率，以便更好地执行政治权威意志的过程。作为社会发展的重要组成部分，行政发展与政治发展、社会发展和文化发展等社会发展的其他组成部分互相联系、相辅相成：一方面，行政发展在相当程度上取决于社会政治、经济、文化的发展状况；另一方面，行政发展也影响其他发展的现实状况。因此，从权力关系的角度出发，行政发展的任务可以简要地理解为：根据环境的变化，适时协调行政机关与公共权力主体，以及行政机关与管理对象之间的关系。行政改革正是主体间关系协调得以实现的核心途径。

从属性来看，行政改革是一项极为复杂的系统工程。行政改革既涉及行政组织与其他法定国家公共权力主体间关系等行政体制问题，又涉及行政机关内部各权力主体间关系形态或模式等行政系统的结构问题，同时还涵盖具体的行政系统内部的功能更新问题。因此，行政改革在不同的语境下有着不同的界定方式和理论内涵。

广义上的行政改革根植于广义的政府概念，其改革对象包括与国家公共事务管理相关联的各个方面的法权主体及相互关系。由此，行政改革实际上包括了一切与国家公共权力的归属及其行使相联系的改革实践。以我国为例，广义的行政改革涵盖了人民代表大会这一权力机关，人民政府以及与其地位相应的人民法院和人民检察院等国家机关，以及执政党和政治协商会议等准国家机关间相互关系的改变或调整等实践活动。狭义上的行政改革则生发自狭义的政府概念，特指以国家行政机关为中心的公共行政系统的改革。相应地，狭义的行政改革的范畴基本上只限定于各级国家行政机关自身结构、功能与制度等内部要素的改革，并不过多地关注行政机关外部控制条件等环境要素的同步变迁。从我国现阶段的发展状况与现实政治语境来看，我国的行政改革应属狭义范畴，即以国家行政机关为核心的改革实践。

二、 行政改革的任务

在明确行政改革概念的基础上，行政改革的任务也就清晰了。当然，不同的视角会产生不同的任务界定思路。从要素层面，行政改革的任务可界定为行政系统的功能更新(包括公共服务供给的完善、政府调控职能的更新和企业家精神的引入等)、行政系统的结构改革(包括组织重构、自上而下的分权、国家支柱产业的产权改革和政府规模的适度化改革等)和行政制度的创新(包括政府决策体制创新和公务员人事制度创新等)等。本书较为赞同张国庆教授的对于行政改革任务的分类思路，即从法理和技术层面对行政改革的任务加以区分和界定，其中前者源于行政改革与政治改革的密切关系，后者则与管理的技术取向紧密相关。

(一) 行政改革中属于法理层面的任务

行政改革中属于法理层面的任务主要包括以下三方面：第一，政府的法定地位，其中包括政府在国家权力关系体系中的法定和非法定地位问题，以及政府在社会权力关系体系中与除国家公共权力主体之外的各种社会权力主体互动过程中的定位问题；第二，政府的基本功能，即政府对经济、社会和文化发展所承担责任的性质、范畴和大小；第三，公众对政府公共事务管理的参与状况。

(二) 行政改革中属于技术层面的任务

行政改革中属于技术层面的任务主要包括以下几方面：第一，调整行政组织，主要表现为重新划分政府管理部类；第二，提高行政效率，主要表现为按照科学化原则合理设置机构和岗位，限制和削减行政机构和行政人员；第三，强化首长负责制，表现为践行权力与责任一致、个体决策与集体决策相结合，以及政府与公民相结合；第四，扩大行政性分权，表现为在维护中央政府政令、国家主权和统一、完整的国内市场的前提下，依法按需授予地方或区域、地区性行政首长更多的自主权；第五，推进行政信息公开，表现为提升政府公信力和管理有效性；第六，提高政府公务人员专业水平，表现为确保公务人员的专业化、稳定性和社会美誉度；第七，改进行政技术，表现为将机械化、自动化、网络化、计算机控制和人工智能等要素运用于行政活动之中，以提升政府决策的准确性和有效性。

三、 行政改革的动因

作为一个系统，公共行政依赖于一定的生存和发展环境，公共行政系统及其生存和发展环境两者总是处于互动平衡中。随着行政环境的不断变化，行政组织绩效与公众期望之间的落差所引发的民众对于传统政策和计划的不满直接引发了行政改革。面对当今世界科学技术的日新月异，社会变化速度的不断加快，行政改革已经成为不变主题。全球化、社会信息化都给公共行政带来巨大挑战，成为影响和推动公共行政改革的重要动因。

(一) 全球化对公共行政的挑战

20世纪末，人类交往的深度和速度发生了质的飞跃，全球化时代已然到来。全球化成为一个全新的历史时代，同时也成为一个全新的认识视角。全球化是指人类的活动空间日益超越民族国家主权版图的界限，在全球范围内展现出全方位的沟通、联系和互动的客观历史进程及趋势。它给人类社会带来的远不止对经济生活的改造，它还深深地触及社会、政治、文化、安全、环境等各个领域。全球化使各个民族、国家的经济结构、金融贸易体系超越了原有疆界，开始具有全球性特点，传统的边界正在变得模糊，国家的主权地位面临挑战，各国政府体制及其公共行政权力受到越来越明显的影响。因此，全球化对公共行政权力、国家形态、政府体制及其职能变革的挑战将是全球化进程中的深层次问题。

全球化是一柄双刃剑，既为各国的发展创造了有利条件和良好机遇，同时，也给世界各国尤其是发展中国家带来各种挑战，全球化正冲击着世界的每个角落，从而要求每个国家都做出选择与回应。

1. 全球化给传统公共行政模式带来挑战

全球化是全面的，涉及政治、经济、文化等各个领域。尤其在经济层面，世界各国都被纳入全球大市场中开展资源配置，世界经济的整体性空前突出。目前世界大部分国家都实行市场经济，因而在一定意义上，可以说全球化时代就是市场化高度发展的时代。面对市场化的日益发展，经济全球化并不意味着政府管理作用的淡化。各国政府不仅要治理本国范围内的市场失灵，而且还要参加治理世界市场失灵的"全球集体行动"。经济全球化需要行政发展，以强化政府维护本国社会政治稳定的职能和"经济安全"的职责。而传统公共行政的理念、模式、方式都已表现出与时代的不适应性。全球化、市场化高度发达的今天，不断向前发展变化的时代趋势要求各国政府顺势而上，实现积极的创新变革。

2. 全球化对公共行政改革的基本要求

(1) 转变与更新公共行政职能。一方面，公共行政机构必须弱化乃至让渡某些职能。随着跨国公司、市民社会与非政府性组织等角色的强化，公共行政角色在相当程度上受到冲击而弱化。市场或第三部门有权利、有意愿且有能力解决的事项或能行使的职能应尽可能交由其去处理，但在此过程中，公共行政机构必须充分引导并监管私有企业和第三部门的力量，防止转移的权力被滥用。另一方面，全球化要求公共行政机构强化某些职能。目前所有国际上的经济交往都是依靠具体国家和公共行政机构的协调和推动进行的，进而持续推动经济繁荣与发展。公共行政机构弱化乃至让渡部分职能的目的在于集中精力于自身应该且长于从事的工作，而不是全面放权。对于只能由公共行政机构来做的事务与行使的职能，必须强化。公共行政机构必须通过这类事务的处理与职能的行使向民众证明政府存在的合法性。另外，公共行政机构需要增添新的职能。市场经济的全球化与全球性的市场经济化，使市场失灵出现了新的内容——世界市场失灵，这就要求民族国家的公共行政机构广泛治理世界市场失灵的全球"集体行动"，如共同承担全球性环境保护职能等。尤其是对于市场发育不完全的发展中国家而言，更需要以公共行政机构来克服市场缺位，通过制度创新和制度供给来培育市场，替代一部分尚未发育的市场机制。

(2) 改革传统公共行政组织结构。官僚政府的臃肿和僵化使其在全球化剧变中反应呆滞、行动迟缓，官僚组织结构的封闭性和森严的等级严重压抑组织的活力和创造精神，传统政府组织结构以不变应万变的管理模式已经无法适应时代的要求。为此，许多国家展开了在公共行政部门内部引入私营部门的管理理论、原则、方法、技术来"重塑"公共行政机构，建立公共物品和服务买方市场或"顾客主权"的市场结构模式；压平金字塔组织结构，减少中间层次，从组织上保证下层自主权，实现组织内部参与管理的参与结构模式，在公共行政部门设立临时性机构来实现公共行政职能的灵活公共行政模式等多种有效的探索。

(3) 公共行政管理趋向于实行新型治理模式。公共行政组织作为公共物品与服务的唯一生产者与提供者的神话被打破，私人企业、非营利性公共机构、公民自治组织等其他类型的组织也可以，甚至能够更好地提供公共物品与服务。此外，由于地理疆域的限制，公共行政机构并不能有效地提供跨越地理疆界的公共物品与服务。全球化理念的核心特征在于，当下的诸多理论问题已不可能仅仅在民族国家的层面考量，必须放在全球化的视野里予以考量。新型的全球治理要求能将跨越国界的"外部性"问题通过区域联合或某种集体行动而有效内部化，这意味着公共行政不能再以一国疆界划分治理范围，而要形成一种以公共事务为中心的复合治理结构。

实际上，随着全球化在世界范围的展开与深入，各国政府都已经开始与各国国情相适应的变革，全球化是当前各国行政环境变迁的一个日益显著的特征，它为诸多文明的传播、碰撞、交融提供了前所未有的广阔舞台，使各国能充分利用全球化提供各种资源，为自身发展创造更有利条件，让世界越来越紧密，成为一个命运共同体。全球化带来大好机遇的同时，各国也正承受着全球化负效应的冲击，全球化带来了经济震荡与压力，政治压力与困惑，文化挑战与社会问题，对各国政府的地位、作用、职能、权力、自主性及行政行为的灵活性等提供了前所未有的挑战。因此，全球化要求公共行政应有全球意识，催生了各国公共行政有力而理性的变革。

(二) 社会信息化对公共行政的挑战

人类社会正在进入信息社会，人们也正在进行进入知识经济时代的变革，这成为当代公共行政面临的又一新环境。信息社会是一种以知识阶层为社会主体，以知识和信息为主要资源，以高技术产业和服务业为支柱产业，以人力资源和科技创新为动力，以可持续发展为宏观特征的新社会形态，社会的网络化、知识化正实实在在地改变着人们的生活习惯、工作方式及思想观念。这不仅为公共行政的发展与完善提供了难得契机，而且对公共行政提出了新的要求，迫使其进行改革与创新。

1. 社会信息化为公共行政改革与发展带来契机

(1) 信息化最直接的影响是促进行政技术创新。计算机信息技术、卫星通信技术和光纤通信技术的进步，尤其是电子计算机技术与通信技术密切结合，使人类对信息的提取、传递、存储和处理以令人难以置信的速度提高。行政技术创新为信息社会的行政发展奠定了有力的技术支持和物质基础：一方面减少了人的手工劳动，必然会使机构和人员减缩，因而会降低成本；另一方面带来了一系列新的行政管理模式和组织方法，从而极大地提高了行政效率，并影响政策制定者和执行者之间的关系，增强了行政管理的经济效益。

(2) 信息化为公共行政创造了有利的政治条件。信息社会中，知识和智力在整个社会权力结构中占有越来越大的比重，其他社会团体和公民越来越有可能摆脱对公共行政的依附关系，并且对公共行政机构形成强大的监督力量。随着教育的普及和公民受教育程度的提高，公民的民主意识、政治参与意识也进一步增强，推动了公共行政行为理性化、民主化和法治化进程。

(3) 信息社会的发展促进公共行政价值观变迁。随着社会发展和知识普及，公众对公平的要求愈来愈强烈。公众对社会公平更具敏感性与表达意识。信息社会不公平、不平等将成为社会不稳定的主要因素。种族歧视、分配不公、独断专行、践踏人权同样会引起公众的愤怒，甚至引起社会冲突。这就促使公共行政价值观念由以传统公共行政的效率为核心价值转向公平正义与行政效率并重，为新时期公共行政变革奠定了取向基础。

2. 信息化给公共行政带来的挑战与要求

(1) 信息化挑战公共行政理念。社会的信息化要求公共行政由传统管理向服务转变，公共行政应树立高效理念、公平理念、人本理念，以迎接信息化社会的挑战。在信息社会中，由于信息传递更方便与快捷，各种新技术、新产品、新事务、新问题层出不穷、国际竞争日趋激烈，战略决策更为复杂，这要求公共行政必须注重时效性、合理性、前瞻性，追求公共行政效率与效益，确立高效行政理念。在信息社会，绝大多数人拥有知识和信息，公众的民主意识、权利意识增强，对社会公平更为敏感，要求的表达也更加强烈，越来越多的人希望公平公正在更大范围内得到体现，尤其是在利益分配上，要求公共行政应把实现社会公平正义作为追求目标。在信息社会，随着组织成员受教育程度和素质提高，人的要求也日益多样化，要求的个性化特征越来越明显，尤其是网络信息技术使组织管理更多建立在知识和能力之上，只有充分调动工作人员的积极性、创造性，才能取得更好的组织绩效。信息社会的公共行政更强调以知识和人才为中心的治理，强调发挥行政组织内部专家学者的智囊作用，甚至连组织本身都被看作学习型组织，强调行政人员不断地获取知识和增进能力，这就要求公共行政应强调"人本主义"的管理理念。

(2) 信息化挑战公共行政职能。知识经济以发达、成熟的市场经济使知识和信息在资本运营和商品流通过程中占有越来越重要的地位，这要求公共行政应按照成熟市场经济的本质要求调整其职能结构，强化对知识和信息的管理和调控职能，以加强知识产权保护为重点，以引导、培育和扶持高科技产业发展为基础。在信息技术社会，知识创新和技术发明是经济发展的推动力量，知识的传播、变化和提炼则成为经济增长的关键，这就要求公共行政机构应以推动知识创新为价值导向，以科技和教育职能为中心，对公共行政职能进行有机配置。

(3) 信息化挑战政府组织结构。20世纪80年代以来，全球信息、知识飞速传播开来，社会生活的要求也日益多元化，一方面公民要求得到高质量、多样化、快速、高效的公共服务，另一方面信息技术与生产能力的发展也导致社会公共事务极度复杂化和快速变化，从而要求公共行政大幅度减少中间环节，扩大管理幅度，推动传统科层制向扁平网络化转变，公共行政机构呈现为一种柔性化的有机组织，纵向与横向信息沟通同时发生。减少不必要的层次环节、代之以网上虚拟性活动，大大提高了组织的反应能力和工作效能，逐渐形成一种有弹性、灵活、适应性强、高效率的公共行政机构。

(4) 信息化挑战行政方式。信息与互联网技术在公共行政机构的应用，将公共行政事务流程建立在信息网络通道和信息平台的基础上，大大提高了流程的重组和再造，使之发生从技术性到实质性的变革，使公共行政事务更直接、便捷、通畅和公平。同时，信息网络技术也将大大提高公共行政活动的透明度和公开性，这将推动公共行政机构的廉洁、法治和民主建设，最终为建立高效、精干的公务员队伍和提高公共行政效能创造条件，并通过改变公共行政机构的工作方式和行为取向，提高工作效率及其社会价值，最终提高公共行政能力和创新行政方式。

四、行政改革的趋势

随着社会不断发展前行，公共行政学本身也经历了传统公共行政、新公共管理和新公共服务等阶段，公共行政的理论范式处于不断调整之中，其体系、制度和行为模式都在发生着显著变化。这种理论层级的变化源于公共管理本身所处环境中所涌现出的种种实践困境(即发展的社会与僵化的制度之间的矛盾)，而不断变化着的公共行政理论反作用于实践的方式即推动本领域的创新，这也是行政改革产生的根源所在。毋庸置疑，社会发展的速度高于政府制定应对政策的速度，这也就从客观上决定了行政改革本身属于一个鲜活的概念，其内涵必定处于不断发展的过程中。

目前，行政改革与创新已经成为一种全球性趋势。在过去二十年间，在全球范围内，行政改革展现出了以政府的角色由一元管理者向多元合作者转变、政府的组织结构由"地窖式(即封闭式)"向"网络式"转变、政府的运行方式由管制向协调转变、政府的目标由效率取向向公平取向转变为代表的趋势性特征。在对世界各地的改革理念和改革措施进行总结的基础上，可以对行政改革的趋势加以简要归纳和展望。

(一) 在改革层级上，理念创新将成为行政改革的主流

按照改革的层次来看，可以将行政改革划分为技术层面、制度层面和理念层面三个不同层次。在当前政府改革过程中，技术创新、制度创新和理念创新在时间上并无固定的出现顺序，体现的是一种百花齐放、齐头并进的发展态势。究其原因来看，这是因为目前行政改革还大多停留在"应激性"层面，在短时间内解决问题是改革的出发点所在。但是以发展的眼光来审视政府改革活动，创新(改革)的目标应集中于缔造一个积极回应公众需求的政府运行模式，创新应是达到这一目标的手段而非目标本身，对社会秩序与社会公正等价值层面的追寻才是行政改革的根本目标。由此可见，当技术创新和制度创新进行到一定程度，对于政府运行理念的省察将成为行政改革的主要组成部分。

(二) 在改革范围上，行政改革的热点将集中于社会管理和公共服务领域

具体而言，行政改革主要是由改革者推动完成，改革者是基于其所可能得到的预期利益和面临的困境所造成的压力而发起创新行为。在现阶段，改革者所期望得到的预期利益多表现为职业上的表彰及升迁，而可以满足其利益诉求的主体多集中于官僚体制中的工作领导这一特定角色，于是，领导者特别是高层领导者的偏好在很大程度上左右着改革者对于行政改革活动领域的选择。就当前而言，政治体制改革因为其复杂性和深层次性而被经常性推后，迫切需要解决的政治、经济与社会问题则多集中于社会管理和公共服务领域，且在这两个领域出现的问题具有基层性和广泛性，这就使改革者在基层感受到切实压力的同时，各层领导者也将这两个领域的问题列为优先解决的"选项"。所以在短时间内，行政改革的热点将继续集中于社会管理和公共服务领域。

(三) 在改革主体上，中央政府将在行政改革过程中发挥更大的作用

从"善治"视角来看，社会公共事务管理应由政府和公民共同合作完成，而现实中，即便公民获取了社会公共事务管理过程中的主体之一地位，在很长一段时间内所能发挥的作用依旧

难以与国家及政府相提并论。作为最重要的政治行为主体，政府在公共事务管理过程中依然具有核心地位。因此，"善政"，即严明的法度、清廉的官员、较高的行政效率和良好的行政服务成为在公共管理过程中达成"善治"的必要途径。作为公共管理过程重要组成部分的行政改革活动，其主体无疑应为政府，但单独依靠地方政府则无法保证改革活动的有效性。这种有效性具体指的是行政改革的自觉性、持续性和推广性。究其根本，有效性必须依靠中央政府和地方政府合理分工合作的方式才能达成。具体而言，诸如税制改革等涉及政治层面的改革必须由中央政府发起；而地方政府在其改革活动中所积累的经验也必须借由中央政府予以制度化确认才可能真正地确认留存。同时，成功的行政改革案例的甄别和推广也是中央政府应该承担的责任。只有构建起以地方政府为创新(改革)的发起者和实验者，以中央政府为评议者和推广者的政府间合作体系，才能将改革拓展到地方层级和特定的地域范围，使改革成果真正地为广大公民所享，促成"善治"和"善政"的达成。

第二节　当代西方国家的行政改革

20世纪70年代以来，西方各国纷纷开始行政改革。这场改革发端于英美，并迅速推广到欧洲、日本、澳大利亚和新西兰，对新兴市场国家也产生了深远影响，并不断波及其他发展中国家，成为一种显著的国际性趋势。

第二次世界大战结束以后，以凯恩斯主义为理论基础，在福利国家建设进程的推动下，西方发达国家的行政职能进一步扩张，政府规模不断扩大，西方国家广泛出现"政府膨胀"现象。到了20世纪70年代，"滞胀"现象在西方国家普遍出现：经济增长停滞、通货膨胀严重、失业率居高不下、政府财政问题严重。政府越来越难以应付由于公共行政职能扩张带来的公共支出持续增长的需求，面临经济和财政双重危机。为应对现代行政环境改变带来的政府财政危机、管理危机和信任危机，在多方面因素共同作用下，行政改革成了西方各国解决问题的优先选项，成为当时一股潮流。

一、当代西方国家行政改革的基本内容

当代西方行政改革既涉及对公共行政性质、宗旨和职能的反思，又涉及对公共行政运行机制和行动方式的重新定位。虽然各国依据本国国情实行了不尽相同的改革措施，但也具有一些共性内容，以至于很多改革措施都被冠以"新公共管理"的标签。

(一) 转变行政职能

西方国家将加强政府宏观调控职责和综合协调职责放在行政改革首位，为此，政府在一些领域内减政放权、放松管制，并将一些公共服务职能通过私有化、发包、出租、委托等形式交给企业和非政府组织来履行。

(1) 放松对工商业管制，主要指放松对工商业的经济性管制，即放松对企业准入、定价和进出口限制等方面的管制。通过改革，西方国家陆续放松了政府对航空、铁路、卡车、公共汽车、能源、电信、银行的管制。企业进出口自由度空前提高，市场定价代替了政府定价。

(2) 实行国有企业民营化，主要目的是利用市场机制提高企业效率，摆脱公共财政包袱，

把原来属于政府的职能交给私人企业，通过市场机制进行运作。凡是民间能做的事情，政府就不再大包大揽。英国是西方国家中对国有企业实行民营化改革起步最早的国家，很多国家争相效仿。

(3) 公共服务合同出租，核心是公共服务非垄断化，把政府主管的部分业务推向市场，由政府与企业签订合同，以保证业务目标的实现。公共服务的诸多行业都是合同出租的范围，如环境保护、医疗求助、社会保障、工作培训、运输服务、公共工程、精神保健、数据处理以及监狱管理等。西方国家采用合同出租方式提供公共服务的做法较为突出，它扩大了政府供给公共服务的财源和技术力量，降低了成本，提高了效率。合同制这一形式在英国、美国、法国、日本、新西兰、澳大利亚等国的行政改革中均占不同比重，其中英国发展最为典型。英国的公共服务行业，如环境、医疗、社会保障等领域被认为是建立在合同基础之上的。

(4) 公共事务管理民营化。将公共事务或部分政府职能委托给民间团体或私人管理，最大限度地利用民间组织的专业性、创造性、技术力量和运营能力，由民间进行设计、建设并负责资金调配及运营，公共部门不直接提供用于公共设施和基础设施建设的资本，而是从民间购买提供公共服务，公共部门的权限主要集中于政策制定和战略规划。例如，日本政府将清洁市容卫生、维护公用设施、修建学校等公共事务委托给地方自治体、民间团体或个人管理；美国一些地方政府让私营公司负责收集城市垃圾，一些地方政府委托私营企业经营公共汽车系统。

行政职能转变带来的政府提供公共服务方式的变化并不意味政府职能的消灭和政府责任的转移，为确保公共服务质量，政府的宏观调控水平和综合协调能力面临更高要求。即便不直接生产相应的公共物品和公共服务，政府还是要综合运用经济手段、法律手段和行政手段，保证市场的正常运行和竞争的公正性与合法性。这样一来，行政职能转变确实如"新公共管理"的拥趸们所赞赏的那样意味着"掌舵"而非"划桨"。

(二) 精简行政机构

官僚制具有严密的职能分工、明确的权责体系和健全的规章制度。但是，随着社会的发展，官僚制带来了机构臃肿、效率低下、创新乏力等诸多弊端。因此，精简行政机构、减少政府雇员、改革传统的官僚体制，建立精干、高效、廉洁的行政组织成了西方各国行政改革的重要目标。西方各国往往积极推行压缩政府规模、裁减政府雇员及放松管制等改革，将政府部门的一些机构成建制转移出政府，在组织结构上削减管理层级，减少中间管理层次，简化内部规章制度，实行参与式管理、参与式决策。针对解决非经常性问题，西方各国更倾向于运用临时机构如特别委员会、项目小组等。精简行政机构带来了连锁效应，在组织体制上动摇了西方持续数十年的"大政府"模式，节约了政府开支，行政工作进一步集约和高效。

(三) 调整中央与地方的权力关系

西方国家通过将中央政府若干权力下放到地方政府，使地方政府实际上获取了更大的权力。调整中央与地方权限，大大提高了行政活动的效率，而且强化了中央政府对地方政府的有效监督，加强了中央政府宏观调控能力。相对而言，分权有利于分散中央政府的财政与决策负担，有利于增强地方政府的积极性与责任心。国内政府间关系的调整主要是指中央政府和地方政府之间的关系调整。西方工业化国家20世纪80年代以来分权的一个共同规律是：各国政府都坚持财权集中、事权分散原则，既保证国家整体利益得以维护，又充分调动地方政府的积极性。例如，美国通过州和地方政府的重塑，调整了中央与地方的关系，把权力下放或分散到直接提供服务和直接面对实际问题的基层机构及主管人员手中，使基层机构、主管人员以至普通公务员，能对急需解决的问题做出切实可行的决策。同时，还把有关社区事务管理授权给社区组织，让社区居民普遍参与管理。日本制定和推进地方分权的基本法，实施地方分权的特例制度，使地方政府在地方建设等方面具有了更大的自主权和主动性。即便是具有浓厚中央集权传统的法国也通过了《关于镇、省和大区的权利和自由法案》(又称《权力下放法案》)，以使地方政府获得更多权力。

(四) 改革公务员制度

在科层官僚制下，公务员终身任职，只是执行命令而不对事件的结果负责；重视过程、模式、程序等，而不关心事情的结果；公务员依据职责分类工作，只能依程序工作，没有创造性，不能解决新问题。鉴于种种弊端，西方国家也对公务员制度进行了改革。在公务员管理体制和方法上，政府开始吸收私营部门的管理理念：依据公务员在市场上可能赢得的收入来确定报酬，成就突出的也会给予更高的报酬；打破集体化的工资分配制度，建立以功绩制为原则的个性化绩效工资制度；在个别部门打破传统的公务员终身雇佣制度，对特定岗位实行合同聘用和临时雇佣等弹性制度。

西方国家中，美国的公务员改革最为突出，最大的成效在于极大裁减了联邦公务员队伍规模。在这一过程中，美国联邦政府采取了比较灵活的做法裁减公务员。除对少数表现极差的公务员采取诸如辞退等较强硬的办法外，对大多数要裁减的公务员，主要采取的方法有四种：一是将政府部门的一些机构，成建制地转移出政府，实行企业化管理。例如，美国人事总署将拥有700多人专门从事调查服务的调查队，变为多个私人企业，而工作性质并未改变，同时提升了工作绩效，受到社会舆论好评。二是鼓励退休。对一些年龄较大，身体条件较差或工作业绩平平的公务员，鼓励他们提前退休，如工作满30年，年龄55岁即可退休。三是对相当数量需要裁减的公务员，采取一次性补贴的办法，鼓励其离开政府，重新就业。四是对裁减下来的公务员，政府为他们提供各种培训和咨询服务，以促使其尽快重新就业。与削减公务员规模相配套，联邦政府废除联邦人事管理手册，放松了管制，给用人单位以更大的自主权。同时，联邦政府还对职位分类和工资制度在小范围内进行了对传统官僚组织体制的改革。

(五) 改进管理的方式和方法

为了提高行政效率，西方各国政府都不同程度地改进了管理的方式和方法。

(1) 西方各国政府着力于优化行政程序，简化行政流程，消除行政过程中的繁文缛节，采取的主要措施包括：缩小审批事项的管理范围；下放审批权限；废除失效的、过时的条例；合并重复的审批程序和审批制度；简化申报程序和审批手续等。

(2) 西方各国普遍转向借鉴企业管理中行之有效的概念、技术和方法，把官僚型行政体制改造成企业化行政模式，培育具有企业家精神的政府官员，在政府中引入市场导向观念，引入竞争机制，利用创新策略。在强调以顾客需求为导向的前提下，采用目标管理、引入全面质量管理、强化成本管理、推广绩效管理，从过程和规则导向转向结果和服务导向；将传统人事行政升级为人力资源管理与开发，对公共服务人员的招录、培训和考核过程实现流程再造；运用信息技术和互联网技术，大力推行办公自动化和电子政务，极大提高了办公效率，降低了公众办事成本。

二、当代西方国家行政改革的基本趋势

(一) 在公共服务供给领域引入市场机制和社会力量

20世纪70年代末，世界各国在经济全球化过程中普遍面临着严峻挑战，社会各界对政府机构的浪费、低效等官僚化现象严重不满，政府面临改革的巨大压力。当时的主流观点认为，传统政府低效的原因很多，但最根本的原因是政府做了许多不该它做并且做不了的事情。在指导各国行政改革的主要理论中，美国学者提出的企业家政府理论明确表示要将以企业家精神作为改革政府的基本原则，对行政改革的实践产生了巨大影响。该理论认为，要改进政府效能，最重要的是重新调整诱因结构，也就是要改变公职人员的工作诱因和动机；政府应该具有企业精神，以任务为导向，把市场竞争文化带到政府部门内部；政府应追求的是成果而非成本投入，其主要职责应该是控制政策方向而非直接提供服务；政府应调整组织结构，建立绩效机制、鼓励竞争，促进公民秩序和社会经济发展等整体性社会目标等。

各国改革都重新定位政府职能，回归政府角色。政府所要做的是"掌舵"而不是"划桨"，因此这一时期西方国家政府始终把市场化作为行政改革的主要途径。在市场机制应该并且能够发挥作用的地方，要坚决培育市场机制去调节，成为各国行政改革的共同目标。政府通常采取鼓励竞争，以招标、承包和出让股份等形式，将原来由政府提供的社会服务转由私营部门提供，把竞争机制引入社会服务的提供过程中。开展对国有企业进行非国有化改造和将部分公共事务管理民营化，基本原则就是凡民间能做的事情，政府就不要包揽，目的就在于减少政府的官僚主义，提高服务质量，同时利用市场机制提高效率，摆脱财政包袱，把原来属于政府的部分职能交给私人企业，使政府有更多的精力做应做之事。行政机构作为公共物品及公共服务的唯一提供者的垄断地位已经动摇，各种私人公司、独立机构和社会团体参与公共物品及服务的提供，不同的政府机构也为提供相同的公共物品及服务展开竞争。需要指出的是，这种市场化取向并不是把一切都交给市场，总有一些政府职能必须由政府承担。总的指导思想应该是，在公共服务供给领域引入市场机制，将政府权威与市场交换的优势结合起来，从而提高政府行政能力。

(二) 强调政府的回应性和责任性

在一些西方学者看来，以顾客需要作为公共政策的出发点和利益分配的终结是政府本质的体现与回归，以顾客需要为中心的管理思想和管理模式的优点十分明显：政府通过类似企业化的调查，建立明确的服务标准，做出明确承诺，以改善公共服务质量，最大限度地调动和发挥各种社会力量。"顾客取向"成为各国政府行政改革的共识，成为政府回应性这一规范要求的直接体现。同时，将政府责任更加具象地聚焦于对顾客的服务质量之中，也越来越多地出现在改革者们制定的各项法规之中。

在这种背景下，绩效评估这一企业惯常的方法也在各国政府行政改革中得到了广泛重视。与传统的以组织目标为导向的绩效管理不同，行政改革要求政府从公民的需求、成本节约、决

策与执行分开等理念出发，全面贯彻企业化的目标管理、质量管理、财务控制、业绩奖励等环节，将政府组织打造为以追求结果为导向的责任中心。比较典型的是英国提出的"市民宪章"。"市民宪章"是梅杰政府时期提出的以改善行政服务质量为目的的一项改革计划，其中规定了向一般市民提供直接服务的标准。通过实施"市民宪章"，提高了行政服务质量和行政活动效率。与之类似，克林顿政府为了提高行政服务的质量，发起了国民工作测评和政府行为结果测评两个活动，"顾客第一主义"是国民工作测评的核心部分。可见，西方各国行政改革的一个趋势是政府越来越重视公众需求，树立顾客至上理念，不断地增强政府对公众的回应能力，追求政府的责任实现。

(三) 公共行政的民主化

公共行政的民主化包括两方面内容。

(1) 政府作为组织整体与公务员之间的互动关系。传统政府管理模式强调效率价值的优先性，有着严格的规划和程序；强调公务员的被管理角色和集中性的管理等。这在一定程度上阻碍了政府与其公务员之间的有效沟通，妨碍政府组织整体学习能力，导致整个官僚体制僵化、保守、缺乏活力。而改革传统政府与公务员关系模式，构建新型政府与公务员互动关系是政府改革的重要内容。各国政府在行政改革过程中普遍推行了弹性工作制度，体现了政府组织与公务员之间互动关系模式的灵活性，在某种程度上放松了对公务员的规制，赋予公务员更多权限，能够营造更为宽松、平等、更具进取精神及创新取向的组织氛围。

(2) 政府机构内部及其与服务对象的分权关系。行政改革往往涉及中央政府与地方政府之间的纵向分权。政府权力在逐渐向下转移，地方政府较以前有更大权力。而在横向上，企业、社会组织、社区的权力也在相对扩大。分权有利于分散中央政府的财政与决策负担，这既有利于反映民众对公共服务的真实需求，又有利于满足公众对多样化的需求和调动地方政府的积极性。西方各国在行政改革中都越来越重视民主化程度，在行政过程中通过多种渠道吸收社会团体、基层单位、各阶层居民参与管理，并且通过民意测验、政府热线电话来听取公众诉求，使公共行政走向民主化。

(四) 公共服务数字化、网络化和智能化

广泛运用信息技术是西方国家行政改革的重要特征。信息技术是信息社会的核心特征，政府信息化是社会信息化的基础，是决定未来国家竞争力的重要指标。信息技术包括计算机技术和通信技术，现在已广泛应用到公共行政领域。西方发达国家长期致力于国家信息基础建设，形成"信息高速公路"，不仅将国内的组织和机构连接在一起，而且加强了与国外其他发展中国家的合作。

利用信息革命新成果的最初形式是推进政府部门办公自动化，这构成了行政改革的重要目标。随着信息技术进一步发展，特别是互联网的兴起及其普遍应用，电子政务建设逐渐纳入各国行政改革进程之中，并在20世纪90年代从美国率先发展起来。西方各国在积极推行电子政务的过程中，将电子政府作为政府行为的技术平台，有效地促进了政府信息公开、透明，有利于公众平等共享，节约了行政成本，提高了行政效率，电子政务的优势是传统行政所无法比拟的。

数字化是新一轮科技革命的突出特征之一，也是新一代信息技术的聚焦点。顺应这一时代特征，西方国家纷纷实施数字化转型战略，打造名符其实的数字政府。建设数字政府成为行政改革的重要目标，它是当代公共行政的重要创新，是电子政府的转型升级。行政组织的网络化和公共服务智能化通过数字基础设施得以实现。数字政府、网络化组织和智能化公共服务建设的推进使公共行政更具开放性和参与性，进一步增强了政府回应性，改善了政府形象，提升了公众对政府的信任感。西方国家通过制定法律法规、指定负责机构、建立绩效评估体系等方式为数字政府建设提供制度保障，同时采取切实有效的措施保障数字政府安全、缩小"数字鸿沟"，为数字政府建设提供技术支撑。

第三节　当代中国的行政改革与发展

改革开放以来，随着国内外形势变化，我国先后进行了多次行政改革。从整体上看，这些改革基本上都是围绕转变政府职能、优化政府结构、调整机关人员展开。在行政改革过程中，一些重要领域和关键环节取得了显著的成效，也积累了一些有益经验。总结当代中国行政改革的基本经验，探索其未来发展途径，对于提高中国特色社会主义行政体制效能，推进国家治理体系和治理能力现代化，具有十分重要的意义。

一、当代中国行政改革的历程

改革开放以来，我国经济建设和社会发展取得了举世瞩目的伟大成就。为了适应经济体制改革的新要求和经济社会发展的新需要，我国先后进行了八次大规模的行政改革。

(一) 1982年的改革

1982年的行政改革是在党和国家工作重心转移到社会主义现代化建设上以后所进行的首次改革。这次改革以精简机构、减少层次、压缩编制、实现新老交替为主要内容，裁并了一批业务重叠或相近的部门和机构，尤其是对经济管理部门进行了大幅裁并。经过改革，国务院工作部门从100个减少为61个，人员编制从原来的5.1万人减为3万人，地方政府的机构数量和人员编制也得到不同程度的精简。这次改革还打破了领导干部职务终身制，精简了各级领导班子，加快了干部队伍年轻化建设步伐，优化了干部队伍结构。经过此次改革，国务院部委领导班子成员平均年龄由64岁降到了60岁，具有大专以上文化水平人员比例由37%提高到52%。

(二) 1988年的改革

1988年的改革是在推动政治体制改革，深化经济体制改革的背景下展开的。党的十三大指出，为了避免重走过去"精简—膨胀—再精简—再膨胀"的老路，机构改革必须抓住转变职能这个关键。因此，这次改革着眼于政府职能转变，通过定职能、定机构、定编制的"三定"办法，改变了过去单纯裁并机构、精简人员的做法，按照政企分开的原则，对专业经济管理部门进行了裁并，同时增加了宏观调控、行业管理和监督等部门。经过此次改革，国务院部委从45个减为41个，人员编制比原来减少9700多人。地方政府机构改革也取得一定进展。

(三) 1993年的改革

1993年的改革是在建立社会主义市场经济体制的背景下展开的。此次改革强调转变职能的根本途径是政企分开，总的指导思想是把适应社会主义市场经济体制和加快市场经济发展作为机构改革的目标，按照政企分开和精简、统一、效能的原则，转变职能、理顺关系、精简机构、压缩编制。此次改革加强了宏观调控和经济监督部门，强化了社会管理职能，推进政企分开，转变部分专业经济部门为行业管理机构或经济实体，大力精简部门的内设机构和人员，下放政府对企业的直接管理权限。经过此次改革，国务院组成部门仍为41个，直属机构从19个减为13个，办事机构由原来的86个减为59个；非常设机构由原来的85个减为26个；机关编制由36700个减为29200个，精简20%；地方各级机构精简人员25%。

(四) 1998年的改革

1998年改革的目标是建立办事高效、运转协调、行为规范的政府行政管理体系，完善国家公务员制度，建设高素质的专业化行政管理队伍，探索建立符合社会主义市场经济体制要求的有中国特色的行政管理体制。此次改革主要围绕进一步调整部门职责，精简机构编制来进行，在改革中加强了宏观调控部门，撤销了几乎所有的工业经济专业管理部门，调整了社会服务管理部门，加强了执法监督部门。经过此次改革，国务院组成部门由40个减少到29个，各部门的内设司局级机构比原来减少200多个，机关干部编制总数减少了50%；省级政府机构设置由平均55个减少到40个，人员编制平均精简47%，共减编7.4万个；地(市)、县、乡机关行政编制精简了20%，共精简人员89万。

(五) 2003年的改革

2003年启动的改革是在我国加入世界贸易组织的背景下进行的。党的十六大提出了深化行政管理体制改革的任务，即进一步转变政府职能，改进管理方式，推进电子政务，提高行政效率，降低行政成本，形成行为规范、运转协调、公正透明、廉洁高效的行政管理体制。此次改革按照精简、统一、效能的原则和决策、执行、监督相协调的要求，继续推进政府机构改革，主要通过调整和归并业务相近的机构，进一步减少了政府组成部门，加大了社会管理部门的改革力度。同时，将分散到各部门的行政决策权相对集中于本级政府，增强了政府整体运行效能，形成了精干的政府组成部门与专业化的执行机构并存、分工合作、协调有效的政府组织体系。此次改革后，国务院除办公厅外，组成部门由29个调整为28个。在此次改革的过程中，还通过并实施了《中华人民共和国公务员法》等法律法规。

(六) 2008年的改革

2008年改革的目标是，到2020年建立起比较完善的中国特色社会主义行政管理体制。通过改革，实现政府职能向创造良好发展环境、提供优质公共服务、维护社会公平正义的根本转变；实现政府组织机构及人员编制向科学化、规范化、法治化的根本转变；实现行政运行机制和政府管理方式向规范有序、公开透明、便民高效的根本转变，建设人民满意的政府。此次改革在探索实行职能有机统一的大部门体制方面成效明显，在一定程度上解决了职责交叉、机构重叠、关系不顺问题，同时进一步强化了宏观调控、社会管理和公共服务职能。经过此次改革，除办公厅外，国务院组成部门调整为27个。

(七) 2013年的改革

2013年改革的主要任务是推进简政放权、放管结合、优化服务，将行政体制改革向纵深推进，重点是紧紧围绕转变政府职能和理顺职责关系，稳定推进大部制改革。经过此次改革，铁路部门实现了政企分开，组建了国家铁路局，归交通运输部管理；组建中国铁路总公司，承担铁道部的企业职责。此外，还整合、加强了卫生和计划生育、食品药品监管、新闻出版和广播电影电视、海洋、能源等管理机构。经过此次改革，国务院组成部门减少至25个。

(八) 2018年的改革

2018年启动的党和国家机构改革是在中国特色社会主义进入新时代的背景下展开的，涉及统筹党政机构设置、转变政府职能、赋予省级及以下机构更多自主权、科学配置内设机构等内容，是一场前所未有的整体性、系统性、重构性的变革。2018年，国务院除办公厅外，设置组成部门26个，各地方机构的改革也在有序推进。

二、当代中国行政改革的主要成效

经过多次改革，我国基本建立了与社会主义市场经济体制相适应的行政体制，在一些重要领域和关键环节取得了显著成效。

(一) 确立了以人民为中心的改革方向

回顾改革开放以来这八次大规模的行政改革历程可以看出，无论是在精简机构、分流人员方面，还是在正确处理政府与市场、政府与社会的关系，完善公共服务体系，深化"放管服"改革方面，我国行政改革的基本方向都是适应改革开放和完善社会主义市场经济体制的要求，促进政府职能转变，构建起职责明确、分工合理的政府治理体系，提高政府执行力，建设人民满意的服务型政府。以人民为中心来完善政府治理，以人民为中心来深化行政改革，以人民为中心来推动中国特色社会主义行政发展，这一改革方向在我国行政改革的实践中得到不断确认、强化和发展。

(二) 初步建立了科学、完备的政府职能体系

转变政府职能是行政改革的核心，是贯穿中国行政改革历程的一条主线。改革开放以来，我国对政府职能进行了多次调整，取得显著成效。具体表现在：第一，理顺了政府、市场、企业三者的关系，实现了政企分开，政府对微观经济的干预明显减少，市场对资源配置的决定性作用明显增强。第二，强化了中央政府的宏观调控职能，建立起完备、合理的宏观调控体系。第三，通过"放管服"改革，减少不必要的行政审批事项，加强了市场监管、社会管理和公共服务职能，进一步理顺了政府与社会的关系。第四，突出了环境保护职能。2008年，我国将原国家环保总局升格为环境保护部，列为政府组成部门；2013年，《中共中央关于全面深化改革若干重大问题的决定》将环境保护单独列为政府职责；2018年，我国又组建了生态环境部。强化政府的生态环境保护职能，既有利于加强生态文明建设，也是统筹推进"五位一体"总体布

局的必然要求。第五，理顺了各级政府及其部门之间的职责关系。中央与地方事权划分渐趋合理，不同层级政府经济社会事务管理权责进一步明确，部门之间的职能配置和职责关系逐渐清晰。经过40多年的改革，我国已经初步建立了适应社会主义市场经济发展要求的科学、完备的政府职能体系。

(三) 政府机构和编制更加精干，政府结构进一步优化

政府机构改革一直是我国行政改革的重要内容。改革开放以来，我国进行的政府机构改革就是要适应经济社会发展需要，围绕政府职能转变，合理调整机构设置，优化人员结构。经过改革，我国政府机构数量大幅削减，机构人员数量也得到了压缩，而且基本做到了政府职能与政府机构相匹配、工作任务与人员编制相匹配。除了精简机构和压缩编制，我国还对政府结构进行了调整和优化。尤其是2008年以来，我国开始探索实行职能有机统一的大部门体制，将职能相近、业务类同的政府部门进行有机整合，大部门体制具有职能整合、领导统一、运转协同、资源共享及结构优化等特征。通过大部门体制改革，在一定程度上解决了部门之间长期存在的职责交叉和关系不顺问题，进一步优化了政府结构，提高了政府绩效。总之，政府机构改革不仅为转变政府职能、提高政府工作效率和减轻财政负担奠定了基础，同时也进一步理顺了部门之间的关系，实现了体制改革与制度创新。

(四) 建立并完善公务员制度，公务员队伍整体素质进一步提高

建立和完善公务员制度是我国行政改革的重要内容，我国在精简人员和定岗定编的同时，也加快了传统干部人事制度改革的步伐。1993年，我国颁布并实施了《国家公务员暂行条例》，标志着我国公务员制度正式诞生。2006年施行的《公务员法》提升了公务员管理的法律层级，也是我国第一部干部人事管理的综合法律。2019年，我国又根据新时代背景下新的形势和要求，对《公务员法》进行了修订。与此同时，有关公务员配套管理的法规体系也在逐步健全。根据公务员制度的要求，"凡进必考"已经成为公务员录用的基本原则，按照公开、公平、择优、竞争原则，保障公务员具备履职所需的能力和水平；通过公务员考核、激励、更新等机制的完善，增强了公务员队伍的活力，使多年来干部队伍能上不能下、能进不能出的状况得到初步改善，也促使一批优秀年轻干部脱颖而出，优化了政府机关人员结构；通过公务员保障、监控等机制，依法保障公务员合法权益，推进公务员队伍的政风建设和廉政建设，使公务员队伍整体素质和能力明显提高。

(五) 管理方式得到进一步改进

政府职能转变、结构优化和公务员队伍素质提高，促进了政府管理方式的转变。从在计划经济条件下习惯于用行政手段和行政命令方式管理经济社会事务，逐步转变到主要运用经济手段、法律手段管理社会经济事务，依法治国、依法行政已经成为政府运作的基本要求；通过完善宏观调控方式，提高宏观调控的针对性和协调性；通过将事前审批更多地转变为事中和事后监管，完善市场准入和退出机制，营造公平竞争的市场环境；通过推广政府购买公共服务，丰富政府职能实现方式；通过"最多跑一次"改革和试行"一站式""一门式"服务，实现政务大厅服务标准化；探索"互联网+"政务服务，简化政务流程，实行政务公开，鼓励公众参

与，提高政务服务质量和行政效率。通过不断改进政府管理方式，政府依法行政能力得到提升，以人为本、执政为民的导向不断增强，行政管理法治化、规范化、信息化和公开化程度有所提高，公务员队伍的敬业精神、竞争意识和服务意识有所加强。

三、当代中国行政改革的基本经验

改革开放以后的行政改革既取得了显著的成效，也积累了丰富的改革经验，这些宝贵经验需要在今后的行政改革过程中继续坚持下去。

(一) 坚持以转变政府职能为核心

行政改革从来都不是孤立进行的。适应和促进社会主义市场经济发展，是中国行政改革的重要目标之一。为实现这一改革目标，必须紧紧围绕建立和完善社会主义市场经济体制这一核心，加快政府职能转变步伐。行政改革的实践证明，只有采取有效措施，切实转变政府职能，行政改革才会扎扎实实地向前迈进。否则，即使在精简机构、调整人员方面做再大的"手术"，改革以后也会出现反弹，最终陷入"精简—膨胀—再精简—再膨胀"的怪圈。纵观我国行政改革的历程，尤其是党的十三大以后，正是由于我国抓住了转变政府职能这个关键，才进一步理顺了行政体制，提高了政府执行力，行政改革才取得显著成效。

(二) 统一部署，加强领导，自上而下，循序推进

中国正处在社会主义市场经济体制进一步完善的过程中，与这一历史进程相适应，行政改革要稳步地向前推进，并取得预期成效，没有统一部署和坚强领导，没有自上而下循序渐进的强有力推动，是不可能实现的。改革开放以来，中国行政改革之所以能够克服各种困难，百折不挠，不断推进，就是因为有中共中央和国务院的坚强领导，有统一的战略规划和部署，有自上而下的强有力推动，离开这一点，中国行政改革势必寸步难行。行政改革是对各种利益和权力关系的重大调整，必然会带来利益格局和社会关系的重大变化，也就必然会激发各种矛盾和问题，这就决定了行政改革不可能一步到位。党和政府认识到了行政改革的这种复杂性、艰巨性和长期性，坚持自上而下、循序推进的渐进式改革方式，使我国行政改革取得明显效果。

(三) 积极、稳妥地处理好改革、发展和稳定的关系

行政改革是全面深化改革的重要组成部分，其进展和成效如何，直接关系社会主义市场经济体制的完善，也直接影响全面改革的进程。因此，必须积极推进行政改革，否则，其他领域的改革都将受到阻碍和制约。与此同时，行政改革涉及政企关系、政事关系和政社关系的调整，涉及政府内部权责关系的调整、组织结构的调整和人员的调整，涉及公务员的切身利益，直接关系改革、发展和稳定大局。因此，必须审时度势，把握时机，整体部署，周密安排，统筹协调，积极、稳妥地向前推进。发展是目的，是解决我国一切问题的基础和关键；改革是动力，是社会主义制度的自我完善与发展；稳定则是推进改革和发展的前提，没有社会稳定则不可能发展经济和促进改革。在推进行政改革的过程中，我国政府注意到了行政改革与经济社会发展和社会稳定的关系，充分考虑各方面的实际承受能力，坚持把改革的力度、发展的速度与社会可承受的程度统一起来，把改善人民生活作为正确处理改革、发展与稳定的关系的结合

点，使之相互协调、相互促进。

(四) 坚持中央统一领导与因地制宜相结合原则，赋予地方更多自主权

我国是统一的多民族国家，地广人多，且各地经济社会发展水平、市场发育程度、人力资源状况等都存在较大差异。在行政改革中，坚持中央的统一领导，遵循中央的统一部署，贯彻中央制定的基本原则和精神是完全必要的。与此同时，也必须给地方以相应的自主权，允许地方在中央有关精神指导下，结合实际，因地制宜，大胆探索，大胆试验，允许地方有适合当地情况的行政创新。这样，不仅有利于行政改革的整体推进，也有利于各地从实际出发，经过广泛的探索和试验，积累经验，开拓创新，使行政改革不会陷入僵化呆板的模式中。实践证明，这样做既可以有效地贯彻中央有关改革的精神和原则，有利于行政体制改革的整体推进，又可以使地方有一定的自主权和灵活性，使改革更加符合各地的实际。近年来，我国各级地方政府在组织层级结构、管理体制机制、服务手段方式等方面进行了积极探索，取得了一些改革的地方经验，形成了一些改革的地方模式。这些地方经验和地方模式经过总结和推广，最终体现在顶层统筹和决策部署中，助推了我国的行政发展。

(五) 学习、借鉴西方理论和经验与坚持中国国情相结合

20世纪70年代以来，西方各国兴起了轰轰烈烈的新公共管理运动，并形成了新公共服务、新公共治理等理论成果。这些改革理论与实践对我国的行政改革也产生了较大影响，我国在公共服务领域所进行的市场化、社会化改革，就充分吸收、借鉴了西方国家行政改革的理论与经验。然而，也应该认识到，西方国家与我国在政治制度、经济发展水平、历史文化传统等诸多方面都存在较大的差异。因此，我国在推进和深化行政改革的过程中，既要吸收、借鉴西方国家行政改革的理论和经验，又要充分结合中国的历史文化传统与现实国情，深刻认识我国所处的历史发展阶段和面临的突出问题，进而制定切合本国实际的改革方案与措施，探索具有中国特色的行政改革道路。

四、深化中国行政改革的主要途径

21世纪以来，中国的政治、经济和社会环境发生了更加深刻的变化，"两个一百年"的奋斗目标和中华民族伟大复兴的"中国梦"，对行政改革提出了新的更高的要求。为适应这一新形势，必须加大力度，继续深化行政改革，促进行政发展。

(一) 以科学理论为指导，进一步夯实深化行政改革的理论基础

科学理论对实践具有重要的指导作用，我国的行政改革必须坚持马克思主义、毛泽东思想、邓小平理论、"三个代表"重要思想、科学发展观和习近平新时代中国特色社会主义思想的指导。尤其是党的十九大以来，习近平总书记针对新时代我国社会主要矛盾的转化提出的新时代中国特色社会主义思想，已经成为全党全国人民为实现中华民族伟大复兴而奋斗的行动指南。习近平新时代中国特色社会主义思想"八个明确"和"十四个坚持"的思想内核也为我国的行政改革与未来发展指明了正确方向。新时代深化行政改革必须以习近平新时代中国特色社会主义思想为指导，同时也需要更加具有可操作性的行政改革理论。因此，要使我国的行政改

革积极、有序地进行，就必须在习近平新时代中国特色社会主义思想指导下，加强对我国行政改革的重大理论问题和实践问题进行深入系统的研究，既可以为行政改革与发展提供具体的理论指导，也可以提出可资借鉴的参考方案。

(二) 坚持党的全面领导，深入研究并制定科学的行政改革战略

我国以往的行政改革，正是在党的领导下才取得了伟大成就，深化党和国家机构改革必须坚持党的全面领导。党的全面领导是深化行政改革的根本保证，要充分发挥党在行政改革中的方向指引、布局谋篇、统领全局、协同各方的总指挥作用。行政改革要适应经济社会发展的需要，就必须在党的全面领导下，制定科学的改革战略，坚持顶层设计、统筹规划，把行政改革纳入国家治理体系与治理能力现代化的总体布局中去考虑，把行政改革作为全面深化改革的关键环节，使行政改革与其他领域的改革相互促进，相互协调，统筹兼顾，整体推进。行政改革战略就是关于行政改革的全局性和长远性谋划，包括行政改革的总体目标和具体目标(部门目标、区域目标和阶段目标)、行政改革的总体方案和具体方案、行政改革的实施步骤和相关政策，等等。行政改革战略要有整体性、系统性和前瞻性，要通过局部与全局的协调衔接、此阶段与彼阶段的协调衔接、行政改革与其他领域改革的协调衔接，最终实现行政改革的目标。行政改革战略不是闭门造车的结果，而是实践经验的深刻总结，是理论研究的科学结晶，是战略思维的具体体现，也是全面深化改革的必然要求，对于我国行政改革具有全局性和长期性指导作用。

(三) 进一步明确下一步行政改革的目标和重点

党的十九大提出了"转变政府职能，深化简政放权，创新监管方式，增强政府公信力和执行力，建设人民满意的服务型政府"的目标要求。为了实现这一目标，今后一个时期我国的行政改革需要重点解决以下问题。

1. 继续推进政府职能转变，深化简政放权

要按照社会主义市场经济发展的要求，深化行政审批制度改革，继续推进政企、政资分开，进一步减少政府对微观经济活动的干预，充分发挥市场在资源配置中的决定性作用。政府要加强监管，维护公平竞争的市场秩序，创造良好的市场环境。同时，政府要更加重视社会管理与公共服务，继续推进政事分开、政社分开，切实扩大并依法保障企事业单位和社会团体的管理自主权。培育和发展社会中介组织，依法规范社会中介组织的行为，积极发挥社会中介组织在市场经济发展中的作用。

2. 深化政府机构改革，统筹各类机构设置，科学配置内设机构

我国以往的政府机构改革都是在行政系统内部进行的，是对行政机构的改革，较少考虑到行政机构改革与党和国家机构改革的关系。统筹各类机构设置就是要突破以往只局限于行政机构改革的传统路径，将行政机构改革放到国家治理体系和治理能力现代化的总体格局中进行统筹规划与思考，有利于提高政府机构改革的有效性和整体性。另外，以往的政府机构改革较少涉及对部门内设机构的调整，今后深化政府机构改革，还要优化内设机构设置，切实解决部门内部存在的层次过多、职能交叉，人员臃肿、权责脱节和多头执法等问题。

3. 依法规范中央与地方政府的职能和权限，赋予地方更大自主权

不同层级的政府应该有不同的职能重点。我国幅员辽阔，不同区域之间的差异较大，因此，应当赋予省级及以下政府更大的自主权。对于那些由地方管理更为有效的事务，应该交给地方自主去管理。这样才能既充分调动地方积极性、因地制宜地处理好地方事务，也有利于中央政府集中精力抓大事、谋全局。为此，在中央与地方的机构设置上，不应再拘泥于"职责同构"，而是因地制宜地构建地方行政组织架构。

4. 改进政府管理方式，优化政府管理流程

为提高政府公信力与执行力，建设人民满意的服务型政府，今后还需要进一步加强行政立法、执法和监督，推进法治政府建设，提高政府管理的法治化水平；推进政务公开，充分保障公众的知情权、参与权、表达权与监督权；推进"互联网+"政务建设，运用大数据提升政府管理和服务能力；完善行政决策机制，规范决策行为，促进行政决策科学化与民主化；推行政府绩效管理，完善政府绩效评估指标体系、评估标准与评估方法，以绩效引领政府管理的目标和方向，提高行政效能，降低行政成本。为适应政府职能整合和统筹设置机构的要求，政府还要进一步创新政府管理模式，优化政府管理流程。

 关键词

行政改革　行政发展　新公共管理

 思考题

1. 行政改革的整体趋势是什么？
2. 当代西方国家的行政改革包括哪些措施？
3. 当代中国行政改革的基本经验是什么？
4. 如何理解深化中国行政改革的主要途径？

推荐阅读

[1] 陈国权，曹伟. 地方政府改革创新论[M]. 杭州：浙江大学出版社，2018.

[2] 魏礼群. 建设服务型政府——中国行政体制改革四十年[M]. 广州：广东经济出版社，2017.

[3] [美]戴维·奥斯本，特德·盖布勒. 改革政府：企业家精神如何改革着公共部门[M]. 上海：上海译文出版社，2013.

参考文献

[1] 马克思，恩格斯. 马克思恩格斯选集[M]. 3版. 北京：人民出版社，2012.

[2] 中共中央编译局. 列宁选集[M]. 3版. 北京：人民出版社，2012.

[3] 中共中央文献编辑委员会. 毛泽东选集[M]. 北京：人民出版社，1991.

[4] 马克思. 资本论(第一卷)[M]. 北京：人民出版社，1953.

[5] 毕可志. 论行政救济[M]. 北京：北京大学出版社，2005.

[6] 蔡立辉，王乐夫. 公共管理学[M]. 北京：中国人民大学出版社，2018.

[7] 曹志. 资本主义国家公务员制度概要[M]. 北京：北京大学出版社，1985.

[8] 陈庆云. 公共政策分析[M]. 北京：中国经济出版社，1996.

[9] 陈振明. 政策科学——公共政策分析导论[M]. 北京：中国人民大学出版社，2003.

[10] 丁煌. 行政管理学[M]. 北京：首都经济贸易大学出版社，2009.

[11] 范柏乃，段忠贤. 政府绩效评估[M]. 北京：中国人民大学出版社，2012.

[12] 郭小聪. 行政管理学[M]. 4版. 北京：中国人民大学出版社，2016.

[13] 国家行政学院国际合作交流部. 西方国家行政改革述评[M]. 北京：国家行政学院出版社，1998.

[14] 胡税根. 公共部门绩效管理[M]. 杭州：浙江大学出版社，2005.

[15] 黄恒学，张勇. 政府基本公共服务标准化研究[M]. 北京：人民出版社，2011.

[16] 黄强，彭向刚. 领导科学[M]. 北京：高等教育出版社，2011.

[17] 黄强. 领导科学[M]. 北京：高等教育出版社，2000.

[18] 简明不列颠百科全书[M]. 北京：中国大百科全书出版社，1985.

[19] 姜明安. 法治思维与新行政法[M]. 北京：北京大学出版社，2015.

[20] 蒋国宏，宋超. 公共行政学新编[M]. 南京：东南大学出版社，2012.

[21] 金太军. 行政学原理[M]. 北京：中国人民大学出版社，2012.

[22] 经济合作与发展组织秘书处. 危机中的福利国家[M]. 北京：华夏出版社，1990.

[23] 李德志，等. 公务员制度[M]. 北京：科学出版社，2013.

[24] 刘建军. 领导学原理——科学与艺术[M]. 上海：复旦大学出版社，2001.

[25] 文耀. 西方公务员制度的起源、变迁及其改革前瞻[J]，湖北行政学院学报，2009，06.

[26] 陈振明. 转变中的国家公务员制度[J]. 厦门大学学报(哲学社会科学版)，2001，02.

[27] 毛宏升. 当代中国监督学[M]. 北京：中国人民公安大学出版社，2003.

[28] 邓子基. 财政学[M]. 4版. 北京：中国人民大学出版社，2018.

[29] 娄成武，魏淑艳. 现代管理学原理[M]. 3版. 北京：中国人民大学出版社，2012.

[30] 罗豪才，湛中乐. 行政法学[M]. 北京：4版. 北京大学出版社，2016.

[31] 马国贤. 政府绩效管理[M]. 上海：复旦大学出版社，2005.

[32] 马骏，叶娟丽. 西方公共行政学理论前沿[M]. 北京：中国社会科学出版社，2004.

[33] 彭成洪. 政府预算[M]. 北京：经济科学出版社，2010.

[34] 彭和平，等. 国外公共行政理论精选[M]. 北京：中共中央党校出版社，1997.

[35] 邱霈恩，等. 新世纪领导学[M]. 北京：经济科学出版社，2000.

[36] 时和兴. 关系、限度、制度：政治发展过程中的国家与社会[M]. 北京：北京大学出版社，1996.

[37] 舒放，王克良. 国家公务员制度[M]. 北京：中国人民大学出版社，2016.

[38] 谭功荣. 西方公共行政学思想与流派[M]. 北京：北京大学出版社，2008.

[39] 王雍君. 公共预算管理[M]. 北京：经济科学出版社，2008.

[40] 吴琼恩，周光辉，等. 公共行政学[M]. 北京：北京大学出版社，2006.

[41] 万俊人. 现代公共管理伦理导论[M]. 北京：人民出版社，2005.

[42] 王安平，等. 领导权力学[M]. 哈尔滨：黑龙江人民出版社，1991.

[43] 夏书章. 行政管理学[M]. 6版. 北京：高等教育出版社，广州：中山大学出版社，2018.

[44] 夏书章. 行政学新论[M]. 北京：中国政法大学出版社，1986.

[45] 夏征农，陈至立. 辞海[M]. 上海：上海辞书出版社，2010.

[46] 新玉言. 领导力艺术[M]. 北京：国家行政学院出版社，2013.

[47] 许安标. 中华人民共和国公务员法释义[M]. 北京：人民出版社，2005.

[48] 严强. 公共行政学[M]. 北京：高等教育出版社，2009.

[49] 杨沛龙. 中国早期行政学史：民国时期行政学研究[M]. 北京：社会科学文献出版社，2014.

[50] 杨雪冬，陈雪莲. 政府创新与政治发展[M]，北京：社会科学文献出版社，2011.

[51] 尹钢，梁丽芝. 行政组织学[M]. 北京：北京大学出版社，2005.

[52] 应松年. 行政行为法[M]. 北京：人民出版社，1992.

[53] 张国庆. 公共行政学[M]. 4版. 北京：北京大学出版社，2017.

[54] 张国庆. 现代公共政策导论[M]. 北京：北京大学出版社，1997.

[55] 张国庆. 行政管理学概论[M]. 北京：北京大学出版社，2004.

[56] 张弘力. 公共预算[M]. 北京：中国财政经济出版社，2001.

[57] 张金鉴. 行政学新论[M]. 台北：三民书局，1982.

[58] 张金鉴. 行政学之理论与实际[M]. 上海：商务印书馆，1935.

[59] 张康之，李传军. 行政伦理学教程[M]. 2版. 北京：中国人民大学出版社，2009.

[60] 张永桃. 行政管理学[M]. 北京：高等教育出版社，2003.

[61] 赵早早. 英国公共预算改革的途径：管理、政治和法律[M]. 石家庄：当代经济管理出版社，2005.

[62] 中国科学技术协会. 信息技术[M]. 上海：上海科学技术出版社，1994.

[63] 俞可平. 治理与善治[M]. 北京：社会科学文献出版社，2000.

[64] 倪星，付景涛. 公共管理学[M]. 大连：东北财经大学出版社，2014.

[65] 俞可平. 从统治到治理[N]. 学习时报，2001-1-22.

[66] 李俊杰，罗钧. 试析我国公务员范围的扩大及其影响[J]. 成都行政学院学报(哲学社会科学)，2005，05.

[67] 华晓晨，梁玉萍. 国外公务员奖励制度分析比较[J]. 新视野，2009，02.

[68] 钟哲. 行政伦理视域下的地方政府创新研究[M]. 北京：人民出版社，2015.

[69] 竺乾威，等. 组织行为学[M]. 上海：复旦大学出版社，2005.

[70] 卓越. 政府绩效管理导论[M]. 北京：清华大学出版社，2006.

[71] 邹东升. 公共行政学[M]. 北京：北京大学出版社，2014.

[72] 毛寿龙. 部属成熟度与领导方式的选择[J]. 领导科学，1996，03.

[73] 施雪华. 现代西方行政领导体制的特征及其启示[J]. 社会科学，2006，02.

[74] 魏娜. 转型时期我国行政领导的权威的特征与发展趋向分析[J]. 中国行政管理，2001，07

[75] 叶贵仁. 行政领导主观责任：冲突与型塑[J]. 理论探讨，2008，02.

[76] 胡业飞. 组织内协调机制选择与议事协调机构生存逻辑——一个组织理论的解释[J]. 公共管理学报，2018，03.

[77] 王振海. 公共职位的意义与效应——以公共管理理论为视角[J]. 国家行政学院学报，2012，06.

[78] 张曼. 权力清单制度的作用机理与实施条件[J]. 理论视野，2015，03.

[79] 人民网. 习近平这样谈问责[EB/OL]. http://dangjian. people. com. cn/n1/2016/0727/c117092-28588135. html. 2016-07-27.

[80] 吕世伦，李英杰. 职权与职责研究[J]. 北京行政学院学报，2011，01.

[81] 张亲培，刘兆鑫. 选举制度与公共政策——一个社会公正的视角[J]. 国家行政学院学报，2008，02.

[82] 黄小钫. 干部选拔任用方式的历史变迁——从委任制到选举制[J]. 北京行政学院学报，2012，04.

[83] 陈曦，方振邦. 领导干部竞争性选拔方式分类研究[J]. 中国行政管理，2017，01.

[84] 共产党员网. 习近平：努力造就一支忠诚干净担当的高素质干部队伍[EB/OL]. http://www. 12371. cn/2019/01/15/ARTI1547562750669417. shtml. 2019-01-15.

[85] 竺乾威. 国家治理现代化与领导能力提升[J]. 理论探讨，2016，06.

[86] 中央纪委国家监委网. 二论学习贯彻新修订的《党政领导干部选拔任用工作条例》[EB/OL]. https://baijiahao. baidu. com/s？id=1628352409391619870. 2019-03-28.

[87] 付春华. 领导干部治理能力重构的路径选择[J]. 领导科学，2014，08.

[88] 人民网. 习近平在中国共产党第十九次全国代表大会上的报告[EB/OL]. https://baike. so. com/doc/7531292-7805385. html. 2017-10-28.

[89] 于安. 论行政廉洁原则的适用[J]. 中国法学，2016，01.

[90] 人民网. 好干部"五条标准"[EB/OL]. http：//theory. people. com. cn/n1/2017/0906/

c413700-29519438. html. 2017-09-06.

[91] 党建网. 习近平重视领导干部的法治素养[EB/OL]. http：//news. cnr. cn/native/gd/20180603/t20180603_524256244. shtml. 2018-06-03.

[92] [苏]列宁. 青年团的任务[M]. 北京：人民出版社，1973.

[93] 人民网. 新时代干部应提升八项能力增强执政本领[EB/OL]. http://dangjian. people. com. cn/n1/2018/0412/c117092-29922782. html. 2018-04-12.

[94] 孟繁华. 关于建设高素质干部队伍若干问题的思考[J]. 领导科学，2013，04.

[95] 王万华. 大数据时代与行政权力运行机制转型[J]. 国家行政学院学报，2016，02.

[96] 黄建洪. 公共供求场域中的行政权力：配置方式、运行机制及发展趋势[J]. 社会科学研究，2013，05.

[97] 杨冬艳. 论公共行政核心价值及其基本特征[J]. 伦理学研究，2012，06.

[98] 孙志勇. 公权为民，一丝一毫都不能私用[N]. 人民日报，2014-01-15.

[99] 马克思，恩格斯. 德意志意识形态——费尔巴哈. [M]. 北京：人民出版社，1960.

[100] 方世荣. 论行政权力的要素及其制约[J]. 法商研究，2001，02.

[101]何小青，江美塘. "正式权力"与"非正式权力"——对政治权力的一项基础性研究[J]. 学术论坛，2001，05.

[102] 姚东旻，张诗琪. 如何最优地"放权"——行政事项集权与分权的最优边界[J]. 财经研究，2017，04.

[103] 喻少如. 权力清单制度中的公众参与研究——兼论权力清单之制度定位[J]. 南京社会科学，2016，01.

[104] 高丽媛，张屹山. 实现共同富裕的分配制度选择——基于权力结构的理论剖析[J]. 社会科学研究，2018，01.

[105] 张屹山，高福波. 资源、权力与经济利益分配的关系探索[J]. 学习与探索，2012，03.

[106] 吴永生. 从主客间性到主体间性：权力监督的思维转向[J]. 江汉论坛，2018，02.

[107] 崔野. 权力清单制度的规范化运行研究：含义、困境与对策[J]. 中州学刊，2018，257(5).

[108] 人民网. 习近平在中国共产党第十九次全国代表大会上的报告[EB/OL]. https：//baike. so. com/doc/7531292-7805385. html. 2017-10-28.

[109] 董敏志. 制度化权力监督与政治体制改革[J]. 江苏行政学院学报，2013，01.

[110] 人民网. 习近平用典摘读：为官避事平生耻[EB/OL]. http://theory. people. com. cn/n1/2016/0905/c40531-28690484. html. 2016-09-05.

[111] 宋功德. 行政责任制的结构性缺陷及其调整[J]. 中国行政管理，2007，02.

[112] 叶贵仁. 行政领导责任：西方行政学的视野[J]. 理论探讨，2007，01.

[113] 李汪洋，顾爱华. 论中国行政责任制度体系[J]. 中国行政管理，2000，09.

[114] 张创新，韩志明. 行政责任概念的比较分析[J]. 行政与法，2004，09.

[115] 刘琪，徐志胜. 库珀行政责任伦理及其当代价值研究[J]. 求索，2013，07.

[116] 李芬芬，陈建斌. 行政伦理与行政道德、行政责任及政治伦理的关系解读[J]. 江西社会科学，2014，03.

[117] 刘志坚，宋晓玲. 论政府公务员行政责任实现不良及其防控[J]. 甘肃社会科学，2013，04.

[118] 许玉镇. 论领导人的行政法律责任[J]. 社会科学战线，2008，09.

[119] 许玉镇. 论领导人的责任及责任分类[J]. 吉林大学社会科学学报，2009，01：69-76.

[120] 郭亿馨，苏勇. 责任型领导对下属组织公民行为的双刃剑效应[J]. 经济与管理研究，2018，306(05)：91-103.

[121] 顾爱华. 中国公共行政责任与追究制度探讨[J]. 中国行政管理，2002，08：24-25.

[122] 人民网. 习近平这样谈问责[EB/OL]. http：//dangjian. people. com. cn/n1/2016/0727/c117092-28588135. html. 2016-07-27.

[123] 韩志明. 街头官僚的行动逻辑与责任控制[J]. 公共管理学报，2008，5(1).

[124] 新华网. 习近平强调：依法治国依法执政依法行政共同推进[EB/OL]. http://theory. people. com. cn/n/2013/0225/c49171-20584439. html. 2013-02-25.

[125] 孔祥稳. 重大行政决策终身问责制度的困境与出路——以地方立法样本为素材的分析[J]. 行政论坛，2018，01.

[126] 徐国利. 论行政问责的责任与归责原则[J]. 上海行政学院学报，2017，18(1).

[127] 张倩. 行政问责制度的逻辑结构[J]. 求索，2012，10.

[128] 韩剑琴. 行政问责制——建立责任政府的新探索[J]. 探索与争鸣，2004，1(8).

[129] 中国新闻网. 习近平谈问责中的"较真"与"叫板"[EB/OL]. http://www. chinanews. com/gn/2016/08-15/7972355. shtml. 2016-08-15.

[130] 周亚越. 行政问责制的内涵及其意义[J]. 理论与改革，2004，04.

[131] 唐铁汉. 我国开展行政问责制的理论与实践[J]. 中国行政管理，2007，01.

[132] 杨艳. 行政责任的实现与行政主体重构——以行政人员独立人格为视角[J]. 探索，2012，02.

[133] 把人民赋予的权力用来造福于人民[N]. 中国纪检监察报，2016-05-24.

[134] 那述宇，吴延溢. 社会基层组织分类与党的领导方式创新[J]. 南通大学学报(社会科学版)，2005，21(03).

[135] 徐立国，席酉民，郭菊娥. 社会化过程中领导特质的类型及其形成与关系研究[J]. 南开管理评论，2016，19(3).

[136] 张立荣. 领导艺术的含义[J]. 领导科学，1986，05.

[137] 刘士义，吴钧贵. 领导艺术刍议[J]. 理论探索，1991，02.

[138] 刘峰. 毛泽东的政治智慧与领导艺术[J]. 国家行政学院学报，2016，04.

[139] 梁玉江，李伦. 浅议管理的科学性与艺术性[J]. 理论学刊，2012，01.

[140] 刘福成，胡敏华. 基于"工作—下属"二维模型的领导授权模式及其选择[J]. 经济管理，2012，05.

[141] 彭向刚，程波辉. 论领导力提升的八个环节[J]. 理论探讨，2014，06.

[142] 夏天添. 急性子领导好吗——领导时间紧迫性格与员工权力滥用感知研究[J]. 领导科学，2018，14.

[143] 张军成，凌文辁. 时间领导研究述评与展望：一个组织行为学观点[J]. 外国经济与管

理，2015，37(1).

[144] 陈国权. 领导和管理的时空理论[J]. 中国管理科学，2017，25(1).

[145] 陈玉主. 公共预算的内涵与完善公共预算管理制度[J]. 东方企业文化，2011(02).

[146] 王雍君. 透明度视角的中国部门预算改革：评述与努力方向[J]. 行政管理改革，2010(09).

[147] 高培云，张蕊. 完善预算体系加快建立现代预算制度[J]. 中国财政，2015，01.

[148] 陈工. 我国政府预算改革的目标与实现路径[J]. 地方财政研究，2013，02.

[149] 刘剑文. 走向财税法治——信念与追求[M]. 北京：法律出版社，2009.

[150] 江必新，梁凤云. 行政诉讼法理论与实务[M]. 北京：北京大学出版社，2009.

[151] 马怀德. 深刻认识法治政府的内涵和意义[N]. 光明日报，2017-05-08.

[152] 商学群. 行政决策中的伦理道德问题[J]. 决策探索，1993，11.

[153] 沈远新. 转型期的行政道德冲突[J]. 理论与改革，1995，01.

[154] 刘雪峰. 行政责任的伦理透视——论公共行政人员的道德责任[M]. 长沙：湖南师范大学出版社，2005.

[155] 蔡立辉. 西方国家政府绩效评估的理念及其启示[J]. 清华大学学报 (哲学社会科学版),，2003，1(2).

[156] 臧乃康. 政府绩效评估模式的选择策略[J]. 江苏行政学院学报，2005，03.

[157] 蓝志勇，胡税根. 中国政府绩效评估：理论与实践[J]. 政治学研究，2008，03.

[158] 张璋. 政府绩效评估的原设计理论：两种模式及其批判[J]. 中国行政管理，2000，06.

[159] 邹化鑫. 现代绩效考核方法的比较分析[J]. 人口与经济，2006，S1.

[160] 张锐昕. 基于电子政务系统的政府绩效评估系统研究[J]. 理论探讨，2009，04.

[161] 李章程. 欧洲电子政府公共服务研究[J]. 图书情报工作，2011，23.

[162] 陈雪莲. 全球政府创新的发展趋势[N]. 学习时报，2009-06-22.

[163] 俞可平. 论政府创新的若干基本问题[J]，文史哲，2005，04.

[164] 何增科. 中国政府创新的趋势分析——基于五届中国地方政府创新奖获奖项目的量化研究[N]，北京行政学院学报，2011，01.

[165] 王绍光.中国公共政策议程设置的模式[J].开放时代，2008(02).

[166] 麻宝斌.公共行政学[M].大连:东北财经大学出版社，2012.

[167] [英]安东尼·吉登斯. 第三条道路——社会民主主义的复兴[M]. 北京：北京大学出版社，2000.

[168] [英]安东尼·唐斯. 官僚制内幕[M]. 北京：中国人民大学出版社，2006.

[169] [美]阿尔弗雷德 D 小钱德勒，托马斯 K 麦克科劳，理查德 S 特德劳. 管理学历史与现状[M]. 大连：东北财经大学出版社，2002.

[170] [美]阿拉斯戴尔·麦金太尔. 德性之后[M]. 北京：中国社会科学出版社，1995.

[171] [美]理德 B J，约翰 W 斯韦恩. 公共财政管理[M]. 北京：中国财政经济出版社，2001.

[172] [美]B 盖伊·彼得斯. 政府来来的治理模式[M]. 北京：中国人民大学出版社，2001.

[173] [法]贝尔纳·古尔内. 行政学[M]. 北京：商务印书馆，1995.

[174] [美]伯纳德·施瓦茨. 行政法[M]. 北京：群众出版社，1986.

[175] [英]帕金森 C N 帕金森定律[M]. 台北：台湾中华企业发展中心，1989.

[176] [美]切斯特·巴纳德：经理人员的职能[M]. 北京：中国社会科学出版社，1997.

[177] [美]查尔斯·福克斯. 后现代公共行政[M]. 北京：中国人民大学出版社，2002.

[178] [美]查尔斯·林德布洛姆. 政治或市场[M]. 上海：上海三联书店、上海人民出版社，1996.

[179] [美]查尔斯·沃尔夫. 市场或政府——权衡两种不完善的选择/兰德公司的一项研究[M]. 北京：中国发展出版社，1994.

[180] [法]查理·路易·孟德斯鸠. 论法的精神[M]. 北京：商务印书馆，2012.

[181] [英]克里斯托弗·波利特，[比]海尔特·鲍克尔特. 公共管理改革——比较分析[M]. 上海：上海译文出版社，2003.

[182] [美]大卫 N 海曼. 公共财政[M]. 北京：中国财政经济出版社，2002.

[183] [美]戴维 H 罗森布鲁姆，罗伯特 S 克拉夫丘克. 公共行政学[M]. 北京：中国人民大学出版社，2002.

[184] [美]戴维·奥斯本，彼得·普拉斯特里克. 摒弃官僚制：政府再造的五项战略[M]. 北京：中国人民大学出版社，2004.

[185] [美]戴维·奥斯本，彼得·普拉斯特里克. 政府改革手册：战略与工具[M]. 北京：中国人民大学出版社，2004.

[186] [美]戴维·奥斯本，等. 改革政府：企业家精神如何改革公营部门(中译本)[M]. 上海：上海译文出版社，1996.

[187] [美]艾伦·威尔达夫斯基. 预算：比较理论[M]. 上海：上海财经大学出版社，2009.

[188] DAVID NICE. Public Budgeting[M]. 北京：经济科学出版社，2004.

[189] [英]戴维·米勒，韦农·波格丹诺. 布莱克维尔政治制度百科全书[M]. 邓正来，译. 北京：中国政法大学出版社，2011.

[190] [美]戴维·约翰·法默尔. 公共行政的语言——官僚制、现代性和后现代性[M]. 北京：中国人民大学出版社，2005.

[191] [美]丹尼·贝尔. 社群主义及其批评者[M]. 香港：香港大学出版社，2002.

[192] [美]丹尼尔 A 雷恩. 管理思想的演变[M]. 北京：中国社会科学出版社，1986.

[193] [美]丹尼尔·耶金，约瑟夫·斯坦尼斯罗. 制高点重建现代世界的政府与市场之争[M]. 北京：外文出版社，2000.

[194] [美]道格拉斯·诺斯. 经济史中的结构与变迁[M]. 上海：上海三联书店、上海人民出版社，1994.

[195] [美]德鲁克. 管理的实践[M]. 北京：北京机械工业出版社，2006.

[196] [美]克鲁斯克 E R，等. 公共政策词典[M]. 上海：上海远东出版社，1992.

[197] [美]萨瓦斯 E S. 民营化与公私部门的伙伴关系[M]. 北京：中国人民大学出版社，1990.

[198] [美]古德诺 F J. 政治与行政[M]. 北京：华夏出版社，1987.

[199] [美]菲利克斯 G 尼格罗，劳埃德 G 尼格罗. 公共行政学简明教程[M]. 北京：中共中央党校出版社，1997.

[200] [奥]弗里德里希·哈耶克. 通往奴役之路[M]. 北京：中国社会科学出版社，1997.

[201] [法]亨利·法约尔. 工业管理与一般管理(中译本)[M]. 北京：中国社会科学出版社，1982.

[202] [美]哈罗德·孔茨，等. 管理学[M]. 北京：经济科学出版社，1993.

[203] [美]汉娜·阿伦特. 反抗"平庸之恶"[M]. 上海：上海人民出版社，2014.

[204] [美]赫伯特·西蒙. 管理行为[M]. 北京：北京经济学院出版社，1988.

[205] [美]简 E 芳汀. 构建虚拟政府——信息技术与制度创新[M]. 邵国松，译. 北京：中国人民大学出版社，2004.

[206] [英]简·埃里克·莱恩. 公共部门：概念、模型与途径[M]. 北京：北京经济科学出版社，2004.

[207] [英]简·埃里克·莱恩. 新公共管理[M]. 北京：中国青年出版社，2004.

[208] [美]杰拉尔德·凯登. 行政道德文选[M]. 上海：复旦大学出版社，2003.

[209] [美]珍妮特 V 登哈特，罗伯特 B 登哈特. 新公共服务：服务而不是掌舵[M]. 北京：中国人民大学出版社，2004.

[210] [美]杰伊 M 沙夫里茨，艾伯特 C 海德. 公共行政学经典[M]. 北京：中国人民大学出版社，2004.

[211] [法]让·雅克·卢梭. 社会契约论[M]. 北京：商务印书馆，2011.

[212] [英]约翰·洛克. 政府论(下篇)[M]. 北京：商务印书馆，1982.

[213] [美]约翰·罗尔斯. 正义论[M]. 北京：中国社会科学出版社，2009.

[214] [美]约翰·高斯. 美国社会与公共行政[J]. 公共行政学尖端，1936.

[215] [美]约翰·高斯. 公共行政之我见[M]. 亚拉巴马：亚拉巴马大学出版社，1947.

[216] [美]哈罗德·拉斯韦尔. 权力与社会[M]. 上海：上海人民出版社，2012.

[217] [美]约瑟夫·斯蒂格里兹. 政府经济学[M]. 北京：春秋出版社，1988.

[218] [美]詹姆士 N 罗西瑞. 没有政府的治理[M]. 南昌：江西人民出版社，2001.

[219] [美]詹姆斯 M 布坎南. 自由、市场与国家80年代的政治经济学[M]. 上海：三联书店上海分店，1989.

[220] [美]詹姆斯 W 费斯勒. 行政过程的政治：公共行政学新论[M]. 北京：中国人民大学出版社，2002.

[221] [美]伦纳德 D 怀特. 行政学概论(中译本)[M]. 上海：商务印书馆，1947.

[222] [美]拉塞尔 M 林登. 无缝隙政府：公共部门再造指南[M]. 北京：中国人民大学出版社，2002.

[223] [美]劳伦斯·彼德. 彼德原理[M]. 北京：中国文联出版公司，1996.

[224] [美]理查德 J 斯蒂尔曼二世. 公共行政学：概念与案例[M]. 北京：中国人民大学出版社，2004.

[225] [美]理查德·达夫特. 组织理论与设计[M]. 10版. 北京：清华大学出版社，2011.

[226] [美]罗伯特 B 登哈特. 公共组织理论[M]. 北京：中国人民大学出版社，2003.

[227] [美]罗伯特 K 殷. 案例研究方法的应用[M]. 重庆：重庆大学出版社，2014.

[228] [美]罗伯特·登哈特，珍妮特·登哈特. 公共行政：一门行动的学问[M]. 北京：北京大学出版社，2013.

[229] [美]罗纳德·桑德斯. 美国的公务员队伍：是改革还是转型，国家行政学院国际合作交流部，西方国家行政改革述评[M]. 北京：国家行政学院出版社，1998.

[230] [德]马克斯·韦伯. 经济与社会(下卷)[M]. 北京：商务印书馆，1997.

[231] [美]迈克尔 L 瓦休，黛布拉 W 斯图尔特，大卫 G 贾森. 组织行为与公共管理[M]. 北京：经济科学出版社，2004.

[232] [美]麦克尔·巴兹雷. 突破官僚制：政府管理的新愿景[M]. 北京：中国人民大学出版社，2002.

[233] [荷]米歇尔 S 德·弗里斯，等. 公共行政中的价值观与美德：比较研究视角[M]. 北京：中国人民大学出版社，2014.

[234] [新西兰]穆雷 D 霍恩. 公共管理的政治经济学[M]. 北京：中国青年出版社，2004.

[235] [美]尼古拉斯·亨利. 公共行政与公共事务[M]. 北京：华夏出版社，2002.

[236] [英]诺曼·弗林. 公共部门管理[M]. 北京：中国青年出版社，2004.

[237] [美]诺姆·乔姆斯基. 新自由主义和全球秩序[M]. 南京：江苏人民出版社，2000.

[238] [澳]欧文 E 休斯. 公共管理导论[M]. 北京：中国人民大学出版社，2001.

[239] [美]彼得·伯格，托马斯·卢克曼. 现实的社会构建[M]. 北京：北京大学出版社，2009.

[240] [美]帕特里夏·基利，等. 公共部门标杆管理：突破政府绩效的瓶颈[M]. 北京：中国人民大学出版社，2003.

[241] [美]普拉萨德，等. 行政思想家评传[M]. 广州：广东高等教育出版社，1988.

[242] [英]齐格蒙特·鲍曼. 全球化：人类的后果[M]. 北京：商务图书馆，2013.

[243] [美]乔治·弗雷德里克森. 公共行政的精神[M]. 北京：中国人民大学出版社，2013.

[244] [美]斯蒂尔曼 R J. 公共行政学(上册)[M]. 北京：中国社会科学出版社，1988.

[245] [美]史蒂文·凯尔曼. 制定公共政策[M]. 北京：商务印书馆，1990.

[246] [美]史蒂文·科恩，罗纳德·布兰德. 政府全面质量管理：实践指南[M]. 北京：中国人民大学出版社，2002.

[247] [美]史蒂文·科恩，威廉·埃米克. 新有效的公共管理者：在变革的政府中追求成功[M]. 北京：中国人民大学出版社，2001.

[248] [美]斯蒂芬·罗宾斯. 管理学[M]. 4版. 北京：中国人民大学出版社，1997.

[249] [美]斯图亚特 S 内格尔. 政策科学百科全书[M]. 北京：科学技术文献出版社，1990.

[250] [美]苏珊·韦尔奇，约翰·科默. 公共管理中的量化方法：技术与应用[M]. 北京：中国人民大学出版社，2003.

[251] [美]孙克姆·霍姆斯. 公共支出管理手册[M]. 北京：经济管理出版社，2002.

[252] [美]托马斯·杰斐逊. 杰斐逊选集[M]. 北京：商务印书馆，2011.

[253] [美]特里 L 库珀. 行政伦理学：实现行政责任的途径[M]. 北京：中国人民大学出版社，2010.

[254] [加]威尔·金里卡. 当代政治哲学[M]. 上海：上海译文出版社，2015.

[255] [美]威尔达夫斯基. 预算：比较理论[M]. 上海：上海财经大学出版社，2009.

[256] [美]威廉 N 邓恩. 公共政策分析导论[M]. 北京：中国人民大学出版，2002.

[257] [美]威廉·爱·洛克腾堡. 罗斯福与新政——1932—1940年[M]. 北京：商务印书馆，1993.

[258] [英]威廉·韦德. 行政法[M]. 北京：中国大百科全书出版社，1997.

[259] [美]文森特·奥斯特罗姆. 美国公共行政的思想危机[M]. 上海：上海三联书店，1999.

[260] [法]夏尔·德巴什. 行政科学[M]. 上海：上海译文出版社，2000.

[261] [美]小艾尔弗雷德 D 钱德勒. 看得见的手：美国企业的管理革命[M]. 北京：商务印书馆，2004.

[262] [美]小劳伦斯 E 列恩. 公共管理案例教学指南[M]. 北京：中国人民大学出版社，2002.

[263] [美]雅克·蒂洛，基思·克拉斯曼. 伦理学与生活[M]. 北京：世界图书出版公司，2008.

[264] [美]雅米尔·吉瑞赛特. 公共组织管理：理论和实践的演进[M]. 上海：上海译文出版社，2003.

[265] [以]叶海卡·德罗尔. 逆境中的公共政策分析[M]. 上海：上海远东出版社，1996.

[266] [美]阿瑟·奥肯. 平等与效率——重大的抉择[M]. 北京：华夏出版社，1999.

[267] [美]埃利诺·奥斯特罗姆，等. 公共服务的制度建构[M]. 上海：上海三联书店，2000.

[268] ETZIONI，AMITAI. Mixed Scanning：A "third" Approach to Decision Making[J]. Public Administration Review，1967，27(5).

[269] WILSON W. The study of administration//SHAFRITZ J M，HYDE A C. Classics of public administration. [M]. 北京：中国人民大学出版社，2004.

[270] COOPER T L. Handbook of administrative ethics[M]. New York，NY: Marcel Dekker，Inc，2001.

[271] HART D K. Social equity，justice，and the equitable administrator[J]. Public Administration Review，1974，34(1).

[272] HARMON M M. Social equity and organizational man: Motivation and organizational democracy[J]. Public Administration Review，1974，34(1).

[273] HARMON M，MCSWITE O C. Whenever two or more are gathered： Relationship as the heart of ethical discourse[M]. Tuscaloosa，AL： The University of Alabama Press，2011.

[274] HARMON M M. Responsibility as paradox: A critique of rational discourse on government[M]. Thousand Oaks，CA: Sage Publications，1995.

[275] MILGRAM S. Obedience to Authority： An Experimental View[M]. New York：HarperCollins，1974.

[276] ZIEMBA，CELINA M OLSZAK. Building a Regional Structure of an Information Society on the Basis of e-Administration Ewa[J]. Issues in Informing Science and Information Technology,2012(9).

[277] KATARINA GIRITLINYGREN. e-Governmentality： on Electronic Administration in Local Government[J]. Electronic Journal of eGovernment，2009，7(1).

[278] PUBLIC ADMINISTRATION：Technology solutions to facilitate access to and development of on-line public services[EB/OL]. http://www. gmv. com/en/PublicAdministration/

ElectronicAdministration/.

[279] JOSÉ-VALERIANO FRÍAS-ACEITUNO, ISABEL-MARÍA GARCÍA-SÁNCHEZ, LUIS RODRÍGUEZ-DOMÍNGUEZ. Electronic administration styles and their determinants. evidence from Spanish local governments[J]. Transylvanian Review of Administrative Sciences，2014(41E).

[280] The E-Administration in Tunisia[EB/OL]. http://www. pm. gov. tn/pm/article/article. php？id=188&lang=en.

[281] ANTONIO MUÑOZ-CAÑAVATE，PEDROHÍPOLA. Electronic administration in Spain: From its beginnings to the present[J]. Government Information Quarterly，2011，28(1).

[282] LI JIANSHE. The Exploitation of Electronic Government Administration System Applied to Submission[C]. 2010 First ACIS International Symposium on Cryptography，and Network Security，Data Mining and Knowledge Discovery，E-Commerce and Its Applications，and Embedded Systems，Oct. 2010.

[283] SENIOR PROJECT CONSORIUM. Ethics of e-Inclusion of older people[EB/OL]. http://www. cssc. eu/public/Ethics%20of%20e-Inclusion%20of%20older%20people%20-%20Bled%20%20 Paper. pdf.

[284] SHAFIK ASANTE. WHAT IS INCLUSION？ [EB]. http://inclusion. com/inclusion. html.

[285] United Nations. UN Global E-government Readiness Report 2005：From E-government to E-inclusion[M]. New York：United Nations，2006.

[286] RODRÍGUEZ J R，COUCIL B C. The'Barcelona Model'ofe-Government[EB/OL]. http://www. bcn. cat/orom/pdf/Penteo_ModeloBarcelona_eng. pdf.

[287] SENIOR PROJECT CONSORTIUM. Ethics of e-Inclusion of older people[EB/OL]. http://www. cssc. eu/public/Ethics%20of%20e-Inclusion%20of%20older%20people%20-%20Bled%20%20 Paper. pdf.

[288] FREDERICK C MOSHER. Democracy and the Public Service[M]. New York: Oxford University Press，1982.

[289] PAUL P VAN RIPER. History of the United States Civil Service[M]. Evanston ILL: Row，Peterson&Co. ，1958.

[290] THOMPSON D F. The possibility of administrative ethics[J]. Public Administration Review，1985，45(5).